KB120387

오문기략

澳門記略 – 18세기 마카오를 읽다

오문기략
澳門記略 - 18세기 마카오를 읽다
인광임印光任·장여림張汝霖 저
이주해·정찬학·하경심 역
學古房

18세기 마카오를 읽다: 《오문기략》을 펴내며

"남쪽 바다를 향해 뻗은 긴 가지 끝에 위태롭게 몽구蒙鳩 새의 둥지 하나가 매달려 있다. 마카오는 언제 떨어질지 모르는 연약한 새집이다."

중국대륙의 남쪽 끝에 매달려 있는 듯한 마카오의 지리적 특징을, 본서의 필자들은 '언제 떨어질지 모르는 연약한 새집', 또는 '긴 줄기 끝의 한 송이 연꽃' 등으로 표현했다. 작고 아름답고 위태로운 땅. 《오문기략》은 이 조그맣고 이국적인 땅에서 어떤 일들이 다채롭게 일어났는지를 관官의 입장에서 기록한 책이다.

우리에게 마카오라는 도시는 익숙하면서도 낯설다. 휘황찬란한 카지노의 불빛이 떠오르고 드라마나 영화, TV 예능프로에서는 뭔가 한탕의 범죄와 연루되거나 지나치게 낭만적인 도시로 그려진다. 정치, 사회면 뉴스에 마카오라는 이름이 등장할 때면 제법 귀에 익은 도시처럼 느껴지지만 사실 마카오를 상세히 아는 사람은 많지 않다. 남양南洋이 시작되는 저 서남쪽 귀퉁이 땅을 깊이 있게 이해할 필요성을 느끼는 사람도 많지 않다. 우리에게 마카오는 그저 홍콩여행 가는 길에 덧붙여 하루 배 타고 다녀오면 족한 그런 곳에 불과할지도 모른다.

홍콩과 마카오는 쌍둥이처럼 닮아 보이지만 중국의 역사를 조금만 유심히 들여다본다면, 두 도시는 전혀 다른 어제와 오늘을 살아가고 있음을 알 수 있다. 똑같이 유럽 열강의 지배를 받아왔고, 2년의 시간차를 두고 반환 과정을 거쳤으며, 그 땅에 사는 사람들은 원래 똑같이 광동어(粵語)를 모어로 쓰는 광동 사람들이었다. 홍콩은 아편전쟁의 패배로 영국에 넘어가 약 150년간의 식민 통치를 받았고 1997년 중국의 특별행정구로 편입되었는데 당시 홍콩의 젊은이들은 자신들을 "다리가 없어서 그 어디에도 내려앉을 수 없는 새"로 비유하면서 미래에 대해 불안해하기도 했다. 마카오는 1623년 정식으로 포르투갈 총독이 파견되기 시작했으나 그 이전 16세기 중엽부터 이미 포르투갈의 영향 아래 있었으며, 1999년이 되어서야 중국의 특별행정구로 편입되었다. 다른 나라의 통치를 받은 기간만 가지고 살펴본다면, 중국에 반환되었을 때 마카오쪽이 훨씬 더 동요되고 갈등도 있었을 법한데 현실은 그렇지 않은 것 같다. 그 이유는 무엇일까. 그 답을 찾기 위해 우리는 450년 전 먼 옛날로 거슬러 올라갈 필요가 있다.

명나라 때부터 소서양小西洋 너머 대서양大西洋의 홍모紅毛(앵글로색슨족)와 불랑기佛朗機(프랑크족)는 중국으로 들어와 통상을 요구하기 시작한다. 배를 타고 온 서양인들이 중국 내지로 들어오기 위해 반드시 거쳐야 했던 곳이 바로 일명 십자문十字門이라고 불리던 마카오 앞바다였다. 지금은 상당한 면적의 바다가 메워져 육지가 되었지만 당시만 해도 마카오 반도 건너 타이파섬과, 콜로안섬, 소횡금도小橫琴島와 대횡금도大橫琴島 사이로 난 십자 모양의 바닷길이 바로 서양인들이 중국으로 들어오던 주요 통로였다. 이 바다로 들어와 마카오에 상륙한 상인들은 중국 정부와 지난한 교섭 과정을 통해 마침내 정주할 권리를 얻어 본격적으로 교역활동을 하며 마카오에 집을 짓고 살기 시작했다.

마카오를 찾아오는 사람도 점차 늘어나는데 처음에는 상인들과 소수의 일꾼들만 들어와 잠시 거주했으나 교역이 점차 빈번해지면서 아예 이주하는 사람들도 생겨났고, 온 가족을 동반해 오거나 흑인 노예를 데려오는 자들도 있었다. 사람이 왔으니 물품과 문화가 따라오는 것은 당연했다. 그들은 서양식 2층 가옥을 지어 살았고, 서양에서 조달해온 각종 식료품으로 양식을 만들어 먹었다. 옷도 기물도 장식품도 모두 포르투갈에서 사용하던 그대로였다. 일요일이면 미사를 드려야 했으므로 곳곳에 성당도 지었다. 모든 것은 포르투갈 왕의 명령을 따르며, 종교에 관한 일은 법왕法王, 즉 주교의 말을 따랐다. 특히 성당들은 지금도 상당 부분 남아 있어서 마카오를 여행하는 사람들이 즐겨 찾곤 하는데, 사실 각 성당마다 맡은 역할이 조금씩 달라서, 어떤 곳에서는 주로 결혼식을 올렸고 어떤 곳은 병원 역할을 겸하였으며 어떤 곳은 자선사업을 담당하였다. 마카오 곳곳에, 엄연한 포르투갈인 자치구역이 형성된 것이다. 그들은 매년 중국 정부에 일정한 세금을 내면서 활동영역을 넓혔고 정식 조차租借 조약을 맺은 뒤 총독까지 파견해 마카오에 대한 영향력을 확대했다.

그러나 이 땅은 본디 중국인이 살던 곳이었으므로 포르투갈인과 중국인의 혼거混居는 불가피한 일이었다. 내지인 중에는 저들을 위해 통역을 해주는 이도 있었고, 허드렛일을 해주고 돈을 버는 이도 있었으며, 저들의 종교에 귀의하여 성당에 다니는 자도 있었다. 심지어 포르투갈인 혹은 그 노예와 혼인하는 일도 종종 있었다. 포르투갈인과 중국인 사이에 상해치사와 같은 심각한 사건 사고가 발생하기도 했는데 중국의 통치자들이 긴장한 대목은 바로 '중화와 이민족' 간의 충돌이었다. 중국법에 의해 저들을 처벌할 것인가, 아니면 포르투갈법에 따르도록 넘겨줄 것인가? 갈수록 세력을 확장하여 마카오 전체를 잠식하고 내지까지 넘보는 저들을 어떻게 처리할 것인가? 서남쪽 귀퉁이 땅에 이처럼 화이華夷가 혼거하며 끊임없이 갈등이 빚어지는 이상, 명나라와 청나라 정부는 이 외국세력이 더 이상 위협이 되지 않도록 때론 회유하고 때론 통제해야 했다.

이 책의 저술은 바로 이러한 위기의식에서 비롯되었다. 제목은 '오문기략澳門記略'으로 마카오에 대한 간략한 서술처럼 보이지만 편찬 의도가 뚜렷해서인지 체제 면에서나 기술면에서 한 지방을 소개하는 기존의 지방지地方志와는 그 성격이 사뭇 다르다. 이 책을 엮은 인광임印光任과 장여림張汝霖은 청나라 때 향산지현香山知縣을 지낸 인물들이다. 마카오는 향산현의 끝에 있는데 관할 지역 내에 있는 '특수 구역'인 만큼 이 곳을 어떻게 다스릴까에 관해 깊이 고민하지 않을 수 없었다. 이들은 풍부한 문헌 자료를 바탕으로 마카오에서 포르투갈인과 혼거하게 된 시말을 고찰하고, 현지답사를 통해 그 당시 상황을 확인했다. 또한 지방관으로서 관할 지역의 평화를 유지하기 위해 전통적인 '화이華夷' 사상에 입각하여 저들에 대한 이해와 방비를 철저히 할 것을 다짐하고 호소하였다.

책은 총 세 부분으로 나뉘는데 첫 번째는 마카오 및 주변 지역의 지리적 형세를 상세히 설명한 〈형세편形勢篇〉이고, 다음은 포르투갈과 중국 사이의 충돌과 마찰, 회유와 강압 정책 등을 소개한 〈관수편官守篇〉이다. 특히 흥미로운 점은 마카오뿐만 아니라 광동 바닷가 부근을 상세히 소개하면서 역사 사건에 대한 고증 및 기술도 병행하고 있다는 점이다. 예를 들어 몽골군에 쫓기다 육수부陸秀夫의 등에 업혀 애산崖山

바다로 투신해 죽은 남송 마지막 황제의 고사는 비분강개한 정서로 상세히 기술되어 있다. 세 번째는 〈오번편澳蕃篇〉으로 주로 중국 주변국을 소개하고 있다. 가깝게는 류큐·캄보디아·베트남·태국·인도네시아에서부터 멀리는 이란·영국·이탈리아까지, 당시 외국의 풍물을 시문詩文과 더불어 흥미롭게 기술하였다. 특히 당시 마카오에 살았던 포르투갈인들의 의식주衣食住와 행동거지에 대한 묘사는 생생한 현장감을 전해주며, 그들이 사용한 무기·악기·기물·향신료, 더 나아가 종교문화와 결혼 및 장례 풍습, 언어생활까지 엿볼 수 있도록 상세한 설명을 추가하였다.

마카오에서 만날 수 있는 사람들의 얼굴은 다양하다. 광동 사람, 포르투갈 사람, 중국 내지인, 혼혈인, 그리고 수많은 외국인들. 따라서 마카오의 대중교통에서도 광동어·포르투갈어·영어·중국어 안내방송이 함께 나온다. 마카오 시내에 위치한 공동묘지에는 포르투갈인과 중국인이 결혼하여 몇 대 동안 자손을 내린 혼혈의 흔적이 사진으로 남아 있다. 500년 가까이 연꽃 봉우리 속에서, 몽구 새집에서 혼거해온 동양과 서양. 그들은 오랜 세월만큼이나 갈등과 충돌, 어울림을 반복하며 살아왔다. 그 땅을 다스리는 자가 누구건 간에 주민들의 삶은 몇백 년간 그 모습 그대로 유지되어 왔다. 오늘날 마카오가 지니고 있는 다양한 얼굴과 혼거의 역사, 개방성과 뛰어난 적응력, 이것이 바로 그들이 큰 잡음 없이 외부 세력과 공존해온 산 증거이자 지금도 상생할 수 있는 저력이다.

이 책은 십여 년 전, 동양과 서양의 만남, 충돌의 역사에 관심을 가지고 일련의 반기독교 문서 번역을 함께 했던 안경덕선생님의 소개로 처음 접하게 되었다. 흥미로운 기술이 많아 금세 번역하리라던 예상과는 달리 이러 저런 사정으로 꽤 오랜 시간을 끌게 되었고 특히 시사詩詞나 상소문 등의 번역과 각주작업은 많은 공력을 요구하는 작업이었다. 그러나 그동안 마카오 현지를 여러 차례 답사하면서 나름 마카오에 대한 이해가 깊어졌고 마카오 골목골목을 누비며 책에 기술된 장소들을 확인하고 저자들의 족적을 따라 다니며 현재의 변화된 모습과 비교하는 특별한 체험을 했던 것은 역자들에게 소중한 추억으로 남았다.

역자들은 내심, 마카오에서 청춘을 바치며 공부한 김대건 신부님(1821-1846)의 탄생 200주년에 이 책이 나오면 좀 더 의미가 있겠다고 기대했지만 지금이라도 세상에 선보일 수 있어 감사할 따름이다. 우리에게 새로운 세계를 소개해 주신 안경덕 선생님과 수요가 많지 않을 것이 분명한 책을 선뜻 출판해 주신 학고방 관계자께 깊이 감사드린다.

2023년 겨울

역자 일동

일러두기

- 이 책은《澳門記略》을 번역한 것으로, 원문은 淸 嘉慶 5年(1800) 江寧藩署 重刊本을 저본으로 하고, 乾隆 16년(1751) 西阪艸堂藏版 初刊本, 光緖 6年(1880) 江寧藩署 再刊本, 趙春晨 校注本(1992), 포르투갈어본(*Breve Monografia De Macao*, 2009) 등을 참조하였다.
- 인명·지명·서명 등의 고유명사는 우리 한자음으로 표기하고 작품명은 우리말로 풀어 번역하는 것을 원칙으로 했다.
- 한자로 된 서양 지명의 경우 우리 한자음으로 표기하고 각주에서 현지어를 부기하였다.
- 한자로 된 서양 인명의 경우 음역이므로 해당 언어의 우리말 표기법에 준해 우리말로 표기하고 괄호 안에 외국어와 한자를 병기하였다.
- 한자와 외국어는 원칙적으로 처음 나올 때만 병기하였다.
- 번역문의 한자가 원문 한자와 다른 경우는 (　)로 표시했다. 그러나 시문의 제목의 경우는 (　) 표시를 따로 하지 않았다.
- 원문에는 없으나 매끄러운 번역과 설명을 위해 들어간 문장은 [　] 속에 넣어 표시했다.

목차

권수 31

오문기략 상권 61

오문기략 하권

권말

오문기략 원문

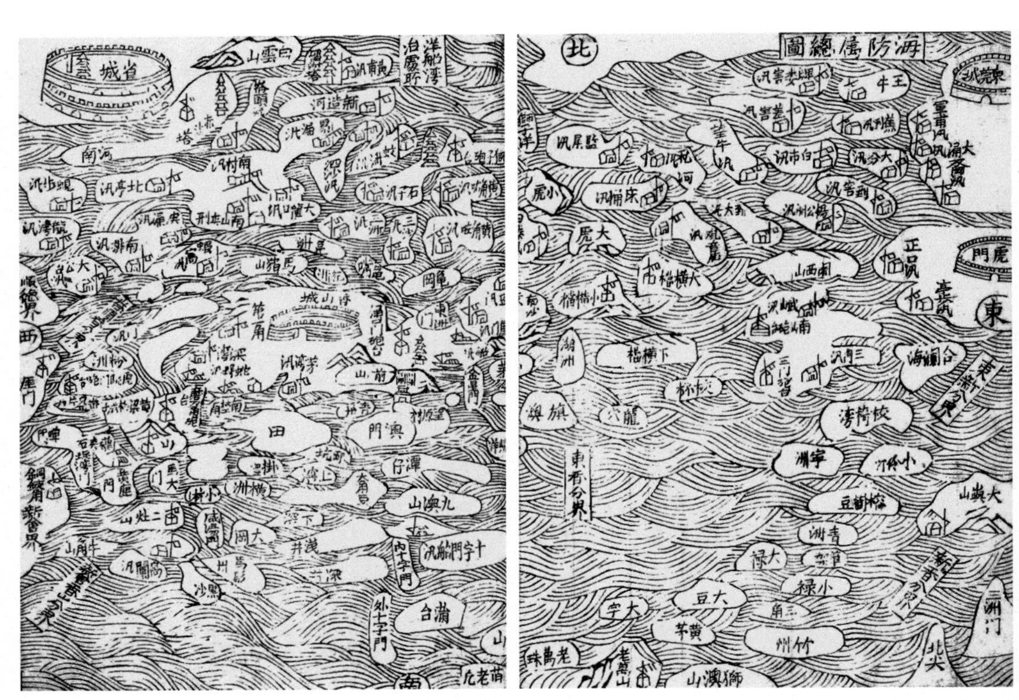

해방속총도海防屬總圖

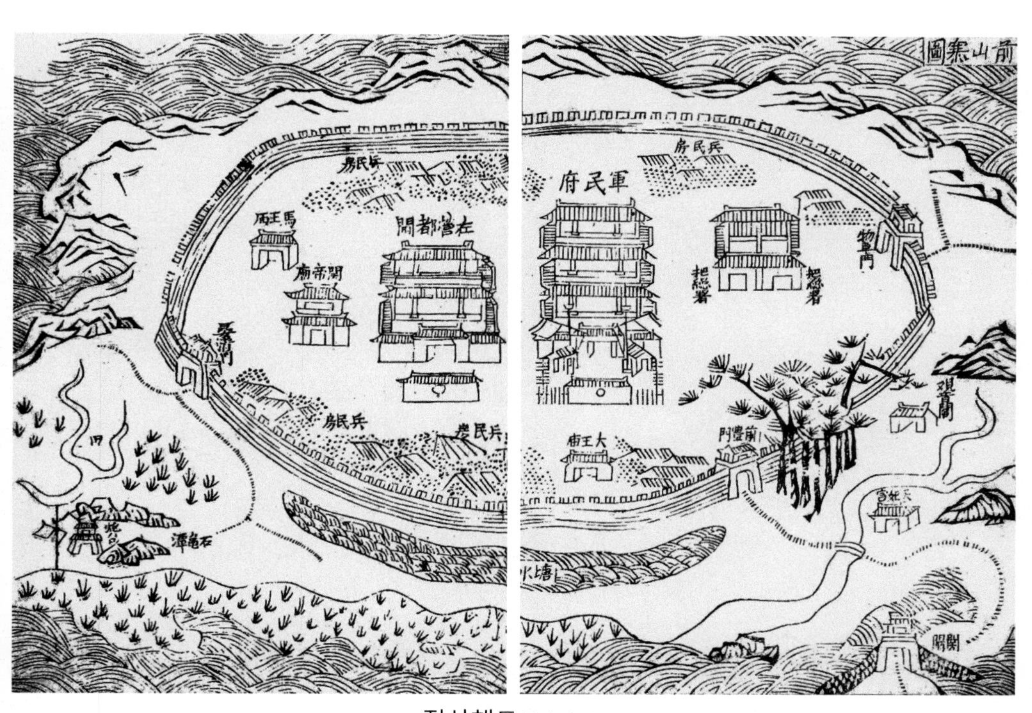

전산채도前山寨圖

청주산도青洲山圖

현승아서도縣丞衙署圖

정면 오문도正面澳門圖

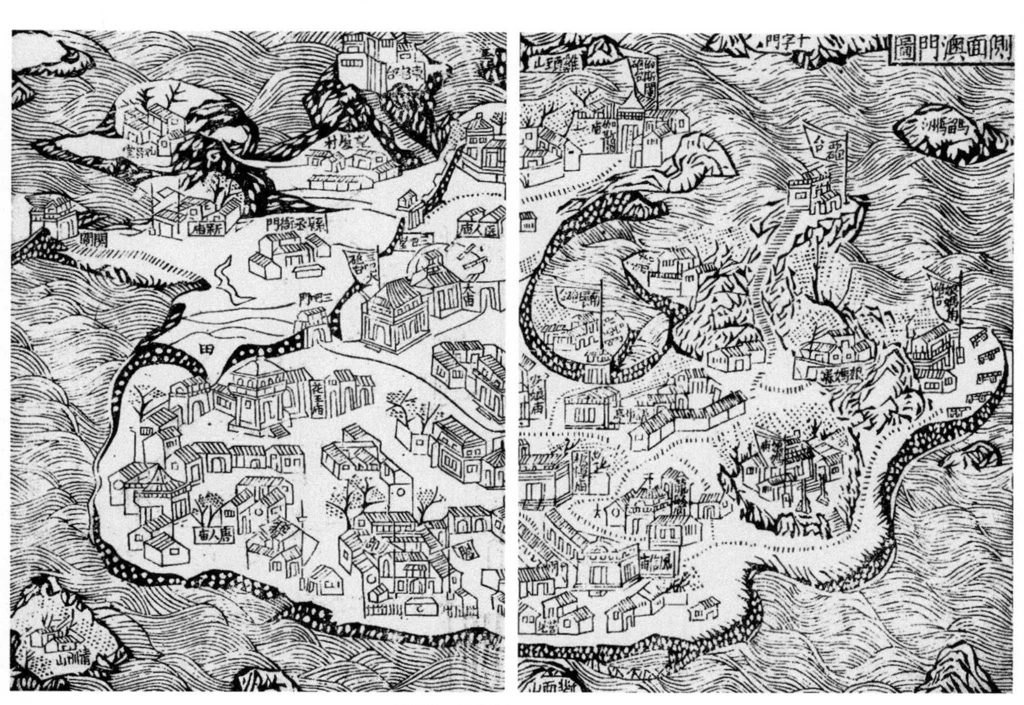

측면 오문도側面澳門圖

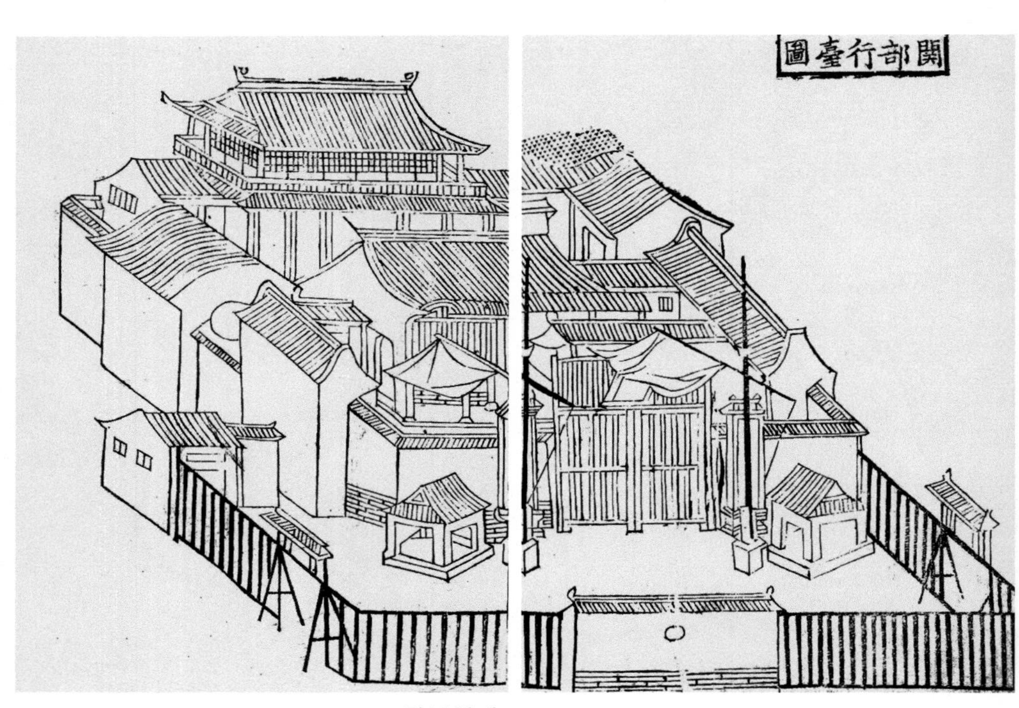

관부행대도關部行臺圖

세관도稅館圖

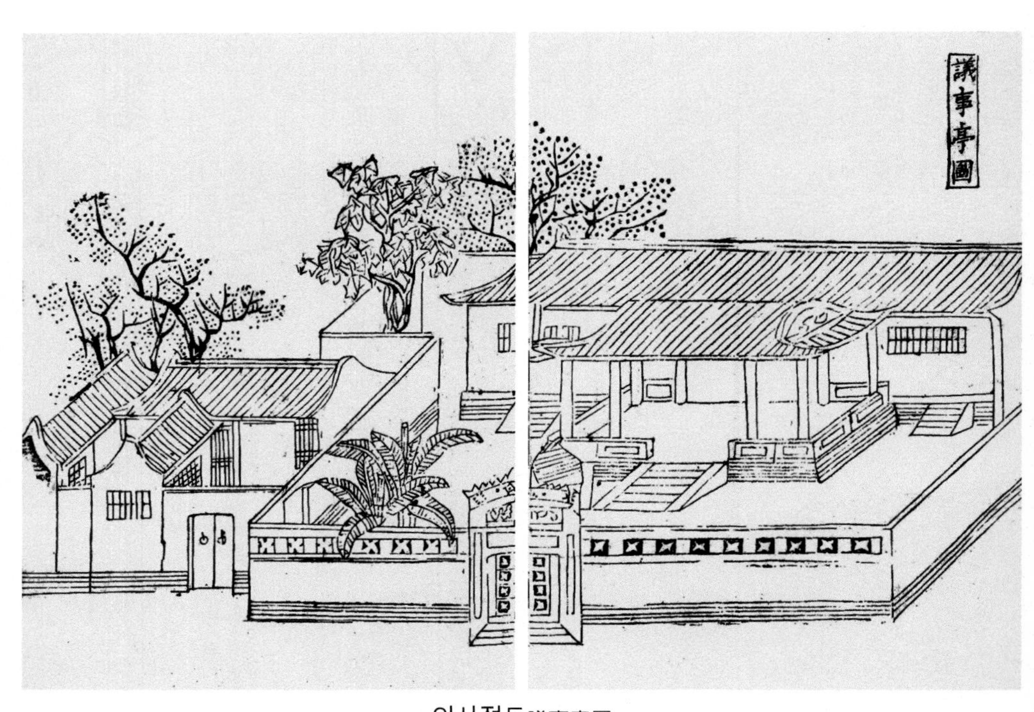

의사정도議事亭圖

낭마각도娘媽角圖

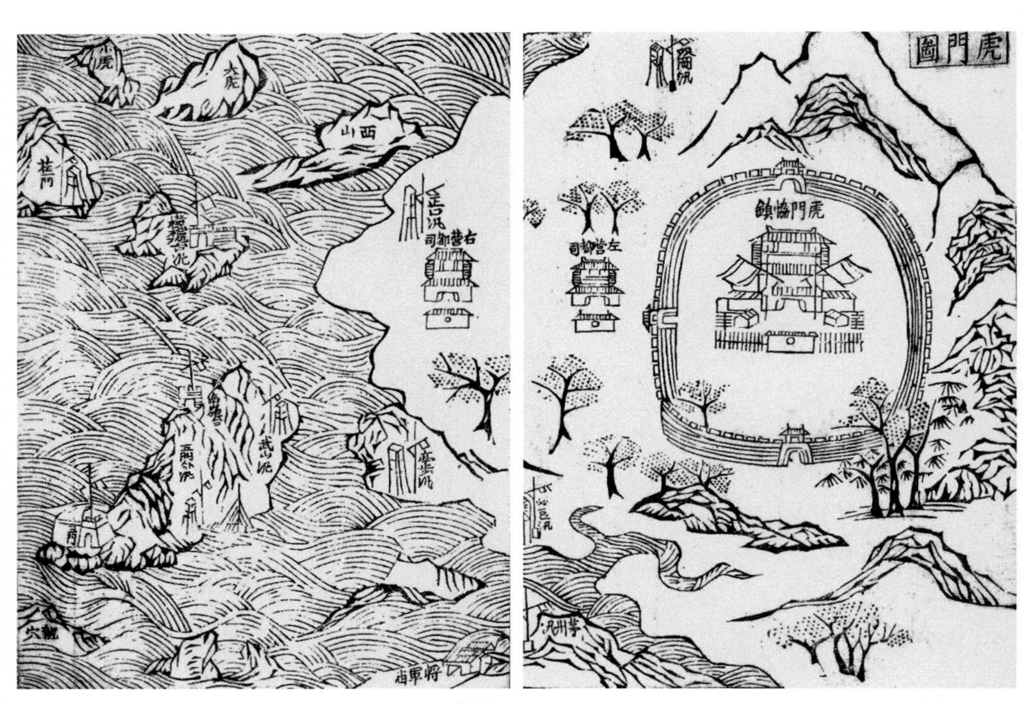

호문도虎門圖

남번도男蕃圖

여번도女蕃圖

삼파사승도三巴寺僧圖

판장묘승도板樟廟僧圖

갈사란묘승도噶斯蘭廟僧圖

용송묘승도龍鬆廟僧圖

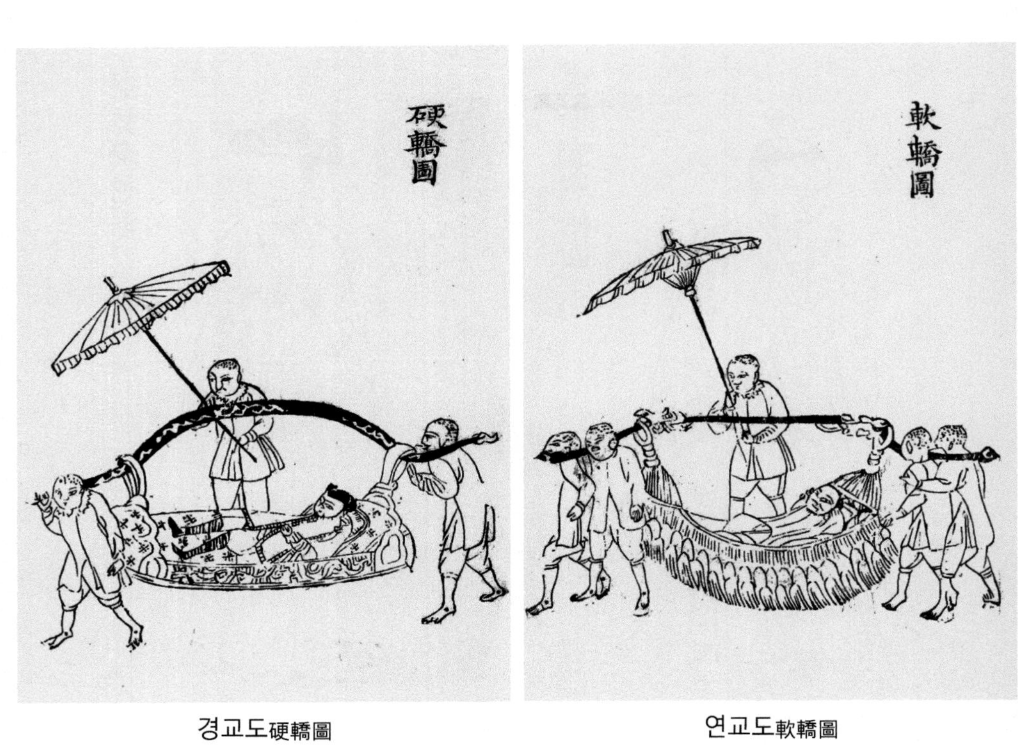

경교도硬轎圖　　연교도軟轎圖

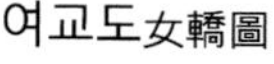
여교도女轎圖

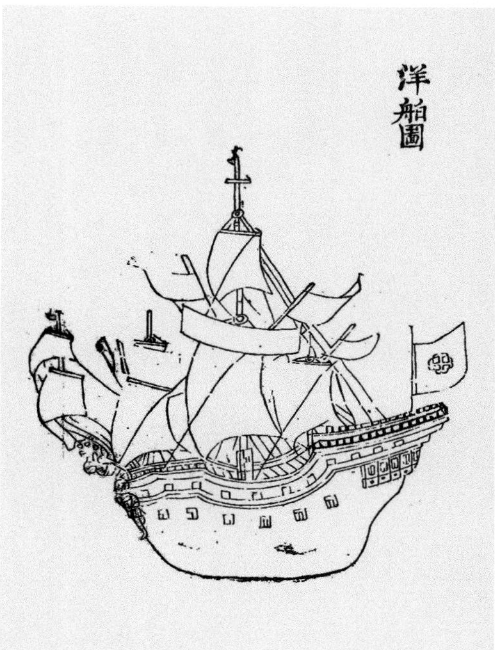

양박도洋舶圖

望廈村
縣丞衙門
新廟
關閘
三巴門
花王廟
唐人廟
青洲山

권수

서문

《오문기략》은 인광임印光任(1691-1758)[1]이 짓고 장여림張汝霖(1709-1769)[2]에게 교정을 맡겨 완성된 책이다. '약略'이라 함은 어째서인가? 두 손으로 저술하다 보면 완성되는 데까지 7-8년이 걸린다. 지금 이 책은 3편으로 이루어져 있는데 하나를 들어 나머지를 아울렀으니, 체제로 말하자면 완전치 못하고 유별로 말하자면 포괄적이지 못하다. 그래서 '약'이라고 하였다. 태수의 직책이란 게 대부분 한가롭고 따분하지만, 오문은 도성 밖에서 군사를 통솔하고 있고 사방으로 이름난 현縣들을 거느리고 있어 직무가 제법 번다하다. 그러나 여기서는 오문을 출입한 자들만 기록하고 그렇지 않은 자들은 제외하였기에, 위로는 군지郡

1) 印光任은 자가 黻昌이고 호는 炳巖이다. 江南 寶山 사람으로, 1726년에 孝廉方正之士에 천거되어 廣東地方官에 임명되었다. 石城·廣寧·高要·東莞 등의 知縣을 역임하면서 높은 치적을 쌓았으며, 특히 외국과의 교섭에 있어 탁월한 능력을 발휘했다.

2) 張汝霖은 安徽省 宣城 사람이며 字는 芸墅로, 雍正 때에 貢生이 되어 광동 河源·香山·陽春 등 지역의 知縣 및 澳門同知를 역임했다. 印光任과 함께 지은 《澳門記略》 이외에도 《張氏詩說》·《澳門形勢篇》 등의 저서를 남겼다.

志나 군사郡史를 침범하지 않고, 아래로는 읍의 문서를 건드리지 않았다. 따라서 '약'이라 함은 공유할 수 있음을 나타내기도 한다. 게다가 서번西蕃[3]은 멀리 있다. 구주九州의 광활함에 대하여 일찍이 추연鄒衍이 말한 바 있으나[4] [그 광활함은 제아무리 잘 걷는다는] 수해豎亥[5]라 하더라도 미치지 못하는 곳이 있고, 《직방외기職方外紀》[6] 등의 책을 보면 견문에만 국한되어 있을 뿐, 직접 가보지는 못하였다. 이에 군자가 말하기를, 서번만은 '약'이라는 글자로써 예외로 두고, 알지 못하는 것에 대해서도 역시 '약'이라는 글자로써 비워두자고 하였다.

간간이 《대일통여도大一統輿圖》[7]를 가져다 보니, 의대리아意大里亞[8]는 서해 끝, 육지의 아라사俄羅斯[9]와 서로 대치되는 지점에 있다. 오문은 남쪽 경계의 작은 점 하나에 불과하니, 가지 하나가 멀리 뻗어 붙어 있는 몽구蒙鳩와 같다.[10] 호경濠鏡[11]이 시장을 개방한 이래 200여 년

---

3) 西蕃은 옛날에 이민족을 통칭하는 말로 쓰였으나, 여기서는 특히 마카오로 들어온 서양 여러 나라를 가리킨다.

4) 鄒衍은 전국시대 陰陽家의 대표적 인물로 '大九州說'을 제창하면서 유자들이 말하는 소위 중국이라는 것은 천하를 81로 나눌 때 그중 하나에 지나지 않는다고 여겼다.

5) 豎亥는 전설 속에 나오는 禹임금의 신하로, 잘 걷는 것으로 유명하다. 《山海經·海外東經》에 보면, "상제께서 수해에게 명하여 동쪽 끝에서 서쪽 끝까지, 오억 십만 구천팔백 걸음을 걷게 하셨다.(帝命豎亥步自東極, 至於西極, 五億十萬九千八百步.)"라는 구절이 나온다.

6) 《職方外紀》는 명나라 말에 중국에 왔던 이탈리아의 예수회 선교사 알레니(Giulios Aleni, 艾儒略, 1582-1649)가 天啓 3년(1623)에 지은 세계지리에 관한 책이다.

7) 명대 桂萼이 1529년에 제작해 황제에게 바친 《大明一統輿圖》를 가리키는 듯하다.

8) 이탈리아의 음역이다.

9) 러시아의 음역이다.

10) 마카오의 지형을 말한 것이다. 마카오는 길게 뻗은 길이 끝나는 곳에 동서로 땅이

의 세월이 흐르는 동안,[12] 큰 사건은 국법으로 다스리고 작은 사건은 형벌로써 다스렸다. 나와 인광임은 홍모紅毛·불랑서弗郎西·여송呂宋이 어지러이 뒤섞이고,[13] [포르투갈의 총독] 병두兵頭 메네제스(Meneses, 若些)[14]가 괴팍함을 부리는 상황에 직면하여, 우리의 다급함을 염려하며 과거에서 교훈을 찾았으니, 각 편에서 재삼 그 뜻을 드러내기도 하였거니와 또한 이를 빌려 우리의 잘못을 메워 보고자 함일 따름이다.

어떤 객이 내게 시비를 걸며 말했다.

"옛날 사람 중에 '약'이라는 글자를 책 이름에 붙인 경우는 오직 한나라 유자준劉子駿[15]이 여러 서적을 총괄하여 책을 만들고 《칠략七略》이라 명명했던 것뿐일세. 지금 자네의 뜻도 이와 같은 것 아닌가?"

내가 말했다.

"유흠劉歆이 책 이름을 '약'이라 한 것은 이름을 겸손하게 하기 위함

펼쳐지고 있는데, 그 모양이 연꽃 같기고 하고, 나뭇가지 끝에 지어진 새집 같기도 하여 이렇게 말한 것이다.

11) 1557년에 포르투갈 사람들이 거주권을 획득하여 유럽인 중 처음으로 마카오에 살게 되었는데, 명나라 사서에서는 마카오를 '蚝鏡' 혹은 '蠔鏡'이라 표기하고 있고, 청나라 때 들어와 비로소 '濠鏡'이라 표기하였다.

12) 嘉慶本 원문은 一百餘歲間이나, 乾隆本에서는 二百餘歲間으로 되어 있고 문맥상으로도 그것이 옳아 이를 따랐다.

13) 홍모는 네델란드와 영국을 범칭하며 紅夷로도 쓴다. 불랑서는 포르투갈과 프랑스 등을 가리키고 佛郞機로도 쓴다. 여송은 스페인을 가리킨다.

14) 원문의 兵頭는 총독이고 若些는 이름으로 安東尼라고도 한다. 당시 포르투갈의 마카오 총독 안토니오 조세 텔리스 메네제스(António José Teles de Meneses)를 가리킨다.

15) 子駿은 漢나라의 劉歆의 字이다. 그는 중국 최초의 도서목록지인 《七略》을 완성한 학자이며, 劉向의 아들로서 도서 정리 사업에 함께 참여하기도 하였다.

이었고, 내가 '약'이라 한 것은 사실을 밝히기 위함이니, 어찌 반드시 같다고 하겠습니까? 비록 그렇기는 하나, 이런 말도 있습니다. 맹자께서는 '그 대략을 일찍이 들어본 적이 있습니다.'[16]라고 하였고, 또 '이것이 그 대략입니다.'[17]라고 하였습니다. 정치에 무릇 관제官制와 전제田制보다 더 중요한 것이 없거늘, 대략적으로 언급하고 만 것은 하나는 제후를 탓하기 위함이요 하나는 등문공滕公文에게 바라는 바가 있어서입니다. 이 책은 우리 군자보다 앞서 완성되었으니, 책에 빠진 곳이 있은 지 오래되어도 감히 탓할 수 없습니다. 뒤를 이어 그것을 매만지면 어찌 없어지겠습니까? 아쉬워하며 후세의 군자를 길이 기다리는 수밖에 없습니다."

인광임이 그 말을 듣더니, "그게 바로 나의 생각이네. 그 말을 적어 서문으로 삼아 주시게나."라고 말했다.

건륭16년(1751), 신미년[18] 칠월 칠일,
선성宣城 사람 장여림이 적다.

---

16) 《孟子》〈萬章·下〉에서 北宮錡가 周 왕실의 관작 봉록체제에 대해 묻자 맹자가 제후들이 그 제도가 자신들에게 불리할까 봐 관련된 문헌을 없애 상세히는 모르나 그 대강을 들은 적이 있다고 하면서 설명했다.

17) 《孟子》〈滕文公·上〉에서 滕文公이 정전제에 관해 묻자 맹자가 토지분배와 관리에 대해 설명하며 한 말이다.

18) 원문은 重光協洽인데, 古甲子에서 重光은 辛을, 協洽은 未를 나타낸다. 즉 신미년을 뜻한다.

향산현지香山縣志·열전列傳

인광임은 강남 보산寶山 사람으로 효렴孝廉으로 천거되어 어명을 받들고 광동에 왔으며, 가는 곳마다 치적을 쌓았다. 건륭 8년(1743) 6월, 오랑캐 영길리暎咭唎[19]가 바깥 바다에서 여송呂宋 선박을 공격하여 재물을 빼앗고 사람들을 포로로 잡았으나 그만 폭풍에 휩쓸려 내해까지 표류해 왔다. 상부에서는 당시 동관東莞에 재직하고 있던 임광임에게 격문檄文을 내려 저들을 힐문 조사하도록 하였다. 인광임이 배를 타고 바다로 나가 천자의 예법으로써 저들을 거듭 깨우치니, 오랑캐들은 두려워 복종하면서 사로잡은 우두머리와 포로 500여 명을 내보내주고, 선원들을 오문 오랑캐에게 넘기며 본국으로 돌려보냈다. 그 덕에 수백 명이 목숨을 부지할 수 있었다. 상부에서는 그의 능력을 가상히 여겨 조경부肇慶府 동지同知라는 직책을 제수하였다. 얼마 후 오문이 해구海口의 요지여서 급히 진압해야 했기에, 그를 광주부廣州府 해방군민海防軍民 동지同知로 고쳐 임명하여 전산채前山寨에 주둔하게 했다.

19) 잉글랜드의 음역으로 英吉利·英咭唎·英鷄黎 등으로 쓰기도 하였다.

전산은 오문에서 3리 남짓 떨어져 있는데 그곳에 성을 쌓고 해자를 파 우뚝한 요새를 만들었다. 막 부임하자마자 여송의 초선哨船이 십자문 밖에 머무르면서 예전의 원수를 갚으려 한다는 사실을 정탐하고는 외국 오랑캐들이 서로 다투다가 바다의 우환을 만들까 염려되어 오랑캐 우두머리에게 은혜와 의리를 분명히 설명하고 타고난 선량함을 일깨웠더니 며칠 후 돛을 올리고 떠나갔다. 10년(1745) 6월, 영길리가 또 하란嗬囒[20]인들을 규합하여 거대한 함정 여섯 척을 몰고 와 엿보다가 여송의 상선을 약탈하니, 연해 주민들이 놀라 동요했다. 이해 가을 초주사哨舟師들이 오문에 운집하자 인광임은 그들을 회동하여 해구로 이동시킨 다음 나누어 방비하도록 했다. 때마침 불랑서(咈哪哂)[21] 상선이 파도를 가르며 남쪽에서 왔다. 불랑서는 여송의 인척 무리였다. 그러자 영길리가 돌연 살기등등해 일시에 모든 배의 돛을 걸고 닻을 올리더니 나아가 약탈하려고 했다. 인광임은 심히 노하여 무관을 데리고서 초선을 몰고 각 영의 초주사들을 통솔해 바다로 나가 가로막으려 하였다. 먼저 오문의 오랑캐 두목을 작은 배에 태워 저들에게 보낸 다음, 천조天朝의 법률이 엄격하고도 밝아 내지에서 [오랑캐가] 창궐하는 것을 용납하지 않을 것임을 분명히 깨우쳤다. 언사가 어찌나 매섭고도 격하였는지, 고슴도치 수염에 머리를 묶어 올린 무리들이 비로소 두려움에 잠잠해지더니 이내 돛을 내렸다. 불랑서는 그 덕에 노만산老萬山으로부터 바람을 타고 호문으로 들어올 수 있었다. 다음날 여러 서양 선박들이 차례대로 멀리 도망가니 바다가 편안해지고 장사하는 백성들이 편

20) 네델란드의 음역으로 賀蘭이나 和蘭으로 쓰기도 한다.

21) 咈哪哂는 곧 弗郎西로, 포르투갈을 가리킨다. 法朗西 등으로 쓰기도 한다.

히 잘 수 있었다. 상부에서는 이 일로 두 차례 천자께 상주하였는데 극찬의 뜻을 갖추었다.

평상시에도 그는 항상 오문 오랑캐들을 보듬어 다스리고 성심을 다해 공정하게 대했으며 늘 은혜와 신의를 내보였기에, 백성과 오랑캐가 화목하게 지냈다. 따라서 초창기부터 중대하고도 어려운 일을 맡아 침착하고도 시의 적절하게 처리해갈 수 있었으며 주변 견제 세력으로 인한 우환도 일절 없었다. 성격 또한 활달하여, 사졸들을 시찰함에 있어서도 위엄 속에 인자함이 있었다. 특히 인재와 의학義學[22]을 중시해 학생들의 시문詩文에 손수 갑을을 매겼기에, 많은 선비들이 학업성취에 도움을 받았다. 또 가난한 자에게 자주 경제적 도움을 주어서 선비들이 지금까지도 그 덕을 기리고 있다. 평생 읽지 않은 책이 없고 제의制義[23]에 특히 조예가 깊었기에, 그의 글들은 판각되어 널리 전하면서 해내海內의 보배로 받들어지고 있다. 고체시古體詩와 금체시今體詩 모두 온화하고 조화로워 당시唐詩의 삼매를 깊이 터득했다. 공무를 보고 난 여가에는 아름다운 산수를 찾았고 선비들과 어울려 술잔을 기울이고 글을 썼다. 그들이 서로 주고받은 글이 책 한 질을 이루었다.

후에 동관東莞의 세무장부 작성이 지연되는 바람에 부에서 관급의 강직을 의결하였고 어지를 받들어 도성으로 들어가게 되었다. 떠나는 날 관할지역 백성들이 배를 사서 수백 리 밖까지 전송하였는데, 당시 깃발이 해를 가리고 강물을 붉게 물들인 일은 지금까지도 장관으로 전해진다. 11년(1746) 가을에 궁에 들어갔다가 성지를 받들고 광동으로

22) 개인의 기부금이나 지방의 공익기금으로 세워진, 학비가 면제되는 私塾을 말한다.
23) 명청시기 과거시험의 규정 문체인 八股文을 말한다.

돌아와 다시 관직에 임용되었으며, 얼마 후 월민남오粵閩南澳 군민동지軍民同知로 발탁되었다. 향산 백성들은 그를 붙잡을 수 없었기에 《철성창화집鐵城唱和集》을 읽을 때마다 강주사마江州司馬[24]를 그리워해 마지않았다.

장여림은 강남 선성宣城 사람으로 뽑혀서 추천 받아 현의 지사知事가 되었다. 청렴 공정하고 세상을 다스리는 재능이 있었다. 부임하자마자 간교한 자들을 다스리고 폐단을 척결하는 것을 자신의 소임으로 삼고 백성들에게 불편을 끼치는 것은 모두 없앴다. 읍이 원래 번잡한데다 기강이 무너지고 해이해진 뒤에 직임을 맡다보니 안건이 어지러이 쌓여 있었다. 장여림은 낮이면 공당에 앉아 옥사를 판결하였는데 귀신같이 적발해내었고, 밤이면 촛불을 밝히고 문서를 검토하였는데 눈빛이 형형했다. 십여 시각이 흐른 뒤에야 잠시 책상에 기대어 선잠을 자면서, 혹한이나 혹서에도 늘 이렇게 했다.

완아주阮亞珠라는 병들어 파리한 자가 있었는데, 흉악한 자가 호주산湖洲山으로 꾀어 끌고 가 쓸개를 내 놓으라고 윽박질렀다. 완아주가 어찌할 바를 몰라 하는 사이 흉악한 놈이 갑자기 등나무로 목을 조르니, 거의 숨이 막혀 죽을 것 같았다. 배를 가르고 발로 밟는데 창자와 폐가 한꺼번에 튀어나오는 바람에 흉악범은 깜짝 놀라 도망치고 말았다. 시간이 지난 후에 완아주는 다시 살아나 두 손으로 창자와 폐를 움켜쥐고 비틀거리며 걸었다. 누군가가 산 밑에서 그 모습을 보고서 그

24) 《鐵城唱和集》은 인광임의 저작이다. 인광임은 말년에 廣西省 慶遠府와 太平府의 知府를 지냈는데, 태평(崇左市 江州區)은 江州라 불렸다. 따라서 강주사마란 곧 인광임을 가리킨다.

어머니에게 알려주기에 달려가서 보았더니, 완아주는 자초지종을 얘기한 뒤 "나를 찌른 자는 용안도龍眼都[25]의 고씨高氏입니다."라는 말을 남기고 눈을 감았다. 이 사실을 관에 알려 조사를 시작하니, 고씨 성을 가진 자들이 모두 위태로워졌다. 이 일은 자못 기이한 일이라 온 성안에 떠들썩하게 퍼졌다. 이때 마침 태호太湖에서 산 사람을 죽여 장기를 약재로 쓴 간악한 무리들을 대대적으로 수색하고 있었는데, 상부에서는 혹 그 잔당이 아닐까 의심하였다. 또 이 일이 혼자서 할 수 있는 것도 아니라고 여겨 속히 문책해 잡아들이라는 지엄한 격문을 내리니, 온 읍이 두려워 떨었다. 장여림은 닷새 만에 주범을 찾아냈는데, 심문하자마자 자복하기를, 원래는 유씨劉氏였으나 고씨에게 시집갔다고 하였다. 공범이 없는지를 물었으나 완아주의 모친이 증인이 되어 연루되는 자가 생기지 않았다. 당시 법에서는 산 사람의 장기를 팔았을 경우, 죄인은 법으로 다스리고 죄인의 가산은 [희생자의] 가속에게 주도록 하였는데, 완아주의 숙부가 그 재산에 침을 흘렸다. 장여림이 완아주의 모친을 불러 고하기를, "너는 강보에 손주를 기르고 있다. 아들이 살아 있으면 아들에게 의지하고 아들이 죽으면 강보에 의지해야 하니, 어찌 생각하지 않을 수 있겠느냐?"라고 하였다. 그리고 그 모친에게 전당포를 하사하여 매달 그 이자를 받아 살게 했다. 그리하여 완아주의 모친은 아들은 잃었으나 계속 보살핌을 받았고 아들은 죽었으나 대를 이을 수 있었으니, 모두 장여림이 그를 위해 안배한 덕분이었다.

여림은 해변에 토사를 쌓아 밭을 만들면 백성들에게 이로울 것이라 생각하여 이미 완벽하게 계획을 세워 놓았다. 또한 움푹하고 비탈진 산

25) 광동의 행정구역 이름으로 大涌鎭·沙溪 등이 이에 속했다.

등성이나 메마르고 척박한 구역에서도 여러 곡식을 심어 경작할 수 있게 하였다. 이에 상부에 힘써 주청하여, 십 묘畝 이하의 땅은 백성에게 스스로 개간하도록 하고, [개간 후 일정한 연한이 지나면 부과해야 하는] 승과陞科를 면해주어 생업으로 삼도록 주었다. 현의 남쪽에는 옛날부터 나파피羅婆陂가 있었는데 오래도록 권세가들이 둑을 쌓아 물길을 막고 자기들만 물을 대다 썼기에 백성들이 큰 고통을 받고 있었다. 장여림이 직접 조사하여 진상을 파악하고, 상부에 보고하여 옛길을 복구하니, 수백 이랑에 이르는 백성들의 밭에 물을 댈 수 있었다.

성 안의 풍산豊山 기슭은 예전에 서원이 있던 자리였는데 장여림은 그곳을 넓혀 건물을 새로 짓고 앞에는 수업하는 강당, 뒤에는 숙사를 나란히 지었다. 제생諸生들을 그 안에 들여보내 학업을 익히게 하고 염전 4이랑을 주어 수업료를 대게 했다. 과거 공부를 하던 자 중 그의 가르침을 받은 자는 그 문장에 모두 법도가 있었기에 연이어 회시會試에 급제하였다. [이처럼] 백성을 잘 기르고 잘 가르친 것은 백 년에 한 번 나올까 말까한 드문 일이었다. 그 외에도 긴 제방을 쌓아 하천의 도랑을 보호하고 남교南橋를 보수해 지나는 사람들에게 편리를 제공하는 등, 모든 일을 순서에 맞게 시행하였다.

충성을 기려 묘에 예를 표하는 전례를 재삼 강조했다. 송나라 말의 장태부張太傅 월국공越國公 장세걸張世傑이 적감촌赤坎村에 대충 매장되어 수백 년 동안 잡풀이 우거져 있고 여우와 토끼 굴이 되다시피 했는데 장여림이 관리의 치적을 살피기 위해 순시차 그곳에 이르렀다가 자금을 대어 비석을 세우니, 화표華表[26]가 빛을 발했다. 또 사전祀田[27]

26) 고대 궁전이나 능묘 등 대형 건축물 앞에 세운 장식용 돌기둥을 가리킨다.

을 마련해 주고 관리를 파견해 춘추 제사를 모시게 했다.

얼마 후 오문의 해방동지로 발탁되었다. 오문은 이민족이 섞여 사는 곳이라 그 무질서함을 예측할 수가 없었는데 장여림은 은혜와 위엄으로써 이들을 장악했다. 서양 신부들이 천주교로 백성들을 현혹하고, 삼파사三巴寺 등 여러 사원 외에 전문적으로 사원 하나를 세워 내지의 백성들을 선동, 유혹하면서 '당인묘唐人廟'라 이름 붙였다. 가깝게는 남해南海·순덕順德에서부터 멀게는 장강長江 일대와 초楚 지역에서까지 사람들이 정기적으로 모여들었는데, 남녀가 한데 섞여 지냈기에 군자들이 병폐로 여겼으나 백 년 동안이나 어찌하지를 못했다. 마침 복건성에서 서교西敎의 간음 사건이 발생해 상부에서 여러 도道에 규찰하여 다스리라는 명령을 내리자 공은 비밀리에 양부兩府에 아뢰고 들어가 고하였다. 이에 사원은 곧 봉쇄될 수 있었고 사사로이 입교하는 자는 법으로 죄를 다스렸다. 이에 앞서 사원을 봉쇄하라는 명령이 내렸는데도 오랑캐들은 어리석게도 불복하였다. [총독인] 병두兵頭가 특히 사납고 완강해 무력으로 저항할 것을 의론했다. 여림은 손수 수백 마디의 소疏를 써서 그 일의 시비를 반복해서 논했는데, 어떤 것이 이롭고 해로운지가 그 안에 다 갖추어져 있었다. 격문이 올 때가 되자 장여림은 단기필마로 저들 앞에 나아갔다. 오랑캐는 크게 감동받고 깨달아 여림의 발밑을 에워싸고 울면서 영원히 사원을 걸어 잠그고 다시는 범하지 않겠노라 맹세하였다. 여림의 담대함과 변고를 처리하는 능력이 이와 같았다.

여림은 이민족이 가까이 거주하는 것을 멀리 내다보고 걱정하였는

27) 세 수입으로 제사를 모시는 밭을 말한다.

데, 이는 그가 때때로 읊은 시를 통해 볼 수 있다. 네 편의 논論을 지어 병폐와 처방을 조목조목 말하였으나, 너무 오래 쌓인 것이라 돌이키기가 쉽지 않았다. 때마침 오랑캐들이 밤중에 간아이簡亞二와 이정부李廷富를 때려죽인 사건이 발생했는데, 살인범들을 잡아 바치고 국법을 시행하느라 심신이 고갈될 지경에 이르렀으나, 마침내 병두를 멋대로 놓아준 일로 인해 관급이 강등되었다. 또 서양의 왕에게 유지를 전하고 사신을 파견해 조사하게 하니 [그들이] 병두를 잡아 돌아갔다. 수습책 십여 가지를 조목조목 진술하니 헌부에서 의론을 내려 그 내용을 비석에 새겼다.

본성이 배우기를 좋아하여, 병형兵刑·전곡錢穀[28]·율력 등 여러 책에 통달하지 않은 바가 없었기에, 정무를 펼치고 융통성 있게 교화를 시행함에 모두 뛰어났다. 특히 시문을 잘 지어서 한·위·육조·당·송·원·명대의 작품들 외에 달리 심오한 경지를 개척하여 일가를 이루니, 해내의 명사들이 추앙했다. 《신신초辛辛草》·《오월음吳越吟》·《이명집耳鳴集》 등의 저서 몇 권을 남겼다. 임지를 떠나는 날 관리와 백성들이 앙모의 정을 노래하여 마지않았다.

28) 재정 담당 관리를 가리킨다.

광서 태평부太平府 지부 인공印公 전傳

옹정 4년(1726), 세종 헌황제憲皇帝께서 천하의 독무督撫[29]들에게 효렴방정孝廉方正[30]한 선비를 추천하라는 조서를 내리시니, 강소江蘇 포정사布政使 장탄린張坦麟이 천자의 명에 따라 보산의 늠생廩生 인공印公 [인광임]을 천거하였다. 제부制府 윤문단尹文端 공이 만나보고 매우 뛰어난 인물이라 여겨 소疏를 갖추어 특별히 천거하니, 성지를 받들어 광동으로 발령받아 현의 지사로 등용되었다. 처음에 고주高州 석성현石城縣 지사에 임명되었다가, 광녕현廣寧縣 지사에 정식으로 제수되었고, 고요高要로 옮겼고 다시 동관東莞으로 옮겨갔다. 이르는 곳마다 도적을 잡고 호랑이를 죽여 백성에게 해 끼치는 것들을 없앴으며, 학교를 세우고 서원을 설치하여 우수한 인재를 선발하였다. 채 한 해도 안 되

29) 독무는 總督과 巡撫를 가리키며, 명청대 지방관 가운데 가장 높은 직위다.

30) 漢代의 察擧제도 중 효순하고 청렴한 인재를 천거해 등용하는 孝廉과 賢良方正 과목에 근거한 것으로, 청대에는 制科 중 하나가 되었다. 雍正(세종) 즉위 시(1723), 각 省에서 '孝廉方正'한 자를 추천하게 해 六品의 章服을 하사하고 등용했으며 乾隆帝 때부터는 천거받아 禮部의 시험을 거치게 한 후, 知縣·州判 등의 관직을 내렸다.

어 민간에서는 바깥문을 닫지 않고 살았으며 인문人文이 번성하였다.

신흥新興31)의 백성이 원수를 반역도모죄로 무고하자, 공은 진상을 밝혀내어 무고한 자를 처벌하고 연루되어 갇힌 이 40여 명을 풀어주었다.

을묘년(1735) 4월, 귀주성貴州省 고주古州의 묘족苗族이 반란을 일으키자 공이 제부制府32)인 악공鄂公을 찾아가 고하기를, "귀주에서 군란이 일어났다면 동남쪽에 있는 양월兩粵 지역에서 성원해 주어야 마땅합니다. 천둥 벼락처럼 신속한 용병술로 저들을 놀라게 하면 싸우지 않고도 복종시킬 수 있을 것입니다"라고 하였다. 악공이 옳은 소리라고 여겨 참장參將 양楊 아무개에게 명해 소속 무사들을 내보내 북을 울리고 깃발을 펼쳐들고 나아가게 했더니, 묘족들이 과연 궤멸하였다. 악공이 감탄하길, "인 현령은 훌륭한 관리일 뿐 아니라 필경 장수감이로다!"라고 하였다.

동관은 큰 바다에 임해 있고 국경의 수비는 호문을 경계로 삼는다. 계해년(1743) 6월, 바다에 태풍이 불어 큰 배 두 척이 호문에 들어와 사자양獅子洋에 정박했는데 곱슬머리에 흉악한 생김새를 한 자들이 병기를 삼엄하게 늘어놓고 있어서 온 동관 사람들이 크게 놀랐다. 제부制府인 책능策楞이 병사를 끌고 가 진압하려 했으나 포정사 부찰탁용富察託庸이 웃으며 말하기를, "그럴 것 없습니다. 인 현령에게 맡겨 처리하게 하면 10만 정예군도 감당할 것입니다"라고 하였다. 제부가 공을 불러 의논하자 공은 "저 오랑캐 수장이 중국의 군대가 오는 것을 보게 되면 혹여 다른 변고가 생길까 근심이오니, 제가 직접 가서 설득하여

31) 광동성 중부의 縣이다.

32) 명청대의 총독을 가리키는 말이다.

항복시키겠습니다"라고 말했다. 그러더니 작은 배를 타고 통역 한 사람을 데리고서 [오랑캐의] 배에 올라가 따져 물었다. 그 결과 영길리 오랑캐가 여송과 원수처럼 전쟁을 벌이고 여송인 5백 명을 포로로 잡고 돌아가는 길에 바람에 표류하다 내지로 들어왔으며, 배의 덮개가 부서지고 식량이 떨어져 닻을 내리고 배를 수선한다는 사실을 알게 되었다. 포로 5백 명은 공을 향해 목숨을 구해달라고 부르짖었다. 공은 영길리 수장이 곧 식량을 요구할 것이고, 배를 수리하려면 내지의 장인을 필요로 할 것인즉, 저들의 목숨을 가히 통제할 수 있으리라 생각하고는, 돌아와 제부 및 탁공에게 먼저 식량 사들이는 길을 차단해 굶긴 뒤 배 수선공을 숨겨 저들을 곤란케 만들라고 고했다. 그러자 영길리 수장은 곤경에 빠져 부하에게 명해 관문을 두드리며 만나기를 청하지 않을 수 없었다. 공이 즉시 그들을 깨우쳐 말했다. "천조는 먼 곳의 백성을 품어주며 누구든 차별 없이 대하고 다투는 것을 싫어한다. 너희가 포로 5백 명을 바치고 중국의 처분에 따를 수 있다면, 금지되었던 쌀 판매를 즉각 개시할 것이며 당장 조선공造船工을 불러들여 돛과 돛대를 대신 수리하게 하여 너희 나라로 돌려보낼 것이다." 영길리 수장은 처음엔 주저하였으나 잠시 후 여러 부하들과 상의한 뒤 어쩔 도리가 없다고 생각하여 땅에 엎드려 그러겠다고 답했다. 포로 5백 명이 향을 사르며 환호하니, 그 소리가 하늘에 울렸다. 제부는 그들을 여송에 돌려보내는 한편, 상주하여 위에 고했다. 천자께서는 크게 기뻐하시며 먼 곳 백성을 다스리는 큰 요체를 터득한 자라 여기시고 해문에 동지 한 명을 더 추가 배치하라고 명한 뒤 공을 전임으로 주둔하게 했다.

얼마 안 있어 불랑서(咗啷哂)가 오문에 들어와 무역을 했는데, 영길리가 그들의 재물을 탐내 연이어 6척의 배를 내보내서는 교역하러 왔다고 거짓말을 하면서 재물을 빼앗아갈 궁리를 했다. 공이 그 간교함을 간파하고 불랑서의 수장을 찾아 데려오게 한 다음, 바닷길을 잘 아는 자에게 명하여 그들의 배를 인도해 십자문을 돌아 노만산 바깥 길을 통해 호문으로 들어가 피하게 했다. 그러자 영길리 오랑캐의 배 6척이 과연 닻을 거두고 돛을 올리더니 꼬리를 물고 뒤쫓았다. 공은 전함을 이끌고 수군 병사들을 지휘하여 바다로 나아가서는 영길리 수장을 불러 매섭게 질타하기를, "너는 무엇 때문에 왔는가? 타인의 재물을 탐내 도적질을 하려는 셈인가? 나는 제부의 명령을 받들고 왔으니, 만약 불랑서 사람을 해친다면 황포에 있는 너희 나라 사람으로 배상해야 할 것이고, 만약 재물을 빼앗는다면 아행牙行에 있는 너희 재물로 배상해야 할 것이다"라고 하였다. 말을 마치고는 장정 천여 명을 지휘해 갑옷을 입고 대포를 설치하고 선박을 에워싼 채 수비하게 했다. 영길리 수장은 아무 소리도 못하고 그 즉시 여섯 척의 선박의 노를 저어 떠났으며, 불랑서 선박은 일찌감치 호두문을 무사히 건너갔다. 그때 공이 그들을 미리 꺾어버려 기세를 제압하지 않았더라면, 두 나라가 교전을 벌여 중국 땅마저 짓밟혔을 것이다. 공이 연해 지역을 오래 맡은 덕에 여러 오랑캐의 종류 지파 및 누가 약하고 누가 강한지, 누가 교활하고 누가 우둔한지, 산천의 형세는 어떤지, 하나하나 가지런히 파악되지 않은 바가 없었다. 따라서 사전에 도모하고 적시에 결단을 내렸기에 공의 임무가 끝나는 날까지 바다가 잠잠하였다.

병인년(1746) 여름에 공은 강직되었으며, 천자를 알현하고 성지를 받들어 다시 광동으로 발령 받았다. 떠나는 길에 집에 돌아가 선영을 살피고 형제들과 눈물로 이별하니, 슬프고도 아픈 마음에 고향에서 여생을 마치고 싶다는 생각을 하였다. 마침 광동의 도독 책릉策楞이 오吳

땅을 지나다 그를 억지로 일으켜 세우며, "너의 정신이 아직 쇠하지 않았으니 나아가 나라에 보답해야 마땅하다"라고 하였다. 공은 도독이 자신을 알아주는 은혜에 감격하여 월동粵東에 이르러 남오南澳 동지同知에 임용되었다가 광서경원부廣西慶遠府 지부知府로 승격되고 다시 태평太平으로 파견되었다.

월서粵西와 검黔·전滇[33]은 접경 지역으로, 일반백성과 묘족이 뒤섞여 살고 있는데 강도 사건이 발생하여 수십 명이 다쳤는데도 5년 동안이나 주범을 잡지 못했다. 공은 도착한 지 한 달도 안 되어 흉악범들을 모두 붙잡았기에, 세 성에서 모두 신묘하다 칭송했다. 그러나 태평에서 염인鹽引[34]을 발행하지 않은 탓에 또 의론에 부쳐 해직되었다. 관직을 내려놓은 뒤에도 관할 도결주都結州[35]에 억울한 사건이 있다는 얘기를 듣더니 격분하여 이르길, "나는 구 장관으로서 백성들이 억울한 누명을 쓰는 것을 참을 수 없다!" 하고는 곧장 그 땅으로 달려가 거간 아무개가 족장(土司)에게 돈을 주고 공문서를 훔쳐내 수작을 부린 것을 밝혀내고는, 그 집에 쳐들어가 위조문서를 찾아내고 대부大府[36]에 비밀리에 송달하니, 한번 조사로 억울함을 씻어주었다. 공이 탄식하여 말하길, "떠나는 마당에 그래도 백성 수십 명을 살렸으니 탁무卓茂에게 삼공三公의 의복을 하사한 것[37]보다 낫다!"라고 하였다. 성을 나설 때,

33) 黔은 현재의 貴州省 일대를, 滇은 雲南省 일대를 간략히 부르는 명칭이다.

34) 鹽引은 소금의 판매, 또는 운반 허가서이다.

35) 都結州는 廣西省의 州 이름으로 지금의 天等縣에 속하는 지역이다.

36) 大府는 상급 관청을 가리킨다.

37) 卓茂는 한대 南陽의 宛 땅 사람이며 덕행으로 이름 높았던 관리이다. 三公은 秦代에는 太尉·丞相·御史大夫를, 동한 光武帝 때에는 大司馬·大司徒·大司空을 가리켰다. 이에 더해 太傅·太保를 上公으로 삼았는데 광무제가 탁무의 덕

끊임없이 남녀노소가 길에 나와 수레 끌채를 잡고 발아래 엎드렸다.

공의 이름은 광임이요, 자는 불창黻昌이며, 호는 병암炳巖이다. 본적은 보산寶山이다. 천성이 효성스럽고 친구에게 신의가 있었다. 고요의 전 현령인 고顧 아무개와 교대했는데 그의 현명함을 알고 제대로 된 고과考課를 돌려주었다. 누차 큰 분쟁을 해결하여 뛰어난 업적을 세웠으면서도 절대로 스스로 뽐내지 않았다. 동료 중 공의 재주를 시기하여 가로막는 자가 있었으나 공은 이를 뜬 구름에 부치고 개의치 않았다. 고향에 돌아와 단출한 행장으로 밭과 들을 다니며 농사일에 대해 한담하였기에, 사람들이 그가 2천 섬을 받는 관원인 줄을 몰랐다. 68세로 생을 마감하였다. 저서로는 《병암시문집炳巖詩文集》·《익기편翊蘄編》·《오문기략》·《보정집화補亭集話》·《우음쇄금초雨吟碎琴草》·《철성창화鐵城唱和》 등이 있다.

구사씨舊史氏가 말한다.

30년 전, 내가 부찰탁용富察託庸의 네 가지 일을 기록하면서 인공의 훌륭함을 깊이 알고는 마음으로 본받아 온 지 오래였다. 올해 가을 그의 손자인 홍경鴻經·홍위鴻緯 등이 그 조부를 위해 전傳을 지어 달라 청하기에 그의 행장을 읽고서야 공이야말로 재주 넘치고 경서에 통달했으며 대단한 식견을 갖춘 인재였음을 알게 되었다. 성명한 천자의 인정을 받아 태수의 관직을 지냈으나, 끝내 그 재능을 다하지 못한 것이 통탄스럽다. 그 장자인 헌憲은 내 고향에 관찰사로 있었는데 어진 마음과 어진 명성이 널리 빛났다. 태사 홍경은 나에게는 사관詞館의 후배이

행을 높이 사 태부로 삼고 食邑 2천 호, 几杖과 거마, 의복 1습, 솜 5백 근을 하사한 적이 있다.

고, 홍위는 효렴방정으로 천거된 자로 선조의 공업을 계승하여 조상의 덕을 이을 만하다. 나는 그와 서신 왕래를 하였는데 어질고 효성스러움은 가히 본받을 만하다. 옛 사람이 말하기를 "문장에 신神이 있다"라고 하였고, 또 말하길 "선인에게 [훌륭한] 후사가 있다"라고 하였으니, 아아, 인씨 가문 삼대를 보건대 참으로 맞는 말이구나!

진사출신으로 한림원翰林院 서길사庶吉士로 있다 강녕현江寧縣 지사知事로 옮겨가고, 갑자년에 강남江南 동고관同考官을 지내고 병진년에 박학홍사과博學鴻詞科에 천거된 전당錢塘 사람 원매袁枚가 머리를 조아려 절하며 짓다.

광주부 오문 해방동지로 중헌대부 한림원시독에 추증된 장여림 묘지명과 서문

廣州府澳門海防同知贈中憲大夫翰林院侍讀張君墓誌銘幷序

군은 휘가 여림이고 자가 운서芸墅이며 선성宣城 장씨이다. 조부는 휘가 숙宿이고 부친은 휘가 중성中聖인데 모두 현의 학생이었고 중헌대부中憲大夫에 추증되었다. 군은 옹정 13년(1735) 현의 학생에서 공생貢生으로 선발되었다. 곧이어 인재로 추천되어 건륭 원년(1736)에 황제께서 접견하시고 지현으로 임명해 광동 지역으로 파견하니, 하원河源[38]·향산·양춘陽春[39] 지현을 역임했다. 향산에 거듭 임용되었고 다스린 현은 서넛이었다.

처음에 군이 향산에 재임할 시, 모친 왕태공인汪太恭人의 상을 당해 상중에 있었는데 신임 현령이 아직 도착하지 않은 상태에서 뇌賴씨 성을 가진 간악한 백성이 그 틈을 타 난을 일으켰다. 군은 즉시 일어나 난을 일으킨 자를 잡아 법으로 다스렸으며, 그에 호응한 자들을 장형으

38) 지금의 하원시 일대로 광동성 동북부, 東江 중상류에 위치해 있다.

39) 지금의 양춘시 일대로 광동성 서남부, 漠陽江의 중상류에 위치해 있다.

로 다스렸다. 신임 현령이 이르렀을 때 현은 이미 편안해져 있었다. 그 후 향산에 이르렀을 때 거친 농지의 보승세報升稅를 면제해 주었으며, 성 남쪽의 나파피羅婆陂를 정비해 [백성들의] 물 대기를 수월하게 할 수 있게 해주고 호족들이 둑을 막아 백성들을 괴롭히는 것을 엄금하였다. 해남 서문현徐聞縣의 백성들은 몹시도 게을러, 파종 후에 거름 주고 김매고 고차槹車로 물 댈 줄도 모르며, 혼례에도 격식이 없었는데 군이 다스리면서 내지의 백성과 똑같이 가르쳤다. 당시 광동에는 광산을 열어 구리를 채굴하는 현이 일곱 군데 있었는데 그 지방의 구리가 고갈되었는데도 채굴을 그치지 않았다. 군은 영덕현을 다스리면서 그 병폐를 알고서 순무에게 상주문을 올려 정지시켜 줄 것을 청하였다.

오문이라는 곳은 향산의 남쪽 경계에 있는데 삼면이 바다로 둘러싸여 있고 서양 오랑캐들이 거주하면서 중국과 교역을 하고 있었다. 때는 동지관을 설치한지 막 2년이 되던 해였는데 상관이 군을 유능하다고 여겨 그 직을 맡게 했다. 군은 오랑캐 주민들의 사정을 특히 잘 헤아려 부드럽게 다룰 줄을 알았으므로 마침내 오문 동지에 제수되었다. 그러나 사건이 생겨 관의 논의에 따라 1등급 강등되었다. 상관이 군이 떠나는 것이 애석해 광동에 남을 수 있도록 주청했으나, 상부의 논의에서 불허된 탓에 결국 선성으로 돌아가 다시는 출사하지 않았다.

선생은 박학다식하며 특히 변문騈文과 시에 능했다. 일찍이 《오문기략》을 짓고, 《완아삼편宛雅三編》 몇 권을 집록하였으며, 시문집 30권, 정독政牘 50권을 직접 편찬했다. 건륭 34년(1769) 7월 8일에 집에서 돌아가셨으며 향년 61세였다. 부인 원태공인袁太恭人은 장자 도燾를 낳았는데 건륭 계미년(1763)에 진사에 급제해 한림원翰林院 시독侍讀이 되었고, 그 덕에 군도 같은 관직에 추증될 수 있었다. 딸 하나는 감생監生

매학梅學에게 시집갔다. 측실인 양태안인梁太安人은 아들 둘을 낳았는데 광서포정사경력廣西布政司經歷을 지낸 후煦와 가경 병진년(1796)에 효렴방정과孝廉方正科에 천거되어 6품정대를 받은 형烱이다. 두 딸 중 하나는 늠생廩生 유신劉辛에게 시집갔고 또 하나는 정유년(1777)에 공생으로 발탁된 정유기丁有基와 약혼하였으나 시집가기 전에 죽었다. 손자와 증손 몇이 있다. 건륭 37년 4월 12일[40] 영국현寧國縣 화오산촌花塢山村의 들에 선생을 장사지냈다.

동성桐城 사람 요내姚鼐는 장도와 같은 해에 진사가 되었고 장형과도 아는 사이여서 군을 장사지낸 뒤 군을 위해 묘지명을 짓게 되었다. 내용은 다음과 같다.

훌륭한 군이시여, 해안가 다스리실 때 내지의 백성 편안케 하고 오랑캐 복종시켰네. 나라위해 근면하고 뚜렷한 공훈 남기셨거늘, 위에서 듣지 못해 귀향길에 올랐네. 성현의 경전을 모으고 인문을 넓히시니, 자손들 이어 분발함에 성대한 빛을 발해 억만 대를 비추리라. 내 묘지명을 지어 고하나 묻힌 이는 말이 없네.

진사출신進士出身으로 형부刑部 낭중郎中을 지내고, 감찰어사監察御史후보를 역임했으며 산동호남山東湖南 주고관主考官과 한림원翰林院 서길사庶吉士를 지낸 우질愚侄 요내가 짓다.

---

40) 嘉慶本 원문은 지워져 있으며, 포르투갈어본에 따르면 그레고리력 1772년 5월 14일로 壬辰年 乙巳月 丁丑日(4월 12일)이라고 한다. *Breve Monografia De Macao*, 2009, 400쪽 참고.

흠정사고전서총목제요欽定四庫全書總目提要 사부지리지史部地理志

【《오문기략》 2권: 안휘성安徽省 순무巡撫가 채록해 올린 본】

청조의 인광임과 장여림이 함께 지었다. 인광임은 자가 불창黻昌이고 보산寶山 사람이며 관직은 태평부지부太平府知府까지 이르렀다. 장여림은 자가 운서芸墅이고 선성宣城 사람이며 공생으로 선발되어 관직은 오문澳門 동지同知에 이르렀다. 호경오라는 명칭은 《명사》에 보인다. 남쪽에 네 산이 따로따로 자리해있어서 해수가 교차관통하며 십자 모양을 이룬다 하여 '십자문十字門'이라 불렀다. 오늘날에는 '오문'이라 부르며 향산현에 속한다. 건륭 9년(1744) 처음으로 오문 동지를 두었고 인광임과 장여림이 연이어 이 직책을 맡았다. 인광임의 초고는 미완성이었는데 장여림이 뒤를 이어 완성했다. 모두 3편으로 되어 있으며, 처음은 〈형세形勢〉, 다음은 〈관수官守〉, 그 다음은 〈오번澳番〉의 차례로 이루어져 있다. 〈형세편〉에는 그림이 12장, 〈오번편〉에는 그림이 6장 있다.[41] 《명사·지리지》를 보면 남두南頭·둔문屯門·계서鷄棲·불당문

41) 그림의 수량은 목판본 차례에 의해 잘못 산정된 것으로, 사실상 권상은 지도이므로

佛堂門·십자문·냉수각冷水角·노만산老萬山·영정양零丁洋 등 오문의 여러 지명과, 호두산虎頭山의 관문 같은 것만 기재되어 있을 뿐, 나머지 기록은 자세하지 않다. 이 책은 산천의 험준한 요지, 방어의 득실에 대한 언급이 가장 상세하다. 대개 사서史書는 대강을 들어 말하고 지志는 세목을 상세히 서술하는 법, 글 쓰는 방식에 각기 체재가 있는 것이다.

강녕江寧 포정사布政使 신臣 손일병孫日秉
일강기거주관日講起居注官 한림원翰林院 시독侍讀 신臣 장도張燾
한림원翰林院 서길사庶吉士 신臣 인홍경印鴻經
광서廣西 포정사布政司 경력經歷 신臣 장후張煦
효렴방정擧孝廉方正 6품정대六品頂帶 신臣 인홍위印鴻緯
강남江南 염법도鹽法道 신臣 손연익孫燕翼
효렴방정擧孝廉方正 6품정대六品頂帶 신臣 장형張炯
봉천부奉天府 승덕현학承德縣學 생원生員 신臣 손풍익孫馮翼 삼가 펴내다.

두 면을 하나로 보아 모두 11장의 양면 그림이, 권하에서는 단면 그림 10장이 있다.

《오문기략》을 다시 찍으며 이송二宋의 운[42]을 사용해 쓴 제사題辭

두 선생의 재주, 심·송[43]을 능가해
집에 전하는 유작들은 모두 귀중품이네
문장의 파란 해조海潮와 다툴만하고
변방을 안정시킬 책략은 나라에 쓰일 만하네
형세·관수 및 오번편
민풍을 기록한 것 아송雅頌에 견줄 만하네
두루 수집해 기록한 것 사고전서에 들어갈 만하여
해내의 사인들 반복해 암송하네
붓 잡고 군문을 열 때
고리古里와 점성占城이 하나로 받들었네

42) 詩韻 중 去聲의 두 번째에 배열된 宋韻을 말한다. 원문은 7자구로 되어 있는데 거의 매 2구마다 일곱 번째 글자에 宋·用·頌·誦·統·縱·訟·綜·俸·供·從·縫·雍·重·封·恐·共 등 '二宋'에 속하는 자를 사용하고 있다.

43) 초당 시인 沈佺期와 宋之問을 말한다. 특히 5·7언 율시에 뛰어나 율시의 체제 확립에 기여했다고 칭해진다.

뜨거운 물결은 커라단 붕새도 날게 하고
노한 파도는 거대한 물고기도 날뛰게 하네
영길리 떠나고 서양이 오니
천자께선 문인을 보내 분쟁을 해결하게 하셨네 【열전에 기재되어 있다.】
강해와 더불어 천고토록 전해지리니
문예의 뜰, 서적의 밭을 스스로 일구었네
우물 안 개구리가 바다를 보고 놀라듯
견식 좁은 선비가 어찌 지식 넓다 자랑하리오
만 권의 책을 써 후세에 전하고자
다시금 녹봉을 쪼개 판각하였네
다만 한스러운 것은 20년 늦게 태어나
당에 올라 웃으며 얘기 나누지 못하는 것
소동파蘇東坡가 일찍이 바다 밖에서 문장을 지으니[44]
용궁에서 그에 응해 이름난 꽃 받쳐 왔었지
올해 내가 동해 동쪽 건너올 제
책만 한 짐 가득 싣고 왔다네
만경창파 위로 부는 긴 바람에 유리 물결 펴지고
잔잔한 물속의 둥근 달 바위 틈새를 비추었지
저 멀리 남쪽 물굽이엔 겹겹의 구름
아득하기만 하여 파도 넘실대는 물풀만 보이네
눈살 펴고 책 펼치니 신선놀음

44) 東坡居士는 송대의 문인 소식(蘇軾, 1037-1101)의 호로, 말년에 광동의 惠州와 儋州에 폄적된 바 있는데 이때 지은 시문이 《海外集》에 전한다.

성대한 공적 기이한 문장이 막힌 곳까지 다다르네
낡은 집의 등불 책 교정하라고 켜지니
〈서경부西京賦〉의 견주汧州·옹주雍州 부분을 읽는 듯하네45)
대대로 자손이 아버지 업을 이으니
향초는 거미줄에 가리지 않는 법
봉산蓬山46)의 성가 높으니 학서鶴書47)를 구하고
붓 들고 훌륭한 문장으로 문단의 분무를 쓸어내리라
술잔을 손으로 다듬어 몇 겹으로 싸 두어도48)
스승 받들기에49) 나의 우둔한 재주 부끄럽네
정현鄭玄의 전箋, 곽박郭樸의 주注50)는 애써도 미치지 못하고
어쩌다 편방 잘못 쓸까, 나도 모르게 두렵구나
밝은 창가에서 날마다 유柔51)를 취해 높이 낭송하니 【《사고전서》에서

45) 汧州와 雍州는 섬서성 중부와 북부를 말하며 《史記·貨殖列傳》과 張衡의 〈西京賦〉에서 비옥한 땅으로 묘사하고 있다.

46) 전설상의 바다 속 仙山이다.

47) 서체명으로 '鶴頭書'라고도 하며 현인을 구하는 詔書에 쓰여 '인재를 초빙하는 조서'의 뜻으로도 쓰인다.

48) 원문은 "杯棬手澤什襲藏"이다. 杯棬은 나무를 다듬어 옻칠한 술잔이다. 《孟子·告子上》에서 告子가 버드나무를 구부려 술잔을 만드는 것을 가지고 인성을 仁義로 변화시키는 것에 비유한 바 있다. 什襲藏은 열 겹으로 싸매어 귀중하게 보관하는 것을 말한다. 어리석은 사람이 평범한 燕山의 돌을 귀중한 보물처럼 열 겹이나 싸서 보관하였다는 송대의 고사에서 나온 말이다.

49) 원문의 程門은 '程門度(飛)雪' 고사를 가리키는 것으로 보인다. 제자가 스승이 자는 동안 시립하고 있었는데 눈이 한 척 쌓이도록 그대로 서 있었다는 이야기이다.

50) 漢나라 鄭玄(127-200)은 《毛詩箋》을 지었고, 西晉의 郭璞(276-323)은 《爾雅》·《周易》·《山海經》 등에 주해를 달았다. 여기서는 높은 학문의 경지를 말한다.

51) '柔'는 四庫全書의 經史子集 중 史를 말한다.

는 이러한 종류를 사부에 열거했다.】

너무 빠지는 것도 병이라 비웃지 말게

승덕承德의 손풍익孫馮翼

오문기략
상권

형세편形勢篇
조석潮汐과 기후를 덧붙여 기록하다

호경오濠鏡澳라는 명칭은 《명사明史》에 보인다.[1] 오문澳門이라 부르게 된 까닭인즉, 움푹 들어간 물굽이(澳)[2] 남쪽에 네 개의 산이 떨어져 있고[3] 바닷물이 그 사이를 가로세로로 관통하는 모양이 십자를 이루

1) 張廷玉 등이 편수한 《明史》(乾隆 4년, 1739년 간행) 권325 〈列傳〉 213 〈佛郎機傳〉에 濠鏡에 관한 기록이 보인다. "호경은 향산현 남쪽 호도문 바깥에 있다. 이전에 섬라·점성·조와·유구·발니 등의 나라와 교역할 때는 모두 광주에서 했으므로 그곳에 시박사를 두어 통솔하게 하였다. 정덕 연간에 고주의 뇌백현으로 옮겼다. 가정 14년에 지휘사 황경이 뇌물을 바치고 상관에게 호경으로 옮길 것을 청한 다음, 해마다 세금으로 2만금을 바쳤다. 이때 불랑기가 섞여 들어와 높은 집에 날아갈 듯한 기와가 즐비하게 늘어서게 되었으며 복건과 광동의 상인들도 무리지어 모여들었다. 시간이 오래되자 더욱 많이 몰려드니, 여러 나라 사람들이 불랑기가 두려워 피하게 되자 마침내 이 지역을 점거하기에 이르렀다.(壕鏡在香山縣南虎跳門外. 先是, 暹羅·占城·爪哇·琉球·浡泥諸國互市, 俱在廣州, 設市舶司領之. 正德時, 移於高州之電白縣. 嘉靖十四年, 指揮黃慶納賄, 請於上官, 移之壕鏡. 歲輸課二萬金. 佛郎機遂得混入, 高棟飛甍, 櫛比相望. 閩粵商人趨之若鶩. 久之, 其來益衆. 諸國人畏而避之, 遂專爲所據.)"

2) 澳는 灣과 같은 뜻이다. 명나라 때는 움푹하게 들어간 '만'을 '오'라고 하였다. 여기서 '오'라고 지칭하고 있는 곳은 현재의 마카오 반도를 가리킨다. 그 반도의 동서 오륙 리 정도 되는 만이 둥근 모양의 거울 같아 호경이라 불렀다고 한다.

3) 네 개의 산은 지금의 타이파(氹仔)·콜로안(路環)·小橫琴·大橫琴 등 네 개의

고 있어 십자문十字門이라 부르므로 [물굽이(澳)와 십자문의 문門을] 합하여 그리 칭한 것이다. 혹자는 물굽이에 남대南臺와 북대北臺[4] 두 산이 서로 마주하고 있는 모습이 문처럼 생겼기 때문이라고 말하기도 한다.

오문에는 지금 서양 의대리아意大里亞[5] 사람들이 모여 살고 있는데, [삼면이] 바다로 둘러싸여 있고 오직 한 줄기 길만이 전산前山[6]으로 통한다. 그러니 전산은 오문의 등을 만지고 목을 누르고 있는 곳이라 할 수 있다. 북으로 향산현香山縣과 120리나 떨어져 있어 먼 편이고, 남으로 오문까지는 15리로 가까운 편이다. 거기에는 성채가 있는데, 명나라 천계天啓 원년(1621)에 처음으로 참장부參將府를 세웠다. 앞은 원문轅門이고 고취정鼓吹亭이 두 곳 있으며, 가운데는 정아正衙와 후아後衙가, 왼쪽에는 종루鐘樓가, 오른쪽에는 서재가 있다. 뒤는 본채로, 주방이며 욕실이며 우물이며 측간 등이 있어 규모가 크고 시설이 완벽하다. 청나라 초기에는 명나라 제도를 그대로 따르다가 강희康熙 3년(1664)에 부장부副將府로 바꾸었다. 그러다 얼마 지나지 않아 좌영도사左營都司로

섬을 말한다. 소횡금도와 대횡금도는 광동성 주하이시 남쪽에 있는데, 마카오 타이파와 가깝다. 특히 소횡금도는 타이파 섬에서 800-1200미터 정도의 거리밖에 안된다.

4) 南臺와 北臺는 각각 마카오 반도에 있는 西望洋山(主教山이라고도 함)과 東望洋山(松山이라고도 함)을 가리킨다는 설도 있고 媽閣山과 望廈山(蓮峰山이라고도 함)을 가리킨다는 설도 있다.

5) 여기서는 마카오에 살고 있던 포르투갈인을 가리키는 것으로 보인다. 명나라 말, 이탈리아 천주교 예수회 선교사 마테오 리치(Matteo Ricci, 利瑪竇, 1552-1610) 등이 중국에 와서 마카오를 근거지로 삼아 활동했으므로 마카오에 거주하던 서양인을 이탈리아인으로 착각한 것이다.

6) 광동 珠海市 前山을 가리킨다.

대신하였다. 이는 지금까지도 이어지고 있다.

> 하준도何準道7)가 "강희 7년(1668) 가을에 해적이 성채 오른편으로 뭍에 올라 과복원촌果福園村을 약탈했다. 이에 부진장副鎮長이 현성縣城을 옮겨 주둔할 것을 주청하니, 이로 인해 전략적 요충지의 군사 방어력이 손상되었다."라고 하였다.

강희 56년(1717)에 토성을 쌓았는데, 둘레가 475장丈, 높이가 9척尺, 두께는 그것의 3분의 1이었다. 성의 길이가 20장이 될 때마다 자성子城을 1장씩 덧쌓아 모두 24장으로 완공하였다. 문은 모두 세 개가 있었는데, 북쪽은 산과 맞닿아 있어 문을 세우지 않았다. 포대와 병영은 서문과 남문에 세웠는데, 포대마다 각각 4문의 대포를 설치하고, 성 위에 나누어 대포 6문을 배치하였다. 서문과 남문 바깥에 또 포대를 설치해 대포 각 10문씩을 늘어놓았다. 이는 모두 지현知縣 진응길陳應吉이 경영한 것이다. 옹정雍正 8년(1730)에 현승縣丞 관서를 설치했다. 건륭乾隆 9년(1744)에는 부장부副將府가 있던 곳에 광주부廣州府 해방동지서海防同知署를 설치하였는데, 모두 옛 제도를 그대로 따랐다. 옆에 병사兵舍 백 칸을 증축하여 현승 관서를 해방영海防營 파총서把總署로 삼으니, 전산의 위세가 더욱 커졌다. 동문 밖에 소나무 여덟 그루가 있는데, 그곳은 연병장이었다.

남문을 나와 몇 리 안 되는 곳에 연화경蓮花莖8)이 있는데 아까 [전산

---

7) 何準道는 字가 旦兼, 號는 茜園인 香山 사람이다. 관직은 吏科給事中에 이르렀다. 明이 망한 후에 은둔하며 屈大均·高儼·謝長文·陳子升 등과 시문을 주고받았다. 저서로 《玄英閣稿》·《棕山詩集》이 있다.

으로] 곧장 도달할 수 있는 오직 한 줄기 길이라 말했던 것이 바로 이곳이다. 전산과 오문의 산이 바다 남북으로 대치하고 있고, 모래 제방으로 이루어진 연화경이 그 사이에 죽 걸쳐 있는데, 길이는 10리, 너비는 5-6장丈이다. 연화경이 끝나는 지점에 산이 솟아올라 꽃받침처럼 빙 둘러져 있는데, 그곳이 연화산蓮花山[9]이다. 연화경은 바로 이 산의 이름을 따 붙여진 것이다. 만력萬曆 2년(1574)에 길 중간에 관갑關閘[10]을 설치하였고, 관갑의 개폐는 관부에서 주관하였다. 그 위에 세 칸으로 된 누각이 있었으나, 세월이 오래되어 무너진 것을 강희 12년(1673)에 지현 신양한申良翰이 보수하고 그 옆에 관청을 증축하여 수비를 강화하였다.

관갑을 나서 연화산을 따라 내려가다 보면 천비묘天妃廟[11]가 보인다.

인광임의 시 〈연봉의 석양蓮峯夕照〉[12]

연봉에 석양 비끼니　　蓮峯來夕照

---

8) 蓮花莖은 지금의 마카오 반도와 대륙을 연결해 주는 길이다. 길게 뻗은 줄기처럼 곧게 뻗어 있고 바닷가로 내려가면서 땅이 연꽃처럼 넓게 펼쳐졌기 때문에 이런 이름이 붙여졌다.

9) 蓮峰山이라고도 하는데 마카오 반도 북부에 있는 望厦山을 말한다.

10) 蓮花莖의 關閘을 말한다. 원래 위치는 마카오의 關閘馬路 중간에 있었으나 후에 포르투갈인들이 없앴다. 지금 關閘馬路 북쪽에 있는 것은 1874년에 포르투갈인들이 지은 것으로, 원래 중국이 세웠던 관갑은 아니다.

11) 天妃廟는 지금 마카오의 蓮峰廟로, 마카오의 3대 禪院 중 하나이다. 명대에 처음 세워졌고 세 차례 중건을 거쳐 지금의 규모가 되었다. 청나라 道光 연간 林則徐가 오문을 순시했을 때 묵었던 곳이기도 하다.

12) 이하 인용된 시와 문장들은 본문의 지명이나 인물, 사건 등에 관련된 것이다.

빛 흩어져 지는 노을 붉구나	光散落霞紅
누각은 금빛으로 물들고	樓閣歸金界[13]
안개 숲은 비단 수풀이 되었네	烟林入錦薮
자연의 문양은 본디 풍부하거니와	文章天自富
붉게 물들이기론 저녁이 유독 빼어나지	烘染晩尤工
다만 장군[14]의 그림처럼	只恐將軍畫
조물주의 솜씨와 구별할 수 없을까 두려울 뿐	難分造化工

연화산 북쪽 기슭에 마교석馬蛟石[15]이 있는데, 타원형의 단단한 돌은 밑동이 없고 세 개의 돌이 떠받치고 있다. 전하는 바에 따르면 파도에 실려 왔다고 한다. 거기서부터 약간 남쪽에 있는 곳이 망하촌望厦村[16]으로, 현승의 새 관서가 있는 곳이다. 망하촌 앞에 두 개의 바위가 있는데, 달무리 자욱할 때 바라보면 마치 남녀가 어깨를 나란히 하고 서 있는 듯 보이지만 다가가 보면 그저 돌일 뿐이다. [서양] 오랑캐들이 집안에서 부부싸움을 하고 뛰쳐나가면 이 돌을 찾아가 기도했는데, 그

13) 嘉慶本 원문은 余界로 되어 있으나 乾隆本에는 金界로 되어 있다. 문맥상 金界로 보았다.

14) 장군은 당나라 때의 화가 李思訓(651-716)을 말한다. 左武衛大將軍을 지내 李將軍으로 불렸다. 그는 山水·樹石 묘사에 뛰어나 意境 방면에 있어 "그림이 조물주의 솜씨를 빼앗아갔다(畫奪造化)"라고 일컬어질 만큼 예술성을 인정받았다.

15) 馬交石·馬郊石이라고도 하며 원래 해상의 바위였는데 주변이 메워져 육지가 되었다고 한다. 마카오 북부에 있는 馬交石山은 해발 48.1m로 마카오에서 가장 낮은 산인데 동쪽으로 바다까지 뻗어 있어 일부 산석이 바다에 잠긴 모습이라고 한다. 마교석산 위에 馬交石炮台가 있으며 길·항구 등에도 그 이름이 붙어 있다.

16) 마카오 반도 중부의 서북에서 동남으로 난 지금의 美副將大馬路(Avenida do Coronel Mesquita) 일대이다.

러면 바로 화해하였다고 하여 '공파석公婆石'이라고 이름 붙였다.

망하촌을 지나 꺾어서 서남쪽으로 가면 푸른 산이 있고, 그곳에 하얀 집 수백 칸이 들어서 있다. 구불구불 동서로 5-6리 이어지는데, 남북으로는 그것의 반 정도 된다. 남쪽과 북쪽에 두 개의 만灣이 있어서 배를 댈 수 있다. 혹 남환南環이라 부르기도 한다.

인광임의 시 〈남환 물속에 씻긴 해南環浴日〉

해안은 둥근 고리와 같은데　海岸如環抱
막 밀려온 조수에 목마른 까마귀가 목욕하네　新潮浴渴烏
용광로에서 황금이 들끓듯　鎔金看躍冶
커다란 솥에서 단약이 넘치듯　丹藥走洪爐
배는 복사꽃 물결에서 넘실거리고　舟泛桃花浪
용은 붉은 구슬 물고 서려 있네　龍盤赤水珠
남만의 땅에 안개가 맑게 걷히니　蠻烟頓淸廓
삼라만상이 모조리 환히 깨어났구나　萬象盡昭蘇

두 개의 만이 거울처럼 둥글어 호경濠鏡이라고 한다.

인광임의 시 〈호경의 달 밝은 밤濠鏡夜月〉

달 떠올라 호경이 거울처럼 열리니　月出濠開鏡
맑은 빛으로 하늘과 바다가 하나 되었네　淸光一海天
섬 으슥한 곳엔 놀란 물결이 눈처럼 쌓이고　島深驚雪積
구슬 용솟음치는 곳엔 울부짖는 용이 빙빙 맴도네　珠湧咤龍旋
높이 솟은 누각은 은하수를 찌를 듯하고　傑閣都凌漢

나지막이 뜬 별은 배를 뒤흔들려 하네 低星欲盪船
고운 먼지도 날아오지 못하나니 纖塵飛不到
광한궁의 신선이 그 누구인가 誰是廣寒仙

그래서 '오澳'라고 부른다.

이전 명나라 때에는 제조提調·비왜備倭·순집巡緝[17]의 행정관서가 세 군데 있었으나 지금은 의사정議事亭[18] 하나만 폐지되지 않은 채 남아 있다. 청나라 때에 해관감독행대海關監督行臺와 세관稅館을 설치했다. 이곳의 거간이나 통역, 그리고 매판 등의 무리는 복건 사람이 많고, 기술공이나 상인, 혹은 가게 주인들 중에는 광동 사람이 많다. 그들은 오랑캐들의 집을 세내어 사는데 인가에 불빛이 옹기종기 모여 부락을 이루고 있다.

배로 말할 것 같으면 고미정高尾艇·서과편西瓜扁이 있고, [배편으로는] 성도省渡[19]·석기도石岐渡[20]·신회강문도新會江門渡[21]가 있다. 기이한 돌도 세 개가 있다. 그 하나는 양선석洋船石[22]이라는 것이다. 전하

17) 각각 감독 관청, 왜구 전담 군대, 경찰서를 가리킨다.

18) 지금의 마카오시 중심가인 新馬路(Avenida de Almeida Ribeiro)에 있다. 지금의 마카오 시청사는 바로 의사정 옛터에 지어졌다.

19) 省渡는 오문에서 省都인 廣州로 가는 배편을 가리킨다.

20) 石岐渡는 오문에서 석기(中山市 石技津)로 가는 배편을 가리킨다.

21) 新會江門渡는 오문에서 신회현 강문(廣東省 江門市)으로 가는 배편을 가리킨다.

22) 洋船石은 마카오에서 가장 오래된 유적 중 하나로, 媽閣廟 문을 들어서면 오른쪽에 보인다. 평지에 불쑥 솟아있는 바위로서, 높이는 6, 7척 가량 되고 바위 측면에 옛날 선박의 그림을 새겼는데, 선미에 꽂은 깃발에 '利涉大川'이라는 글자가 새겨져 있다.

는 바에 따르면 명나라 만력 연간에 민閩 땅의 상인이 타고 있던 거대한 배가 태풍을 만나 위기에 처했는데, 얼핏 선녀가 산 옆에 나타나는 게 보이더니 이내 배가 온전할 수 있었다고 한다. 이에 그곳에 사당을 세워 천비天妃에게 제사지내고 그곳을 낭마각娘媽角[23]이라 불렀다. '낭마'란 민 땅 방언으로 '천비天妃'라는 뜻이다. 천비묘 앞의 바위에 배의 모습과 '이섭대천利涉大川[24]'이라는 네 글자를 새겨 신의 기이함을 드러내었다. 또 다른 하나는 해각석海覺石으로 낭마각 왼쪽에 있다. 몇십 길이나 되는 절벽이 우뚝 서 있고, 검은 글씨로 '해각海覺' 두 글자가 새겨져 있는데, 한 글자의 지름이 한 장이 넘는다. 나머지 하나는 하마석蝦蟇石[25]이다. 모습은 둥글고 빛깔은 푸르며 윤기가 난다. 비바람 치는 저녁에 조수가 막 밀려오기 시작하면 꽉꽉 소리가 난다.

옹정 7년(1729)에 관풍정속사觀風整俗使 초기년焦祈年[26]과 건륭 10년(1745)에 분순광남소련도分巡廣南韶連道[27] 설온薛韞이 이곳을 순시

23) 娘媽角은 지금의 媽閣廟, 媽祖閣이 있는 곳으로, 마카오반도의 남쪽에 있다. '낭마'는 송대의 복건성 莆田 사람 林默이라는 설이 있는데, 어려서부터 신통한 능력이 있었고 승천해 바다의 상인·어민들을 재난에서 구하고 지켜주는 신이 되었다고 한다. 명대에 天后로 칭해졌으며 주로 항구와 어촌에서 받들어지는데, 마카오의 마조각은 명대(1488년)에 세워졌다. 포르투갈인들이 처음에 이곳을 보고서 이 일대를 阿媽港으로 불렀으며 그것이 지금 Macau 명칭의 유래라는 설이 있다.

24) 利涉大川은 《周易》에 나오는 말로, 큰 내를 건너면 이롭다는 뜻이다.

25) 마카오 반도 서남쪽에 있으며, '두꺼비 바위'라는 뜻이다. 이 부근은 蝦蟇石이 있다는 이유로 蝦蟇灣으로 불린다.

26) 焦祈年은 字가 谷貽로, 山東 章丘 사람이며 廣東觀風整俗使를 지냈다.

27) 分巡廣南韶連道는 廣州·南雄·韶州·連州를 돌아가며 순시하는 관리인 道台를 가리킨다. 道台는 道員이라고도 불리는 淸代의 관직으로 省과 知府사이의 지방 장관급이다. 正4品에 해당하며, 주로 分守·分巡, 河·糧·鹽·茶, 水利·驛傳, 關務·屯田 등을 담당하였다.

하고 기記를 지었다.

【초기년의 기록은 여러 지방지地方志에 보이므로 기재하지 않는다.】[28]

설온薛醞의 〈오문기澳門記〉

향산현 봉서령鳳棲嶺[29]으로부터 비스듬히 남쪽으로 약 120리 정도를 가다 보면 전산에 이른다. 거기서 다시 20리를 가면 호경오濠鏡澳이다. 호경오에 채 6-7리 못 미친 곳에서 산이 가파르게 끊어지고 마치 긴 다리처럼 곧게 뻗은 모래 제방이 나오는데, 그곳을 '연화경'이라 부른다. 연화경이 끝나는 곳에 산이 다시 우뚝 솟아있는데, 그 산의 이름은 '연화산'이다. 지세가 꺼졌다 솟아났다 하다가 중간 부분이 굽으면서 움푹 들어가 있다. 그곳은 길이가 5-6리 너비는 그것의 반이며, 그 땅은 서남쪽에서 동북쪽으로 뻗어 있는데, 이곳이 바로 '오澳'라고 부르는 곳이다. '오'에서는 오직 하나의 길만이 육지로 통하여 식량을 대고, 그 나머지는 모두 바다이기 때문에 국내외 선박이 호경오에 닿기가 특히나 편리하고 빠르다. '오'를 따라 남으로 가다 보면 바다 아득히 10리 즈음 되는 곳에 오른쪽으로 타미舵尾[30]가, 왼쪽으로 계경鷄頸[31]이 나온다. 다시 10리쯤 가면 오른쪽으로 횡금橫琴[32]이, 왼쪽으로 구오九澳[33]가 나온다. 물굽이마다 봉

28) 焦祈年의 記란 〈巡視澳門記〉를 가리키는데, 이 글은 후에 暴煜에 의해《香山縣志》卷九(乾隆 15年 刊本)에 수록되었다.

29) 祝淮의《香山縣志》卷一〈山川〉(道光 7年 刊本)에 "봉서령은 현 동쪽으로 5리 되는 곳에 있으며, 서쪽은 앙라산이다.(鳳棲嶺在縣東五里, 西爲仰螺山.)"라고 되어 있다.

30) 지금의 小橫琴島이다.

31) 지금의 마카오 타이파(氹仔)이다.

32) 지금의 大橫琴島이다.

우리가 안팎 사면으로 서있어 그 모습이 별자리 기수箕宿를 닮았으며, 가로세로로 십자 모양을 이루고 있다 하여 '십자문'이라고도 하고 '오문'이라고도 한다. 거기서 동남쪽으로 100리 정도 되는 사이에 노만산老萬山이 있는데, 외딴 섬이지만 군영과 보루를 갖추고 있다. 산은 동북쪽 호문虎門으로 뻗어 들어가는데, 외국 선박이 중국으로 들어올 때 통하는 길이다. 이 산을 넘어가면 하늘과 바다가 하나로 섞여 있고 산이라곤 더 이상 보이지 않는다. 오문에 사는 외국인들이 바다를 드나들 때는 호문을 경유하지 않고 십자문을 경유한다. 두 문 모두 비스듬히 노만산과 마주하고 있지만, 십자문이 특히 '오'와 가깝기 때문이다.

오문에 사는 서양 사람들은 가정嘉靖 30년(1551)에 이곳에 오기 시작해 해마다 515냥의 세금을 냈다. 그들이 이곳에 [뿌리를 내리고] 자손을 퍼트린 지 200년이 넘었다. 가호로 따지면 420가호가 넘고, 인구로 따지면 3,400명이 넘는다. 백인이 주인이고 흑인이 노예이며 병사 150명이 있다. 저들 관리들의 명목을 보자면, 병두兵頭34)는 한 명으로 병사를 관장하고, 이사관理事官이 한 명으로 창고를 관리하며, 판사관判事官이 한 명으로 옥사를 담당한다. 서양에서 파견한 선교사 한 명이 이들을 총괄하며, 저들의 종교는 천주교라 칭한다.

저들은 배를 타고 다니며 장사하는 일에만 종사하는데, 그중 총명한 자는 천문학에 밝다. 교당을 여덟 군데 지었으니, 삼파사三巴寺35) · 가사란묘咖斯蘭廟36) · 대묘大廟37) · 판장묘板樟廟38) · 용송묘龍鬆廟39) · 풍신당

---

33) 지금의 마카오 콜로안(路環)이다.

34) 총독을 가리킨다.

35) 성 바오로 성당(Igreja de S. Paulo)을 가리킨다.

36) 성 프란치스코 수녀원 성당(Igreja do Convento de S. Francisco)으로, 噶斯蘭廟라고도 쓴다. 咖斯蘭은 카스티야 사람들을 뜻하는 포르투갈어 Castelhanos의 음역으로, 이 성당을 프란치스코회의 카스티야 수도사들이 세웠기 때문에, 咖斯蘭廟라고 불렸다. 지금 그 자리에는 加思欄花園(Jardim de S. Francisco)이 있다.

風信堂[40]·지량묘支糧廟[41]·화왕당花王堂[42]이 그것이다. 교당에 붙여 감옥을 설치했는데, 감옥은 삼중으로 되어 있다. 가벼운 죄는 가둬 두었다가 예배를 올리면 즉시 풀어주고, 중한 죄는 포박하여 대포에 올려놓은 다음 바다로 쏘아 올려 빠뜨린다. 포대가 여섯 군데 있으니, 동망양東望洋·가사란咖斯蘭·삼파三巴·남만南灣·서망양西望洋·낭마각娘媽角이 그것이다. 구리로 만든 대포는 46문, 쇠로 된 대포는 30문이 갖추어져 있으며, 큰 것이 61문, 작은 것이 15문 있다. 교당 및 포대 중에 삼파가 가장 높고 웅장하다.

건륭 10년(1745) 을축년 2월 14일, 나는 순해巡海의 직임을 띠고 이곳에 머물게 되었다. 그때 해방동지 인광임, 향산 현령 강일훤江日暄과 함께 삼파 포대에 올랐다. 통역이 이사관 뒤에서 우리를 인도하였고, 대장(兵目)이 서양 사졸들을 인솔하였다. 손에 수놓은 깃발을 펼쳐 들고 어깨에 조총을 멘 12명의 사졸이 오른편에 줄지어 섰다. 포대의 넓이는 100묘畝는 족히 될 듯싶었고, 가운데에 건물이 있었다. 서남쪽으로는 십자문을 가리키고, 동쪽으로는 구주양九洲洋[43]이 마치 책상과 벼루 사이에 별자리

37) 대성당(Igreja da Sé, Sé Catedral)을 가리키는데, 澳門主教座堂이다.

38) 성 도밍고 성당(Igreja de S. Domingos)을 가리킨다. 玫瑰聖母堂이라고도 한다. 처음에 목판으로 지었다 하여 板障廟라고 불렀다가 후에 板樟廟로 고쳐 불렀으며, 성당 안에 玫瑰聖母(Fátima 성모)를 모시고 있다 하여 玫瑰堂이라 불렀다.

39) 성 아우구스티노 성당(Igreja de Santo Agostinho)를 가리키는데, 聖奥斯定堂이라고도 한다.

40) 성 로렌초 성당(Igreja de S. Lourenço)을 가리키며, 聖老楞佐堂 혹은 風順堂이라고도 한다.

41) 仁慈堂의 다른 이름이다. 1569년 자선 구호활동을 목적으로 창립한 모임을 위해 18세기 중엽에 지은 건물로 포르투갈어로 자비의 집(Santa Casa da Misericórdia)이라는 뜻을 가진다.

42) 성 안토니오 성당(Igreja de S. António)을 가리킨다.

43) 九洲洋의 원래 이름은 九星洋으로, 바닷가에 아홉 개 섬이 늘어서 있다 하여

가 늘어서 있는 것처럼 바라다보였다. 그 아래가 바로 송나라 문천상文天祥[44]이 위기에 처한 왕을 구하기 위해 병사를 일으키고 지나갔다던 영정양伶仃洋[45]이다. 서쪽을 바라보면 삼조三竈·황양黃楊 등 산의 북쪽으로 꺾여 솟아오른 것이 있는데, 그것이 바로 애산崖山이다. 다시 눈을 돌려 안을 바라보니, 큰 섬 작은 섬이 뒤섞여 있고, 바다에는 배와 상앗대가 즐비하며, 육지에는 보루와 성벽이 줄지어 있다. 전산채가 그 등을 만지고, 호문이 목을 누르고 있으니, 나라 안을 다스리고 나라 밖을 통제하여 대통일을 이룬 업적이 어찌 위대하지 않겠는가!

《주역周易》〈감전坎傳〉[46]에서 "왕공王公은 험지를 두어 나라를 지킨다." 라고 하였다. '감坎'이란 물을 뜻한다. 물 가운데 가장 큰 것이 바다이다. 아, 변란을 근심하는 성인의 마음이 이토록 깊구나! 그래서 중국과 외국의 구분을 《춘추春秋》에서 신중히 다루었던 것이다. 하물며 커다란 바다가 하늘에 맞닿아 있고, 항구와 섬이 어지러이 섞여 있으며, [나라의] 자물쇠 역할을 하는 곳인데도, 겨우 이 정도란 말인가. 오랑캐들은 바다를 건너와 이윤을 취해 가는데, 완악하고 교활하여 다스리기 어렵다. 게다가 호시탐탐 문틈으로 엿보며 침탈을 일삼는 간교한 무리들이 물고기나 새들처럼 출몰하고 있으니, 정교政教를 가지런히 하고 방비를 갖추는 일을 하루인들 느슨히 할 수 있겠는가?

붙은 이름이다. 지금의 伶仃洋 서남쪽에 있으며 북으로는 珠海市 菱角咀, 남으로는 오문 路還島까지 이른다. 동쪽으로 青洲의 물길과 이어져 있다.

44) 文天祥(1236-1283)은 남송의 대신으로 吉州 廬陵縣(江西省 吉安市 青原區 富田鎮) 사람으로, 字는 宋瑞·履善, 자호는 浮休道人·文山이다. 陸秀夫·張世傑과 함께 '宋末三傑'로 불린다.

45) 零丁洋이라고도 한다. 珠江 입구 바깥에 있다.

46) 《周易》〈坎卦〉의 〈彖傳〉을 말한다.

승려 금종今種[47]의 시 〈오문〉

광주의 여러 항구 중에　　廣州諸舶口
오문이 단연 으뜸이라지만　　最是澳門雄
외국이 자주 사단을 일으키고　　外國頻挑釁
서양이 오래도록 군대를 잠복시켰네[48]　　西洋久伏戎
전쟁할 일 걱정이니 오랑캐 무기 정교하고　　兵愁蠻器巧
식량을 기다리니 이역 땅 창고 텅 비었네　　食望鬼方空
지척만 무탈히 버텨준다면　　肘腋敎無事
전산에서 한 번의 전공 세울 수 있으련만　　前山一將功

남환과 북환에는　　南北雙環內
서양인들이 죄다 이층집을 짓고 산다네　　諸蕃盡住樓
장미꽃 든 오랑캐 여자의 손　　薔薇蠻婦手
말리화 꽂은 중국인의 머리　　茉莉漢人頭
향불은 천주에게 바치고　　香火歸天主
돈[49]은 여자들이 쥐고 있네　　錢刀在女流
오랑캐들 성을 쌓아 형세가 공고하니　　築城形勢固
월 땅 전체에 넘치는 걱정만 있네　　全粵有餘憂

---

47) 승려 今種은 屈大均(1630-1696)으로, 자는 介子, 호는 翁山이다. 광동성 番禺 사람으로, 청나라가 중원을 차지한 후 反淸 운동에 투신했으나, 실패하자 승려가 되어 이름을 금종으로 바꾸었다. 후에 환속하여 대균이라는 이름을 사용하였고, 顧炎武 등과 교유하였다. 시에 능하여 陳恭尹·梁佩蘭과 더불어 '嶺南三家'라 일컬어졌다. 광동을 자세히 소개한 저서 《廣東新語》가 전한다.

48) 만력 33년에서 44년(1605-1616) 사이 포르투갈인들이 네덜란드의 침략을 방어한다는 구실로 오문에 성과 포대를 건축하고 병사를 파병한 일을 말한다.

49) 원문의 錢刀는 화폐를 가리킨다. 고대에 칼 모양의 돈을 사용했으므로 이러한 이름이 생겨났다.

길은 향산에서 아래로 뻗어 있으니	路自香山下
연 줄기 하나가 길기도 하구나	蓮莖一道長
물 높이 차오르자 배가 곧 출항하려 하고	水高將出舶
순풍이 불자 바닷길이 열리려 하네	風順欲開洋
물고기 눈은 두 개의 둥근 해요	魚眼雙輪日
미꾸라지의 몸은 십 리에 뻗은 담장일세[50]	鰌身十里墻
외딴 섬에서는 오랑캐가 왕이요	蠻王孤島裏
교역에 있어서는 향이 최고라네	交易首諸香

삼파사에서 예배를 드리는데	禮拜三巴寺
서양 관리는 바로 법왕[51]이라네	蕃官是法王
알록달록 털옷 입은 붉은 오랑캐 아이	花襔紅鬼子
보석으로 머리 장식한 하얀 오랑캐 처자	寶鬘白蠻娘
앵무새는 봄날의 시름을 머금고	鸚䳇含春思
고래는 밤의 빛을 토해내네[52]	鯨鯢吐夜光
은전으로 요봉새[53]를 사는데	銀錢么鳳買
십자전十字錢[54]엔 원형과 방형이 다 들어가 있네	十字備圓方

50) 물고기의 눈은 선박 앞쪽에 그려진 자라의 눈을 말하고 미꾸라지의 몸은 긴 선체를 말한다.

51) 법왕은 당시 오문의 천주교 주교를 가리킨다.

52) 任昉의 《述異記》에 "남해에 명주가 있는데 곧 고래의 눈동자로, 고래가 죽어 눈의 정기가 없어져도 볼 수 있어 이를 야광이라 한다.(南海明珠, 卽鯨魚目瞳, 鯨死而目皆無精可鑒, 爲之夜光)"라는 기록이 보인다.

53) 요봉새는 桐花鳳이라고도 하는데 오색 깃털을 가지고 있으며 몸집이 제비보다 작다.

54) 十字錢은 포르투갈 화폐 크루자도(cruzado)를 가리킨다. 한쪽 면에 십자가가 새겨져 있다. 본래 금화로 주조되었으나 17세기부터 19세기까지는 은화로 바뀌었다.

산꼭대기엔 커다란 구리 총포 있고	山頭銅銃大
바닷가엔 드높은 무쇠 담장 설치했나니	海畔鐵墻高
하루아침에 외국 상인들에게 점거되었어도	一日蕃商據
천년 동안 한나라 장수의 노고 서린 곳이라	千年漢將勞
사람은 참으로 하얀 모포 같고	人惟眞白氎
나라는 거대한 홍모국이라네	國是大紅毛
바람 따라 오가는 돛배들에	來往風帆便
산 같은 파도만 넘실거리네	如山踔海濤

출항을 기다리는 오월이면	五月飄洋候
사사[55] 올리며 고기와 곡식을 바다에 빠뜨리네	辭沙肉米沉
배를 엿보는 망원경과	窺船千里鏡
길을 정하는 나침반	定路一盤針
귀신이 삼사[56]에서 참담히 울고	鬼哭三沙慘
십 리 그늘에 물고기 튀어 오르네	魚飛十里陰
밤 되니 짠 바다엔 불꽃이 가득하여	夜來鹹火滿
꽃잎 한 장 한 장이 옷깃에 스며드네	朶朶上衣襟

55) 辭沙는 媽祖에게 지내던 제사의 일종으로 元明代에 시작되었다. 마조를 모신 天后廟는 대부분 바닷가 모래언덕 위에 지어져 있는데 옛날에는 출항하기 전에 반드시 천후에게 제사를 지내야 했으며 이를 '사사'라 칭했다. 이 제사는 음력 3월 23일과 가을에 거행하며 나흘간 지속된다. 음식을 물에 던져서 바다에서 조난당해 죽은 孤魂들을 위로한다.

56) 曺思健의《屈大均澳門詩考釋》에 의하면 三沙는 關閘의 서쪽, 靑洲의 동북쪽 강물 중에 있다고 한다.

왕후래汪後來의 시 〈오문 즉흥시澳門卽事[57]〉

대마도는 소마도[58]와 인접해 있는데　大磨刀接小磨刀
해안 드넓고 돛 가벼워 가을 기운 드높네　岸濶帆輕秋氣高
아득히 보이는 저 새 떨어질까 근심하였더니　極目正愁飛鳥墮
통발 놓은 사람이 물결에 갇혀 있네　罾棚人立浪心牢

태양은 벌써 삼파사를 비추는데　赤烏已映三巴寺
흰 이슬은 아직 노만산에 맺혔구나　白露猶涵老萬山
이레에 한 번 예배 보느라　七日一回看禮拜
거리 가득한 오랑캐 아낙들의 비단옷 알록달록하네　蕃姬盈路錦斕斑

쇠발톱 채운[59] 수탉이 나무 그늘 아래서 싸우듯　金距雄鷄鬬碧陰
중국과 오랑캐가 편을 나누어 빽빽이 서 있네　華夷分隊立森森
이기고 지는 일이야 늘 있다지만　輸贏亦是尋常事
늙은이는 좌단[60]의 마음을 잊을 수 없다네　老大難忘左袒心

이주광李珠光의 시 〈오문〉

얼마 되지도 않는 연꽃 봉우리 땅에　無多蓮瓣地

57) 왕후래의 《鹿岡詩集》 卷4에는 제목이 〈채경후와 지은 오문 즉흥시澳門卽事同蔡景厚〉(6수)로 되어 있다. 채경후는 시인의 친구이다. 여기에는 제1, 4, 5수가 인용되어 있다.

58) 大磨刀와 小磨刀는 모두 중산시와 두문현 경계에 있는 磨刀門 水道에 있다. 향산현성에서 오문에 이르는 도중에 있다.

59) 金距는 닭싸움을 위해 닭의 발에 쇠로 된 발톱을 채운 것을 말한다.

60) 左袒은 왼쪽 어깨를 벗어 맨살을 드러낸다는 뜻으로, 같은 편이 되어 생사를 함께 하는 것을 비유하는 말이다.

한족과 오랑캐가 뒤섞여 사네 錯雜漢蠻居
강토는 남쪽 하늘 끝에 있고 版籍南天盡
강산은 오령五嶺 너머에 있네 江山五嶺餘
한 나라가 같은 부모 모시고 一邦同父母
만국이 문물제도[61]를 함께 하네 萬國此車書
배가 저 멀리서 푸른 물결 타고 이르니 舶�浮青至
하늘 끝에 닿을 듯 어른어른하네 微茫極太虛

외딴 성은 천연의 요새여서 孤城天設險
원근의 세력을 모두 삼켜버렸네 遠近勢全吞
보물은 삼파사에 쌓여 있고 寶聚三巴寺
화폐는 십자문으로 유통되네 泉通十字門
살림 꾸리는 데는 오랑캐 아낙이 귀하고 持家蠻婦貴
종교를 주재하는 데는 법왕이 존귀하네 主教法王尊
성세에는 훌륭한 계책 많은 법 聖世多良策
전산의 자물쇠 아직 남아있다네[62] 前山鎖鑰存

인광임의 시 〈호경 초가을 저녁에 경치를 바라보며濠鏡新秋晚眺〉

영롱한 외딴 섬에 푸른 연꽃 꽂혔으니 玲瓏孤島挿青蓮

61) 원문은 車書이다. 《中庸》에 "지금 천하의 수레는 같은 궤를 쓰고 글은 같은 문자를 쓴다(今天下車同軌, 書同文)"라는 말이 나오는데, 이로써 나라 안의 문물제도가 통일되었음을 상징하였다.

62) 前山寨를 걸어 잠그고 상황을 주시한다는 뜻이다. 전산채(廣東省 珠海市 前山村)는 명청시기에 포르투갈인들을 경계하기 위해 향산현 경내에 설치된 군사시설로, 1621년에 설치되어 한때 2천여 병사가 주둔했었으며 1887년 철수할 때까지 외적 방어를 담당했다.

선인장 위 금경이 하늘의 옥로를 받네[63] 掌上金莖玉露天
우뚝한 누각에 물결 넘실대니 거울 속에 있는 듯 傑閣淩波人在鏡
높다란 돛 난간으로 떨어지니 집이 마치 배인 듯 高帆落檻屋疑船
버들 솜 날아간 나뭇가지엔 뉘 집 제비가 둥지 틀고 飛殘踈柳誰家燕
추위에 떠는 석양엔 나무 몇 그루에 매미가 운다 叫冷斜陽幾樹蟬
경치 좋은 관문의 정경이 가을 상념 동하게 하니 好景關情動秋思
고향 산은 그림처럼 흰 구름 가에 있네 故山如畫白雲邊

장여림의 시 〈오문의 맑은 날을 기뻐함澳門喜晴〉

바다 깊숙이엔 아직도 가을 어둠 남아 있는데 海腹餘秋鬱
하늘 복판이 오후가 되자 맑게 개었네 天心放午晴
오문의 구름은 경갑鏡匣 열리 듯 걷히고 澳雲開鏡匣
모래밭은 바둑판 모양을 드러내네 沙圃出碁枰
물은 깊이 비워져 있어 울림이 들리고 水罄深聽響
수풀의 꽃은 멀리서 보면 선명하네 林花遠見明
창문 밖 파초는 신록을 펼치며 蕉牕新展綠
하늘거리며 사람 향해 맑음을 선사하네 搖曳向人淸

〈문득 짓다偶成〉

바다 밖 한 줌 땅이 천하에 편입된 것은 一拳海外作寰中

63) 金莖은 銅柱인데 漢 武帝가 20丈에 달하는 구리 기둥을 세우고 그 위에 이슬 받는 仙人掌을 만들어 이슬을 받아 옥가루를 섞어 마시며 신선이 되기를 구하였다는 이야기가 있다. 이 구절은 오문의 지형을 비유한 것으로, 가늘게 남으로 뻗어 둥근 모양으로 퍼진 땅의 형태를 금경과 선인장에 비유한 것이다.

보고 듣는 것이 모두 세상과 통하기 때문이라　睹聽都緣與世通
퉁소와 북 울리며 떠난 배는 게의 굴을 열고　簫鼓帆檣開鱟穴
누대에 단 등불은 교룡의 궁에 떨어지네　樓臺燈火落蛟宮
가을이 스치고 간 산은 아침에 가로놓인 책상 같고　山經秋拭朝橫几
조수 따라 돋아난 달은 밤하늘에 걸린 활 같네　月共潮生夜掛弓
한가한 곳에서는 바쁜 곳 보며 그저 웃지만　閑處秖看忙處笑
서쪽에서 팥배 따고 나면 동쪽에서 뽕잎을 따네　棠西方了又桑東

꽃술 주위에 푸른 이끼가 주렴을 드리운 듯하니　花鬚簾幙碧毿毿
멀리서 보아도 연못 습기에 젖었음을 알겠네　遠望知爲澤氣涵
땅은 습해도 숲 너머 지은 이층집은 시원하고　土濕林梢樓得爽
샘은 짜도 돌 틈으로 나오는 우물은 달구나　泉鹹石罅井分甘
장생이 남쪽으로 옮겨갈 때 바람 타고 구만리를 갔고[64]　莊生南徙風摶萬
서복[65]이 동쪽을 떠돌 때 집 삼은 섬이 셋이었네　徐福東遊島宅三
이건 우언도 환상도 아니니　不是寓言兼幻境
신선이 탄다는 붉은 잉어 부르고 천마를 몰아 볼까나　擬呼赤鯶駕天驂

64) 《莊子》〈逍遙遊〉의 南冥으로 나는 붕새 이야기를 인용한 것으로, 마카오가 먼 남쪽 바다 끝에 있기 때문에 이렇게 비유한 것이다. "[붕새는] 노하여 날아오르면 그 날개가 하늘에 구름이 드리운 것과 같다. 이 새는 바다가 움직이면 장차 남쪽 바다로 옮겨가는데, 남쪽 바다란 바로 천지이다.(怒而飛, 其翼若垂天之雲, 是鳥也, 海運則將徙於南冥, 南冥者天池也.)"

65) 徐福은 秦나라의 方士이다. 진시황에게 바닷가에 蓬萊·方丈·瀛洲라는 세 개의 神山이 있는데 그곳에 가면 불로장생하는 약초를 얻을 수 있을 것이라고 상소를 올렸다. 이에 수천 명의 남녀를 얻어 배를 타고 바다로 갔으나 다시 돌아오지 않았다.

옛날에는 보제선원普濟禪院[66]이 있었다.

승려 적산跡刪[67]의 시 〈정축년(1697) 여름, 오문의 보제서원에서 객으로 지내며 검평사[68]에게 주다丁丑夏客澳門普濟禪院贈劍平師〉

피서하기 딱 좋은 편벽한 곳이기에	避暑眞宜地軸偏
장차 여생을 이곳 고향에 맡기고자 하네	領將生計在林泉
형제[69]가 한데 모인 오늘이건만	弟兄聚會惟今日
소나무 대나무 음삼하여 예전과 다르구려	松竹陰森異昔年
청산 바라보며 늙어가느라 흰 머리만 늘고	坐老青山添白髮
창해를 다 들이마셔 붉은 연꽃만 심었다오[70]	吸乾滄海種紅蓮
낙가산[71]은 예서 얼마 되지 않으니	落伽此去無多路

66) 마카오에 있는 望厦觀音堂을 가리킨다. 명나라 天啓 연간에 지어져, 지금도 선원 안의 석비에 "天啟七年(1627), 七月吉日立, 祀壇"이라고 적혀있다.

67) 跡刪은 迹刪으로, 청나라 초기의 불승인 成鷲(1637-1722)의 字이다. 호는 東樵山人, 속명은 方覬愷로, 番禺(廣東省 廣州市 番禺區) 사람이며 41세에 출가했다. 澳門 普濟寺, 肇慶 慶雲寺, 廣州 大通寺 등의 주지를 지냈다. 시문에 뛰어나 詩僧으로 불렸다.

68) 보제선원의 불승이다.

69) 검평사와 詩僧들을 말한다. 禪宗叢林 제도에서는 모두 지위가 평등하므로 형제라 한 것이다.

70) 붉은 연꽃은 千手觀音이 손에 들고 있는 것 중 하나로 여기서는 불법을 비유한다.

71) 落伽山은 普陀山(浙江省 舟山市 普陀區 소재) 동남쪽 5.3km지점에 위치해 있다. 옛날에는 梅岑山이라 불렀으며 한나라 때 방사 梅福이 여기서 煉丹했다고 한다. 五代 後梁 때 일본 승려 慧鍔이 오대산에서 관음상을 얻어 본국으로 돌아가던 중 폭풍을 만나 더 이상 가지 못하고 이 산에 '觀音院'을 세웠는데 이것이 관음도량의 시작이 되었다고 한다. 《澳門詩詞箋注》(章文欽箋注, 珠海出版社)에는 원문이 洛伽로 되어 있다. 章文欽은 이 시를 비롯한 7수의 시가 적산이 정축년 초여름에서 가을까지 香山 東林菴에 거할 때 지은 것이고 낙가는 향산

문 나서 낚싯배를 물어볼 필요나 있겠소　　門外何須問釣船

〈보제선원에 우거하면서 동림의 여러 분[72]께 보내다寓普濟禪院寄東林諸子〉

안거[73]에 들면 잡념이 끊기련만　　但得安居便死心
사람과 물건을 묘사하여 동림에 알리오　　寫將人物報東林
외국 아이는 오래 살아 중국말을 잘하고　　蕃童久住諳華語
앵무새는 처음부터 서양말을 배웠소　　嬰母初丁學鴂音
양쪽 물가의 산빛은 바다 거울[74]을 머금고　　兩岸山光涵海鏡
여섯 시간마다 울리는 종소리엔 풍금 소리 섞여 있소　　六時鐘韻雜風琴
다만 근심스러운 건 금지령이 해마다 엄해져　　祇愁關禁年年密
한가로이 노닐며 읊조릴 수 없는 것　　未得閒身縱步吟

오문 오랑캐에 대한 전말은 다른 편에 상세히 기록하므로 여기에는 싣지 않겠다. 오문 동쪽은 동오산東澳山[75]이며 거기서 다시 동쪽에는 구성주산九星洲山[76]이 있다. 아홉 개의 봉우리가 나뉘어 솟아있고 바위

동림암을 가리키는 것으로 보았다.

72) 《紀夢編年》에 의하면 강희 29년(1690)에 鐵城(香山)에서 이 지역 諸公들과 結社하여 암자를 짓고 교류했는데 이를 동림이라 했다고 한다. 東林은 晉의 慧遠이 머물며 전법했던 廬山 東林寺에서 따온 것으로 보인다.

73) 불교에서 음력 4월 15일부터 7월 15일까지 승려들의 외출을 금지하고 좌선과 수행에 전념하게 하는데 이를 (夏)安居라 한다.

74) '거울'이라는 용어는 모두 '濠鏡澳'라는 마카오의 별칭을 염두에 두고 넣은 것이다.

75) 東望洋山을 가리킨다.

76) 珠海市 九州列島를 가리킨다. 祝淮의 《香山縣志》〈山川〉에 "구성양은 성 동남쪽 바다에 있는데 아홉 개의 섬이 별처럼 흩어져 있어 구성주산이라 한다.(九星洋

굴이 많을뿐더러 기이한 화초가 많다. 샘이 유난히 달아 배를 타고 오고 가는 장사치들은 반드시 이곳에 와 샘물을 길어가는데, 이 샘을 '천당수天塘水'라고 부른다. 그 아래는 구주양인데, 옆으로는 계박산雞拍山[77]과 닿아 있고 암초가 많다. 다시 동쪽은 영정산으로, 동관東莞·향산·신안新安 세 읍의 경계이기도 하다. 그 아래가 영정양零丁洋이다.

문천상文天祥의 시 〈영정양을 건너며過零丁洋〉[78]

천신만고 끝에 때를 만나 과거급제하였으나	辛苦遭逢起一經
전란으로 4년 세월 쓸쓸히 보냈네	干戈落落四周星
물 위에 떠다니는 버들 솜처럼 조국 산하는 부서지고	山河破碎水飄絮
바람에 날리는 부평초처럼 떠돌이 신세 되었네	身世浮沉風打萍
황공탄[79] 머리에서 황공함을 말했더니	惶恐灘頭說惶恐
영정양에서는 외로움[80]을 탄식하는구나	零丁洋裏歎零丁
인생사 자고로 그 누군들 죽지 않으리	人生自古誰無死

在城東南海中, 有九島如星, 爲九星州山.)"라는 기록이 보인다.

77) 광동성 珠海市 雞山이다.

78) 文天祥이 1278년 廣東 海豊 五坡岭에서 포로가 되어 압송되던 중 1279년 영정양을 지나며 지은 시이다. 이후 崖山을 지나게 되는데 이 지역을 지키던 張世杰·陸秀夫에게 투항을 종용하는 편지를 쓰라는 압박을 받자, 이 시를 보여 거절의 뜻을 밝혔다고 한다.

79) 惶恐灘은 지금의 강서성 萬安縣에 있는데 물살이 급하며 贛江十八灘 가운데 하나로 일컬어진다. 송나라 端宗 景炎 2년(1277)에 文天祥이 강서성에서 항전하다 패해 황공탄을 통해 복건으로 퇴각하였는데 이때 사상자가 많았고 처자도 원의 포로가 되었다.

80) 원문의 零丁은 重義的인 표현으로 零丁洋을 가리킴과 동시에 '홀로 외롭다'는 뜻을 지니고 있다.

일편단심 간직하여 청사에 빛내려네 留取丹心照汗青

다시 동쪽으로 기독오旗纛澳[81]에 이른다. 혹자는 물굽이의 생김새가 방게(螃蜞) 같다 하여 기오蜞澳라고도 부른다고 말한다.

다시 동북으로 200리 채 못 가서 두 개의 문이 나오는데, 각각 호문虎門과 초문蕉門이라고 한다. 초문 남쪽으로 대양이 내려다보이지만, 암초가 있어 닻을 내릴 수 없다. 동주문東洲門과 금성문金星門에는 거룻배나 작은 배는 댈 수 있지만 바다를 다니는 큰 선박은 그리로 다니지 않는다. 금성문 옆에 계롱주雞籠洲와 소모산小茅山이 있다. 호문은 바로 호두문虎頭門이다. 대호산大虎山이 그 동쪽으로 솟아 있고, 소호산이 서쪽으로 솟아 있는데, 두 짝 문이 활짝 열려있어 바닷물이 그 사이로 들고나는 것을 횡당산橫檔山이 끝에서 막고 있다. 이것이 곧 이른바 월 땅 동쪽 산에는 세 개의 길이 있고 세 개의 문으로 나뉘어 있는데 그중 대유령大庾嶺[82]이 대문 역할을 하고, 바다에도 세 개의 길이 있고 역시 세 개의 문으로 나뉘어 있는데 호두가 그 대문 역할을 한다고 하는 것이다. 동서 두 바다가 서로 왕래할 때면 이곳을 길목으로 삼는다.

횡당산에는 동쪽과 서쪽에 포대가 있는데 남산과 삼문의 포대와 기세가 맞먹으며, 호문의 협부장協副將이 다스린다. 위에는 호문채虎門寨

81) 淇澳島라고도 한다. 지금의 珠海市 香洲區 동북쪽에 있는데 唐家灣鎭과 바다를 사이에 두고 마주보고 있다. 멀리서 바라보면 깃발(旗)이 바다 바깥으로 펼쳐져있는 것같아 '旗纛澳'라는 이름을 얻었다고 한다.

82) 庾嶺·台嶺·梅嶺이라고도 부르는 중국 남부의 산맥으로 五嶺 중 하나다. 江西省과 廣東省 변계에 위치해 있다.

가 있는데, 명나라 만력 16년(1588)에 무산武山[83] 앞에 지었다가 산 뒤쪽으로 옮겼으나 청나라 초에 왜구에 의해 무너졌다. 강희 26년(1687)에 지금의 산채를 석기령石旗嶺에 세웠는데 흙을 쌓아 만들었으며, 둘레는 186장丈이다. 오래되어 무너져서 강희 57년(1718)에 벽돌로 재건축하였는데, 관병이 읍에서 그곳으로 돌아와 주둔하였다.

설온의 〈호문기虎門記〉

호두문이라는 이름은 호산虎山 때문에 붙여졌다. 산은 둘이 있으니, 서쪽의 것을 소호산이라 하고 동쪽의 것을 대호산이라 하는데, 마치 한 쌍의 진주가 커다란 바다에 잠겨있는 것 같다. 중간 부분이 살짝 동남쪽으로 꺾이면서 오른쪽에 횡당산이, 왼쪽에 남산南山이 서로 5-6리쯤 떨어져 있어 마치 사립문 한 짝이 우뚝 솟아있는 것 같고, 바닷물이 그 사이로 드나들어 중국과 외국의 경계가 되므로 '문門'이라고 부른 것이다. 횡당산의 제일 앞과 제일 뒤에 포대 둘을 세웠는데, 높이는 수면으로부터 약 오십 길이 된다. 남산의 포대는 하나인데 바다에서 세 길 높이 되는 곳에 설치되어 있으며 병졸이 늘 주둔한다. 남산을 따라 십여 리 내려가면 삼문三門 포대 하나가 나온다. '삼문'이라 칭한 것은 산 앞에 바위 두 개가 솟아 있어 그 사이로 물결이 갈라지는 모양이 '삼三' 자처럼 되기 때문이다. 목병目兵[84]의 수는 각 포대의 수와 같다.

횡당산 남쪽 30리쯤 되는 곳이 용혈산龍穴山인데, 예전에는 해안 초소를 두었으나 지금은 폐지하였다. 남산에서 동남쪽으로 3-40리쯤 되는 곳이 교의만校椅灣이다. 대체로 교외로 통하는 관갑의 모습을 하고 있으며,

83) 광동성 東莞市 서남쪽에 있다.

84) 병졸 중의 우두머리, 즉 소대장 정도에 해당하는 직급이다.

뻥 뚫린 바깥쪽으로 거대한 바다가 이어져 있다. 호산은 거대한 바다로 겹겹이 둘러싸여 있는데 호두문이 그중 가장 깊은 곳에 해당한다. 외국 선박이나 국내의 거룻배들은 반드시 이곳을 경유해야만 들어올 수 있으며 사자양獅子洋을 건너 광주廣州에 다다를 수 있으니, 가히 바다의 함곡관函谷關이라 이를 만하다. 호두문의 좌우는 얕은 바다인데, 큰 배만 지나다니지 못할 뿐 다른 배들은 마음대로 지나다닐 수 있다. 참으로 황당하구나! 바깥 오랑캐를 막는 문은 하나인데 나라 안의 우환을 열어놓은 문은 천 개나 되다니!

대저 뭍에 있는 언덕, 바다에 있는 항구가 모두 승패득실을 결정짓는 곳이다. 호두문은 석기령 기슭에 성을 쌓은 다음 병사 1,888명을 모집하여 부총병관이 지휘하고 있으며, 편사偏師[85]가 가끔 항구를 지키기도 한다. 따라서 지원이 미치지 않는 곳이 없게 하고 순찰을 물 샐 틈 없이 하며 관갑을 삼엄하게 경비하여, 외부에서 온 포악한 자들을 제어할 수만 있어야 한다. 외적을 방비해야만 후환을 막을 수 있을 것이다. 비록 그렇기는 하나, 해문이란 안팎을 막는 것일 뿐, 외환은 내란에서 비롯되고, 변고는 일상에서 생겨나는 법, 다스림에 있어 군사 방비보다 우선하는 것이 분명 있을 것이다.

승려 금종의 시 〈호문의 산들을 바라보며望虎門諸山〉

해문[86]에 산 잠기니	海門山滅沒
빈 하늘처럼 검푸르구나	蒼翠似空天
저녁 지나니 그림자만 남고	暮去惟餘影
가을 오니 안개 끼지 않네	秋來不是烟

85) 偏師는 주력 부대 이외의 부대, 또는 하급 군관을 가리킨다.
86) 海門이란 육지로 들어오는 바닷길, 즉 마카오의 호문을 가리킨다.

폭포는 높아도 울림 생기기 어렵고　　瀑高難作響
봉우리는 작아도 아름다움 자아내기 쉽네　　峯小易成姸
하염없이 은자 기다리건만　　悵望蘿衣客
어디서 소나무를 어루만지고 있으려나　　攀松何處邊

방전원方殿元의 시 〈호두산[87]에 올라登虎頭山〉

아침에 부서구[88]를 출발해　　朝發扶胥口
저녁에 호두산에서 묵네　　暮宿虎頭山
지는 노을 또렷이 보이지 않으니　　不見落霞明
어디가 물이고 하늘인지 어찌 알까　　安知水與天
순식간에 밝은 달을 토해내니　　須臾明月吐
구름 물결 찬란하구나　　雲浪何爛斑
만 리가 맑은 거울처럼 넘실대니　　萬里盪明鏡
표연히 신선이라도 오신 듯　　縹緲來神仙
깊은 밤 큰 고래도 숨어　　夜深長鯨伏
하늘 끝까지 물결도 없이 고요하네　　天末靜無瀾
한밤중에 붉은 해 솟아나니　　紅日中夜生
별자리는 보잘 것이 없구나　　星宿不足觀
인간세상 되돌아보니　　顧視人世間
삼라만상은 여전히 가득하여　　萬象猶漫漫
붕새의 날개에 올라　　欲乘大鵬翼
높이 구름 끝까지 오르고 싶구나　　高擧凌雲端
남쪽 건덕국[89]에서 노닐고자 하나　　南遊建德國

87) 虎頭山은 虎頭門의 大虎山을 가리킨다.
88) 扶胥口는 광동성 番禺縣의 동남쪽, 珠江이 바다와 합류하는 지역 부근이다.
89) 建德國은 《莊子》〈散木〉에서 '無爲而治'의 이상국으로 언급한 상상의 나라이다.

가도 가도 오를 수 없네	去去莫可攀
나를 보내줄 이 누구일까	誰爲送我者
돌아보자 기슭 사이로 사라져버렸네	回首失崖間

[대호산은] 수산秀山이라고도 한다. 송나라 장세걸張世傑[90]이 조병趙昺[91]을 모시고 퇴각하였다는 보수산保秀山이 바로 이곳이다.

승려 금일今日의 시 〈조수를 살피며候汐〉

물결 타고 해문으로 나아갔다가	乘流趨海門
물결 거슬러 외로운 배 한 척 끌고 오네	溯洄挽孤舶
산은 객의 배와 함께 가로 누웠고	山共客舟橫
달은 거센 물결 속에 일그러졌구나	月兼湍瀨惡
넓디넓은 바다는 끝없이 잠겨 있고	漭沆汨無垠

90) 張世傑(?-1279)은 원나라에 항거했던 南宋의 장수로, 文天祥·陸秀夫와 함께 송말의 三杰 중 한 사람이다. 范陽 사람으로, 젊어서는 원나라 장수 張柔를 따르다 宋에 귀의했으며 전공을 세워 都統制가 되었다. 元軍이 남침했을 때 수차례 방어에 공을 세웠으며 원군이 臨安 가까이 오자 文天祥과 함께 결전을 주장했으나 승상 陳宜中에 의해 저지당했다. 이듬해 臨安이 함락되자 군대 이끌고 해로로 福建에 가서 文天祥·陸秀夫와 함께 趙昰를 황제로 세우고 소수민족 부대와 연합해 항전했다. 패배 후 수군을 이끌고 광동 연해를 지켰으며 景炎 3년(1278)에 조하가 죽자 趙昺을 황제로 세운 뒤 少傅·樞密副使 직을 수행하며 厓山에 거했다. 원나라 장수 張弘範과 해상에서 결전을 벌였으나 패하고 태풍을 만나 익사했다.

91) 趙昺(1272-1279)은 南宋의 恭帝로, 端宗 趙昰의 동생이다. 조하가 죽은 후에 황제로 옹립되었으나 1279년 崖山해전에서 패한 뒤 원군에 포위되자 左丞相 陸秀夫가 그를 업고 바다에 뛰어들어 함께 자결했다. 그 뒤를 이어 10만 군민이 바다에 뛰어 들어 순국했다고 한다.

아득한 물결은 허공까지 닿아있네	瀰漫亘廖廓
일렁이는 물결도 낭떠러지 끝은 무서운지	洶湧怯崖巓
아득한 모습, 하늘에서 떨어질 것만 같네	要眇疑天落
교룡이 뿜어낸 거품에는 아직도 비린내 진동하고	蛟沫滚餘腥
붕새가 타던 구름은 하늘에 흩어지는데	鵬雲灑空澤
은하수는 속삭이고,	星漢夾人語
밤기운은 천지에 가득하구나	夜氣以磅礴
서쪽을 바라봐도 조수는 더디 오고	企西緬汐遲
동쪽에서 자랑하듯 거센 바람만 불어오네	詫東謂風虐
푸른 절벽 사이로 슬픈 원숭이 울음 들리니	蒼壁聞悲狖
안개 속에 언덕과 골짜기 있음을 알겠네	霧裏知坵壑
길을 잃고 풍파를 견디며	失所耐風波
병든 이 몸 깃들 곳 생각하네	抱病思棲託
큰 바다 동쪽 끝 외딴 섬	孤嶼大洋東
영정양을 바라보며 고금의 감회에 젖나니	零丁感今昨
자취를 더듬으며 문산92)에게 부끄러워	撫迹愧文山
크게 탄식만 나오는구나, 장차 어이할꼬	浩歎將焉作

여기서 사자양을 건너면 황포黃埔로 들어가는데, 이곳이 오늘날 서양 선박이 정박하는 항구이다.

승려 금종의 시 〈사자양을 나서며 짓다出獅子洋作〉

홀연 느껴지는 천지의 거대함이여	忽爾乾坤大
검은 파도 가운데에서 떴다 가라앉았다 하는구나	浮沉黑浪中

92) 文山은 南宋의 애국시인 文天祥의 호다.

불 뿜는 교룡은 밤의 해를 입에 물고	火螭銜夜日
금빛 조개는 하늘 바람을 내뿜네	金蜃噴天風
무기를 씻으려는[93] 마음만 급해서	洗甲心徒切
뗏목에 오르지만 길이 막히려 하는구나	乘桴道欲窮
바다[94] 너머 섬 하나로	朝宗餘一島
모든 강물이 동으로 흐르는 게[95] 아직도 보이네	尙見百川東

〈**바다를 바라보며**望海〉

호문 동쪽 아득히 넓은 바다	虎門東浩淼
바다는 흰 구름과 나란하구나	水與白雲平
신기루는 봄에 더욱 성하고	海蜃春多氣
천계는 밤에 소리를 낸다네	天雞夜有聲
농사 짓고 한가할 적엔 소금을 끓이고	燒鹽農力暇
딸린 밭 다 일구고 나면 풀을 심는다네	種草子田成
잡초 자란 열 이랑의 굽이	十畝葵塘曲
내 직접 가서 갈고 싶구나	吾躬欲往耕

93) 무기를 깨끗이 씻어 집어넣는다는 뜻으로, 전쟁을 그침을 상징한다.

94) 朝宗은 작은 물이 큰 물로 모여드는 것을 뜻하며 《尙書》〈禹貢〉의 "황하와 장강은 바다로 흘러든다(江漢朝宗於海)"에서 나온 말이다. 여기서는 '바다'라고 번역하였다.

95) 고대 중국 사람들은 지리적 조건 때문에 강물은 당연히 동으로 흐르는 것이라고 믿었다. 이로 인해 "백 번 꺾여도 결국 반드시 동으로 흐른다(百折必東)"라는 표현이 생겼는데, 외세의 침입으로 인해 위기를 겪더라도 결국에는 다시 수복하리라는 뜻을 내포하고 있다.

호문에서 하늘이 열리며 바다가 드넓으나 암초가 많아서, 배가 부딪히는 즉시 부서져버린다. 이 때문에 서양 선박들이 도착하면 반드시 관에서 도선사를 파견하여 인도해오게 하니, 그야말로 하늘이 내려준 요새이다.

또 호문 아래쪽에는 합란해合蘭海가 있는데, 매년 정월 초사흘, 초나흘, 초닷새면 성곽과 누대, 수레와 인물 등의 여러 형상이 갑자기 나타난다. 강희康熙 병진년(1676)에는 창과 갑옷의 형상이 나타나고 광동 지역에 변란이 있었는데, 아마도 신기루였을 것이다.

양패란梁佩蘭 〈**해시가**海市歌〉

텅 비어 아무도 없더니 문득 해시가 생겨났네	蕩空無人忽成市
위로는 하늘에 있지 않고	上不在天
아래로는 땅에 있지 않네	下不在地
달무리 진 듯 누릇누릇, 햇무리 진 듯 울긋불긋	月烟黃黃日烟紫
해 떠오르고	日之升
기운이 모이면	氣之凝
대모로 만든 덮개에	瑇瑁蓋
산호로 만든 고리 보이네	珊瑚釘
생황[96]을 크게 불고	大吹龍笙
악어가죽 북[97] 가볍게 두드리니	細擊鼉鼓
해동이 천천히 노래 부르고	海童緩歌

96) 龍笙은 겉에 용 문양을 새긴 생황을 가리킨다.

97) 악어가죽으로 만든 북을 가리킨다. 《試經》〈靈臺〉에 “악어가죽 북소리가 둥둥 울리니(鼉鼓逢逢)”라는 구절이 있다.

해녀가 빠르게 춤을 추네	海女急舞
바닷물이 열리고	海水開
용왕님 납시네	龍王來
용왕님 납시니	龍王來
용모님도 오시네[98]	龍母並
우레 같은 수레 소리	駕車如雷
뒤따라오는 용녀는 어찌 그리 느린지	龍女後至何遲哉
해시 사람들은 시장 안에 용왕님 자리 마련하고	市人市中設龍座
시장 왼편에서 보물을 모아놓고 서로 바꾸네	聚寶換寶市在左
서양 노예는 물소 타고 시장에 오는데	蕃奴來市騎水犀
으뜸가는 보물은 꼬리 검은 물소 등에 실었네	上寶負在大尾犛
늙은 교룡은 사람 몸에 물고기 눈을 하고서	老蛟人身目魚目
손에는 우임금이 치수하던 옥을 쥐고 있네[99]	手執大禹治水玉
작은 물고기는 시장에 내놓을 보물이 없어	魚兒無寶雜市中
웃으며 바다 위 붉은 무지개를 가리키네	笑指海上天虹紅
시장 동쪽 상인들의 훌륭한 말	市東賈人好走馬
보물의 광채가 말을 쏘아도 말은 넘어지지 않네	寶光射馬馬不下
용왕님은 보물에 싫증 나 머리만 흔드는데	龍王厭寶空掉頭
몸에는 오색의 용 비늘 갖옷 갖춰 입었네	身擁五色龍鱗裘
용모님은 보물 보고도 입을 열지 않고	龍母見寶不開口
물고기 수염 재는 자를 손에 쥐고 있네	定海魚鬚尺持手
용녀는 붉은 진주를 장난삼아 던지는데	龍女戲擲紅珍珠
꿩 깃털로 성대히 장식하고 새 깁옷 입었네	盛飾雉尾新羅襦

98) 嘉慶本에는 龍王으로 되어 있으나 하버드대 소장본에는 龍母로 되어 있다. 문맥상 龍母로 번역했다.

99) 《湘水記》에 "전설에 의하면 禹 임금이 金簡玉書를 南嶽(즉 衡山)에서 얻었다고 한다."라는 기록이 보인다. 여기서 말하는 옥은 곧 옥서를 가리킨다.

세상사람 눈으로는 보물 볼 줄 몰라　世人眼睛不識寶
바다 속에 보물 있어도 돌아보지 않네　海中有寶偏不顧
해시에 보물 많거늘　海市寶多
세상 사람들 어이할거나　世人奈何
부상화[100]는 동북쪽 귀퉁이에 떨어지고　扶桑花落東北角
바닷물은 얼어붙어 사람이 뚫어주길 기다리네　海水成冰要人鑿
바닷물에 바람이 불더니　海水吹風
이내 용궁을 뒤흔들고　吹動龍王宮
파도 한 번 일더니　水生一片
해시도 사라졌네　海市不見

북쪽은 바로 청주산青洲山[101]이다. 전산·오산이 바다를 사이에 두고 마주 서 있고 이 산이 그 사이에 가라앉아 있다. 땅은 돌 천지이고 나무는 굽어있으며 가파르고 수풀 무성하여 돌 기운마저 푸르게 서려 있어 물결과 더불어 위아래로 빛을 발하므로 그 경치가 유난히 그윽하고 아름답다. 명나라 가정 연간에 불랑기佛郎機[102] 사람들이 오문에 들어왔는데, 만력 34년(1606)에 이 산에 천주교 교당을 지으니, 높이는 예닐

100) 扶桑은 해가 뜨는 동쪽에 있다고 하는 전설상의 神木을 뜻한다. 《山海經》에 의하면 扶桑의 가지에는 열 개의 해가 달려있다고 하는데 여기서는 해가 동쪽에서 떠올라 동북쪽으로 가는 것을 뜻한다.

101) 青洲山은 지금의 마카오 서북쪽의 青洲이다. 원래는 작은 섬으로 오문과 연결되어 있지 않았으나 나중에 포르투갈인들이 오문에서 청주까지 직접 통하는 제방을 세운 뒤, 점차 확대해 오늘날의 모습을 이루었다.

102) 佛郎機는 본래 중동 이슬람 상인들이 유럽인을 가리키던 Franques, Franks 등이 중국에 전해지며 음차된 것으로, 포르투갈 혹은 포르투갈인을 가리키는 말이었다. 당시 서양의 지리와 정세에 밝지 않았던 중국에서는 스페인·프랑스·포르투갈 등을 구분하지 못하고 모두 불랑기로 통칭하였다.

곱 장丈에 드넓고 신비하다. 지현知縣인 장대유張大猷가 그 높은 담을 허물기를 청하였으나 뜻대로 하지 못했다. 천계 원년(1621)에 지방관이 끝내 우환이 될 것을 염려하여 감사監司 풍종룡馮從龍을 파견하여 그들이 쌓은 성을 허무니,103) 서양인들이 감히 저항하지 못했다. 지금은 서양의 신부들이 누각과 정자를 짓고 화초와 과실들을 어지러이 심어 놓아 오문에 사는 서양 사람들의 유람지가 되었다.

승려 적산의 시 〈청주도青洲島〉

바다 중간에 우뚝 들쭉날쭉 바위 가파르니	突兀中流亂石隈
지척의 청주는 봉래104)를 닮았구나	青洲咫尺擬蓬萊
조수의 풍랑이 해안을 덮치면 맑았다가 다시 비 내리고	潮頭撼岸晴還雨
처마 끝이 파도에 놀라면 대낮에도 우레가 치네	屋角驚濤晝起雷
미친개가 꽃을 보고 짖어대니 인적도 끊어지고	猘犬吠花人跡斷
굶주린 솔개가 나무를 차지하니 새소리 구슬프다	饑鳶占樹鳥聲哀
그 누가 있어 풍이105)에게 말 전해 줄까	憑誰爲向馮夷道
화정으로 돌아가 조대를 만들자고106)	還與華亭作釣臺

103) 명나라 喜宗 天啓 원년(1621) 6월《明喜宗實錄》에서 기록하기를, "광동순안 왕존덕이 향산 오문의 서양인들이 청주도에 신축한 것을 허문 일에 대해 황제께 갖추어 문서를 올렸으며, 아울러 풍종룡·손창조 등이 함께 일을 한 공로를 언급하며 함께 기록하기를 청했다. 중앙부서의 답문에서 그를 따랐다(廣東巡按王尊德以拆毁香山澳夷新築青洲島具狀上聞, 且叙道將馮從龍孫昌祚等同心任事之功, 乞與記錄, 部覆從之)"라고 하였는데, 바로 이 일을 가리킨다.

104) 고대 전설 속의 三神山 가운데 하나다.

105) 전설 속 黃河의 水神인 河伯을 말한다.

106) 庾信의 〈哀江南賦〉중의 "조대에 버드나무 옮겨 심는 일은 옥문관에서 바랄 수 있는 바 아니니, 화정의 학 울음소리가 어찌 하교에서 들릴까?(釣臺移柳, 非玉關

인광임의 시 〈청주의 안개비靑洲烟雨〉

바닷가 하늘엔 날씨도 변덕 심해 海天多氣象
청주에 안개비가 자욱하네 烟雨得靑洲
초목이 우거져 겨울도 여름인가 싶고 蓊鬱冬疑夏
푸르른 서늘함에 봄 또한 가을 같구나 蒼凉春亦秋
종소리는 깎아지른 절벽으로 가라앉고 鐘聲沉斷岸
돛 그림자는 갈매기 사이로 어지럽네 帆影亂浮鷗
경치는 소상[107]보다 뛰어난데 景比瀟湘勝
누군가 저 멀리 누각에 기대있네 何人遠倚樓

장여림의 시 〈청주에 닻 내리고 식사 후 물굽이에 이르러寄椗靑洲飯罷抵澳〉

누선의 북소리 피리 소리가 새벽바람을 재촉하더니 樓船鼓角曉風催
밥 짓는 연기를 싣고 와 푸른 기운이 가득하네 載到廚烟翠一堆
뿌리도 없는 산에 나무가 둥둥 떠있고 山勢不根浮樹出
은근히 둔탁한 종소리에 조수가 따라오네 鐘聲微濁帶潮來
바칠 세금[108]과 함께 종놈은 서쪽에서 이르렀고 已同納秸拏西至

之可望, 華亭鶴唳, 豈河橋之可聞)?"라는 구절에서 인용한 것이다. 조대는 武昌에 있는데 晋나라의 陶侃이 武昌太守로 있을 때 이 곳에서 군사를 훈련시키며 각 군영마다 버드나무를 심게 했다. 華亭은 晋나라의 문인 陸機의 고향으로 지금의 上海市 松江縣에 해당하고, 河橋는 지금의 河南省 孟縣이다. 陸機는 成都 王穎의 군사를 거느리고 하교에서 長沙 王乂의 군대와 교전하다가 전쟁에서 패하여 王穎에게 처형당했다. 그는 처형되기 전에 "화정의 학 울음소리를 어찌 다시 들어볼 수 있겠는가(華亭鶴唳, 豈可復聞乎)?"라고 외쳤다 한다. 모두 고향으로 다시 돌아가고픈 마음을 표현한 것이다.

107) 瀟湘은 瀟湘八景으로 이름난 湖南省의 瀟江과 湘江 일대를 일컫는다.

108) 《書經》〈禹貢〉에서 "오백 리 경기 땅 중… 삼백 리 떨어진 곳에서는 겉잎을 추려

고개 숙인 해바라기는 벌써 북쪽 문에 피었네 猶見傾葵戶北開
한 자락 바다 노을 붉게 물든 곳에 一段海霞紅蘸處
높고 낮은 흰 담장이 연대[109]에 모여 있구나 粉墻高下簇蓮臺

밭은 배가 바람으로 갈아놓은 듯하니 有田如船以風畊
파도 안개에 길을 묻는 것은 백 번이나 바뀌어서라네[110] 路問烟波什伯更
산과 바다 끝까지 바라봐도 사람은 돌아오지 않고 望斷海山人不返
다시 온 누각엔 무심한 풀들만 자랐네 重來樓閣草無情
예수가 한나라 말에 태어난 것 이상할 것도 없지만 耶蘇不怪生衰漢
마테오[111]는 무슨 마음으로 옛 명나라에 세금을 바쳤나 瑪竇何心納故明
성명한 지금 조정에서 비오기 전에 잘 방비하심에 聖代卽今殷未雨
백 년 동안 만연했던 음험함이 일시에 사라졌네 百年淫蔓一時清

【마침 칙서를 받들어 사교邪敎인 천주교를 조사하고 금지하였기에 마지막 구절에서 그것을 언급한 것이다.】

거기서 다시 북쪽은 추풍각秋風角과 낭마각娘媽角으로 산 하나가 우뚝 솟아 비스듬히 바다에 꽂힌 듯하다. 마도磨刀가 그 서쪽에 이어져

낸 볏단을 바친다(五百里甸服…三百里納秸)"라고 했는데 여기서는 나라에 바치는 세금을 말한다.

109) 원문은 蓮臺로 여기서는 蓮花仙島라 불린 오문을 말한다.

110) 옛날 兵制에서 열 명을 什, 백 명을 伯이라 했다. 후에 什伯은 대오, 또는 10배, 100배를 뜻하는 말로도 사용되었는데 문맥을 고려하여 여기서는 백 번으로 번역하였다.

111) 利瑪竇는 마테오 리치(Matteo Ricci, 1552-1610)의 중국 이름이다. 로마 가톨릭교회의 사제이자, 중국을 비롯한 아시아 대륙에 기독교 신앙을 정착시킨 이탈리아 출신 예수회 선교사이다. 호는 西江·淸泰이며, 泰西儒士로 불렸다.

있는데, 북쪽으로는 사랄蛇埒에 접하고 남쪽으로는 오문과 맞닿아 있어서 험준한 요지 가운데 으뜸으로 일컬어진다. 위에는 천비궁天妃宮이 있다. 그 앞산은 북쪽으로 구불구불 이어져 있는데, 육로를 통해 옹맥雍陌【명 만력 연간에 옹맥영雍陌營을 설치했다.】으로 이어지며, 정상을 넘어가면 봉서령鳳棲嶺에 이르러 현에 닿는다. 여러 산들 가운데 지방지에 보이는 것들이 매우 많으나, 오문 아래 들어있지 않기에 그 가운데 한두 가지 중요한 것들만 취하여 기록한다.

오문에서 서쪽으로 십 리 못 되는 곳에 북산北山이 있다. 북산 아래는 북산촌과 사미촌沙尾村이며, 서쪽은 등롱주燈籠洲이다. 추풍각과 마주 보고 있는 것은 '남야각南野角'이라고 부른다. 그 옆은 괘정산掛椗山으로 선박이 닻을 내릴 수 있다. 그밖에 계롱鷄籠 · 계주鷄洲 · 횡주橫洲 · 백등白藤 · 대림大淋 · 소림小淋 · 삼판주三板洲와 같은 곳은 모두 홀로 떨어져 있는 데다 배를 댈 만한 곳도 없다.

다시 서쪽으로 대탁산大托山 · 소탁산小托山 · 대마도大磨刀 · 소마도小磨刀가 있다. 산에는 포대가 있다. 위 아래로 두 개의 문이 있는데, 마제馬驕와 황경黃麖이라고 부른다. 이곳을 지나면 호도문虎跳門이다. 숭정崇禎 10년(1637)에 홍모紅毛[112]가 선박 4척을 끌고 이곳을 지나 광주에 들어가서 시장을 열어 줄 것을 청했다. 그 바깥에 너비가 100여 리나 되는 섬이 있는데 그곳이 낭백교浪白滘이다. 명나라 초기에 여러 외국인들이 이곳에서 물물교환을 하다가 가정 연간에 비로소 호경으로 옮겨갔다. 만력 35년(1607)에 번우番禺의 거인擧人 노정룡盧廷龍이 사람들과 함께 회시를 치러 북경에 올라와, 오문에 사는 외국인들을 낭백

112) 紅毛는 네덜란드와 영국 등을 일컫는 말인데 여기에서는 영국을 가리킨다.

의 바깥 바다로 모두 몰아내 살게 할 것을 주청하였으나 받아들이지 않았다.[113] 또 이만문泥灣門·계제문雞啼門이 있고, 두 문 사이에 궤협석桅夾石과 번귀암蕃鬼岩 등이 있으나, 오직 대탁산·소탁산·대마도·소마도에만 선박이 정박할 수 있는 항구가 있다고 한다.

다시 서쪽에 황양산黃楊山이 있는데, 위에 장세걸張世傑의 묘가 있다.

장여림 〈송나라 태부 추밀부사 월국공 장세걸의 묘를 보수하고 지은 비문修宋太傅樞密副使越國張公墓碑〉

태부는 고정皐亭[114]에서 군대가 패하자, 문천상·육수부陸秀夫[115]와 더불어 항해를 결행하기로 계획하였으나, 문천상은 이내 오파五坡[116]에서 패하였고, 육수부는 유신儒臣으로서 떠돌아다니며 [황제를 위해] 강학을 하였다. 이에 공 홀로 힘들게 기둥을 잡고 버티었으나, 마침내 군주는 나라를 위해 죽고 신하는 군주를 위해 죽으니, 그 외로운 충정과 위대한 절개

113) 盧廷龍에 대해서는 사적이 자세하지 않다. 이 내용은《神宗實錄》권374(萬曆 35년 4월)의 기록에서 찾아볼 수 있다. "이에 며칠 앞서, 번우의 거인 노정룡이 향산오의 오랑캐를 쫓아내 낭백으로 돌아가게 하고, 호경 옛 땅을 지키겠다고 청하였으나 일이 시행하기 어려워 보고하지 않았다.(先是數日, 有番禺舉人盧廷龍請逐香山澳夷, 還泊浪白, 戍蠔鏡故地. 事亦難行, 不報.)"

114) 皐亭은 皐亭山으로, 지금의 浙江省 杭州市 동북쪽에 있다. 남송시대에는 臨安(杭州)을 지키는 수비 요충지였으며, 1276년 원나라 군대가 이곳을 점령한 뒤 남송 조정이 원에 투항하였다.

115) 陸秀夫(1236-1279)는 남송의 대신으로, 자는 君實이며 楚州 鹽城 사람이다. 寶祐 4년(1256)에 문천상과 함께 진사가 되었고 德佑 2년(1276), 임안이 함락되었을 때 예부시랑을 맡고 있었다. 후에 복주에서 조하를 황제로 옹립하고 원군에 저항했다. 조하가 죽자 장세걸 등과 조병을 황제로 세우고 좌승상이 되었으며 애산이 함락되자 바다에 뛰어들어 죽었다.

116) 五坡는 五坡嶺이며, 광동성 海豐縣 북부에 있다.

는 우주를 떠받치고 강상을 세웠다.

하지만 지금은 남겨진 이야기와 지난날의 자취 모두 어두운 산 아지랑이 사이로 사라진 것만 같아, 사람으로 하여금 애처로이 조문하면서 차마 떠나지 못하게 한다. 애산厓山에 있는 사당은 대충사大忠祠라 하는데 문천상과 육수부를 함께 제사 지내고 있다. 광주 소남문 밖에 있는 것도 마찬가지이다. 양강陽江에 있는 것은 오로지 태부만을 제사지낸다. 그의 묘지 중 하나는 평장산平章山에 있고, 하나는 향읍의 황양산에 있는데 지금 보수한 묘가 바로 황양산의 것이다.

《송사宋史》의 기록을 살펴보니 공이 평장산 아래에서 익사했다고 하였고, 《원사元史》에서는 해릉海陵의 항구에서 죽었다고 하였다. 평장은 바로 해릉 동쪽 봉우리로 양강에 속해 있으니, 공이 향을 피우고 하늘에 기원하다가 배가 전복된 곳이 이곳임에 의심의 여지가 없다. 그래서 《일통지一統志》[117]에서 이것에 근거하여 공의 묘지를 이곳이라고 확정했던 것이다. 그러나 무슨 까닭인지 황순黃淳의 기록[118]을 보면, 공이 죽자 여러 장수들이 그 시체를 찾아 화장하였으며, 뼈를 상자에 담아 조거리潮居里 적감촌赤坎村에 묻었다고 되어 있다. 가령柯令은 평장산 묘에 봉분을 쌓았고, 진공보陳公甫[119]는 시를 지어 조문하기를, "적감촌의 커다란 봉분, 그 밝은 덕은 모두가 들어 알고 있다네."라고 하였다. 황재백黃才伯에 이르러서는 또 "양강에는 조거리가 없으니, 이곳이 진정 태부의 묘가 있는 곳이라네."라고 하였다. 이와 같으니 과연 누가 맞고 누가 틀리단 말인가?

내가 말한다. 육수부 공이 애문에서 황제를 업고 바다에 뛰어들어 죽었

117) 《一統志》는 《大明一統志》를 가리키는데 李賢 등이 편수한 것으로 天順 5년(1461)에 완성되었다.

118) 黃淳이 수찬한 《厓山志》를 가리킨다. 명나라 만력 연간에 판각되었다.

119) 公甫는 명나라 학자 陳獻章(1428-1500)의 자이다. 광동성 신회현 白沙里 사람으로 호는 石齋이고 白沙村에 거한 바 있어 주로 '白沙先生'이라고 불린다. 《白沙子全集》이 전한다.

으니, 지금 그의 묘 또한 조주서潮州嶼에 있을 것이다. 아마도 태부가 전쟁에서 패한 후 [원나라 장군] 장홍범張宏範이 승세를 타고 추격해오자 [문천상과 육수부] 두 공의 명이 있었음에도 패잔병과 옛 부대로서는 상황상 어쩔 수가 없어 일단 죽은 장소에 묻은 다음 얼마 있다 시체를 가지고 조금 떨어진 곳에서 가서 나중에 묻었을 것이고, 그 묻은 곳이 바로 조거리였을 것이다. 더군다나 적감촌은 황양산 기슭에서 가까우니, 기실 옛날에 조거리라 하던 곳도 바로 이곳이다. 게다가 평장산은 일명 수문도壽文都라는 곳에 속해 있으니 별개의 곳임이 여기에서 더욱 분명하게 드러난다. 사서史書에서 그가 죽은 곳에 대해서만 기록하고, 그를 묻은 곳에 대해서는 자세히 기록하지 않았기에 훗날 사람들이 마침내 그가 죽은 곳을 곧 묻힌 곳으로 여기게 된 것이다. 광동 사람 황재백이 사당은 양강에 있지만 무덤은 조거리에 있다고 한 말이 옳은 것 같고, 진공보의 시는 자세히 고찰하지 않고 [평장산에 적감촌이 있다고] 말한 것 같다.

읍에서 남쪽으로 1리쯤 떨어진 곳에는 천왕교天王橋라 불리는 곳이 있고, 사용沙涌[120]에는 송나라 때의 행궁이 있는데, 단종端宗[121]이 마남보馬南寶[122]의 저택으로 갈 때 지나갔던 곳이 바로 그곳이다. 전후全后[123]의 능이 매화수梅花水 사이에 있는데, 송나라 유민들이 일부러 가짜 능을 여기저기 만들어 사람들을 헷갈리게 하였다. 당시에 송나라는 이미 어찌해 볼 도리가 없었음에도 태부는 정오井澳에서 군영을 치고 애문에 주둔하

120) 지금의 中山市 環城鎮이다.

121) 南宋의 端宗 趙昰(1269-1278)를 가리킨다.

122) 馬南寶(1244-1280)는 남송 때 香山 사람으로 단종이 이곳을 지날 때 곡식 천 섬을 군량으로 바쳐 權工部侍郎에 임명되었으나, 송이 망한 후에 원나라 군사에게 체포되어 죽임을 당했다.

123) 全后는 南宋 度宗의 황후인 全皇后를 가리킨다. 《宋史》에 따르면, 송이 망하고 恭帝가 元에 투항한 후 瀛國公에 봉해지자 그를 좇아 燕京에 입조하였으며 나중에는 正智寺의 비구니가 되어 일생을 마쳤다고 한다.

여, 그 무리가 20만에 달했다. 7개월이 넘는 시간 동안 바다에 접한 지역에서, 군자는 계책을 도와 계책을 실행하고, 소인은 창을 들고 군량을 댔는데, 비록 패망에 이르러 죽임을 당한다 하더라도 후회하지 않을 듯하였다. 공의 정성과 충의와 장렬함이 백성들로 하여금 어려움을 무릅쓰고 죽음조차 잊게 하였던 것인가? 아니면 백성들이 지니고 있던 충의의 본성이 복받쳐 올라 스스로 따랐던 것인가? 이 지역 인사들은 충의의 고향에서 태어나서인지, 천년이 지난 지금까지 그 기풍이 전해 내려오며 사라지지 않고 있다. 공의 무덤을 지나는 자가 동쪽으로 영정양을 바라보고 서쪽으로 자원묘慈元廟[124]를 바라보면 탄식한 나머지 마음속에 뭉클 솟아나는 바가 있을 것임을 나는 잘 안다.

일전에 공의 무덤을 찾아 드러내 백성들을 고무하고자 도서와 전적을 고증하여 일치하는 정확한 지점을 찾기를 바랐다. 그러던 차에 장패경張沛景 등이 찾아와 [일을 하겠노라] 자청하기에, 곧 봉급을 나누어 주며 일을 시작했다. 아울러 서갱경西坑逕에 밭 30여 묘를 마련하여 장패경 등에게 주어 관장하게 하고, 황량도사순검黃梁都司巡檢 신분으로서 그의 제사를 잘 살피고 주관하게 하였다. [이러한] 계획이 막 정해지는 사이에 묘 또한 준공되자, 그 일을 상세히 따져서 풍속교화에 관한 일을 세상에 드러냄으로써 후세에 소상히 알리고자 하는 바이다. 공은 이름이 세걸이며, [하북성] 범양范陽 사람으로 송나라 태부 추밀부사 월국공 등에 봉해졌다. 사적은 《송사》에 보인다. 이를 비석에 새긴 다음, 공을 위한 노래를 지어 그 신령을 위로한다. 가사는 다음과 같다.

우리 공의 용맹함으로도	我公之勇
하늘이 기우는 것을 받치지 못하였지만	莫扶天傾
우리 공의 충정	我公之忠

124) 명나라 弘治 4년(1491), 애산 위에 南宋의 楊太后를 기념하기 위해 세운 사당이다.

해와 별보다도 밝네	炳於日星
충신은 힘이 다하였구나	臣力竭矣
해릉의 배에서	海陵之舟
충신의 혼령은 매서워서	臣鬼厲兮
구름 속의 창이 되셨네	雲中之矛
오호라	嗚呼
충신은 물고기 뱃속에 묻혀야 하거늘[125]	臣宜瘞於魚腹兮
장수들의 유골 어찌하여 이 언덕에 묻었나	胡諸將函骨於此邱
황양산	黃楊之山
적감 언덕	赤坎之原
구름은 빗장이, 연기는 담이 되고	雲爲扃兮烟爲垣
달은 바퀴가, 무지개는 깃발이 되니	月爲輪兮霓爲旛
부슬부슬 내리는 비에 혼령이 오시었네	雨紛紛兮靈其來
소슬히 부는 바람에 조수 따라 물러가시니	風颯颯以歸潮兮
신령이 하늘로 올라가시었네	神其陟乎天
하늘문은 그윽한 쑥 향기로 처량하니	闇君蒿而悽愴兮
그 모습 들리는 듯 보이는 듯하구나	式如聞而如見
하늘 땅 사이 한 움큼의 흙[126], 풀잎 위 이슬이여	天壤一抔霜露一毛兮
나의 제사 받으시고 굽어 살펴주소서	庶我享而我鑒

125) 戰國시대 楚나라의 三閭大夫 屈原의 고사를 인용한 것으로, 굴원은 충심으로 간언하다 결국 湘水 가로 추방당해 汨羅水에 몸을 던져 죽었는데 그곳 사람들은 물고기들이 그 시신을 뜯어먹지 못하게 하기 위해 쫑즈(粽子)를 만들어 물에 던져 제사를 지냈다고 한다. 이것이 바로 단오절의 기원이 되었다.

126) 한 움큼의 흙이란 무덤을 말한다.

나천척羅天尺 〈장 사마[127]가 장태부의 묘를 보수하고 비문을 보내왔기에 이에 감격하여 지은 노래張司馬修復張太傅墓寄示碑文因感成歌〉

갑자기 창문 사이에서 흰 솔개 울부짖더니	陡爾窓間吽白鷳
먹구름이 조각 조각 애산에 몰려드네	黑雲片片來厓山
오문의 사마께서 어제 편지 보내와	澳門司馬昨書至
묘비문 한 장을 던져주는데	投我墓碑一紙
열사의 피[128]는 어찌 그리도 선명한지	碧血何斑斑
사마께서 월국공의 묘를 중수하시니	司馬重修越國墓
귀신이 일을 도맡고 국상[129]이 보우하네	鬼雄執役國殤護
정기가 적감촌에 그득하니	正氣增培赤坎村
충혼은 하늘 문에 하소연할 것도 없으리	忠魂不用天閽訴
충성을 드러냄은 본디 대장부 마음	表忠原是男兒心
하늘의 벼리를 지키고자 함에 고금이 따로 없네	天綱共挽無古今
하물며 바닷길을 가던 세 군자 가운데	况爾航海三君子
태부께서 겪으신 일 유난히 힘들었네	太傅所値尤艱辛
운명이 다해 가라앉는 육신	廣運已終沈塊肉
향을 살라 하늘에 호소하다 하늘 향해 우셨네	焚香籲天向天哭
건곤의 기운이 비린내 나는 연기에 뒤덮이더니	乾坤氣被腥羶熏
눈먼 바람이 배를 뒤흔들어 기어이 뒤집고 말았네	盲風掀播舟竟覆
해릉의 바다는 하늘처럼 넓은데	海陵之海大如天

127) 張汝霖을 가리킨다.

128) 碧血은 나라를 위해 죽은 열사의 피를 상징한다. 《莊子》〈外物〉에 "장홍이 촉에서 죽자 그의 피를 묻었더니 3년 만에 푸르게 변하였다.(萇弘死于蜀, 藏其血, 三年而化爲碧)"라는 고사가 전한다.

129) 國殤은 순국선열, 즉 國事를 위해 죽은 사람을 말한다. 《楚辭》〈九歌〉의 편명이기도 하다.

공의 충정을 정위[130]가 메워주기를 어찌 기다리리 公忠豈待精衛填
시체 냄새 풍겨도 갈가마귀 감히 쪼지 못하고 肉香烏鳥不敢啄
쑥대풀 뒤덮인 묘도라도 사람들 다투어 전하였네 蕘莖墓道人爭傳
유민들은 차마 공이 묻힌 곳 말하지 못하였으니 遺民不忍言其處
사냥꾼이 시샘할까 두려워서였네 恐爲射鵰人所妬
평장산에도 황양산에도 平章山又黃楊山
두 곳 모두 사철나무를 심었는데 兩處俱種冬靑樹
황양산에 심은 나무 겨울에 더욱 푸르고 樹種黃楊冬愈靑
하얀 무지개가 기운 토해내니 충혼이 와서 머무네 白虹氣吐忠魂停
사마의 정성이 묵묵히 공의 혼과 닿았으니 司馬精誠默相接
돌을 깎아 묘표를 세우고 충정이라 적었네 伐石表墓書忠貞
나는 묘비문 읽고 절한 뒤 눈물 흘렸네 我讀墓文拜復泣
마치 월국공이 공중에 서있는 것 같아서 恍如越國空中立
문천상은 손에 옥대를 쥐고 나타나고 文山手携玉帶生
육수부는 파도를 넘느라 의대가 다 젖었네 陸公凌波衣帶濕
동시에 어진 장태부께서 고래를 타고 나타나니 同時騎鯨賢張傅
구름 깃발, 바람이 일어 단비를 몰고 가는구나 雲旗風來去時雨
나는 여의를 두드리며 긴 노래 지어 我擊如意作長歌
비석 뒷면 한 곳에 모아 새겨두네 勒在碑陰同一處

130) 신화 속 새 이름으로, 炎帝의 딸이 東海로 놀러갔다가 큰 파도가 일어 빠져 죽고 말았는데 그 영혼이 정위로 변했다고 한다. 알록달록한 머리에 하얀 부리, 빨간색 다리를 갖고 있으며 북쪽 發鳩山에 살았는데 자신의 생명을 앗아간 바다를 원망하며 西山의 작은 돌멩이와 나뭇가지들을 물어다가 동해에 던져 그 넓은 바다를 메우려 했다고 한다.

곽식郭植 〈장태부의 묘가 백원 사마[131]에 의해 새롭게 보수되었기에 긴 노래를 지어 바치다張太傅墓爲柏園司馬新修因賦長歌奉寄〉

북풍이 거세게 대지에 몰아치니	北風勁烈吹大地
산산이 부서진 산하에 흰 기러기[132] 날아가고	山河破碎白雁字
노 양공魯陽公이 해 향해 창 휘둘러[133] 해가 빛을 잃더니	魯戈揮日日無光
적감봉에 대장의 기운 침몰했구나	赤坎峯沉大將氣
애초에 재앙을 연 원흉은 누구인가	禍首當年開者誰
귀뚜라미 집은 안전했으나 양양은 위태로웠네[134]	蟋蟀堂安襄陽危
비휴[135] 같던 백만 군사 유성처럼 흩어지고	貔貅百萬流星散

131) 장여림을 가리킨다.

132) '흰 기러기[白雁]'는 '伯顔'과 발음이 같다. 남송 말에 민간에서는 "강남이 망하니, 흰 기러기가 왔다 가네(江南破破, 白雁來過)"라는 노래가 유행했는데 후에 원나라 원수 伯顔(1236-1295)의 군대가 남송을 멸망시켰다.

133) 《淮南子》〈覽冥訓〉의 "노 양공이 한나라와 전쟁을 할 때, 싸움이 한창인데 해가 저물려고 했다. 이에 창을 가져다 휘두르자 해가 90리나 되돌아갔다.(魯陽公與韓構難, 戰酣日暮, 援戈而僞之, 日爲之反三舍.)"라는 구절에서 유래했다.

134) 남송 때에는 귀뚜라미 싸움이 유행했는데 太師平章으로 있던 賈似道는 이 싸움을 유난히 좋아했다. 《宋史》 기록에 따르면, "양양이 포위되어 위급한데 가사도는 날마다 갈령에 앉아 누대와 정자를 세워놓고 미색을 갖춘 궁녀나 기녀, 비구니 등을 첩 삼아 음탕하게 즐겼다. 그의 집에는 도박꾼들이 날마다 모여 실컷 도박을 즐겼고, 감히 그 집을 기웃거리는 자가 없었다.…늘 첩들과 더불어 땅에 웅크리고 앉아 귀뚜라미 싸움을 구경했다.(襄陽圍已急, 似道日坐葛嶺, 起樓臺亭榭, 取宮人娼尼有美色者爲妾, 日淫樂其中. 唯故博徒日至縱博, 人無敢窺其第者.…嘗與群妾踞地鬪蟋蟀.)"라고 하였다. 즉 권세 있는 자들은 여전히 놀이를 즐기면서 안전하게 있었으나 그 지방은 피폐해져 망하고 말았다는 뜻이다. 양양은 지금의 湖北省 襄樊市이다.

135) 貔貅는 신화전설중의 맹수로, 호랑이, 또는 곰처럼 생겼고 털은 회백색이며 날개와 뿔이 있다고도 한다. 비는 수컷, 휴는 암컷을 말하며 용맹한 군대, 전사를

대사가 틀어짐에 어찌할 길 없었네 大事去矣不可爲
회남에서 힘 고갈되니 북소리도 멈추고 淮南力竭鼓聲死
목 짓눌려 노랫소리 사라지니 가락마저 변했네 扼吭歌殘調變徵
긴 뱀과 알유[136]가 흙먼지 날리며 몰려오니 長蛇猰貐捲地來
백골이 산처럼 쌓여 도깨비불 일어났네 白骨如山燐火起
이때 구묘의 조상신도 영험을 잃어 是時九廟神不靈
조씨 조정이 일촉즉발 위기에 처하니 趙家一髮引千鈞
전사들은 눈을 부라리며 피를 삼켰고 戰士眥裂爲飮血
물결도 슬피 울고 하늘도 빛을 잃었네 江濤悲嘯天晦暝
태부의 기세는 출중해 太傅龍驤衆中出
위기의 임금 보좌해 의기 떨치며 장졸들을 부렸네 勤王義奮走健卒
두 손으로 감히 화산을 옮기고자 하였으니 雙手敢將華嶽移
그 의지는 문산[137]과 나란히 우뚝하다네 此志文山共奇崛
망망한 푸른 바다 구름 물결 드리운 곳 茫茫滄海雲垂波
큰 고래, 작은 고래, 자라, 악어의 소굴 鯨鯢窟宅黿鼉窠
중원 사방을 바라봐도 한 조각 땅도 없어 四顧中原無片壤
섬에서 임금 모시며 칼을 갈았네 扶君島上劍橫磨
싸우고 또 싸우는데 그 힘 호랑이 같아 一戰再戰力如虎
천만 명의 군사가 북과 징만 바라보았네 千軍萬軍視金鼓
그러나 때가 불리하여 배는 엎어지고 時乎不利舟飛翻

비유한다.

136) 嘉慶本 원문은 辟揄이나 乾隆本에는 猰貐라고 되어 있다. 전설상의 동물로 머리는 용을 닮고 몸은 너구리 또는 개를 닮았으며 얼룩무늬가 있는데 사람을 잡아먹으며 동작이 매우 날랬다고 한다. 《爾雅》〈釋獸〉에 "알유는 貙와 비슷한데 호랑이 발톱을 갖고 있으며 사람을 먹고 빨리 달린다(猰貐, 類貙, 虎爪, 食人, 迅走)"라는 구절이 보인다.

137) 文山은 문천상의 自號이다.

풍이의 노여움을 사 나뒹굴고 말았네	坐使馮夷擲一怒
강철 같은 뼈는 참담히 백성들이 묻어주었다지만	銕骨慘得遺民埋
강철 같은 쓸개는 불살라 재로 만들 수 없다네	銕膽難令焚作灰
황양산 어둡고 백양나무 사이로 비 내리니	黃楊山暗白楊雨
가슴 가득한 분노에 바람과 우레가 몰아치네	滿腔孤憤激風雷
세월 오래되어 사당은 옛 모양이 아니고	歲久若堂非復故
큰 거북 위 낡은 비석엔 잡초만 뒤덮였네	贔屭穹碑豐草仆
들 여우는 밤마다 황량한 곳에 땅을 파고	野狐夜夜穴荒屯
땔나무꾼은 아침마다 안개 헤치고 벌목하네	樵子朝朝伐昏霧
영웅이 연기처럼 사라진 것도 탄식할 일인데	英雄湮沒已堪嗟
하물며 충정이 노을 구름을 꿰뚫었음에랴	况乃精忠貫雲霞
낡은 빛 다시금 닦아주지 않으면	古光弗爲重拂拭
천지간 명교가 더러운 곳에 가라앉아 버릴세라	天壤名教恐沉汙
백원 사마는 문단의 으뜸	柏園司馬文章伯
전대의 현인을 만나 귀신의 혼백에 감화되었다네	神晤前良感魂魄
호경에 와보니 정사가 여유로워	一來濠鏡政優優
빈 산을 찾아가 옛 유적도 정리하였네	尙向空山理往蹟
새로이 화표주 세우니 학이 날아들고[138]	斬新華表鶴來歸

138) '鶴歸華表'는《搜神後記》권1의 다음과 같은 이야기에서 유래하였다. "정령위는 본래 요동사람인데 영허산에서 도술을 배웠다. 나중에 학으로 변해서 요동으로 돌아와 성문 옆 화표 기둥에 내려앉았다. 그 때 한 소년이 활을 들어 학을 쏘려 하였다. 학이 날아올라 공중을 배회하며 말하기를 '새가 있네, 새가 있네, 정령위라네. 집 떠난 지 천년 만에 오늘에야 돌아왔네. 성곽은 여전한데 사람은 달라졌네. 어찌 선술을 배우지 아니하여 무덤만 쌓여있나'라고 하고 하늘 높이 솟구쳐 날아갔다.(丁令威, 本遼東人, 學道於靈虛山. 後化鶴歸遼, 集城門華表柱. 時有少年, 擧弓欲射之. 鶴乃飛, 徘徊空中而言曰, '有鳥有鳥丁令威, 去家千年今始歸. 城郭如故人民非, 何不學仙塚壘壘.' 遂高上衝天.)" 이후 '鶴歸華表'는 인간세상의 변천을 탄식하는 말로 사용된다.

옥돌로 묘비 깎으니 신령한 거북이 웅크렸구나　鐫珉蝌蚪蹲靈龜
푸른 여지와 누런 바나나를 두 번 절하고 올리니　荔碧蕉黃再拜薦
음산한 바람 갑자기 불어와 구름 깃발 펄럭이네　陰飈閃忽雲旗揮
아아!　嗚呼
상흥[139]은 지금으로부터 오백 년 전이고　祥興去今五百年
애문의 지난 일은 연기 속에 사라졌건만　厓門已事銷風烟
조거리에서는 아직도 시인들 눈물 떨구며　潮居猶隕騷人淚
슬픈 글로 아름다운 시문을 짓는구나　悲詞放作瓊琚篇
내 슬픈 노래를 읽고 나서 거듭 탄식하노라니　我讀悲詞重太息
안개는 무덤을 가두고 수성[140]은 어두워지네　霧鎖疑陵壽星黑
매화 옆 영복릉[141]은 늘 처량하니　梅花永福總凄然
부로들 중 그 누가 한식날 제사를 올리랴　父老誰爲奠寒食
그러나 태부의 일편단심 아직도 남아　太傅心留一片丹
물고기 배에 묻히지 않고 명산에 묻혔네　不埜波魚埜名巒
묘지에서도 전횡[142]의 무리를 거느리고　夜臺應率田橫輩
생전에 임금 모시듯 죽어서도 배회하리　生前擁戴死盤桓
다만 안타까운 것은 이름을 바꾸어 제사에서 빠진 것　獨惜易名典祀乏
그 언제나 붉은 용마루 사당에서 비를 함께 맞을까　何時朱甍廂雨夾
봉우리에 날아올라 북치고 노래하여　飛陟峯頭擊鼓唱

139) 南宋 衛王 趙昺의 연호(1278.5-1279.2)로, 송대의 마지막 연호이다.

140) 老人星을 가리킨다. 남쪽 하늘에 뜨며 南極老人星이라고도 하는데 이 별이 보이면 천하가 잘 다스려 지고 평안해진다 하여 사당을 세우고 제사를 올렸다.

141) 지금의 광동 新會縣 남쪽 애산에 있으며 송나라 端宗이 이곳에 묻혔다고 한다.

142) 田橫(?-B.C. 202)은 원래 齊나라의 귀족으로, 陳勝과 吳廣의 기의 때 형들과 함께 秦나라에 반기를 들고 후에는 제나라 땅을 차지해 왕이 되었다. 한나라 건국후 신하되기를 거부하고 오백 문객을 이끌고 섬으로 도망갔으며 劉邦의 부름에 낙양으로 끌려가다가 자결했다.

신마를 크게 불러 다시 한 번 솟구쳐 올라 황금갑옷 드러내리
大招神馬重騰顯金甲

이탁규李卓揆**의 시 〈장 사마가 장 태부 묘를 중수한 뒤 장**張**·류**劉 **등에게 보여준 작품에 화답하다**和張司馬修張太傅墓成示張劉諸子之作〉

바른 기운은 천지에 모이고	正氣乾坤萃
일편단심은 우주에 걸렸네	丹心宇宙懸
힘겹게 의를 쟁취한 날	艱難取義日
울분에 차 목숨 바친 그 해	慷慨致身年
탁한 파도는 나라를 기울일 수 있어	濁浪能傾國
정령은 연기로 화하려 했네	精魂欲化烟
관 하나는 말갈기[143]에 갇혀 있고	一棺封馬鬣
뭇 장수들은 우면지[144]에서 울고 있네	諸將哭牛眠
밤마다 떠다니는 도깨비 불	夜夜流燐火
이 산 저 산엔 우는 두견새	山山啼杜鵑
황량한 마을엔 구름도 아득하고	荒村雲杳漠
한식날 되었건만 풀만 무성하다	寒食草綿芊
보리밥 올리는 사람 하나 없는데	麥飯無人薦
칠등[145]인들 어디서 타오르랴	漆燈何處然

143) 馬鬣, 즉 말갈기는 무덤 봉분의 모양을 형상화한 말이다.

144) 길한 묏자리를 가리킨다. 《晉書》〈周訪傳〉에 다음과 같은 기록이 보인다. "처음, 도간이 아직 미천할 적에 부모상을 당해 장사지내려 했는데 집에서 기르던 소가 갑자기 사라져 찾을 수가 없었다. 그때 한 노인을 만났는데 그가 말하길, '앞 언덕에서 어떤 소가 더러운 흙속에 잠든 것을 보았소. 그 땅에 묻으면 가장 높은 자리까지 오를 것이오'라고 하였다.(初, 陶侃微時, 丁艱, 將葬, 家中忽失牛而不知所在. 遇一老父, 謂曰, '前崗見一牛眠山汚中, 其地若葬, 位極人臣矣'.)"

충정을 슬피 여겨 군백[146]이 애쓰며	憫忠勞郡伯
현자들에게 부탁해 장례를 맡겼네	襄事屬羣賢
고개 숙인 채 조거리를 묻고	俯問潮居里
다시금 적감 언덕을 찾았으며	重尋赤坎阡
인부를 모아 잡풀을 베고	鳩工宿草薙
돌을 파서 옛 비명을 새로 새겼네	嵌石舊銘鐫
험한 산이 멀리 외딴 섬을 에워싸고	巀嶪廻孤島
깊고 너른 바다가 큰 내를 마주하는데	淳弘面大川
용은 맑은 계곡 위 달빛을 읊고	龍吟淸澗月
원숭이는 새벽바람에 울었네	猿嘯曉風天
밝히 드러내어 명교를 돕고자	闡顯扶名教
묘지를 만들어 제전을 두고	經營置祭田
봄가을로 성대한 의식 받드니	春秋將盛典
제사상에 향초가 정갈하구나	俎豆肅芳荃
구름 깃발 내려오는 듯	髣髴雲旗降
어렴풋이 금 갑옷이 맴도는 듯	依稀金甲旋
학은 붉은 봉우리 꼭대기로 돌아가고	鶴歸丹巘頂
까마귀는 화대 옆에 모이네	烏集化臺邊
저 멀리 영복릉과 닿아 있으나	永福陵遙接
소흥의 무덤[147]으로 옮겨가야 하네	紹興墳播遷
아침에는 금 사발이 나타나더니	早時金盌見
어제는 옥어가 전해졌네[148]	昨日玉魚傳

145) 귀인의 무덤은 칠등으로 장식한다.

146) 金나라 때 正從四品의 작위를 말하는 것이었는데 명청시대에는 州府의 행정장관인 知府를 가리키게 되었다.

147) 단종 이전 남송대의 황제릉은 대부분 소흥에 있어서 소흥으로 옮겨야 한다고 말한 것이다.

백골은 끝내 합쳐지기 어렵고 白骨終難合
동청수149) 또한 가련하구나 冬青亦可憐
인간세상엔 부질없이 한만 남았고 人間徒有恨
구천엔 오래도록 권력이 없었으나 地下久無權
태부께서 묘역 남기니 太傅留封域
우뚝 서서 구천의 혼을 위로하리라 巋然慰九泉

하소何邵의 시 〈장사마의 송 월공 장세걸 묘비를 읽고 지은 노래 讀張司馬宋越公張世傑墓碑歌〉

악운에 걸려 험한 길 지나 광동 땅에 임해 刼運迍邅當四廣
영원히 애문에 자취를 남겼네 終古厓門留一掌

148) 杜甫의 〈諸將詩〉에 "어제는 옥어가 장지를 덮었고, 전날에는 금 사발이 세상에 나왔네.(昨日玉魚蒙葬地, 早日金碗出人間)"라는 구절이 있는데 이는 전란으로 인해 왕공의 능묘도 보존키 어려움을 말한 것이다. 《西京雜記》에 전하기를, 漢나라 高宗 때 장안 대명전에 귀신이 나타나 무축을 통해 알아보니, 楚王 戊의 태자가 그곳에 묻혔다고 하여 이장해 줌으로써 귀신을 위로했다고 한다. 이때 무덤에서 한 쌍의 玉魚가 나와 태자의 존재를 증명해 주었다고 한다. 금 그릇은 《漢武帝故事》 중, 시장에서 玉杯를 파는 사람이 있어 궁중의 물건이 아닌가 하고 잡아들여 물어보려하니 홀연 사라졌는데 조사해보니 茂陵에서 나온 물건이었고 그것을 팔던 사람이 先帝와 흡사했다는 고사에서 유래한 것으로, 후에 沈炯이 위나라의 포로가 되었다가 풀려나 한 무제의 通天臺를 지나며 "무릉의 옥완이 드디어 세상에 나왔다(武陵玉碗, 遂出人間)"라고 읊었다. 두보가 이 고사를 인용하면서 玉碗을 金碗으로 썼다.

149) 張丁의 《唐珏傳》에 기재된 내용에 따르면, 唐珏(1247-?)이 1278년에 원나라 승려 楊璉眞伽가 송나라 능묘를 파헤쳐 시신을 손상시켰다는 얘기를 듣고 통탄하며 사재를 털어 유골을 모으고 蘭亭山에 묻었으며 송나라 고궁의 동청수를 옮겨다 심었다고 한다. 또한 〈冬靑引〉을 지어 "아득히 비취색 덮개에 만년 된 가지, 위에는 바람이 스치고 아래에는 용굴이 있네(遙遙翠盖萬年枝, 上有風策下龍穴)"라고 읊었다.

단종과 태후의 두 능은 황량도 해라　端宗太后兩荒陵
여우 토끼가 쓸쓸히 덤불을 헤집는구나　狐兎蕭條穴榛莽
육수부는 바다에 뛰어들고 문천상은 포로가 되어　陸相蹈海文相俘
오직 월공만이 잡풀 무덤에서 모시고 있네　空有越公陪藁葬
잡풀 무덤의 종적마저 거의 사라지고　藁葬遺踪幾銷歇
해릉의 부서지는 파도에 어룡이 뛰어오르네　海陵崩浪魚龍揭
세 자의 적감 봉분 그 누가 쌓았나　三尺誰封赤坎墳
한 줌의 흙도 황량도[150]의 묘비를 기억 못하네　一抔莫記黃粱碣
해마다 보리밥 바치는 유민들　年年麥飯薦遺民
팥배 몇 알로 한식을 지내는구나　點點棠梨過冷節
향산 사마[151]는 그 재주 비할 자 없어　香山司馬才無比
옛날을 회고하고 가을을 슬퍼하며 장검을 짚고 섰네　懷古悲秋長劍倚
순찰 나가면[152] 때때로 석양에 조문하고　行部時時弔夕陽
하나하나 사서를 뒤져 의문을 풀었네　辨疑縷縷從靑史
공문을 보내 하루아침에 벌목을 금하니　移文一旦禁樵蘇
오백 년 동안 쓰러졌던 사적이 다시금 일어났고　五百年來廢墜起
신도 옆에 큰 글씨 써 넣으니　大書特書神道旁
커다란 비석 떠받친 거대한 거북은 하늘을 찌를 듯　豊碑贔屭凌穹蒼
어찌 다른 시대의 흥망에 느낀 바 있어서랴　豈緣異代感興廢
천고에 바른 벼리 세우고자 했을 따름이네　直爲千古扶綱常
내 그 글을 읽어보니 우거진 풀들을 베어버린 듯하고　我來展讀剔幽翳
행간과 글자 사이에서 천둥이 쩌렁쩌렁 호위하였네　行間字裏雷霆衛
구름 깃발도, 질주하는 말도 홀연 옛일 되었으나　雲旗風馬倏往事

150) 황량은 지금의 광동성 中山市 서남쪽에 있으며 淸 雍正 10년(1732)에 黃粱都巡檢司를 두었다.

151) 향산 사마는 장여림을 가리킨다.

152) 刺史部 또는 자사가 매년 가을과 겨울에 소속 군을 시찰하는 것을 가리킨다.

귀신의 영웅이 되어 그 혼백도 매서우리 爲鬼雄兮魂魄厲
예전 행궁에선 자원[153] 태후를 기리고 昔年行殿表慈元
동산[154]의 꽃다운 행적은 백사[155]가 기록했네 東山芳躅白沙記
뛰어난 문장 앞뒤에서 빛을 발하니 鴻筆翩翩映後先
자욱한 기운 모여들어 정기로 뭉치는도다 一徑氤氳團正氣
소산의 능침엔 해마다 한이 쌓이고 蕭山陵寢恨年年
옥 상자 붉은 저고리는 연기처럼 흩어졌네 玉匣珠襦散似烟
그대가 〈동청인〉을 다시 써준 덕분에 憑君更譜冬青引
바람 앞에서 읊조리며 두견에게 절할 수 있네 吟向風前拜杜鵑

[황양산] 아래는 황량도黃粱都로, 여기에 순검사巡檢司가 있다. 성은 사방 1리이며 도사都司가 지킨다. 조금 남쪽은 함탕문鹹湯門이고, 그 바깥에 삼조산三竈山이 있다. 산에서 소금이 나며 대사大使가 그곳을 관장한다. 고란산高瀾山에는 사슴이 많은데, 원나라 해적이었던 유진劉進이 근거지로 삼았던 곳으로 명나라 초기에 평정되었다. 기름진 밭 300묘가 있고, 거주민의 마을은 삼조산과 서로 마주보고 있다. 또 우각

153) 남송 寧宗의 황후 楊太后(1162-1232)를 말한다. 원명은 楊桂枝로, 1224년 영종 사후 승상 史彌遠과 모의해 황자를 폐하고 理宗(趙昀)을 세웠으며 1225년까지 황태후로 수렴청정을 시행했다.

154) 《詩經 · 豳風》〈東山〉은 "내가 동산으로 가, 오래오래 돌아오지 못했노라. 내가 동쪽에서 돌아올 때, 부슬부슬 비가 내렸네.(我徂東山, 慆慆不歸. 我來自東, 零雨其濛.)"로 시작하는데 전쟁에 나간 병사들의 고달픔과 고향에 돌아가고픈 심정을 노래한 것이다. 〈毛詩序〉에서는 '周公이 3년간 東征에 나갔다가 병사들을 위로한 것을 대부들이 찬미한 것'으로 보았는데 朱熹는 《詩集傳》에서 주공의 말로 보았다. 동산은 정벌 나간 땅, 멀리 떠난 곳을 의미한다.

155) 白沙先生 陳獻章은 양태후를 위해 자원전을 만들 것을 건의하고 〈九疾書慈元墓碑記〉를 지었다.

산牛角山·계심주雞心洲·마종주馬鬃洲도 있다.

그 남쪽에는 호전蠔田·마류馬騮·상교上滘·망주芒洲 네 개의 산이 있어서 내십자문內十字門을 이룬다. 또 20리 되는 곳에 타미·계경·횡금·구오 네 개의 산이 있어 외십자문外十字門을 이룬다. 오문의 외국 상선들은 반드시 이곳을 통해 출입한다.

인광임의 시 〈계경의 돛단배雞頸風帆〉

아득한 물결에 돛배 나아가자　　浩淼帆檣出
은빛 파도가 그 흔적 감싸네　　銀濤擁一痕
구름 헤치고 붕새가 날갯짓하니　　排雲鵬鼓翅
해 걸린 바다에 문이 나뉘네　　掛日海分門
천지사방에 닿은 곳 없고　　四宇空無着
천산은 곧 치달을 기세로세　　千山勢欲奔
어찌나 빨리 날아오르는지　　飛騰何迅疾
곤륜에서 떠난 배[156]가 아닐까 의심하네　　疑是發崑崙

횡금산 아래 선녀오仙女澳가 있다. 전설에 따르면 한 나무꾼이 어여쁜 자매를 발견하고, 다가가 보았더니 한 쌍의 잉어로 변했다고 한다. 지금도 쌍리석雙鯉石이 남아있다. 송나라 익왕益王 조하趙昰가 남으로 몽진해 이곳에 정박했을 때, 승상 진의중陳宜中[157]이 익왕을 모시고 점

156) 여기서 곤륜의 배는 고대 남해 여러 나라의 상선을 말한다.

157) 陳宜中은 남송말년 永嘉(浙江省 溫州) 사람으로, 자는 與權이다. 원나라 병사가 臨安으로 공격해 올 때 우승상을 맡고 있었다. 후에 文天祥·陸秀夫·張世傑 등과 함께 복건에서 조하를 황제로 옹립하고 좌승상을 맡았다. 단종 景炎 2년

성占城[158]으로 도주하고자 했으나 폭풍이 일어 익왕은 죽고 진의중은 도망갔다. 전수殿帥 소유의蘇劉義[159]가 그 뒤를 쫓았으나 잡지 못하고, 밤중에 불이 나 함대가 모두 불에 타버렸다. 그곳에는 또 심정산深井山이라는 곳이 있는데, 그 만은 정오井澳[160]라고 한다.

황유黃瑜의 시 〈정오에서 슬퍼하며悲井澳〉

흰 기러기[161] 지나가자	白鴈過
강남이 무너졌네	江南破
한 자락 앉을 땅도 없어	更無一寸土可坐
복건에서 광동으로 물결 따라 들어갈 제	自閩入廣隨波流
자욱한 먼지로 어두워진 하늘은 수심에 잠긴 듯	氛塵暗天天亦愁
누런 갈대 피어 어둑한 언덕엔 바람만 솨솨	黃蘆霾岸風颼颼
위에는 심정산	上有深井
아래는 선녀오	下有仙女澳
고깃배도 안 다니는 곳에 임금님 배가 이르렀는데	漁舟不往御舟到

(1277년) 겨울, 형세가 위급해지자 占城으로 도주했다.

158) 占城(Chiêm Thành)은 베트남 남부에 있던 占婆(Chăm Pa, 137-1697) 왕국의 제6왕조부터 제15왕조까지의 국호로, 林邑·環王으로도 불리었으나 9세기 이후로는 대개 占城으로 불리었다.

159) 蘇劉義(1232-1279)는 소동파의 8대 傳孫으로, 단종 때에 殿前都指揮使가 되었으며 1279년 崖山해전에서 패하고 육수부와 趙昺, 楊태후와 장세걸이 차례로 자결한 뒤, 順德 都寧山에서 천여 군민을 이끌고 끝까지 원군에 저항하다 순국했다.

160) 井澳는 仙女澳를 가리킨다.

161) 남송을 침입한 원나라를 말한다. 몽고족은 큰 기러기를 초원의 신령한 새로 받들었다고 한다.

바람이 불어와 임금님 배 힘껏 내리치네	風吹御舟力排奡
아아, 슬프다! 누구에게 고할까	嗟嗟悲哉誰與告
누구에게 고해도 슬프고 또 슬플 뿐	誰與告兮悲復悲
애산 만나면 멈춘다던 그때가 마침 이르렀으니[162]	逢厓則止會有時
작디작은 불씨여, 어찌 사라져버렸는가	星星之火奚滅爲
그대 보지 못하였나	君不見
청묘법[163] 시행할 때 감히 말하지 못해	靑苗行時不敢語
황룡부[164]와 함께 대사를 망쳐버린 것을	大事已逐黃龍去
또 보지 못하였나	又不見
금패 내던[165] 때를 되돌리지 못해	金牌出時不可回

---

162) 《宋史》〈五行志〉에 陳希夷라는 도사가 송 태조의 질문에 "당은 넘기되 한에는 미치지 못하고, 첫 번째는 변경, 두 번째는 항주, 세 번째는 복건, 네 번째는 광동(過唐不及漢, 一汴, 二杭, 三閩, 四廣)"이라 답하고 또 이어 "애산을 만나면 그친다.(逢崖則止.)"라고 대답했다는 내용이 나온다. 이는 송나라의 운명을 정확히 예언한 것이다.

163) 송나라 王安石이 실시한 變法 중 하나이다. 매년 여름과 가을 추수 전에 관부가 백성들에게 돈이나 양식을 빌려 주어 경작에 도움을 주기 위해 시작되었으나, 후에 관부의 고리대금업으로 변질되어 백성들에게 큰 부담이 되는 경우가 있었으므로 중단되었다.

164) 黃龍府는 지금의 吉林省 長春市 農安縣에 위치했다. 遼와 金나라의 정치·경제 중심지로, 926년에 府가 설치되었다. 1126년에 金나라 병사들이 송 徽宗과 欽宗을 이곳에 가두어둔 적이 있다. 岳飛가 朱仙鎭 전투 후 금군에게 승리를 거두고 "곧장 황룡부에 이르러 그대들과 통쾌하게 마시리라(直抵黃龍府, 與諸君痛飮耳)"라고 했는데, 황룡부에 이른다는 것은 금의 대본영을 공격해 잃은 땅을 수복하겠다는 뜻이다.

165) 金牌를 낸다는 것은 군사상의 중요한 명령을 내리는 것으로, 여기서는 악비가 북벌하여 금나라 군대에 연이어 승리를 거두던 중, 조정에서 금패를 열두 차례 연속으로 내려 철수를 명한 일을 말한다. 악비는 10년의 공이 하루아침에 무너졌다고 개탄하면서도 어쩔 수 없이 명령에 따라 臨安으로 돌아왔다.

살기가 먼저 전해와 흰 기러기가 왔던 것을　殺氣先傳白鴈來
왕안석[166]은 살고　舒王生
악비[167]는 죽었네　鄂王死
송 황실의 상벌이 이러했거늘　宋家刑賞乃如此
아아! 정오에서 부질없이 슬퍼하는구나　嗟嗟井澳徒悲爾

대횡금산과 소횡금산의 두 산이 이어져 횡금을 이루는데, 원나라 말기에 해적 왕일王一이 근거지로 삼았다.

인광임의 시 〈횡금의 맑게 갠 가을 날橫琴秋霽〉

높은 데서 바라보니 끝없이 펼쳐진 가을　憑高秋極目
외딴 섬은 거문고를 가로 놓은 듯하네　孤嶼一琹橫
노래에 신선이 악보를 입혔는지　有曲仙應譜
현 없어도 그 소리 절로 울리네　無絃籟自鳴
안개 걷히니 만경창파 푸르고　烟開萬頃碧
나뭇잎 떨어지니 온 하늘이 맑구나　木落九霄淸

166) 王安石(1021-1086)은 송나라 때의 정치가·사상가·문인으로, 자는 介甫, 호는 半山이며 臨川(지금의 江西省 東鄉縣 上池村) 사람이다. 神宗 즉위 후에 江寧府지사·한림학사·參知政事·同中書門下平章事 등을 역임했고 신종의 신임을 얻어 新法을 실시했다. 熙寧 9년에 재상에서 물러난 후 은거하다 江寧(지금의 南京)에서 병사했다.

167) 岳飛(1103-1142)는 金나라에 맞서 싸운 宋나라의 명장으로, 자는 鵬擧이며 相州 湯陰縣(지금의 하남성 安陽市 탕음현) 사람이다. 20세 때부터 抗金 활동을 펼쳐 혁혁한 전공을 세웠으나 主和派에 의해 번번이 북벌 시도가 꺾이고 秦檜 등에 의해 "모반을 획책한 일이 있을 수도 있다(莫須有)"라는 모호한 죄명으로 39세에 죽임을 당했다.

차가운 날씨에 소상강이 생각나는데　　冷冷瀟湘意
평평한 모래밭에서 간간이 기러기 소리 들리네　　平沙鴈數聲

옆에는 은갱銀坑이라는 산이 하나 있는데 물이 최고로 달고 차다. 또 남쪽으로 50리 되는 곳은 포대석蒲臺石이라고 한다.

거기서 다시 동남쪽은 노만산老萬山인데 오문에서 바라보면 희미한 터럭 한 올 같지만, 가보면 동서로 거리가 3-40리가량 떨어져 있는 산이 둘 있다. 동쪽 만에는 서남풍을 타고 가는 배가 정박하고, 서쪽 만에는 동북풍을 타고 가는 배가 정박한다. 산 너머로 하늘과 물이 한데 섞여 얼마나 아득한지, 잘 걷는다는 태장太章과 수해豎亥[168]라도 다니지 못할 정도이며, 거대한 자라의 발이나 붕새 날개 정도라야 이를 수 있을 뿐이다. 매년 음력 오뉴월이 되어 서남풍이 불면, 서양 선박들은 그쪽을 향해 다투어 나아가는데, 도착하면 서로 축하한다. 산에는 몽치 모양의 상투를 튼 사람들이 사는데, 외부 사람을 보면 곧장 물속으로 들어가 버린다. 이들은 아마도 '노정盧亭'[169]일 것이다. 진晉 나라의 역적 노순盧循[170]의 병사가 패하여 광동으로 들어갔는데, 배를 타고 도주하다 바다 섬에 오래도록 살았다. 그러나 먹고 입을 것을 구할 길이

168) 太章과 豎亥는 잘 걸었다는 전설상의 인물들로 禹의 신하였다고 한다.

169) 盧餘라고도 하며 반은 사람이고 반을 물고기 몸인 전설상의 동물을 말한다. 香港 大奚山(大嶼山)에 살았다고 한다. 盧循의 후예라고도 하며 蜑家(艇户: 복건 광동 해남 등 연해 지역의 배에서 사는 어민)의 시조로도 일컬어진다.

170) 盧循(?-411)은 東晉 때 范陽郡 涿縣 사람으로, 五斗米道의 난을 일으킨 孫恩과 함께 거사하였다. 孫恩이 자살한 후 남은 무리를 이끌고 광동 일대에서 항거하였다. 411년에 交州의 치소를 공격하다 交州刺史 杜慧度에 패하자 물에 투신해 죽었다.

없어 자손들 모두 나체로 살았다고 하는데, 이들을 '노정'이라고 부른다. 이들은 늘 바다로 들어가 물고기를 잡아 식량으로 삼으며, 물속에서 사나흘 동안 나오지 않아도 죽지 않는다고 한다. 이 이야기는 《월산총담月山叢談》171)에 보인다. 섬 수풀에는 숨어있는 뱀이 많다.

승려 금종의 시 〈노정盧亭〉

노만산엔 노정이 많은데　　老萬山中多盧亭
암컷이건 수컷이건 모두 사람의 형체라네　　雌雄一一皆人形
얼굴 빼곤 온 몸에 녹색 털이 뒤덮였고　　綠毛徧身秖留面
푸른 소나무 껍질로 하체만 반쯤 가렸네　　半遮下體松皮靑
둘 셋이 배에 매달린 채 떠나려 하지 않기에　　攀船三兩不肯去
술과 음식 던져주니 앵앵거리네　　投以酒食聲咿嚶
너도 나도 생선을 가지고 와 손님에게 바치는데　　紛紛將魚來獻客
자줏빛 등나무로 뺨을 꿰었으나 꽃은 이름이 없네　　穿腮紫藤花無名
불은 때지 않고 날로 생선을 먹는데　　生食諸魚不烟火
커다란 농어 한 마리를 나에게 가져오더니　　一大鱸魚持向我
은근히 향긋한 술을 또 달라며　　殷勤更欲求香醪
암컷이 간간이 허리를 흐느적거리네　　雌者腰身時嫋娜
산에 살아 인어가 아닐 줄 알았더니　　在山知不是人魚
어인이 산에 살고 있었구나　　乃是魚人山上居
띠 풀 엮어 지은 수천 칸의 집　　編茅作屋數千百
바닷가 어촌도 영 이만 못하리　　海上漁村多不如
노순의 후예가 혹 이들 아니겠는가　　盧循苗裔毋乃是

171) 《月山叢談》10권은 李文鳳이 지은 것이다. 이문봉은 明 嘉靖11년(1532)에 진사가 되어 廣東兵備僉事를 지낸 바 있다.

이물로 변한 건 하늘의 이치일 터	化爲異類關天理
간혹 옷을 입은 사람은 먼 옛날에	或有衣裳卽古人
진나라를 피해 왔다 남은 후손이라네[172]	避秦留得多孫子
나 또한 진나라 때의 옛 대장부라	我亦秦時古丈夫
손에 녹색 털 두세 가닥 났건만[173]	手携綠毛三兩姝
곡식과 고기를 잘못 먹은 탓에	秖因誤餐穀與肉
마침내 육중해져 파리한 선골을 그르쳤네	遂令肥重非仙癯
노정아, 얽매인 데 없는 네가 부러우니	盧亭羨爾無拘束
나인국 사람이지만 기를 만하구나	裸國之人如可畜
성성이가 말할 줄 안다 해도 이만 못하리니	猩猩能言雖不如
노정은 끝내 금수에서 벗어날 수 없다네	彼卻未離禽獸族
어인은 본디 태곳적 사람이라	魚人自是洪荒人
비린 고기 먹고 피 마셔 어찌나 야만스러운지	茹腥飮血何狉獉
내 옷으로 저 비늘과 바꾸어	我却衣裳易鱗介
개구리와 맹꽁이를 다 우리 백성 되게 하려네	盡敎鼃黽皆吾民
자고로 월[174] 땅 사람은 용의 자손이라	自古越人象龍子
강에 들어가고 얼굴과 몸에 문신을 한다네	入江繡面兼文身
멀쩡히 사람 모습 하고서 수치심을 씻을 수 있다면	靦然人面能雪恥
중원의 의관 자제보다 나으리니	差勝中州冠帶倫

172) 한 어부가 길을 잃었다가 복사꽃 피어있는 숲에 다다랐는데 그곳 사람들은 바깥 세상과 격리되어 살고 있었으며 秦나라 때 난을 피해 숨은 사람들의 후손이라 하였다는, 陶淵明(365-427)의 〈桃花園記〉의 내용을 인용한 것이다. 여기서는 세상과 전혀 다른 삶을 사는 것을 비유했다.

173) 한나라 때 劉根이 洞庭山에서 득도하여 신선이 되자 몸에서 녹색 털이 자라나 사람들이 그를 毛公이라 칭했다고 한다. 綠毛仙은 곧 신선을 뜻한다.

174) 越은 秦漢 이전에 長江 하류 이남 지역을 가리키며, 百越 또는 百粤이라고도 불렀다.

잔에 든 술과 제사 고기를 나누어주며 觴酒豆肉且分與
너희 혈기로 어버이 받들 줄 알게 되길 바라노라 期爾血氣知尊親

산의 옛 이름은 대해산大奚山이며 36개의 섬이 주위 3백여 리에 걸쳐 흩어져 있다. 이곳 주민은 부역을 지지 않고 고기잡이와 소금 채취로 살아간다.175) 송나라 소흥紹興 연간(1131-1162)에 조정에서 투항을 종용하고는 젊은이들을 색출해 수군으로 충당하고, 노약자들은 돌려보내 성채를 짓도록 하였으며, 수군사신水軍使臣과 탄압관彈壓官176)까지 두었다. 경원慶元 3년(1197)에 소금 채취 금지령이 심해지자 다시 세력을 규합하여 난을 일으켰다. 이에 병사를 파견해 토벌한 뒤, 그 땅을 폐허로 만들고 병사들로 하여금 지키게 했으나 얼마 되지 않아 그만두었다. 만씨萬氏 성을 가진 자가 수장이었기에 오늘날 노만산이라 부르고 있다. 이곳 산에 사는 참새는 구관조만 하며 머리는 파란 색, 몸은 비취빛으로 덮여 있다. 새 울음소리에서 이름을 따서 '두두兜兜'라고 부르는데, 두두가 나타나면 바람이 인다. 옹정 7년(1729)에 [노만산의 동

175) 남송 초년에 九龍灣 일대에 官富場이라는 鹽場을 설치하여 관에서 소금제조를 관장하였다. 大奚山은 官富場 인근 瑤族의 거주지로, 어업과 제염업을 생계수단으로 삼고 있었는데 孝宗 淳熙 10년(1183) 5월 29일, 황제가 조서를 내려 사염을 엄금하자 현지 주민의 불만이 심해졌다. 寧宗 慶元 3년(1197)에 廣東提擧鹽茶 徐安國이 東莞縣 大奚山에 관원을 파견하여 사염 제조판매상을 체포하자 섬의 주민들 수백 명이 萬登을 우두머리로 하여 廣州府를 공격하려 하였다. 관병이 반격하여 섬의 주민중 난을 당한 사람이 130여 명에 이르렀다. 후에 大奚山에 300명의 관병을 주둔시켰고, 慶元 6년(1200)에 그중 150명을 官富場으로 옮겼다.

176) 원나라 때는 千戶마다 彈壓官 두 명을 두었고 청나라 때는 萬戶마다 탄압관을 두었다고 한다. 청 雍正시기에는 서남 변경에 탄압관을 설치해 중앙에서 파견된 流官이 현지의 土司세력을 제압하고 개혁정책(改土歸流)을 실시하도록 했다.

서] 두 산에 각각 포대를 설치하고 병사를 나누어 지키게 하였는데, 이들은 임기가 차면 교대한다. 대서산大嶼山177)에 주둔한 초병과 삼각을 이루며 오문과 호문의 바깥을 막고 있다.

월 땅의 바람은 방위로 말하면 주작에 해당하므로, 남풍이 정正이고 북풍이 역逆이 된다. 절기로 말하면 봄과 여름에는 남풍이 많이 불고 가을과 겨울에는 북풍이 많이 부는데, 외국 선박들은 이것을 살펴 항해한다. 산에서 부는 바람은 식풍息風 혹은 풍혈風穴이라고 부르는데, 이는 지형을 따라 붙인 이름이다. 추울 때 부는 바람은 당풍飆風이라 하고, 또 율풍颶風이라고도 한다. 더울 때 부는 바람은 청동풍靑東風·적유풍赤游風·광룡풍狂龍風이라 하는데178) 이는 모두 시기를 따라 붙인 이름이다. 위치와 시기에 맞지 않는 것은 일종의 변풍變風이다. 그렇게 변한 바람을 이름하여 구풍颶風이라 하는데, 동북쪽에서 시작된 것은

177) 홍콩 서남부에 위치한 大濠島를 가리킨다.

178) 屈大鈞의《廣東新語》〈天語〉에 다음과 같은 설명이 있다. "남오의 바람은 추울 때는 하늘이 맑고 비도 내리지 않는데 갑자기 서북쪽에서 이른다. 그 이름은 飆이라 하고 颶이라고도 한다. 더울 때는 하늘이 어둡고 비가 내리는데 갑자기 동북쪽에서 불어온다. 그 기운이 순수한 청색이기에 청동이라 한다. 청동이 불면 날씨가 추워지기 때문에 青凍이라고도 한다. 하늘이 어둡고 비가 오지 않을 때 갑자기 서북쪽에서 몰아치는데 그 소리가 우박 같고 돌이 어지러이 부딪히는 것 같은 바람을 석룡이라 한다. 그 기운은 적색이므로 적유라고도 한다. 적은 화기를 뜻하고, 유란 화기가 흐른다는 뜻이다. 하늘 빛이 옅고 햇빛이 희미할 때 비가 오지 않으면서 이는 바람은 용의 기운이 왔다 갔다 하는 것 같아 광룡이라 부른다.(南澳之風, 當寒時天明無雨, 從西北暴至, 其名曰飆, 亦曰颶. 當暑時天昏有雨, 從東北暴至, 其氣純青, 是曰青東. 青東之起, 氣甚寒, 亦曰青凍. 天昏無雨, 從西北暴至, 如雨雹聲, 又如亂石搏擊, 是曰石龍. 其氣赤, 亦曰赤游. 赤, 火氣也. 游謂火之游氣也. 天色淡然, 微有日光, 無雨而作, 如龍氣往來不常, 是曰狂龍.)"

반드시 북쪽으로부터 서쪽으로 가고, 서북쪽에서 시작된 것은 반드시 북쪽으로부터 동쪽으로 가며, 모두 남쪽에 이르러 맺는다. 이를 일러 회남廻南이라고 한다. 그러므로 구풍의 '구颶'는 모두 갖추고 있다는 뜻이니, 즉 사방의 바람을 다 갖추고 있음을 말한 것이다. 또 두렵다[懼]는 뜻이기도 하니, 처음에는 오는 것이 두렵고 끝에는 다시 생길까 두려움을 말한 것이다. 혹자는 이렇게 말한다. "〈육윤전陸胤傳〉[179]에 보면, '남해에는 매년 구풍舊風이 분다.'는 말이 나온다. 그러니 구颶는 구舊의 와전인 것이다. 그렇기 때문에 《설문해자》에는 '구颶' 자가 없다." 혹자는 또 이렇게 말한다. "양신楊愼[180]이 말하기를, '구颶는 마땅히 패颫로 써야 하며, 음은 패貝이다.'[181]라고 했다. 이 때문에 세상에서는 풍보風報라고 말하는데, 보報는 패貝가 변화한 것이다." 구풍에는 반드시 전조가 있으니, 소식蘇軾이 말한 "흉한 기운도 아니요 상서로운 기운도 아니요, 무지개를 끊고 바다를 마시면서 북쪽을 가리키고, 붉은 구름이 해를 가운데 두고 남쪽으로 날아간다."[182]라는 것이 바로 그것이다. 이를 일러 반홍半虹 또는 파봉破篷이라고도 하는데, 이것이 곧 구모颶

179) 陸胤은 삼국시대 吳나라 사람으로 자는 敬宗이고 交州刺史와 安南校尉를 지냈다. 〈陸胤傳〉은 《三國志》〈吳書〉에 실려 있다.

180) 楊愼(1488-1559)은 명나라의 문학가·학자·관료로, 자는 用修, 호는 升庵이며 四川 新都(成都市 新都區) 사람이다. 翰林修撰兼經筵講官을 지냈으며 1524년 '大禮議' 사건으로 雲南永昌衛로 폄적되어 30여 년을 운남 남부지역에서 보냈다. 經史·天文地理·金石·서화·음악·희극·종교·언어·민속 등 다방면에 걸쳐 저서를 남겼으며 《升庵集》이 전한다.

181) 《韻箋》에 실린 楊愼의 말을 인용한 것이다.

182) 蘇軾(1037-1101)은 북송의 문학가로 자는 子瞻, 호는 東坡居士이며 眉山 사람이다. 시문집으로 《東坡七集》 등이 있다. 위의 구절은 소식의 〈颶風賦〉에서 인용한 것이다.

母[183]이다. 바닷가 백성들은 기후 점치는 법을 만들어 나아갈지 피할지를 결정한다. 뱃사공이 특히 여기에 밝다. 비록 외국인이라 할지라도 반드시 절기 순서에 따라 날씨 변화를 판별하며, 초목과 조수를 살펴 그것을 검증한다. 이미 검증된 방법을 다음 단락에 상세히 적는다.

▲ 정월 초 4일에 접신구接神颶, 초 9일에 옥황구玉皇颶.【이 날 구풍이 불면 1년 동안의 구풍이 모두 들어맞지만, 그렇지 않으면 각 구풍마다 들어맞지 않을 수 있다.】15일에 삼관구三官颶, 29일에 용신회구龍神會颶. 또 초 1·8·10일과 13·20·21·26일 오시午時에 바람이 불며, 바람이 안 불면 비가 온다.

▲ 2월 초 2일에 백수구白鬚颶, 초 7일에 춘기구春期颶, 21일에 관음구觀音颶, 29일에 용신구龍神颶. 또 초 2·9일과 12·17·24·30일 유시酉時에 바람이 있다.

▲ 3월 초 3일에 진무구眞武颶, 초 7일에 염왕구閻王颶, 15일에 진군구眞君颶, 23일 천후구天后颶. 또 청명절에는 북풍이 불길하다. 또 초 2·3·10일과 17·27일 오시에 흐리고 비가 온다.

▲ 4월 초 1일에 백룡구白龍颶, 초 8일에 불자구佛子颶, 23일에 태보구太保颶, 25일에 태백구太白颶. 또 초 8·9일과 19·23·27일 오시에 흐리고 비가 온다.

▲ 5월 초 5일에 굴원구屈原颶, 13일에 관제구關帝颶, 21일에 용모구龍母颶. 또 눈에 바람까지 불 것이 근심되는데 정월 눈 내린 날에서 120일되는 날이 그 예정일이다. 또 초 5·10일과 13·19·29일

183) 颶風이 불기 전 구름의 기운을 말한다.

유시에 심한 바람이 분다.

▲ 6월 12일에 팽조구彭祖颶, 18일에 팽파구彭婆颶, 20일에 세취롱구洗炊籠颶. 또 초 9일과 12·18·19·27일 묘시卯時에 바람이 크게 분다.

▲ 7월 15일에 귀구鬼颶, 18일에 신살구神煞颶. 또 초 7·9일과 15·25·27일 묘시에 바람이 크게 분다.

▲ 8월 초 1일에 조군구竈君颶, 초 5일에 대구大颶, 10일·14일에 가람구伽藍颶, 15일에 귀성구魁星颶, 21일에 용신구龍神颶. 또 초 2·3·8일과 15·17·27일에 큰 바람이 분다.

▲ 9월 초 9일에 중양구重陽颶, 16일에 장량구張良颶, 19일에 관음구觀音颶, 27일에 냉풍구冷風颶. 또 11·15·17·19에 큰 비바람이 분다.

▲ 10월 초 5일에 풍신구風信颶, 11일에 수선구水仙颶, 20일에 동악구東岳颶, 26일에 옹다구翁爹颶. 또 초 10일과 15·18·19·22·27일 묘시에 큰 비바람이 있다.

▲ 11월 14일에 수선구水仙颶, 27일에 보암구普菴颶, 29일에 서악구西岳颶. 또 초 1·3일과 13·19·26일에 큰 비바람이 분다. 또 동지풍이 있다.

▲ 12월 24일에 소진구掃塵颶, 29일에 화분구火盆颶. 또 초 1·2·5·6·8일과 11·18·22·26·28일에 큰 비바람이 있다. 【위의 각 바람에 대한 정보는 《영남잡기嶺南雜記》[184)]·《향조필기香祖筆記》[185)]에 실린

184) 《嶺南雜記》 2권은 청나라 초기에 吳震方이 지은 것으로, 광동 지역의 산천·풍토·시사 등에 대해 기록한 책이다.

185) 《香祖筆記》 12권은 청나라 초기에 王士禛이 지은 것으로, 일의 득실을 논하고

것보다 훨씬 상세하다. 혹 날짜만 남기고 이름을 없앨까도 생각했으나, 뱃사공과 외국 선박에게 때를 바와 피할 바를 보여주는 것인데 좀 속된들 또 어떻겠는가?】

조수에 대한 학설은 어지럽다. 갈홍葛洪[186]은 하늘과 바다가 부딪쳐 용솟음친 것이라 하였고 《동진경洞眞經》과 《정일경正一經》[187]에서는 땅의 기축機軸이 열리고 닫혀서 생긴다고 하였다. 노조盧肇[188]는 해가 물을 쳐서 조수가 생긴다고 여겼고, 봉연封演[189]은 달이 하늘을 한 바퀴 돌면 조수가 이에 응하는 것이라고 하였다. 오직 요관姚寬[190]만은 "해는 중양의 모체이고 음은 양에서 생겨나기 때문에, 조수는 해에 붙어 생겨난다. 달은 태음의 정수이고 물은 음에 속하므로, 조수는 달에

名物의 원류를 밝히며 時事나 괴이한 일에 대해 언급하는 등 다양한 내용을 다루고 있다. 《四庫全書總目 · 子部》〈雜家類〉에 보인다.

186) 葛洪(283-363)은 자가 稚川, 자호는 抱朴子로, 東晉시기 도교이론가이다. 煉丹術과 시사를 다룬 《抱樸子》와 신선고사를 기록한 《神仙傳》, 의학 서적 《肘後備急方》 등을 지었다.

187) 《洞眞經》은 《上淸大洞眞經》39장을 말하며 《黃庭經》에서 발전한 도교 上清派의 대표경전이다. 상청파의 수련방법을 싣고 있으며 東晉시기 楊羲 등이 지었다고 전한다. 《正一經》은 南北朝 시대 天師道 正一派에서 지은 道經으로, 《道教義樞》·《雲笈七簽》 등 도교류 서적에 佚文이 남아 전한다.

188) 盧肇(818-882)는 자가 子發이며, 당나라 때 袁州 宜春(江西省 宜春市) 사람으로, 歙·宣·池·吉 등 네 개 州의 刺史를 지냈다. 賦集 8권, 文集 13권을 남겼다.

189) 封演은 渤海蓨(河北省 景縣) 사람으로, 당나라 天寶 연간에 진사급제후 檢校吏部郎中兼御史中丞 등을 지냈으며 《封氏聞見記》를 지었다.

190) 姚寬은 자가 令威이며 송나라 때 會稽 嵊縣(浙江省 嵊縣) 사람으로, 문학가·사학가·과학자였다. 權尙書戶部員外郞 및 樞密院編修官 등을 지냈으며 《西溪叢話》·《西溪居士集》 등을 지었다.

의해 생겨난다."라고 말했다.

서숙명徐叔明[191]이 말하길, "하늘은 물을 감싸고 물은 하늘을 떠받치며, 하나의 원기가 태허 중에 오르내린다. 땅은 물의 힘을 이용해 스스로를 지탱하고, 또한 원기의 오르내림을 따라 올랐다 내렸다 하는데, 사람은 이를 깨닫지 못한다. 그 기운이 상승하여 땅이 가라앉으면 바닷물이 위로 넘쳐 올라 밀물이 생긴다. 그 기운이 내려가 땅이 떠오르면 바닷물이 줄어들어 썰물이 생긴다."고 하였다. 두 가지 학설 모두 군자가 취할 만하다.

월 땅에 "초하루와 보름에는 정오에 수위가 상승하고, 초 9일과 23일에는 우귀란牛歸欄[192]에 물이 크게 불어난다."는 노래가 전한다. 이는 대개 조수를 살피고서 확인한 바일 것이나, "경해瓊海[193]의 조수는 하루에 한 번 만조가 있을 뿐이며, 반 달 동안은 물이 차올라 서쪽으로 흐르고 또 반 달 동안은 물이 빠져서 동쪽으로 흐른다"[194]는 말은 또 어찌 설명해야 하는가? 오문의 봄 조수는 인·묘·진시 [오전 3시-9시]에 커지고 여름 조수는 사·오·미시 [오전 9시-오후 3시]에 커지며 가을 조

191) 본명은 徐學謨이고, 숙명은 자이다. 嘉定(上海市 서북부) 사람으로, 명나라 嘉靖 29년(1550)에 진사가 되었고 禮部尙書를 지냈으며, 《徐氏海隅集》·《萬曆潮廣總志》 등을 지었다.

192) 牛歸欄은 광동성 九龍湖의 旅遊風景區 내에 있다.

193) 瓊海는 海南省 동부, 萬泉河의 중하류지역에 위치한다.

194) 屈大鈞의 《廣東新語》〈水語〉에 "세상에서 전하는 바에 따르면, 초하루와 15일에는 정오에 물이 차오르고, 초 9일과 23일에는 우귀란에 물이 가득하다고 한다. 대개 조수의 근거를 살펴보면, 경해의 조수는 주야로 한 번만 오고 가는데 반 달 동안 조수가 차오르면 서쪽으로 흐르고, 반 달 동안 조수가 사그라지면 동쪽으로 흐른다.(俗傳初一十五, 水上日午, 初九二十三, 水大牛歸欄. 蓋潮候左券, 瓊海潮晝夜惟一汛, 半月潮長則西流, 半月潮消則東流.)"라고 하였다.

수는 신·유·술시 [오후 3시-9시]에 커지고 겨울 조수는 해·자·축시 [오후 9시-오전3시]에 커진다. 이것은 또한 사기四氣와 오행五行의 증거이기도 하다. 물굽이 밖에는 암초가 많아 닻을 내리는 자는 반드시 조수에 따라 이동해야 부딪쳐 부서지거나 좌초하는 화를 당하지 않을 수 있으니, 밀물과 썰물, 그리고 날과 시는 살피지 않을 수가 없는 것이다.

여정余靖[195]의 〈해조도서海潮圖序〉[196]

전에도 조수에 대해 언급한 자는 많았다. 어떤 이는 풀무가 열렸다 닫혔다 하는 것과 같다 하였고, 어떤 이는 사람이 숨을 들이쉬고 내쉬는 것과 같다 하였으며, 또 어떤 이는 해추海鰌가 드나드는 것이라 하였는데,[197] 모두 경전에 근거하지 않은 이야기들이다. 당나라 노조가 〈해조부海潮賦〉에서, 해가 바다로 들어가면 조수가 생기고 달이 해를 떠나면 조수가 불어난다고 하면서 세상 이치를 다 궁구하였다 자부하니, 세상에서는 아무도 감히 이를 부정하지 못했다. 내 일찍이 동쪽으로 해문海門[198]까지, 남쪽으로 무산武山[199]까지 가본 적이 있는데, 아침저녁으로 조수의 진퇴를 관찰하고 상현·보름·하현 때 조수가 늘어나고 줄어듦을 살펴본 바, 노씨의 주장은 억측에서 나왔을 뿐, 잘 알지도 못하면서 지어낸 것임을

195) 余靖(1000-1064)의 본명은 余希古이고 자는 安道, 호는 武溪로, 韶州 曲江(광동성 韶關市) 사람이다. 북송 때 '慶曆四諫官' 중 하나로, 桂州知府·集賢院學士·廣西体量安撫使·工部尙書 등을 지냈으며 《武溪集》20권을 지었다.

196) 원문은 海潮序인데 《武溪集》 권3에 근거하여 圖자를 덧붙였다.

197) 酈道元의 《水經注》에 따르면, 海鰌魚는 길이가 수천 리나 되고 해저에서 穴居하며 굴로 들어가면 밀물이 들고 굴에서 나오면 썰물이 되는데, 굴을 드나들 때 일정한 절도가 있기 때문에 조수에 시간이 있게 되는 것이라 한다.

198) 海門은 강소성 啓東縣 동북쪽에 있다.

199) 武山은 광동성 東莞市 서남쪽에 있는 南山을 가리킨다.

알 수 있었다. 양수陽燧[200]로 해에서 불을 얻고, 음감陰鑑[201]으로 달에서 물을 얻었다는 것이 다 그러한 부류다. 조수가 불어나고 빠지는 것은 바닷물이 많아지고 줄어드는 게 아니라 달이 움직이는 곳으로 물이 따라가기 때문에 생겨난 현상이다. 해와 달은 오른쪽으로, 하늘은 왼쪽으로 회전하는데 하루에 한 바퀴를 돌아 사극四極[202]까지 이른다. 따라서 달이 묘시 [오전5시-7시]와 유시 [오후 5시-7시]에 이르면 동쪽과 서쪽의 물이 불어나고, 달이 자시 [오후11시-1시]와 오시 [오전11시-1시]에 이르면 남쪽과 북쪽의 조수가 만조가 된다. 저쪽이 마를 때 이쪽은 차오르며 끝없이 가고 옴을 반복한다. 이 모든 운행은 달에 달린 것이지 해에 달린 것이 아니다.

어떻게 그러한지를 알 수 있는가? 대개 밤낮의 운행은 해가 동쪽으로 1도 움직일 때 달은 13도 남짓 움직이니, 달이 서쪽으로 지는 시기는 항상 해보다 3각 [45분] 남짓 느리다. 조수가 하루에 늦어지는 비율 또한 마찬가지다. 초하루에서 보름까지는 하룻밤의 조수만큼 늦어지고 보름에서 그믐까지는 또 하룻낮 만큼의 조수가 늦어진다. 만약 해가 바다에 들어가 부딪쳐 조수가 생기는 것이라면 무슨 까닭으로 항상 제 때에 이르지 못하고 3각 남짓 느려지겠는가? 노조는 또 달이 해에서 멀어지면 조수가 불어나고 합삭合朔[203] 때에는 조수가 거의 사라진다고 했는데 이는 정말로 조수의 규칙을 모르는 얘기이다. 대개 초하루와 보름 전후에는 달의 운행이 조금 빨라지므로 그믐 전 3일 동안은 조수가 길어지고 초하루 후 3일 동안은 조수가 가장 커지며, 보름 역시 이와 같은 것이니, 해에게서 멀어졌기 때문은 아닌 것이다. 달은 상하현일 때 그 운행이

200) 陽燧는 옛날 사람들이 햇빛으로 불을 일으킬 때 쓰던 거울 같은 銅製 도구이다.
201) 陰鑑은 옛날 사람들이 달빛에서 물을 얻을 때 쓰던 용기로 제사에 쓰였다.
202) 동서남북의 사방을 가리키며, 子(북)·午(남)·卯(동)·酉(서)에 해당하는 방위를 이른다. 고대 천문학에서는 해와 달이 돌아서 가장 멀리 가닿는 곳을 가리킨다.
203) 合朔은 해와 지구 사이에 달이 들어가 일직선이 된 때를 말하며, 달이 안 보이고 흔히 일식이 생긴다.

조금 늦어지므로 조수의 오고감 역시 계속 반복되니, 이 또한 해에 가까워졌기 때문은 아니다. 차고 비고 늘어나고 줄어드는 것은 오로지 달 때문이며 음양이 나뉜 결과이다. 봄과 여름에는 낮 조수가 항상 크고, 가을과 겨울에는 밤 조수가 항상 크다. 봄은 양중陽中, 가을은 음중陰中이니, 1년 중에 봄과 가을이 있는 것은 달에 차고 기욺이 있는 것과 같은 이치다. 그러므로 조수간만의 차이가 가장 크게 나는 때는 늘 봄가을이고, 만조의 높이가 가장 높은 것은 항상 초하루와 보름 다음이니 이 또한 천지의 상수常數인 것이다.

예전에 두竇 선생이 글을 지어[204] 오시에 조수가 빠진다고 했는데 이는 동해에서 관측한 것이다. 근자에 연공燕公이 논論을 지어[205], 조수가 자시에 생긴다고 했는데 이는 남해에서 관측한 것이다. 일찍이 바다 상인에게서 들으니 조수는 동남쪽에서 생긴다 했는데, 이는 배에 탄 채 조수의 진퇴를 관측한 것일 따름이다. 고금의 학설 중에 동남쪽 땅이 이지러져 물이 그리로 흘러든다는 얘기가 있나니, 조수가 동남쪽에서 생긴다는 바다 상인의 말 역시 이에 가깝다. 지금 동해와 남해 두 바다가 차고 빠지는 것을 파악해 그 시기를 기록해두었다. 서쪽과 북쪽 두 바다는 아직 살핀 바가 없으므로 빼고 기록하지 않는다. 일찍이 해문에서 관찰한 적이 있는데 달이 묘시 방향일 때 만조가 되는 경우, 해와 달이 합삭하면 곧 아침이 되지만 만조 시각이 3각 남짓 늦춰지고, 상현이면 오시에 만조가 되고, 보름 이전에는 낮 조수, 보름 이후에는 밤 조수가 된다. 이는 모두 임해 지역의 조수 현상이다. 먼 바다에서는 각각 원근의 시기가 다르다. 달이 유시 방향일 때 만조가 되는 경우, 해와 달이 합삭하면 해가 들어가야 만조가 되고, 상현이면 한 밤중에 만조가 되며, 보름이면 다음날 아침에 만조가 된다. 보름 이전에는 밤 조수, 이후에는 낮 조수가 된다. 이는 동해

204) 唐나라 때 竇叔蒙이 지은 《海濤志》를 가리킨다.
205) 宋나라 때 燕肅이 지은 《海潮論》을 가리킨다.

의 조수 현상이다. 또 무산武山에서도 관찰한 바 있는데, 달이 오시 방향일 때 만조가 된 경우는 해와 달이 합삭하면 오시 때 만조가 되고, 상하현이면 해가 들어가야 만조가 되며, 보름이 되면 한 밤중에 만조가 된다. 상현 이전에는 낮 조수, 상현 이후는 밤 조수가 된다. 달[206]이 자시 방향일 때 만조가 되는 경우는 해와 달이 합삭하면 한 밤중에 만조가 되고, 상현이면 해가 나와야 만조가 되며, 보름이면 오시 때 만조가 된다. 상현 이전에는 밤 조수가 되고 상현 이후에는 낮 조수가 된다. 이는 남해의 조수 현상이다."

나영묵羅寧默의 시 〈조수를 읊다咏潮〉

푸른 바다 아득하여 끝없는데	滄海杳無極
조수가 밀려와 어느새 가득해지네	潮來忽自平
여섯 마리 자라[207]가 가을에 모습 드러내고	六鰲秋見影
8월 되자 밤에 그 소리가 들리네	八月夜聞聲
언덕의 갈대는 쏴쏴 흐느껴 울고	岸葦蕭蕭泣
강가 갈매기 넘실넘실 가볍게 떠가네	江鷗泛泛輕
차고 기우는 이치를 응당 알아야 하니	應知消息理
늘 차 있을 필요는 없다네	不必定長盈

초하루에는 인시 끝[208]에 밀물이 들고 사시 끝에 소멸되며 신시

206) 원문은 日이나 문맥상 月의 오기로 보여서 고쳐 번역하였다.

207) 신화 속에서 다섯 개의 仙山을 떠받치고 있다고 하는 여섯 마리의 자라를 가리킨다. 《列子》〈湯問〉에 이르길, 발해 동쪽 깊은 골짜기에 다섯 개의 선산이 있는데 바다위에 떠 있어 서쪽으로 흘러갈까 걱정되어 禺彊에게 명해 자라 15마리로 하여금 떠받치게 했다고 한다.

208) 12支에 해당하는 시간은 다음과 같다. 子 [23-1시]·丑 [1-3시]·寅 [3-5시]·卯

끝에 밀물이 들고 해시 끝에 물이 빠진다.

2일에는 묘시 초에 밀물이 들고 오시 초에 소멸되며 유시 초에 밀물이 들고 자시 초에 물이 빠진다.

3일에는 묘시 끝에 밀물이 들고 오시 끝에 소멸되며 유시 끝에 밀물이 들고 자시 끝에 물이 빠진다.

4일에는 정 진시에 밀물이 들고 정 미시에 소멸되며 술시 초에 밀물이 들고 정 축시에 물이 빠진다.

5일에는 진시 끝에 밀물이 들고 미시 끝에 소멸되며 술시 끝에 밀물이 들고 축시에 끝에 물이 빠진다.

6일에는 사시 초에 물이 들어오고 신시 초에 물이 빠지며 해시 초에 물이 들어오고 인시 초에 물이 빠진다.

7일에는 정 사시에 밀물이 들고 정 신시에 소멸되며 정 해시에 밀물이 들고 정 인시에 물이 빠진다.

8일에는 사시 끝에 밀물이 들고 신시 끝에 소멸되며 해시 끝에 밀물이 들고 인시 끝에 물이 빠진다.

9일에는 오시 초에 밀물이 들고 유시 초에 소멸되며 자시 초에 밀물이 들고 묘시 초에 물이 빠진다.

10일에는 정 오시에 밀물이 들고 정 유시에 소멸되며 정 자시에 밀물이 들고 정 묘시에 물이 빠진다.

11일에는 미시 초에 밀물이 들고 술시 초에 소멸되며 축시 초에 밀물이 들고 진시 초에 물이 빠진다.

[5-7시]·辰 [7-9시]·巳 [9-11시]·午 [11시-13시]·未 [13-15시]·申 [15-17시]·酉 [17-19시]·戌 [19-21시]·亥 [21-23시].

12일에는 정 미시에 밀물이 들고 정 술시에 소멸되며 축시 끝에 밀물이 들고 진시 끝에 물이 빠진다.

13일에는 신시 초에 밀물이 들고 해시 초에 소멸되며 인시 초에 밀물이 들고 사시 초에 물이 빠진다.

14일에는 정 신시에 밀물이 들고 정 해시에 소멸되며 15일에 이르면 정 인시에 밀물이 들고 정 사시에 물이 빠진다. 16일에서 30일까지는 2일에서 14일까지와 대개 비슷하다.

관수편官守篇
정령政令을 덧붙여 기록하다

당송唐宋 이래로 서양인들이 연 공시貢市[1]는 시박제거사市舶提擧司[2]가 담당하였으나 오문에는 전담 관리가 없었다. 정덕正德 연간(1506-1521) 말에 불랑기佛郎機 사람들이 해마다 빈번히 침입해 들어와 소동을 일으키자[3] [이를 징벌하는 의미로] 저들과의 교역을 끊고 나라 안으로 들이지 않았다. 가정嘉靖 연간(1522-1566) 초에 혹자가 월粵 지역 문무 관리들의 봉록의 대부분을 서양 재화로 충당한다면서 무역을 재개하게 해 줄 것을 대신 청하였지만,[4] 급사중給事中 왕희문王希文이 힘

---

1) 貢市는 외국 상인들이 貢使를 따라 중국에 들어와 지정된 장소에서 무역하던 것을 가리킨다.

2) 市舶提擧司는 廣州에 설치해 외국과의 무역을 관리하던 관서이다.

3) 16세기 초 正德 연간에 포르투갈인들이 중국에 온 뒤 광동 연해에서 소란을 일으켜 명나라 정부와 충돌하였다. 이에 王希文은 상소를 올려, "이름을 감추고 섞여 들어와서는 성도인 광주까지 갑자기 들이닥쳤다(匿名混進, 突至省城)", "남녀 할 것 없이 잡아가고 울짱을 세워 스스로를 지키며 총을 함부로 쏘아댔다(擄掠男婦, 設柵自固, 火銃橫行)"라고 당시 정황을 설명하였다.

4) 嘉靖 8년(1529)에 광동순무 林富가 해금을 풀고 광동의 시박무역을 재개할 것을 주청하였다. 명나라 때는 조공무역을 폐지한 후에도 서양과의 무역을 통해 징수한 관세 수입이 적지 않았다. 그래서 正德 연간 이래로 광동지역 문무 관리들의 봉록은 대부분 무역을 통한 수입으로 대신 지급하고 있었는데, 이를 折俸이라 하였다. 가정 연간 초에 廣東市舶司를 폐하자 광동과 광서의 巡撫 이하 각급 관원들은

껏 저지하였다

왕희문王希文[5] 〈변방 방위를 엄중히 하여 백성들을 소생시킬 것을 논하는 소重邊防以甦民命疏〉

신이 생각건대, 나랏일 중에 변방을 지키는 것만큼 급한 것은 없으며, 변방을 지킴에 있어 요충지로는 연해 지역만큼 중요한 곳이 없습니다. 천하 백성들의 업무 중 노역보다 힘겨운 것이 없으며, 노역이 고갈되기로는 동남 지역보다 심한 곳이 없습니다. 신이 삼가 귀로 듣고 눈으로 본 것들을 성심껏 꺼내어 아뢰겠나이다. 서양 선박으로 말씀드리자면 동남 지역은 오랑캐를 진압하는 곳이며, 섬라暹羅 · 점성占城 · 유구琉球 · 조와爪哇 · 발니浡泥[6] 다섯 나라에서 공물을 바칠 때는 반드시 동관東莞을 거쳐야 합니다. 우리 조종께서 나라 안팎을 하나로 통일하고 만방으로부터 조공을 받았으나, 이를 통해 저들을 견제하려 했을 따름이지 저들이 가진 것을 이용해 이익을 얻고자 하지 않았습니다. 그렇기 때문에 찾아오는 시기도 정해져 있었고, 배의 수량도 정해져 있으며, 신표와 맞추어 보아 일치하여야만 사람을 딸려 들여보내고, 함께 실어 온 화물은 관부에서 화폐로 사들였습니다.[7] 《조훈祖訓》[8]에 실려 있는 바에 따르면, "점성 이

여러 차례 상소를 올려 무역을 재개할 것을 요구하면서, 粵 지역의 수입은 공적으로나 사적으로나 서양 선박과의 무역을 통한 세금으로 조달되는 바가 많으므로 서양 선박을 이용하면 조정의 물품 공급이나 군량미 조달이 수월해져 여러 모로 이익 되는 바가 많다고 주장하였다. 그 대표적인 것이 바로 가정 8년 양광순무 林富의 상소이다.

5) 왕희문(1492-1565)의 본명은 王世寧이다. 字는 景纯이고 號는 石屏이다. 廣東 東莞 사람으로, 給事中 · 南京刑科給事中 등을 지냈다.

6) 각각 태국, 인도차이나 참파(Champa) 왕조, 오키나와 열도, 인도네시아 자바섬, 칼리만탄 섬과 브루나이 일대를 가리킨다.

7) 명나라 때에는 매번 들어오는 공물선의 수량과 인원수, 공물의 종류 및 양 등이

하 여러 나라에서 조공을 바치러 올 적에 대부분 행상들을 데리고 왔으나, 몰래 사기를 치고 다니자 이에 막았다고 하였다. 홍무洪武 8년(1375)부터 막기 시작해 홍무 12년(1379)에야 풀어주었다."라고 하였으니, 이는 지엄한 경계의 뜻을 드리웠던 것입니다. 정덕 연간에 불랑기 사람들이 국적을 감추고 섞여 들어와서는 성도인 광주廣州에 갑자기 들이닥쳐 제멋대로 규칙을 어기며 추분抽分[9]에 불복하기 시작했습니다. 어린아이를 삶아 먹고 남녀 할 것 없이 노략질해갔으며, 울짱을 세워 스스로를 지키며 총을 함부로 쏘아댔으니, 개떼[10] 같은 외적의 기세는 막을 길이 없고, 호랑이·승냥이 같은 저들의 속셈은 헤아릴 길 없었습니다. 다행히 전 해도부사海道副使 왕횡汪鋐이 힘껏 내몬 덕분에, 우리 황상의 다스림을 한껏 알리

정해져 있었고 심사 및 검역에도 정해진 순서가 있었다. 이상의 내용은《明會典》의 기록을 인용한 것인데,《明會典》에는 다음과 같은 기록도 있다. "옛 제도에서는 공물선을 들일 때 먼저 장부와 징표를 지급했다. 이것으로 삼사에 가 맞춰보고 표문을 확인하여 토산품에 거짓이 없음을 확인한 후에 도성으로 실어 보냈다.(舊制, 應入貢番. 先給與符簿. 凡及至三司與合符, 視其表文, 方物無僞, 乃津送入京.)" 징표는 도장이 찍힌 문건을 반으로 나누어 절반은 공물을 바치는 쪽에서 보관하고 나머지는 시박사가 관리하는 것으로, 조공선이 항구에 도착하면 이것을 대조해 확인했다.

8) 明 太祖 朱元璋이 자손들에게 남긴 훈계의 글로, 洪武 6년(1373)에《祖訓録》이라는 이름으로 완성되었고 洪武 28년(1395)에《皇明祖訓》으로 이름을 바꾸었다. 왕위 계승의 정통성과 왕실에서의 규범, 각종 예제 등을 담고 있다. 여기 인용한 내용은《皇明祖訓·首章》에 보인다.

9) 抽分은 당시 중국 관방에서 외국 상선이 들여오는 화물에 대해 징수하던 관세의 일종이다. 송나라 때부터 실시되었으며, 抽解라고도 한다. 稅率은 통상적으로 1/10정도였다. 명나라 때는 抽分廠을 설치하였고 正德 연간에는 외국 화물에 대해 10분의 2의 세를 거두었다. 규정에 따르면, 외국상선이 입항하면 관부에 신고하고 실은 화물의 수량에 따라 직접 화물 일부를 징수하였는데 그 가치를 보고 깎아주는 경우도 있었다. 추분을 징수한 뒤에 교역을 허가하였다. 여기서 포르투갈인들이 추분에 불복하였다고 했는데 그 증거자료는 찾을 수 없다.

10) 원문은 犬羊으로, 개와 양은 외적을 멸시하는 뜻으로 부르던 말이다.

고, 외진 곳까지 위엄을 떨쳐 변방이 조용해졌습니다. 붙잡은 적의 우두머리들을 모두 엄한 벌로 다스리니, 백성들은 머리 조아려 경하를 올리면서 서양 상인들로 인한 폐해는 이제 영영 사라지고 변방의 방위는 영원히 공고하리라 여겼습니다.

그런데 어찌하여 채 십 년을 넘기지도 못한 이때에 절봉折俸[11]에 필요한 물품이 부족하다는 탄식이 나오고, 안무사按撫使가 다시 무역을 재개하자는 상소를 올린단 말입니까! 비록 조정 대신들이 한데 모여 논의한 것이라 도리가 없는 말이라고는 할 수 없으나, 조종 수년간 막기 어려웠던 적들이 이제야 소탕되었건만, 나라를 지키는 신하들이 백번 싸워 이룬 공로를 하루아침에 저버린다면 애석함이 없을 수 없습니다. 저들 모두 성심껏 조공을 바친다면야 누구인들 마음을 열고 회유하여 조정의 위엄과 덕을 떨치고자 하지 않겠습니까? 그러나 만일 불랑기처럼 함부로 들어와 우환을 만든다면, 장차 어찌 처리해야 한단 말입니까? 그간 빈번히 순수巡狩하고 안찰하고 또 관군이 수색 작업을 하느라 주민들 사이에 소요가 일었고, 생업은 온통 피폐해진 채 속수무책이 되었습니다. 또 생선도 소금도 유통되지 않아 생계가 나날이 곤궁해졌지만, 그런 것들은 다 말할 만하지 못하다 할 수 있습니다. 다만 위풍당당한 우리 황실이 이토록 가볍고 더러운 조공을 받음에, 그런 것까지 다스리자니 진정한 무武의 정신에 어긋나고, 다스리지 않자니 위엄이 다치게 될 것이어서 실로 한 가지도 마땅한 방도가 없습니다.

신이 우러러 생각하건대 폐하께서는 서북 오랑캐들을 다스리실 적에 은혜와 위엄을 병용하고 계시니, 만일 저들이 발호하고 있는 정황을 알게 되신다면 필시 이와 같은 논의를 가벼이 따르지 않을 것입니다. 다행히

11) 외국에서 진상한 공물을 봉록으로 대신 지급하던 제도를 말한다. 명나라 永樂·成化 연간에 후추나 蘇木(따뜻하고 습한 기후에서 자라는 콩과 식물로, 약재나 염료로 쓰임) 등 진공품이 넘쳐나자 이것들을 봉록 대신 지급하기로 하였다. 후추는 한 근당 100貫, 소목은 한 근당 50貫을 쳐주었다.

아직은 서양의 무역선이 도착을 알려오지 않았으나, 사전에 이미 엄한 수비 태세를 갖추고 있습니다. 저들이 민간 선박을 포획이라도 하여 바닷가 섬에 변고가 생긴다면 변방에 중대한 분란이 생겨 실로 큰 우환이 될 것입니다. 황상께서 위엄을 무겁게 하시고 신용을 지키시어, 점차 밀려드는 외세를 막고 자잘한 것들까지 방지하고자 하신다면, 바라옵건대 각 부서에 조칙을 내리시어 순안巡按에게 다음과 같은 사항을 전달하여 시행토록 하여 주시옵소서. 왜국이 침략하지 못하도록 방비하는 것 외에 조종의 옛 법제를 밝히시어, 진공進貢 시에는 반드시 금엽표문金葉表文[12]이 있어야 하며 배 한 척만 가지고 오되 배에 탄 인원이 백 명을 넘지 못하게 하십시오. 부가적으로 실어 온 물품에 대해서는 추분할 필요 없으나, 관부에서 발행한 화폐로 사들여 어리석은 백성들이 사적으로 매매하는 일을 금하십시오. 만일 물품을 사들이다가 붙잡힌 자가 있을 시 온 식구를 내치신다면 오랑캐의 물건을 사적으로 사고파는 일은 없어질 것이며 막지 않아도 절로 그칠 것입니다. 서양 선박의 왕래가 그치면 왜국을 방비하는 일은 하지 않아도 될 것이며 백성의 숨통도 트이게 될 것입니다. 또한 소금세도 다시 시행되어 경주瓊州와 담주儋州[13]의 이익을 모두 모을 수 있을 것입니다.

서양 선박이 금지되고 난 뒤 순무 임부林富[14]가 무역을 재개할 시 생기게 되는 네 가지 이익을 논하였다.

---

12) 金葉表文은 금박으로 된 표문으로, 황제에게 공물을 바칠 때 쓰였다.

13) 瓊州는 해남도 북부의 海口市 지역으로, 당나라 때(632년) 경주부가 설치되었다. 儋州는 지금의 해남도 서북부 지역에 위치했으며 서한대부터 郡이 설치되었고 당나라 때(622년)에 담주가 되었다.

14) 林富(?-1540)는 字가 守仁이며 福建 興化府 莆田縣 사람이다. 가정 연간에 兩廣巡撫를 지냈다.

"조종조祖宗朝에는 서양에서 바치던 조공 외에 본디 추분이라는 법이 있었는데 그 나머지를 조금만 취하여도 조정에 공급하기에 충분하므로, 이것이 첫 번째 이익입니다. 월동粵東과 월서粵西 지역에서는 근자에 전란으로 인해 창고가 텅 비었는데, 이것으로 군량을 충당하고 불의의 사태를 대비할 수 있습니다. 이것이 두 번째 이익입니다. 월서 지역은 본디 월동의 공급에 의존해왔기 때문에 조금만 징발이 있어도 미리 조치를 취할 수 없었는데, 만일 서양 선박이 다니게 되면 위아래로 서로 도움이 될 것입니다. 이것이 세 번째 이익입니다. 가난한 백성들은 무역으로 살아가는데, 1전錢짜리 물건만 있으면 이리저리 무역하여 그것으로 입고 먹을 수 있습니다. 이것이 네 번째 이익입니다."

조서가 내려와 이를 윤허하였다. 서양 여러 나라들과 다시 무역을 트게 된 것은 임부로부터 시작되었다.

가정 14년(1535)에 도지휘都指揮 황경黃慶이 뇌물을 받고, 상관에게 청하여 [교역의] 항구를 호경濠鏡으로 옮기고 해마다 2만 금의 세금을 [서양 상인들에게] 부과하였다. 오문에 서양과의 무역 시장이 열린 것은 황경으로부터 시작되었다.

가정 32년(1553)에 서양 선박이 거센 파도에 파손되었는데, 물때 묻은 공물들을 좀 말릴 수 있도록 호경을 빌려달라고 청해오자 해도부사 왕백汪柏이 이를 허락하였다. 처음에는 겨우 야외에서 노숙하는 수준이었으나, 간사하고 이익에 밝은 장사치들이 차츰 옹기며 벽돌이며 서까래 등을 운반해와 집을 짓기 시작하더니, 급기야 불랑기 사람들이 그 틈을 타 섞여 들어와 고대광실이 즐비하고, 한참 뒤에는 결국 저들의 근거지가 되어버렸다. 서양 사람이 오문에 들어와 살게 된 것은 왕백으로부터 시작되었다.

불랑기가 오문을 점거하자 만력 2년(1574)에 연화경蓮花莖에 관갑을 설치하고 관리를 두어 수비하였다. 그 후 [오문으로] 들어오는 서양 오랑캐가 나날이 많아졌다.

방상붕龐尙鵬[15] 〈호경을 구획하여 바다 모퉁이의 안전을 보장할 것을 논하는 상소區畫濠鏡保安海隅疏〉

신이 삼가 생각건대, 광동성은 서북으로 오령五嶺과 이어져 있고 동남으로 큰 바다에 접해있습니다. 오랑캐들이 섞여 거주하고 있으나 저들을 막을 수 있는 법망이 실로 허술한 탓에 해적과 산적이 시시때때로 출몰하여 어지럽히고 있습니다. 그러나 지금은 경략사經略使가 있어 신 감히 무모하게 범하지 않겠사오며, 다만 절박한 화근만을 가려 열거하겠사오니, 폐하께서 귀 기울여 주시기 바라옵니다.

광주 남쪽에 향산현香山縣이 있사온데 바다에 임해 있고 옹맥촌雍陌村에서 호경오濠鏡澳까지는 하룻길입니다. 밖은 바다로 둘러싸여 있는데 외국 무역선과 교역하는 곳이기도 합니다. 예전에 오랑캐들이 공물을 바치러 올 적에, 함께 싣고 온 재물들은 관례상 추분을 거두었으며, 기타 서양 상인들이 개인적으로 가져온 물품들은 오문을 수비하던 관리가 확인한 후 해도海道에게 아뢰고, 무안撫按 아문에 보고한 후라야 비로소 오문에 들어가게 하였습니다. 또 담당관이 봉적封籍[16]을 하고 10분의 2의 세금을 징수한 후라야 무역을 하게 하였습니다. 통역은 대부분 [복건성] 장주漳州·천주泉州, [절강성] 영파寧波·소흥紹興 및 [광동성] 동관東莞·신회新會 사

15) 龐尙鵬(1524-1580)의 字는 少南이고 號는 惺庵이다. 廣東 南海縣 사람으로 만력 연간에 福建巡撫를 지냈다.

16) 封籍은 조사를 마친 재물을 책자에 기록, 등기하는 것을 말한다.

람들이 하였는데, 상투를 틀고 귀걸이하고 서양 사람의 의복과 말투를 따라 했습니다. 매년 여름과 가을 사이가 되면 서양 선박이 바람을 타고 이르는데 두세 척에 지나지 않던 것들이 근래에는 20여 척, 혹은 그 배로 늘어났습니다. 옛날에는 모두 낭백오浪白澳 등에 정박하고 바다를 사이에 두게 제한하였으나, 환경이 열악해 오래 머무는 데 어려움이 따르자 오문을 지키던 관리가 임시로 천막을 지어 쉬게 하고 배가 출항하면 바로 철거하였습니다. 그러던 것이 요 몇 년 새 호경오에 들어와 집을 짓고 살기 시작하여 1년도 안 되어 몇 백 채가 넘더니, 지금은 거의 천 채 이상이 되었습니다. 저들은 매일같이 중국인들과 접하고 매년 두둑한 이익을 도모하여 엄청나게 많은 이익을 거두고 있습니다. 이에 온 나라가 다 이주하기 시작해 늙은이를 업고 아이 손을 쥐고 찾아오는 자들이 줄을 잇더니 지금은 서양 오랑캐의 수가 거의 만 명에 이릅니다. 저들의 외모는 괴이하고 복장은 특이하며 검과 대포가 산과 바다를 가득 채우고 있습니다. 기분이 좋으면 사람이지만 화를 냈다 하면 짐승과 다름없으니, 저들의 본성이 그러합니다. 또 내지의 간악한 놈들이 저들의 앞잡이가 되어 우리 주민을 능멸하고 오문의 관리를 멸시합니다. 저 이리나 승냥이 같은 놈들이 하루아침에 생각이 바뀌어 군중을 몰고 쳐들어와 향산을 점거하고, 각 부락에 흩어져 요충지를 제압하고, 또 소동을 일으켜 곧장 회성會城[17]으로 돌진해 순식간에 당도한다면, 그 재앙은 차마 입에 담지 못할진대, 어찌 미리 근심하지 않을 수 있겠사옵니까!

논자들 중에는 저들의 집을 불사르고 무리를 해산시키자고 주장하는 자도 있습니다. 그러나 예전에도 그런 시도가 있었습니다만 미처 성공하기도 전에 하마터면 예측할 수 없는 사태에 빠질 뻔하였고, 이때부터 오랑캐들은 늘 시퍼런 칼날을 차고 다니면서 우리의 동정을 살폈으니, 서로 사이에 의심하고 꺼리는 등 불화만 생겨나기 시작했습니다. 논자들 가운

17) 會城은 省會인 廣州를 가리킨다.

데는 또 호경오 위, 옹맥촌 아래에 있는 산길 험난한 요새에 관성關城을 설치하여 관부의 보좌관 한 명을 주둔케 하고, 그에게 중권을 위임하여 때때로 시찰케 하자고 주장하는 자도 있습니다. 중국인은 마음대로 나가지 못하게 하고 오랑캐는 마음대로 들어오지 못하게 하며, 추분을 징수한 후에 관표官票[18]를 발급받은 경우 그 교역을 허락하되 공평하게 하자고 합니다. 이 또한 한 가지 방법이긴 합니다만, 관성을 설치하게 되면 외진 곳에 있어 지원이 부족할 터인데, 혹여 변고라도 일어나 예측하지 못하는 상황이 생기면 흉악한 놈들의 빌미가 되기에 딱 좋을 것입니다.

어리석은 신의 생각으로는, 순시해도부사巡視海道副使를 향산으로 옮겨 주둔케 하여, 근접 지역을 압박함으로써 조정의 덕과 위엄을 밝히시고, 저들로 하여금 집을 철거한 뒤 배로만 왕래하게 하는 편이 좋을 듯하옵니다. 정박하는 만灣은 각각 정해놓은 곳이 있으니, 모두 옛날의 관례를 따르도록 하십시오. 만일 배회하면서 바라보기만 한다면 독무와 군문軍門[19]에게 공문을 보내 그 지역에 병사를 파견하고 타일러 깨닫게 하는 등, 반드시 일찌감치 모든 우려에 대해 만전을 기해야 할 것입니다. 만일 변란이 생길까 근심이라면, 화근의 싹을 일찍 알아채고 미리 대비해야 마땅할 것입니다. 서양 선박으로부터 추분을 받는 것이 비록 일시적으로는 이득인 듯 보이겠지만, 저들이 몰래 내지를 점거하고 있는 것은 실로 보이지 않는 훗날의 근심거리이며, 도당의 무리가 일단 많아지면 뿌리를 뽑아내기도 어려울 것입니다.

혹자는 저들이 중국과 무역을 하면서 이득을 얻는 것이 많은데 어떻게 차마 난을 일으키겠느냐고 말합니다. 그러나 우리와 종족이 다른데, 그 마음 또한 우리와 다르지나 않을지 또 어찌 알겠습니까? 눈이 밝은 자는 싹이 트기도 전에 본다고 하였는데, 하물며 이미 분명하지 않습니까! 다

18) 官票는 관부에서 발행한 문서나 지폐를 가리킨다.

19) 軍門은 提督을 가리킨다.

만 독무와 군문은 각별히 잘 중재하여 저들의 중국을 흠모하는 마음을 거스르지 말도록 함과 동시에, 저들의 교만하고 사나운 기운을 은밀히 꺾을 수 있어야 합니다. 앞으로 서양 선박이 들어오면 전례대로 예전에 정박하던 만에 정박하도록 하고, 평상시처럼 교역을 진행하여 교역으로 생기는 매년 이익을 잃어서는 안 될 것입니다. 또 서양인들과 왕래하는 것에 관한 법령을 다시 엄하게 제정하여, 간악한 자가 사적으로 서양 물건을 사거나 반역자가 서양 배에 들어가는 경우 및 백성들을 인신매매하거나 함부로 무기를 파는 경우, 모두 정해진 법에 따라 그 죄를 다스림으로써 법의 두려움을 알아 감히 함부로 이익을 꾀하지 못하게 해야 합니다. 이러한 조치가 실행되면 우리 조정의 위엄과 신의가 점차 증가하게 될 것이며 여러 오랑캐들은 장차 저절로 순종하게 될 것이니, 그리하면 저들의 사악한 마음을 조용히 없앨 수 있고 재앙의 근본을 은연중 소멸시킬 수 있을 것입니다.

이 지역의 관리들은 모두 두려워만 할 뿐 감히 반박하지 못했다. 보물과 재화로 큰 이익을 보았기에 금지하는 척만 하고 몰래 눈감아주는 관행은 총독 대요戴燿가 직위에 있던 13년 동안 길러낸 우환이다.

향산지현 채선계蔡善繼[20]는 막 취임하자마자 〈오문을 다스리는 열 가지 원칙制澳十則〉이라는 조의條議[21]를 올렸다. 얼마 후 오문의 말단 병사가 법으로 오랑캐 두목을 체포하자 오랑캐들이 소요하며 장차 변란을 일으키려 하였다. 채선계는 홀로 말을 타고 찾아가 몇 마디 말로

20) 蔡善繼는 字가 伯達로 浙江 烏程 사람이다. 1601년 진사가 되었고 福建左布政使 등을 지냈다. 만력 16년(1608)에 오문의 포르투갈 당국이 한 죄수에게 사형을 선고하자 포르투갈인들이 이에 불복하여 소동을 일으켰는데 이때 香山知縣으로 있던 채선계가 나서서 소동을 마무리하고, 이어 〈制澳十則〉을 올렸다.

21) 條議는 조항을 나누어 의견을 진술하는 형태의 상소문이다.

저들을 해산시킨 뒤, 사나운 오랑캐들을 포박하여 널찍한 전당 아래로 끌고 와 흠씬 매질했다. 태형을 받지 않은 오랑캐들도 채선계의 사람됨이 본디 청렴하고 강직해 두려워해왔기 때문에 고분고분해졌다.

그러나 서양인들은 다시금 왜적들 틈에 잠입해 들어왔다. 만력 42년(1614)에 총독 장명강張鳴岡은 격문檄文을 내려 왜구를 바다 밖으로 몰아내고 상소를 올려 아뢰었다.

"월 땅에 오문 오랑캐가 있는 것은 등에 종기가 난 것과 진배없습니다. 오문에 왜적이 있는 것은 저 호랑이 같은 놈들에게 날개를 달아주는 것이나 진배없습니다. 지금 하루아침에 저들을 축출함에 화살 하나도 허비하지 않을 수 있었던 것은, 성스러운 천자의 위엄과 덕이 있었기 때문입니다. 그러나 왜적은 갔어도 서양 오랑캐가 아직 남아있어, 혹자는 저들을 소탕해야만 한다고 말하고, 혹자는 낭백浪白 바깥 바다로 이주시켜 배에서 무역을 하게 해야 한다고 말합니다. 생각건대 군대를 가벼이 움직일 수는 없으나 호경은 향산 내지에 위치해 있으니, 관군이 바다를 에워싸고 수비한다면 저들은 일용할 음식과 물품을 모두 우리에게 의존하게 될 것이어서, 혹여 딴 마음을 품는다 할지라도 저들의 목숨을 제압할 수 있을 것입니다. 그러나 만일 바깥 바다로 이주시킨다면 망망대해에서 간악한 짓을 일삼은들 어떻게 알 수 있겠습니까? 무슨 수로 제압할 수 있겠습니까? 차라리 약속을 분명히 밝히시어, 안에서는 단 한 명의 간악한 인간도 밖으로 나가지 못하게 하고 밖에서는 단 한 명의 왜구도 침입해 들어오지 못하게 하며, 변란이 생기게 하지도 말고 방비를 허술히 하지도 않음으로써 서로 무탈하게 지내는 편이 나을 것이옵니다."

관부에서는 의론 끝에 그의 말을 따랐다. 이에 중로옹맥영中路雍陌營

에 참장參將을 두고 천 명을 보내어 지키게 하였다. 또 상소를 올려 인가가 모여 있는 큰 길 가운데 사방으로 통하는 길을 내고, 동서남북에 각각 높은 울짱을 세워 "위엄을 두려워하고 덕을 감사히 여기다(畏威懷德)"라는 네 글자가 적힌 편액을 걸게 하라고 청하였다. 또 좌우로 나누어 문적門籍[22]을 정한 다음, 《상서尙書》〈여오旅獒〉에 나오는 "성명한 대왕의 신중한 덕에, 사방에서 찾아와 조알을 하였다. 먼 곳이건, 가까운 곳이건 모두 찾아와 입을 것, 먹을 것, 쓸 것 등을 바쳤다(明王愼德, 四譯咸賓, 無有遠邇, 畢獻方物, 服食器用)"[23]라는 스무 글자를 동서 각 10호에 나누어 주며 서로 감찰하게 함으로써 간악한 짓을 하지 못하도록 하고 통제에 따르도록 하라고 청하였다. 이는 모두 해도海道 유안성兪安性의 논의를 채택한 것이다.

해도부사 밑에 해방동지가 있다. 유안성은 또 다섯 가지 사항을 비석에 새겨 영원히 금지하고 오문 오랑캐와 조약을 맺어 모든 것은 해방동지의 명령에 따를 것을 약속하였다.

> 하나, 일본인 노예 기르는 것을 금한다. 새로 온 서양 상인이건 본래부터 있던 서양 상인이건 간에 집에 데리고 있던 일본인 노예를 그대로 데리고 서양 선박에 올라 무역을 하는 자가 있으면, 당시 업무를 담당하고 있는 관리가 위에 보고하고 엄히 잡아들여 군법軍法으로 처벌한다. 만약 고발하지 않으면 함께 중죄에 처한다.
>
> 하나, 인신매매를 금한다. 새로 온 서양 상인이건 본래부터 있던 서양 상인이건 간에 중국의 어린아이를 사들이는 행위를 금한다. 만일 고의로

---

22) 門籍은 가족관계와 신분을 가리킨다.

23) "四譯咸賓"은 《尙書》〈旅獒〉에 "四夷咸賓"으로 되어 있다.

이를 어기고 고발하지 않고서 불법으로 점유한 자가 있으면 죄명에 따라 끝까지 추궁한 뒤 이어 죄로써 다스린다.

하나, 병선兵船이 세금을 속이는 것을 금한다. 서양 선박이 오문에 도착하면 바로 항만으로 들어와 명령에 따라 세금[24]을 바쳐야 한다. 만약 대조환大調環이나 마류주馬騮洲 등 바깥 바다에 정박하는 배가 있으면 즉시 교활한 적으로 간주하여 그 배의 선원은 처형하고 화물은 불살라버린다.

하나, 사사로이 물품을 매입하는 행위를 금한다. 물건을 매입하려는 오랑캐들은 모두 성도로 와서 공매하고 세금을 바쳐야 한다. 만약 간악한 무리가 몰래 오문으로 물건을 운반해 와 오랑캐에게 건넬 시에는 바로 잡아들여 제조사提調司에 보고하고, 압수한 물품은 모두 고발한 자에게 상으로 주며, 배와 기물은 관아에서 몰수한다. 감히 금약을 어기고 물품을 사는 자가 있으면 모두 엄벌에 처한다.

하나, 마음대로 건축하는 행위를 금한다. 오문에 있는 오랑캐의 집은, 이미 지었는데 낡고 허물어진 경우 옛날 방식 그대로 보수하는 것을 허가하는 것 이외에, 감히 새 집을 짓거나 건물을 증축하는 등 흙 한 줌 나무 하나라도 움직이는 자가 있으면 이를 부수고 태운 후 중죄로 다스린다.

천계天啓 원년(1621)에 전산채에 참장을 두고, 육병陸兵 700명에 파총把總 두 명, 초관哨官 네 명을 두었다. 수병水兵 1,200여 명에 파총 세 명, 초관 네 명, 크고 작은 초선 50호號를 두었다. 이들은 석귀담石龜潭·추풍각秋風角·모만구茅灣口·괘정각掛椗角·횡주橫洲·심정深井·구주양九洲洋·노만산老萬山·호리주狐狸洲·금성문金星門을 나누어 수

24) 원문은 丈抽인데, 상선의 크기에 따라 징수하던 선세를 말한다. 水餉이라고도 한다.

비하였다. 방어와 통제가 점점 엄밀해져 명나라가 끝날 때까지 별 근심 없이 지낼 수 있었다.

이에 앞서 마테오 리치(Matteo Ricci, 利瑪竇)라는 자가 있었는데 자칭 대서양大西洋 사람이라 하면서 오문에 20년간 살았다.[25] 그 무리 가운데 중국에 오는 자들이 나날이 많아지더니 청나라 초에는 모두 서양인들로 바뀌고 불랑기 사람은 하나도 남지 않았다.[26]

순치順治 4년(1647)에 전산채前山寨를 설치하고 관병 500명을 두어 예전과 마찬가지로 참장이 거느렸다. 두 왕[27]이 월 땅에 들어오자 관병을 1,000명으로 늘리고 좌우영으로 나누고 천총千總 두 명, 파총 4명을 두었다.[28] 강희 원년(1662)에 무표撫標[29]에서 남는 병사 500명을 전산채 인원으로 보강하고 현성縣城을 나누어 수비하게 하였다. 강희 3년(1664)에 다시 부장副將으로 바꾸고 좌우영에 도사첨서都司僉書와 수비守備를 증설하였으며 천총과 파총은 그대로 유지하는 등, 관병이 도

25) 마테오 리치는 1582년에 예수회로부터 중국에 선교하라는 지시를 받고 마카오에 도착하여 중국어와 한문을 배웠다. 1년 뒤부터 광동 肇慶에 가서 선교활동을 펼쳤으며, 후에 韶關·南雄·南昌·南京 등지로 옮겨 다녔다. 따라서 여기서 마테오 리치가 20년간 마카오에 살았다는 말은 잘못된 기록이다.

26) 당시 사람들은 대서양이 유럽인의 통칭인 줄 몰랐기 때문에 오문에 거주한 이들이 원래 불랑기인(포르투갈인)에서 대서양인, 즉 이탈리아 사람으로 바뀌었다고 생각한 것이다.

27) 두 왕은 청나라의 平南王 尙可喜와 靖南王 耿繼茂를 가리킨다.

28) 漢族으로 구성된 淸나라 綠營의 계급은 명대를 본받아 提督·總兵·副將·參將·游擊·都司·守備·千總·把總이 있었다. 보통 부장이 協을 지위하고 참장부터 수비까지는 營을 지휘하였다. 천총과 파총은 汛을 맡았다.

29) 청나라 綠營은 標·協·營·汛 등으로 나뉘었는데, 표는 다시 督標·撫標·提標로 나뉘었다. 총독이 관할하던 것을 독표, 순무가 관할하던 것을 무표, 제독이 관할하던 것을 제표라 하였다.

합 2,000명에 달했다. 당시는 서양에 대한 해금 조치가 지엄하여 전산채에 많은 병사가 주둔하고 있었기에, 연화경에 설치한 관갑으로 해마다 몇 섬에 달하는 쌀을 들여왔다. 매달 여섯 번 관갑을 열었는데 문관과 무관이 함께 검사를 하고 들여보낸 다음 광조남소도廣肇南韶道 부사副使가 봉인지를 가지고 와서 문을 봉쇄했다. 강희 7년(1668)에 부장이 해상의 상황이 안정되었다며 향산의 수비를 견고히 하기 위해 부대를 향산으로 옮길 것을 청하여, 좌영도사 및 천총은 그대로 남아 전산채를 수비하게 하고, 파총과 부대 하나[30]는 관갑을 지키게 하였다.

강희 23년(1684)에 바다가 조용해지자 서양 선박에 관한 금지 조치도 느슨해졌다.[31] 56년(1717)에는 상선이 남양南洋으로 나가 무역하는 것을 금하였다. 이듬해 다시 오문의 오랑캐 및 홍모 등 여러 나라의 상인을 중국의 상인과 비교할 수 없다고 여겨 저들이 여송呂宋이나 갈라파噶囉吧[32] 등으로 가도록 놓아주었으나 중국 사람은 데리고 나가지 못하게 하였으며, 이를 어기는 자는 죄로 다스렸다. 갈석총병碣石總兵 진묘陳昴는 오랑캐의 배가 무역을 하려고 광동에 들어오면 마땅히 대포를 들어 올려 무장을 해제하고 통제를 위한 조치를 따로 두어 방비를 엄히 할 것을 주장했다. 외국 선박이 항구에 들어오면 대포를 들어 올려 무장을 해제하고 방향타를 봉한 뒤 한 곳에 보관하던 것은 민閩 땅의 관례였으므로, [그 지역 출신인] 진묘가 그렇게 말한 것인데 받아들여지지 않았다.

30) 원문은 一哨인데 청나라 군제의 하나로 100명 정도로 구성된 부대를 가리킨다.
31) 1684년 강희제는 바다를 개방하고 해외와 무역하는 것을 허가하였는데 이것이 展海令이다.
32) 지금의 인도네시아의 자카르타이다.

당시 중국의 위엄과 덕에 감화하여 멀리 있는 나라도 모두 굴복하였다. 대만이 영토로 편입되었고, [광동성] 남오南澳[33]는 다시 군사 요충지가 되었으며 해상활동을 금지하는 순해령巡海令이 내려왔다. 양광총독 양림楊琳은 〈바다를 방어하는 여섯 가지 논의防海六議〉를 올려, 성省 전체를 세 개의 로路로 나누어 대붕大鵬 서쪽, 광해채廣海寨 동쪽을 중로中路로 삼고, 호문과 향산의 수사와 비장을 통순統巡으로 삼으며, 나머지는 분순分巡으로 삼았다. 청운이 조화로운 때를 점치고, 해수가 일렁이지 않을 때를 측량해, 머나먼 외국에서 찾아오는 자들이 운집하고 조정에 갖은 재화가 즐비하니, 자고로 이때처럼 성대했던 적이 없었다.

옹정雍正 3년(1725)에 오문의 외국 선박 숫자를 제한한 것은 총독 공육순孔毓珣의 청을 따른 것이다.

공육순 〈오문 등에 관한 사항을 요량하여 아뢰는 상소酌陳澳門等事疏畧〉

살펴보니 서양인들이 광동의 오문에 붙어살기 시작한 지도 벌써 몇 년이나 되었습니다. 성스러운 조정에서는 풍교風敎를 동경하고 의義를 사모하는 간곡한 뜻을 가상히 여기시어 저들을 포용하고 덮어 길러주시면서 편안히 생업에 종사할 수 있도록 해주었습니다. 그러나 저들의 종족이 나날이 많아지고 있으며 또 바다로 나가 무역을 하고 있으니, 만약 아무런 방비도 하지 않는다면 이익을 좇는 마음이 끝도 없어져서 끝내는 안으로 간교한 자들을 유혹하고 밖으로 서양 오랑캐를 끌어들일 터, 내외국인이 어지러이 한데 뒤섞인 채 점차 적지 않은 사단이 일어날 것입니다. 오문에 있는 오랑캐의 선박은 옛날에 18척이던 것이 외국으로부터 7척을 다시

33) 廣東省 汕頭市에 속한 南澳縣이다.

사들여 크고 작은 것을 합쳐 25척이 되었습니다.

청컨대 지방관에게 명하여 지금 있는 모든 선박에 번호를 매긴 후 낙인을 새기고 각각 증표 한 장 씩을 발급케 하십시오. 그런 다음 배의 주인·키잡이·선원 및 외국 상인과 관할 부대장의 성명 등을 일일이 표안에 기입하여 출항 시 연해 관할 영신營汛에서 확인 후 번호를 적고, 독무에게 보고하여 문안을 보관하게 하십시오. 만일 금지 물품을 휴대하거나 중국인을 태우고 몰래 출항하는 자가 있으면 일괄 찾아내어 관할 부대장과 오랑캐 상인 및 배의 주인과 키잡이, 그리고 선원까지 모두 도적들과 내통한 죄로 처벌하십시오. 지방관이 힘껏 조사하지 않거나, 사사로운 정으로 방조하면 발각되는 그날로 도적 은닉죄를 다스리는 관례에 비춰 탄핵하고 삭탈관직하십시오. 이 25척의 서양배에 관한 법이 정해진 뒤, 만일 정말로 나무가 썩어서 보수할 수 없는 경우가 생기면, 해당 지방관에게 보고하여 명백히 조사한 후 감결甘結[34]에 도장을 찍고 갖추어 독무에게 신고하면 보수를 허여토록 하십시오. 그러나 그때도 원래 받았던 번호를 그대로 써야 합니다. 만약 감히 몰래 선박을 만드는 자가 있다면, 또한 책임자와 기술자 또한 모두 도적들과 내통한 죄로 처벌하십시오. 지방관이 이를 알아채지 못한 경우, 또한 도적을 은닉한 죄를 다스리는 관례에 비춰 삭탈관직하십시오.

서양인 우두머리에게 사고가 있어 해당 국가에서 대신할 자를 파견하면, 그들의 뜻대로 바꾸어주심이 마땅합니다. 그러나 아무 까닭 없이 이 땅을 찾아온 서양인이라면 절대 머물게 해서는 안 될 것입니다. 매년 오랑캐 선박이 들어오고 나갈 때, 항구를 지키는 모든 관리들은 표에 적힌 내용에 따라 선원의 수와 성명 등을 일일이 확인한 후 보고해야 합니다. 만일 까닭 없이 찾아온 외국인을 항구에 데리고 들어오거나 오래 남아

34) 甘結은 옛날에 관부에 제출하던 문서로, 어떤 의무나 책임을 이행하지 않으면 처벌을 감수한다고 적은 보증서의 일종이다.

거주하는 것을 허용하는 자가 있으면, 항구를 지키는 각 관리와 관할 지방의 모든 문무 관리들을 감독을 소홀히 한 죄를 다스리는 관례에 비춰 처벌하고, 키잡이나 뱃사람, 그리고 선장 등은 도적을 숨겨준 죄를 다스리는 관례에 비춰 처벌하십시오.

옹정 8년(1730)에는 서양 선박이 황금을 팔러 바다로 나가는 것을 금하였다. 옹정 9년(1731)에는 향산현승을 전산채로 옮겼다. 오문에 거주하는 백성과 서양인은 나날이 늘어나는데 현과의 거리가 너무도 멀다는 의론이 일어나자, 분방오문현승分防澳門縣丞을 세워 백성과 오랑캐를 살피고 그곳의 정사를 전적으로 책임지고 완수하도록 하였다.

지금 황상께서 즉위하시고 8년이 지나서야 비로소 조경부肇慶府 동지同知를 전산채 해방군민동지海防軍民同知로 고치고 현승을 그 밑에 두어 망하촌望厦村으로 옮겨 주둔케 하였다. 또 이요남오理猺南澳 동지同知의 전례를 따라 좌우 초병 부대와 파총, 기마병과 보병 백 명, 장로쾌초선槳櫓快哨船[35] 네 척, 말 열 필을 증설하여 향산협香山協과 호문협虎門協으로 옮기고 별도의 해방영海防營으로 만들어 독표에게 직속시켰다. 본부는 번우番禺라는 읍에 있고, 나머지 관할 지역으로 동관東莞·순덕順德·향산의 세 읍이 있었다. 향산과 호문 각 영에서 봄가을에 해상을 순찰하는 것과 노만산을 교대로 수비하는 관병들의 해양 방위에 관한 방침 등은 모두 공지하고 처리하였다. 그 부대의 규모가 커짐에 따라 그 책임 또한 매우 커졌다.

35) 쾌초선은 고대 戰船의 일종으로 水哨馬라고도 부르는 쾌속정이다. 장로는 상앗대와 노를 말한다.

광동 안찰사사廣東按察使司 반사구潘思榘[36] 〈오문의 오랑캐를 대하는 데 있어서 마땅히 멀리서 온 자를 부드럽게 대하는 뜻을 밝힘으로써 연해 땅을 중시해야 함을 공경히 논한 글為敬陳撫輯澳夷之宜以昭柔遠以重海疆事〉

외람되이 살펴보건대, 광주부는 향산현에 속해있고, 그곳에 오문이라는 지역이 있사온데 너비는 십여 리에 달하고 삼면이 바다로 둘러싸여 있으며 큰 바다와 바로 접해있습니다. 오직 전산채만이 육로로 통해 현의 치소로 닿을 수 있는 유일한 길이니, 실로 연해 지역의 요지로 바다 선박의 나들목이라 할 수 있습니다. 이전 명나라 때는 서양 선박이 광동으로 와서 무역을 하면 잠시 바깥 바다의 섬에 쉴만한 집을 짓고 살게 해 주었다가 배가 돌아가면 철거하였습니다. 후에 토지세를 해마다 내게 허락하자, 저들은 비로소 오문에 집을 짓고 가족들을 데려와 살기 시작했으며, 게다가 우리 백성을 저들 집 아래 층에 세 들어 살게끔 불러들여 해마다 집세에 해당하는 이익을 거둬들이고 서양 선박을 주조해 왔다갔다 무역하는 것을 일상으로 삼았습니다. 우리 조정은 멀리서 찾아온 자를 부드럽게 포용하는지라 저들이 오문 땅에 깃들어 사는 것을 그대로 두었습니다. 지금 오문의 오랑캐는 남녀 모두 합쳐 3,500명이 넘고, 품팔이나 장인이나 광대노릇 하면서 오문에 뒤섞여 사는 내지의 백성 또한 2,000여 명에 달하는데, 저들 모두 편안히 생업에 종사하면서 잘살고 있는 것은 실로 안팎할 것 없이 품어주시고 길러주시는 위대하신 천자의 성대한 다스림 덕분입니다.

엎드려 생각하옵건대, 외국 오랑캐가 내지에 몸 의지해 살면서, 무역과 통상을 통해 해마다 나오는 이득만을 취하고자 한다면 저들을 막을 필요는 없을 것입니다. 이전 명나라 때 어사 방상붕은 저들이 몰래 염탐할 것을 의심해, 저들의 집을 철거하여 배에 살게 하고, 저들의 배는 예전에

36) 潘思榘(1695-1752)는 字가 絜方·補堂이며 강소성 陽湖(常州市) 사람이다. 옹정 2년에 진사가 되었고 廣東督糧道·廣東按察使·福建巡撫 등을 역임했다.

정박하던 만에만 정박하게 할 것을 주청함으로써 연안에 깃들어 사는 오랑캐들로 하여금 황망히 있을 곳을 잃게 하였는데, 이는 실로 과한 처사였습니다. 다만 오랑캐들은 본성이 탐욕스럽고 교활한데다가 저들이 부리고 있는 흑인 노예들은 더욱 포악합니다. 거기다 내지의 간악한 백성들까지 저들 사이로 숨어들어가, 저들의 꼬임에 빠지고 사주를 받아 여러 가지 법을 저촉하는 행위까지 저지르는데, 포악하고 거칠기 짝이 없으며 백성을 능멸하고 국법을 무시합니다. 더욱이 우매한 백성을 유혹하여 천주교를 믿게 하고, 자녀를 팔아 노예가 되게 하며, 금지된 물품을 가지고 바다로 나아가는 등, 여러 가지 위법행위를 저지르고 있습니다. 비록 독무들이 엄히 통제도 해보고, 신 또한 힘껏 고쳐보려 노력하였으나, 바닷가 귀퉁이에 떨어져 있어 전담할 적절한 관원이 없어서 주도면밀히 살필 형편이 되지 못하였습니다.

어리석은 신의 생각으로, 외국 오랑캐가 우리나라에 들어와 정착해 산다면, 비록 호적에 편입된 우리 백성과 똑같이 단속함으로써 지나치게 각박하게 처리하는 실수를 범할 필요는 없겠으나, 그래도 법도를 밝히 드러내 저들로 하여금 따르게 하는 것이 마땅할 것입니다. 살펴보니 이전 명나라 때 오문에 관리를 두었다가 후에 현에 귀속시킨 바 있고, 옹정 8년(1730)에는 이전의 독신督臣 학옥린郝玉麟이 현의 업무가 번다한데 오문에서 너무 멀리 떨어져 있어 동시에 살피기가 힘들다고 하면서, 향산현승 한 명을 더 두어 전산채에 머물게 함으로써 가까운 데서 살피게 해달라고 주청한 바 있습니다. 하지만 현승은 직책이 너무 낮아 저들을 억누르기에 부족하고 또한 오문에도 아무런 보탬이 되지 않으니, 이요무려理猺撫黎 동지同知[37]의 예를 본떠 부좌府佐[38] 한 명을 옮겨가 주둔하게 함으

37) 중국의 중남부 지역에는 苗·猺·黎·番 등 적지 않은 수의 이민족이 거주하고 있었고 한족들도 함께 雜居하고 있었는데, 청나라 정부에서는 특수기구를 설치하는 대신 理番·撫猺同知 등의 전문 관리를 두어 다스렸다.

38) 부좌는 知府의 일을 돕는 보좌관으로 同知나 通判이 이에 해당한다.

로써 오문 오랑캐에 관한 업무를 전담케 하고, 바닷가 방위를 감독하는 일까지 겸하게 함으로써 조정의 덕을 널리 알리고 국가의 전장제도를 밝히심이 마땅한 듯하옵니다. 그리하면 오문에 사는 백성과 오랑캐들은 한데 묶어 조사할 방법이 생길 것이고, 출입하는 서양 선박에 대해서는 때맞추어 검문이 가능할 것이니, 간악한 자들이 숨어들어 사주하고 유혹하는 일이나, 백성과 오랑캐가 다투고 도적질하는 일, 그리고 인신매매 행위와 금지 물품의 밀수 행위 등이 발생한다 하여도 모두 살펴 처리하고 위에 보고하고 조사하면 화근을 미연에 방지할 수 있을 것입니다. 그러면 오문에 사는 오랑캐는 패륜을 범하는 지경에 이르지 않고 오래도록 조정의 복락을 누릴 수 있을 것이며 연해의 요지 역시 영원토록 안정되는 복을 누리게 될 것이옵니다. 신의 우매한 의견이 받아들여질 만한 것인지, 황상께서 밝히 살피시고 시행해주시기를 엎드려 비옵나이다. 삼가 상주하였습니다.

독무에게 알리고 그들의 의주議奏[39]를 듣겠다는 주비硃批[40]를 받들었다.

이부吏部 회의:

양광총독인무兩廣總督印務 서리인 책릉策楞 등의 상주문을 받았습니다. "광주부는 성도省都이자 요충지이며 동남쪽으로 대양과 가까이 접해있어 먼 나라 상인들이 끊임없이 찾아오는 곳입니다. 광주에 속해 있는 향산의 오문은 오랑캐들이 특히나 많이 모여 사는 곳이므로, 바다를 드나들 적에 면밀히 방어하지 않을 수 없거늘, 현재는 현승 한 명만이 주둔하고 있어

---

39) 의주는 어떠한 안건이 올라왔을 때 신하들이 함께 토론한 후 처리에 관한 의견을 황제에게 아뢰는 것을 말한다.

40) 청나라 황제들이 붉은 글씨로 奏章에 직접 적어 넣은 批示를 주비라 한다.

실로 저들을 진압하기에 부족합니다. 조사해보니 오문의 전산채에 지금도 성과 해자, 그리고 관아가 있기는 하지만 관리를 더 두자면 부득이 경비를 더 늘려야만 할 터이니, 차라리 성省 전체의 동지同知 및 통판通判 중에서 요량껏 추려내어 일을 겸하게 하는 편이 나을 것입니다. 살펴본 바 조경부 동지를 전산채로 옮겨 주둔하게 하고 바닷가 방위를 전담케 하십시오. 또 항구를 드나드는 선박들을 검문하고 오문에 사는 백성과 외국인의 관리를 겸하게 하고, 그가 옮김에 따라 생긴 치안 업무는 모두 조경부 통판이 겸하여 처리하도록 하십시오. 그러나 이 동지라는 직분은 바닷가를 방위하면서 백성과 오랑캐 다스리는 일을 겸하고 있으니, 이요청理猺廳의 관원과 비교할 때 책임이 더욱 무거운 편이라, 만일 저들의 체통을 높여주지 않으면 오랑캐를 억누를 길이 없습니다. 살펴보건대 광동성 이요 동지는 관례상 변병弁兵[41]을 두었으니, 그 관례대로 조경부 동지에게 파총 두 명과 병정 백 명을 주되 향산협과 호문협에서 각각 반씩 차출하도록 하시고, 순찰 시 사용하도록 초선哨船을 보내줄 것을 청하는 바이옵니다. 전산채에 동지를 두게 되면 향산현의 현승은 마땅히 오문으로 옮겨가 주둔하면서 백성과 오랑캐 살피는 일을 전담해야 하고, 모든 송사는 관할 동지에게 상세히 보고하여 처리하게 해야 합니다. 또 조경부 동지는 본디 부선결部選缺[42]이 원칙이나, 지금 전산채로 옮겨가 주둔하게 되면 바닷가를 방위하고 오랑캐를 진무하는 책임을 맡아야 하므로 결원이 생기면 심히 중대한 문제가 생길 수 있으며, 또한 반드시 지역의 풍토에 밝은 관원이라야 직분을 감당해낼 수 있으니, 이를 제결題缺[43]로 바꾸어 줄 것을 청하옵니

41) 弁兵은 청나라 때 하급무관과 병졸을 함께 일컫는 말이다.

42) 청나라 관리 임명 방식에서는 題缺·調缺을 제외한 나머지를 選缺 혹은 部選缺이라 불렀다. 결원이 생겼을 경우, 吏部 銓選을 통해 임용되어 省으로 부임하던 방식이다.

43) 題缺은 청나라 때 관리를 임명하던 방식으로, 지방관이 직접 조정에 상주하여 뽑아 쓰는 제도이다.

다. 또 분방동지分防同知에게는 관례상 관방關防[44]을 주어 충심을 다해 지킨다는 뜻을 드러내게 하였으니, 이를 따라 '광주부해방동지관방廣州府海防同知關防'이라는 글자를 새기도록 하십시오. 관아와 군영을 증설하거나 보수하는 일은 응당 따로 적절히 처리하도록 하겠습니다. 이러한 사항이 윤허를 얻게 되면 모든 업무 처리에 관한 일과 병사와 배를 파견하는 일 등은 각 부서에 보고하여 검토하도록 하겠습니다." 이상의 내용이었습니다.

해당 관서 독무 등이 주청한 대로, 조경부 동지는 광주부 소속 전산채로 옮겨 주둔하게 한 뒤 오랑캐를 살피고 진압하는 일을 맡게 하고, 광주부 관할에 속하게 하소서. 원래 [조경부 동지가] 담당하던 치안 업무는 조경부 통판에게 관리하도록 하소서. 향산현의 현승 또한 오문으로 이주시켜 오랑캐 살피는 업무를 전담토록 하고 해당 동지의 관할에 속하도록 하소서. 옮겨 주둔케 한 동지의 결원에 대해서는 요결要缺[45]로 바꿀 것을 허락하고, 향후 결원이 생기면 해당 독무가 현임 관원들 중에서 가려 뽑아 보충하게 하소서. 해당 동지가 바닷가를 방위할 때나 백성과 오랑캐를 관리할 때, 이요 동지의 관례에 따라 파총 두 명과 병정 백 명을 향산협과 호문협에서 각각 반씩 차출하여 충원하고, 초선을 보내주어 순찰 시 사용하도록 하소서. 오문에 사는 백성과 오랑캐들에 관한 모든 송사는 그곳에 옮겨 주둔하는 현승이 검토한 뒤에 동지에게 상세히 보고하여 처리하도록 하소서. 동지에게 발급하는 관방에는 해당 부서 총독 등이 정한 대로 '광주부해방동지관방'이라는 글자를 새긴 다음, 어명이 내려오는 날 이부

44) 關防은 명나라 초부터 사용된 도장의 일종으로, 長方形이었다. 청대에는 정규직 관원이 사용하는 정방형을 印이라 하고 임시 파견직 관원이 사용하는 장방형을 關防이라 했다.

45) 청대 지방관은 그 관직의 중요도를 沖·繁·疲·難의 네 기준으로 따져, 네 가지에 모두 해당하는 것을 最要缺, 세 가지에 해당하는 것을 要缺, 두 가지에 해당하는 것을 中缺, 한 가지에 해당하는 것을 簡缺이라고 하였다.

에서 예부로 공문을 보내 관례에 따라 주조하여 발급함으로써 충성을 다해 지킨다는 뜻을 드러내게 하소서. 모든 업무 처리에 관한 사항과 병사 및 배 등을 파견하는 일 등은 해당 관서의 독무 등이 따로 공문을 보내오는 날 다시 논의하기로 하겠사옵니다.

논의한 대로 하라는 어지를 받들었다.

일찍이 명나라 때는 호문에 참장을 두었으나, 순치 14년(1657)에는 유격을 두었다가 강희 연간 초에 이르러 향산과 함께 부장副將으로 바꾸어 좌익진총병관左翼鎭總兵官이 통어하게 하였다. 군영의 제도는 향산협과 대체로 같았는데, 크고 작은 초선이 46척이었고, 수군 초소인 수신水汛은 41곳에 있었으니, 호문·남산·횡당·삼문三門·황모주黃茅洲·벽두碧頭·대용구大涌口·군포軍舖·양공주楊公洲·양아교梁鴉橋·대분大汾·백시白市·도온到塭·망우돈望牛墩·도교到滘·황각좌구黃角左口·우구右口·무산武山·사회용泗會涌·쌍강雙岡·정보亭步·진구鎭口·봉용두鳳涌頭·사교槎滘·패루각牌樓角·초문蕉門·백등교白藤滘·시교市橋·하와蝦窩·심용深涌·대룡구大龍口·석자두石子頭·문주蚊洲·사자탑獅子塔·사사四沙·신조구新造口·지정地亭·황포黃埔·남미濫尾·등용藤涌·초담稍潭이 그곳이다. 노만산은 옹정 7년(1729)부터 향산·호문·대붕의 세 협영協營에서 관병을 파견하여 주둔하며 경비하게 하였는데, 이때에 이르러서 모두 동지가 관여하게 됨으로써 제도가 가장 완벽해졌다.

이에 앞서, 홍이紅夷 영길리英吉利가 여러 해 동안 여송[46]과 서로 먼

46) 영길리는 영국을, 여송은 스페인을 가리킨다.

바다에서 전쟁을 벌였는데 건륭 8년(1743) 6월에 여송이 패하자 영길리가 포로를 데리고 돌아가다가 폭풍을 만나 과선戈船[47] 두 척이 사자양獅子洋으로 들어왔다. 영길리는 본디 사나운 도적떼인데, 명나라 때 여러 차례 광동에 들어와 통상을 요구하면서 자신들의 거대한 대포를 거들먹거리며, 발사하면 돌을 쌓아 만든 성도 구멍을 뚫을 수 있고 수십 리를 뒤흔들 수 있다고 떠벌렸으니, 이것이 바로 세상에 전하는 홍이포紅夷炮[48]라는 것이다. 그때 사방이 크게 놀라고, 대부大府[49]에서는 호문의 수비대장 왕장王璋을 탄핵하는 상소를 올렸다. 인광임이 동관 현령으로서 격문을 받들고 조사하러 가자, 여러 오랑캐들이 굶주림을 호소하며 도와줄 것을 청하였다. 두목 안심安心[50]은 매우 교활한 자였으나, 인광임이 반복하여 대의大義를 펼치자 이에 깨닫고 여송의 포로들을 풀어주었다. 오문에서 시기를 살피어 귀국시키기를 결정하니, 모두 299명이었다. 나중에 그들에게 양식을 보내주고 배를 수리해 주는 한편, 사방 경계를 엄히 하다가 그해 9월 순풍이 불자 곧 떠나보냈다. 책릉은 이와 같은 사실을 위에 아뢰고, 오직 경계하는 것만이 훗날의 환란을 막는 길[51]이라고 생각하고는, 다시 해방동지를 설치하자는 의견

47) 戈船은 고대 戰船의 일종이다. 《漢書》〈武帝紀》의 顔師古 주에서 "〈오자서서〉에서 과선을 이야기하고 있는데 방패와 창을 싣는다 하여 그것을 과선이라고 불렀다(〈伍子胥書〉有戈船, 以載干戈, 因謂之戈船也)"라고 하였다.

48) 紅夷炮는 명대 후기에 중국에 전래되었으며 관원들이 이 대포 위에 붉은 천을 덮어 놓았다고 하여 紅衣大炮라고 잘못 쓰기도 하였다. 당시에는 서양에서 들여온 대포들을 모두 홍이대포라고 불렀는데, 그중 소량만이 네덜란드에서 수입되었고 대부분은 마카오의 포르투갈 상인들을 통해 수입한 영국산 대포였다.

49) 大府는 상급관청을 가리키는데 여기에서는 兩廣總督인 策楞을 가리킨다.

50) 安心은 영국 해군 준장 C. G. Anson의 중국식 이름으로, 晏臣이라고도 한다.

을 올리면서 인광임을 그 직책에 임명할 것을 청하였다.

건륭 9년(1744) 3월에 기다리던 명령이 아직 내려오지 않았는데 여송이 홀연 선박 3척을 끌고 와서 십자문 바깥에 정박하였다. 인광임이 마침 첩지를 받들고 관청 세울 형세를 살피러 오문에 이르렀다가 이 사건을 조사해보니, 그들은 바로 작년에 홍이紅夷들이 풀어주었던 포로들이었다. 그들의 두목 서사고西士古[52]가 은혜에 감사하는 편지를 가져왔다고 말했으나 속뜻인즉, 홍이를 염탐하여 설욕하고자 하는 것이었다. 이에 인광임이 오문에 잡아두고서 몰래 대부大府에 알리니, 그 편지를 상달할 것을 허락하였다. 곧 이어 인광임에게 유지를 가지고 가 그들을 깨우치게 하였는데, 유지의 언사가 하도 엄정한지라 여송의 두목은 그것을 듣고 뜻을 굽혀 4월 8일에 돛을 올려 돌아갔다. 인광임 또한 다른 직책으로 옮기라는 명령을 받았다.

여러 서양 나라들은 큰 배와 대포를 자랑하지만 배가 커서 회전하기 어려우며, 얕은 모래펄을 만나면 땅에 닿고, 암초에 부딪히면 즉시 난파했다. 매년 바닷길을 잘 아는 내지인들이 이익을 탐내어 항구에 나가서 저들을 인도해오는 통에 서양 선박의 출입에 대한 감시가 전혀 이루어지지 않았으며, 이로 인해 적절하게 통제할 수 없었다. 이에 관해 인광임이 의견을 갖추어 위에 올려 청하였다.

---

51) 懲毖는《詩經·周頌》〈小毖〉의 "내 징계하나니, 후환을 삼가해야 하리. 내 벌을 부리지 말지니, 스스로 맵게 쏘일 것이니.(予其懲, 而毖後患. 莫予荓蜂, 自求辛螫.)"라는 구절에서 나온 말로, '懲前毖後(지난날을 징계하고 뒷날을 삼간다)'라는 사자성어로 쓰이기도 한다.

52) 스페인 해군 장교 Francisco로 추측된다.

하나, 서양 선박이 도착하는 날, 해방아문[53]에서는 물길 인도하는 사람을 내보내 호문으로 인도해 들어오게 하고, 황포항黃埔港에 정박시켜야 합니다. 곧바로 [화물을] 행상行商[54]에게 전하고, 행상의 주인과 통역사는 곧바로 관련 사항을 신고하도록 합니다. 화물을 모두 전달하여 회항할 때에도 어느 날 출항한다고 미리 알려, 허가를 기다려 자세한 검사를 마친 후에 출항하도록 하십시오. 만약 금지물품을 실었을 경우에는 상세히 조사하여 밝히도록 하십시오.

하나, 서양 선박이 항구에 들어왔을 경우, 반드시 내지 백성을 구해 물길을 인도하게 하는 것이 가장 중요합니다. 청컨대 현승에게 책임을 지워 물길 인도할 사람으로 충당할 만한 사람을 상세히 변별토록 하고, 만약 양민이면 보갑[55] 이웃들이 연대 서명한 문서를 가져다가 현승이 다시 서명하여 상부에 보고하도록 하십시오. 이를 조사 점검하여 이상이 없으면 요패腰牌와 허가증을 발급하여 충원을 허락하되, 또한 장부에 기록하여 [언제든지] 통보하고 조사하도록 하십시오. 기한이 되어 출항을 기다릴 때에는 선박당 인도하는 사람을 2명으로 제한하는데, 한 명은 배에 올라 인도하고 다른 한 명은 신속히 현승에게 아뢰도록 하십시오. 현승은 해방

53) 海防衙門은 前山寨에 설치한 廣州府 海防軍民同知衙門, 즉 澳門同知衙門을 말한다.

54) 行은 청조 관부에서 특별히 대외무역에 종사하도록 허락한 廣州 일대의 行商 [十三行]을 가리킨다. 외국상인이 광주에 도착하여 물건을 팔거나 중국산 물건을 구입하려면 반드시 이들을 거쳐야 했으며 다른 중국 상인들과 직접 거래할 수 없었다.

55) 保甲法은 송나라 때 王安石의 신법의 하나인 자치 민병 및 경찰 제도이다. 10집을 1保, 5保를 大保, 10大保는 都保라 하여 각각 正·副長을 두었다. 농한기에는 유사시를 대비한 무장훈련을 시켰으며 평상시에는 자치적으로 지방경찰의 사무를 행하게 하였다. 원나라 때에는 甲제도가 출현하였는데 20집을 갑이라 하고 甲生을 두었다. 청나라에 이르러 보갑제와 비슷한 牌甲制가 등장하는데 10집을 1牌로, 10牌를 1甲으로, 10甲을 1保로 하였다.

아문에 신고하고 [해방아문은] 그 문서에 근거하여 호문협과 남해·번우에 통보하여 긴밀한 협조 아래 조사하여 방비하도록 하십시오. 몰래 사적으로 인도하는 자는 '사적으로 나루를 건넜을 때 적용하는 법(私渡關津律)'에 따라 중죄로 다스리십시오.

하나, 오문에는 백성과 오랑캐가 뒤섞여 거주하다 보니, 간악한 백성 중에 저들의 종교에 몰래 가입하는 자도 있고 금령을 어긴 자들이 숨어 사는 경우도 있습니다. 마땅히 법령을 세워 조사, 금지시키고, 해방아문의 계도에 따르게 해야 할 것입니다. 무역에 종사하는 백성들은 모두 오문 서양인들의 담장 밖 공터에 임시 천막을 세워놓고 매매하게 하고, 사적으로 오문 안으로 들어가도록 해서는 안 되며, 첩실을 데리고 오문에 들어가는 것 또한 허가해서는 안 될 것입니다. 현승에게 보갑을 편제하여 세밀히 조사하고 살피는 책임을 지우도록 하십시오. 이전에 오랑캐의 종교에 몰래 가입한 백성 및 오문에 숨어 지낸 자들에게는 1년의 기한을 주어 자수하면 원적을 돌려줄 것을 허락하십시오.

하나, 오문의 오랑캐 두목이 상부에 부탁할 일이 있을 때마다 스스로 문서로 작성하여 잘 아는 상인 편에 원문轅門[56]에 문서를 전달하였는데 무례하기 짝이 없었습니다. 오랑캐 두목에게 명하여, 위에 보고할 것이 있으면 모두 마땅히 오문 현승을 경유하여 해방아문에게 보고하도록 하며, 문서에 근거하여 보고하도록 하십시오. 만약 구체적으로 응답해야 할 것이 있으면, 구체적이고 상세히 갖추어서 체통을 밝히도록 하십시오.

하나, 오랑캐가 못 따위의 쇠붙이나 목재·석재 등의 원자재를 구매하여 오문에서 선박을 수리하고자 할 경우, 해당 오랑캐 두목으로 하여금 선박의 크기를 기록한 수치와 선박 제조 장인의 성명을 목록으로 작성하여 해방 아문에 신고하게 하십시오. 그런 다음 즉시 해당 장인을 소환하여

56) 轅門은 군영이나 관서의 바깥문을 가리킨다.

실제로 필요한 철의 수량을 추정하게 하고, 감결을 받은 연후에 허가서를 발급하십시오. 동시에 관부 아문[57]에 보고하여 조표照票[58]를 발급하고 성에서 구입하여 오문으로 실어오도록 하는데 경유지의 지방 신변汛弁[59]이 허가서를 검사해야 통과할 수 있도록 하십시오. 또한 오문 현승에게 조사하게 하여, 만약 남는 것이 있을 경우 관아에 보내 보관토록 하십시오. 만약 해당 선박에서 사용할 것이 얼마 되지 않은데 고의로 많이 신고하고 사들여서 가지고 갈 것을 꾀하는 등의 폐단이 있으면, 곧 오랑캐 두목과 장인을 엄히 압송하고 자세히 심문하십시오.

하나, 오랑캐가 오문에 살면서 배나 집을 지을 경우 반드시 내지의 장인을 동원토록 하되, 혹 간교한 장인이 있어서 이익을 탐하고 종교에 유혹당해 위법을 행할 수 있으니, 오문에 있는 각종 장인에 대해 현승이 직접 조사하여 명부를 작성하게 하고, 또한 보갑으로 한데 묶어 연대 보증한 보결을 갖추어 놓으십시오. 만약 법령을 어기고 죄를 범하는 자가 있으면 같은 보갑으로 묶인 이웃을 연좌제로 처벌하십시오. 매년 연말에 명부를 모두 가져오게 하여 조사하십시오. 만약 새로운 상황이 생기면 곧바로 명부에 적어놓도록 하십시오.

하나, 전산채에 해방아문을 설치하고 변병을 파견하여 서양 상인을 억누름과 동시에 간악한 도적을 조사하도록 하십시오. 해양 방어를 위한 모든 대책은 마땅히 각 협영과 긴밀히 연락하여 완급을 헤아린 후 함께 처리하도록 하십시오. 노만산·오문·호문·황포 일대의 영신營汛에서는 혹 바닷가 백성과 오랑캐에 관련된 사건이 발생할 경우, 상선과 어선의 출입항 기록을 본영의 상급 관청에게 신고하는 한편, 해방아문에도 보고해야 합니다. 향산과 호문의 각 협영에서 함께 순찰하는 월일 또한

57) 關部衙門은 廣州에 설치한 粵海關衙門을 가리킨다.

58) 照票는 수표를 발행한 은행이나 錢莊에 가서 그 수표의 진위를 가린 뒤, 수표에 도장을 찍어 나중에 현금으로 교환할 수 있음을 보증한 것을 가리킨다.

59) 汛은 綠營의 기본 편제 가운데 하나이고, 弁은 하급무관을 가리킨다.

모두 조사하여 보고하게 하십시오.

다음 해(1745) 6월, 계경雞頸에 홍이의 선박 세 척이 나타났다는 정탐 보고가 있었는데 그들은 장차 일본으로 가서 무역할 것이라며 거짓말을 했다. 며칠 후 다시 선박 세 척이 도착했다. 인광임이 헌憲[60]에 보고하고, 순해주사巡海舟師를 불러들여 흩어져서 방비하도록 하였다. 8월 9일이 지나자 모두 돛을 올리고 멀리 떠날 듯하더니, 얼마 뒤 불랑서가 위급함을 고해왔다. 인광임이 통순향산협부장統巡香山協副將 임숭林嵩을 대동하고 가서 각 영의 초선을 일렬로 진열시키고, 오문의 오랑캐 두목을 파견하여 조정의 위엄과 덕을 알려 깨우치게 했다. 어둑어둑해질 무렵 서남풍이 일자 그 틈을 타서 불랑서의 선박 세 척이 재빨리 항구로 들어오니, 홍이는 계책이 틀어져 머뭇거리다 떠났다. 불랑서는 곧 불랑기이고, 여송은 그들의 속국이다.[61] 대대로 홍이와 원수지간이어서 바다에서 전쟁을 벌인 지가 3년이었으나, 끝내 걱정스러운 일이 없었던 것은 모두 책릉의 지략 덕분이었다.

건륭 11년(1746)에 황상께서는 복건에 있는 서양 오랑캐가 천주교를 퍼뜨리고, 남녀를 불러 모아 교당을 열고 성경을 암송케 함으로써 민심과 풍속을 크게 해친다고 여겨, 칙령을 내려 이를 조사케 하고 금지시켰다. 이때 장여림은 잠시 동지의 직을 대리하고 있었는데 오문의 여러 오랑캐들이 기존의 교회 이외에 별도로 당인묘唐人廟[62]라는 이름의 천

60) 憲은 원래 상급 감찰 기관을 가리키나, 일반적으로 상급 관청을 통칭한다.

61) 스페인의 펠리페 5세(Felipe V, 1683-1746)는 프랑스 루이 14세(Louis XIV, 1638-1715)의 손자였다. 때문에 18세기 전반기까지 중국에서는 스페인을 프랑스의 속국으로 여겼다.

62) 唐人廟는 阿巴羅修道院(Seminary of Santo Amparo)으로, 옛 터는 지금의 澳門 大關斜巷 옆에 있었다.

주당을 세워서 내지 백성들을 끌어들여 입교시키고 있는 것이 법에서 금지하는 일임을 생각하여, 몰래 대원臺院[63]에 아뢰어 봉쇄할 것을 청하였다.

장여림 〈당인묘 봉쇄를 청하는 주기請封唐人廟奏記〉

살펴보건대, 향읍은 오문 오랑캐와 근접해있는지라 혹시라도 경내에 천주교가 사람을 꾀어 성경을 암송하고 익히게 하는 일은 없을까 걱정되어 세밀하고 엄밀하게 조사해보았는데, 읍과 성城과 향鄕 전체에 이 같은 불법의 무리는 없었습니다. 오직 오문 한 곳만은 중국인과 오랑캐가 섞여 살고 있어서, 오랑캐가 직접 사원을 짓고 천주교를 받드는 것은 논외로 치고, 그곳 중국인 가운데 천주교에 입교한 자는 대체로 두 종류입니다. 하나는 오문에서 천주교에 입교한 자들이고, 다른 하나는 각 현에서 매년 한 차례씩 오문에 들어와 천주교에 입교한 자들입니다. 오문에서 입교한 자들은 오랫동안 오문에서 살며 단체로 동화된 것이 이미 심하여, 언어며 습속이며 점차 오랑캐로 변했습니다. 다만 그 가운데도 몇 개의 등급이 있으니, 혹자는 복장까지 바꾸고 그 종교에 귀의하였고, 혹자는 입교는 하였으되 복장은 바꾸지 않았으며, 혹자는 서양 여자에게 장가들어 자손을 기르고, 혹자는 밑천을 빌려 무역을 합니다. 장인匠人이 된 자도 있고, 병사가 된 자도 있습니다. 또 오랑캐의 집을 오가며, 오랑캐식 두발을 하고 스스로 입교자 명단에 들어가서 오랑캐와의 교류상 편의를 꾀하는 자도 있는데, 이러한 부류는 갑자기 들어왔다 갑자기 떠나버리기 때문에 성명을 조사할 길조차 없습니다.

지금 조사하여 임林 선생, 주세렴周世廉 등 19명을 찾았습니다. 임 선생은 서양 이름이 길폐기초咭吠嘰吵로 진교사進教寺[64] 안에 머물며 그 아들

63) 臺院은 制臺와 撫院, 즉 總督과 巡撫를 가리킨다.

과 무리를 이끌고 오로지 선교를 일삼고 있습니다. 주세렴은 서양 이름이 안토니오 레이테(António Leite, 安哆嚼咽嘀吔)이며 '닭 파는 주씨(賣雞周)'라고도 부르는데 엄연히 오랑캐 배의 선주로서 대양에 나가 무역을 하며 부인을 취하여 아이까지 낳았습니다. 이 두 사람은 특히 오문에서 입교한 자들의 우두머리입니다. 각 현에서 매년 한 차례 오문에 가서 입교하는 자들은 오문의 삼파사 아래에 지어놓은 천주교당에서 입교하는데, 그곳의 이름은 진교사입니다. 진교사는 전적으로 중국인들의 입교를 위해 세워진 곳으로, 강희18년(1679)에 지어지고 58년(1719)에 중수하여 확대하였으며, 서양인 신부가 제창하고 중국인이 돈을 추렴하여 지었습니다. 일찍이 임 선생이 이곳에 살았는데 의술을 행한다는 명분을 내세웠지만 사실은 선교를 행했습니다.

매년 청명절 열흘 전 [부활절]까지 49일 동안 단식을 하는데, 이를 사순절(封齋)[65]이라고 부릅니다. 동짓날 예배드리는 시기가 되면, 부근 남해·번우·동관·순덕·신회·향산 각 현에서 예배하러 오는 자들이 꼬리에 꼬리를 물고 이어지고, 간간이 다른 성에서 온 사람들도 있는데 그 중 순덕현 자니紫泥[66] 사람이 가장 많습니다. 예배한 후에는 바로 노를 저어 돌아가는 자도 있고, 연 이삼일을 머무르는 자도 있습니다. 일단 입교하고 나면 평상시에 일 때문에 오문에 올 경우라도 반드시 교회에 들러 예배를 드려야 합니다. 모든 입교인은 임 선생으로부터 성경을 받아 암송합니다. 이러한 자들의 성명은 지금 이미 조사할 길이 없습니다. 일전에 이미 인광임 동지가 금령을 내려 조사하여 잡아들인 덕에 찾아오는 사람이 점점 줄어들고 있습니다. 직분을 받아 임지에 도착한 뒤 다시금 금령을 선포하

64) 進教寺는 당인묘를 가리킨다.

65) 부활절 이전 40일 동안 예수의 십자가상 수난과 죽음을 기억하는 시기로, 교인들은 그리스도가 광야에서 40일 동안 금식하고 기도했던 것을 본받아 금식과 절제로 묵상하며 보낸다.

66) 紫泥는 광동성 番禺縣 紫泥鎮이다.

자, 임씨는 그 즉시 몰래 달아났으며, 해당 사원은 현재 서양 병사 주앙 치코(João Chico, 㖿知古)가 지키고 있습니다. 대체로 오문의 중국인들이 천주교에 입교하는 상황은 이와 같았습니다.

그들을 처리하는 법의 경우, 삼가 살펴보건대 오랑캐가 오문에 들어온 지 200여 년이나 된 터라 중국인들이 점차 그들의 종교를 익혀온 것 또한 유래가 오래되었습니다. 그러나 성인의 책이 아니라면 즉 명교名教가 내치는 바이고, 왕자王者의 도가 아니라면 즉 성세가 용납하지 않는 바입니다. 하물며 천조天朝의 사람으로서 바깥 오랑캐의 종교를 받드는 것은 체통이 떨어지는 일일 뿐더러, 오랑캐의 교활한 성품이 장차 중국 도적의 간악함을 부추길까 걱정되는 바, 작은 것을 미리 방비하심이 시급합니다. 폐단을 없애는 방법으로는 흐름을 끊어버리는 것보다 근원을 막는 편이 더 나으니, 청컨대 진교사를 철거하거나 봉쇄하도록 하십시오. 사원에 있는 신상과 경전들은 모두 불태우거나 아니면 칙령을 내려 오랑캐들에게 거둬들이도록 명하십시오. 각 현의 백성들이 오문을 찾아와 예배하는 것을 모두 불허하고, 위반하는 자는 체포하여 심문하십시오. 또한 부근의 각 현에 거듭 고지하여, 전에 이미 오문에 와서 입교한 사람은 스스로 개과천선할 것을 허락하고, 재범의 경우에는 두 배로 그 죄를 다스려야 합니다. 사정이 있어 오문에 가서 예배드리지 못하고 혹 시골이나 도시에서 사적으로 예배드리며 성경을 암송하거나, 무리를 모아 전도하여 익히는 자들의 경우, 일괄 찾아내어 좌도左道의 죄로써 심문해야 합니다. 이리하면 각 현에서 매년 한 차례씩 오문으로 들어가 천주교에 입교하는 폐단을 점차 제거할 수 있을 것입니다.

다만 오문에서 천주교에 입교한 자들 가운데는 조금 깊이 따져봐야 하는 부류가 있습니다. 이들의 경우, 많은 자본을 가지고 오래도록 오랑캐들과 교류를 해왔기 때문에 한꺼번에 내쫓고자 한다면 단번에 깨끗이 정리하기는 어려울 것입니다. 또 부인과 자녀들을 떼어놓자니 인지상정에 어긋나는 것 같고, 데리고 돌아가게 하자니 서양 여자들이 내지에 들어가면 그 종교가 더욱 쉬이 퍼질까 걱정입니다. 그러니 다음과 같이 분별하여 처리함이 마땅하지 않을까 합니다.

서양 여자를 얻지도 않았고, 자본도 없어 오랑캐들과 합작도 못하였으며, 다만 오문에서 천주교에 입교해 스스로 장사하는 자의 경우, 중국인의 옷을 입었건 오랑캐의 옷을 입었건 간에 모두 강제로 출교시킨 후 원적으로 복귀시켜 편안히 지내게 합니다. 자본이 있어 합작은 하였으나 서양 여자를 얻지 않은 자의 경우, 1년의 기한 안에 금전 관계를 청산하게 하고, 출교시켜 원적으로 복귀하게 합니다. 서양 여자를 얻은 자 가운데 자본을 가지고 무역을 하는 자 및 장인이나 군인인 경우, 중국의 옷을 입은 자는 강제로 명령을 내려 출교시키고, 오랑캐의 옷을 입은 자는 강제로 복식을 바꿔 입히고 출교시킨 다음, 서양 여자가 죽기를 기다려 자녀를 데리고 원적으로 복귀하게 합니다. 원적으로 복귀하기 전까지는 예전처럼 바다에 나아가 무역을 하거나 선원 노릇하는 것을 허락하지 않아야 합니다. 바다에 나아가 오랑캐 병사로 충당된 자들은 마땅히 먼저 명령을 내려 그 직업을 바꾸도록 해야 합니다. 외국 상인의 중개상이나 통역 등의 경우는 오문 오랑캐가 필요로 하는 바이니, 강제로 복식을 바꾸고 출교시키기만 할 뿐 직업을 바꾸게 할 필요는 없으며, 각각 지보地保[67]와 오랑캐 두목의 서류를 받아서 보관하여 조사에 대비하도록 해야 합니다. 오랑캐의 집을 오가면서 오랑캐 식으로 머리를 땋는 것은 모두 엄히 금해야 합니다. 현재 19명 외에 혹 아직 조사해 내지 못한 자가 있으면 다시 엄밀히 조사하는 것 외에 스스로 자수할 것을 명하도록 하고, 아울러 오랑캐 두목에게 명령을 내려 분명히 조사하여 보고하도록 하며, 숨겨준 것이 밝혀질 경우 죄로 다스리십시오. 이는 아마도 오문에서 입교하는 것을 점차 제거할 수 있는 한 가지 방법일 것입니다.

67) 옛날 지방에서 관부의 일을 대신해서 처리하는 사람으로, 보통 하나 혹은 여러 마을을 관리하였으며 지방정부와 지역민들 사이에서 매개역할을 담당했다.

또 한 가지 청이 있습니다. 오랑캐가 오문에 거주하다 보면 반드시 중국인을 필요로 하는 일이 생길 터이니 이를 완전히 금지하기는 어렵습니다. 만일 저들 밑에서 일을 하게 되면 저들의 종교를 따르기 쉬우니, 진실로 법을 세워 자세히 조사하지 않는다면 반드시 겉으로는 지키는 척 하고서 속으로 몰래 어기는 일이 발생할 것입니다. 그러니 오랑캐 두목과 지보 등에게 명령을 내리시어, 오랑캐들이 중국인을 필요로 하는 일이 무엇인지 하나하나 조사하여 명부를 만들어 갖추어 보고하게 하십시오. 연말에 숨겨두어 입교시킨 중국인이 없다는 감결을 갖추어 제출하게 하고, 그 명부를 조사하십시오. 명부는 매년 한 번씩 만들도록 하며, 사정이 있어 바꾸었을 경우 사실에 근거하여 문서 안에 밝히도록 하십시오. 이와 같이 하면 조사가 비교적 엄밀해져서 중국인과 오랑캐가 뒤섞이는 일이 없어질 것입니다.

오문에서 입교하는 것은 오랑캐가 내지에서 교당을 열고 포교하는 것과 다릅니다. 또한 오랫동안 지속되어온 것이어서 이를 되돌리려면 마땅히 방법이 있어야 할 터, 인정과 법률을 가늠하여 타당한 방편을 도모하셔야 합니다. 우매한 식견이 마땅한지 마땅치 않은지 알지 모르겠으나, 또한 감히 경솔히 거행할 수 없어 비밀리에 품고하나니, 결정을 내려주십시오.

양원兩院[68]에서 내린 〈어리석은 백성이 사사로이 천주교를 배우는 것을 금지하여 백성들과 오랑캐를 안정시키고 법률과 기강을 바로잡게 하라는 교시嚴禁愚民私習天主教, 以安民夷以肅法紀示〉

살펴본 바, 우리 조정은 멀리서 온 사람들을 너그러이 포용하기에, 서양 선박이 광주에 와서 교역을 함에 바람과 파도에 몸을 맡기고 깃들 곳이 없는 것을 긍휼히 여겨, 전례에 의거하여 향산현에 속한 오문에 세금을 바치고 잠시 거주하도록 허하였는데, 그 나라의 오랑캐 두목과 서양 상인

68) 兩院은 總督과 巡撫를 가리킨다.

들 모두 공손하고 조심스러웠기에 여러 해 동안 백성들과 오랑캐들이 서로 평안하게 지낼 수 있었다. 천주교에서 예배 보고 성경 암송하는 것은 그 나라 오랑캐의 풍속이므로, 그들이 그 나라의 풍속을 따르는 것에 관해서 우리 조정에서는 본디 금지하지 않았으되, 다만 내지의 백성을 끌어들여 천주교를 믿게 함으로써 법에 저촉되게 하는 행위는 일절 허락하지 않았다.

최근 듣자 하니 오문의 서양인들은 여전히 법률과 기율을 준수하고 있는데 오히려 일부 내지의 간민들이 몰래 오문 내부로 들어가서, 서양 이름을 흉내 내 개명하고 사사로이 그들의 종교를 익힌다고 한다. 예를 들어 임씨는 자신의 이름을 길폐기초라고 바꾸고 그 아들의 이름을 서양식으로 지어 알레이소(Aleixo, 啞嚟嗉)라 하였으며, 그 무리인 이씨는 이름을 조나스(Jonas, 嚥哪嘶)라 하고 오문의 진교사 안에 거하며 내지의 어리석은 백성들을 끌어들이고 있다. 남해·번우·순덕·동관·신회·향산 부근에 사는 백성들 가운데는 그들에게 유혹 당한 자들이 많아, 진교사를 찾아가 입교하여 그들로부터 성경을 받아 가고, 매년 청명절과 동지 때에 한데 모여 재계하고 그들의 예배를 익히니, 민심을 해칠 뿐만 아니라 금령을 크게 어겨 심한 불법을 저지르고 있다.

임씨 등은 이미 도주하였으나, 지금 지방 문무 각 관리에게 칙령을 내리나니, 힘써 포획하고 무겁게 다스려 경계의 뜻을 드러내 보이도록 하라. 또한 지방관에게 명해 해당 오문의 오랑캐 두목으로 하여금 진교사를 봉쇄하고 감시하도록 하며, 멋대로 여는 것을 허가하지 말도록 하라. 그럼에도 간악한 백성이 감히 내지 백성들을 유인하여 전철을 다시 밟는다면, 곧바로 엄히 잡아들여 그 죄를 다스려야 한다. 진교사 내에 원래 있던 서양의 성경과 기물은 서양인들 스스로 회수하게 하며, 이전에 입교하였던 모든 어리석은 백성들은 마땅히 그 죄를 하나하나 다스려야 할 것이나, 무지한 탓에 꾐에 빠진 것을 긍휼히 여겨 법을 관대하게 적용하도록 하나니, 엄금의 뜻을 저들에게 속히 깨우쳐 추후 심신을 모두 바꾸는 데 힘쓰고 법률과 기강을 삼가 지키도록 해야 할 것이다.

오문에 거주하는 서양인들은 선박 안에 기거해야 마땅하지만, 내지 상인들이 그들과 교역하고 왕래하는 것이나 장인들을 고용하는 것, 또 그들을 대신하여 중개하고 통역하는 것 등은 모두 전례에 따라 금할 수 없으므로 여전히 그들의 편리함을 따라주도록 한다. 그러나 백성들이 사사로이 천주교를 익히거나, 서양 이름으로 개명하고 오문에 몰래 들어가 예배하고 백성을 선동하는 일 등은 허락하지 않는다. 이전에 입교하여 이미 서양 이름으로 개명하고 서양 의복을 입은 자들에게는 자수를 허락하고, 직업을 바꾸어 출교하게 한 후 그 죄를 면해준다. 부근 각 현의 백성들 중 감히 사사로이 다시 오문에 들어가 예배를 보거나, 혹은 개인의 집에서 여전히 천주교를 익히며 백성들을 유혹하는 자가 있으면 즉시 그 본인을 법률에 의거하여 무겁게 다스린다. [보갑으로 편제된] 보린保隣이 고발하지 않으면 마찬가지로 연좌제로 그 죄를 다스린다. 해당 지방의 문무 관원이 조사하고 찾아내 체포함에 있어 만약 제대로 살피지 않거나 고의로 놓아주는 일이 있을 시, 반드시 그 경중을 나누어 엄하게 탄핵한다. 오문의 오랑캐 두목은 우리 조정의 두터운 은덕을 깊이 새겨, 서양 오랑캐를 단속하고 자신의 분수에 따라 장사하며 스스로 안전을 지키되, 내지의 백성들을 유혹하여 오문에서 종교를 익히게 하지 말아야 하며, 봉쇄한 진교사를 멋대로 열어 우리 조정의 법도를 어김으로써 공손히 따르고자 하는 본국의 진실함을 저버리고 온당치 못한 일을 범하여서는 안 될 것이다.

명나라 말에 마테오 리치가 천주교를 가지고 중국에 들어오자 남경의 학사대부들이 극서성인極西聖人이라고 지극히 떠받들었으며, 그 소식이 조정에까지 들어가 천문감으로 불러들이니, 공경公卿 이하 대신들이 모두 그를 중히 여겼다. 그러나 한두 명 학식 있는 자들, 예를 들어 낭중 서여가徐如珂,69) 시랑 심각沈漼,70) 급사중 안문휘晏文輝 등은 그를 매우 혐오하여, 그가 사설邪說로써 백성들을 미혹하니 내쳐야한다면서 함께 상소를 올렸다. 마침 급사중 여무자余懋孳[71]의 상소까지 들어가자, 이에 사교를 내치고 외세를 막으라는 명령이 내려왔다.

장덕경張德璟[72] 〈파사집서破邪集序〉[73]

지금까지 서양 신부들과 사귀면서 저들의 역법·천지구·해시계·달시계 등의 기물이 훌륭하다는 것만 알았지, 저들에게 천주교가 있는지는 몰랐다. 저들의 책을 읽고 나서도 저들이 우리 유교에서 하늘을 받드는 요지를 훔쳐갔으니 '천주'란 곧 중국에서 받드는 '상제上帝'인 줄 알았지, 한나라 애제哀帝 때 태어난 예수가 천주인 줄은 몰랐다. 백여 종이나 되는 저들의 책은 전적으로 불교와 대치되지만, 그들의 행적을 살펴보건대 결

69) 徐如珂(1562-1626)는 字가 季鳴이고 號는 念陽이며 江蘇 吳縣(蘇州市) 사람이다. 만력 23년에 進士가 되었고 南京禮部祠祭司郎中·南京工部右侍郎 등을 지냈으며《徐念陽公集》을 남겼다.

70) 沈㴶은 字가 銘鎮으로 浙江 烏程(吳興縣) 사람이다. 萬曆 20년(1592)에 진사가 되어 南京禮部侍郎·禮部尙書·文淵閣大學士 등을 지냈으며《沈文定公集》을 남겼다.

71) 余懋孳(1565-1617)는 字가 舜仲, 號는 瑶圃로, 安徽 婺源(江西省 婺源縣) 사람이다. 만력 32년(1604)에 진사가 되어 山陰縣令을 제수 받았고 관직은 給事中에 이르렀다. 저서로《荑言》등이 있다.

72) 蔣德璟(1593-1646)은 字는 中葆, 號는 八公으로, 泉州 晋江 福全 사람이다. 天啓 2년(1622)에 진사가 되어 崇禎 연간에 禮部尙書 겸 東閣大學士, 户部尚書·晋太子少保文淵閣大學士 등을 지냈다. 박학다식해 역대의 典章제도·水利·역법·형법 등에 밝았고《敬日堂集》·《視草》·《海北省視》·《黄芽園詩》등 많은 저술을 남겼다.

73)《破邪集》은 명말 士人 黃貞이 천주교를 비판한 글들을 묶어 편찬한 책이다. 위의 글은 蔣德璟이《破邪集》에 쓴 序言이다.

혼도 하지 않고 벼슬도 하지 않는 것이 처실을 둔 도사들보다 더 훌륭한 것 같았기에 그들과의 교유를 끊지 않았다. 근자에 나는 가묘家廟를 짓고 조상을 모셨는데 서양 신부 하나가 찾아와 내게 묻기를, "이 분이 이 집의 주인이지만 이 분보다 더 큰 주인이 있다는 것을 공은 아십니까?"라고 하였다. 내가 웃으면서 대답했다. "큰 주인이란 상제이십니다. 우리 중국에서는 천자만이 상제께 제사지낼 수 있고, 그 밖에는 감히 그렇게 하지 못합니다. 우리 유가의 성명학性命學에서는 하늘을 경외하면서 그 어디이건 하늘이 아닌 곳이 없다고 여기는데 어떻게 그림이 있을 수 있겠습니까? 있다고 하여도 아마 우묵눈에 높은 콧대를 가진 텁석부리는 아닐 것입니다." 이에 서양 신부도 말문이 막혀 버렸다.

어떤 이가 이르길, "부처는 서역에서 와서 불상을 만들었고 마테오 리치는 대서大西에서 와서 역시 예수상을 만들었으니, 대서로써 서역을 억누르고 예수로써 부처를 억누르는 것이지 감히 우리 공자와 맞서자는 것은 아닙니다. 하지만 불교도들은 저 예수를 비난하는데 유교도들 중에는 예수를 따르는 자가 간혹 있으니, 이는 어찌 된 일입니까?"라고 하였다. 얼마 안 되어 당국에서 해당 관부에 격문을 내려 저들을 내쫓고 그 화상을 부수었으며 거처를 허물고 무리를 잡아들였다. 상황이 다급해지자 내게 찾아와 하소연했다. 내가 관찰사 증공曾公을 만나, "천주교는 배척하여야 하지만 멀리서 온 사람은 불쌍히 여겨야 합니다"라고 말하니, 증공 또한 그렇다고 여기고 금령을 조금 느슨하게 풀어주었다. 그런데 장주漳州에 사는 내 친구 황천향黃天香[74]이 《파사집》을 내보이면서, 천주교가 반드시 세상을 어지럽힐 터이니, 즉시 진공할 태세를 갖추어야 한다고 말했다. 또 천주교를 배척하되 저들을 조금 봐주었던 나의 행위는 맹자가

74) 黃貞을 말한다. 명말 福建 漳州 사람으로, 스스로 天香君士라고 칭했다. 당시 격렬하게 기독교를 반대하던 인사로, 《破邪集》·《不忍不言》·《請闢天主教書》 등의 저서를 남겼다.

양주楊朱와 묵적墨翟을 배척하던 것과는 다르다고 하였다.

내가 말했다. "맹자는 지엄하게 사교를 배척했지만 양주와 묵적이라도 도망갔다가 돌아오면 받아 주었으며, 놓친 돼지를 옭아매는 것은 잘못이라 여기셨네.[75] 지금 또한 서양 신부들이 도망갔다가 다시 돌아올 시기라네." 어리석은 나는 스스로 맹자를 배웠다 자부하지만 퇴지退之[76]처럼 그 공이 우임금 아래 있지 않다[77]고 말하지 못할 따름이다. 게다가 중국은 존귀하고 성현 또한 많은데 성명한 천자가 통일을 이룬 태평성세에 포용하지 못할 것이 무엇이겠는가? 사이四夷의 팔관八館[78]에는 지금 번역에 종사하는 관원이 있고, 서양인 신부 칠왕七王에게는 천교闡教라는 명호를 하사한 바 있다. 요즈음에는 역법 찬수에 관한 논의가 있어서, 서양 신부들에게 명하여 흠천분조欽天分曹와 더불어 측정하게 하고, 이를 위해 중역重譯을 설치했는데 이로써 안팎을 가리지 않는 조정의 뜻을 내보인 것일 뿐이다. 저들은 본디 쫓아낼 만한 자들도 아니거니와, 쫓아내려 한다면 무슨 어려움이 있겠는가?

이문절李文節[79]이 말했다. "퇴지가 〈원도原道〉[80]를 쓴 공로가 위대하

75) 《孟子》〈盡心下〉에서 "묵적에게서 도피하면 반드시 양주에게로 돌아가고, 양주에게서 도피하면 반드시 유가로 돌아오니, 돌아오면 받아들일 뿐이다. 지금 양주·묵적과 변론하는 이들은 마치 놓친 돼지를 쫓듯, 이미 우리로 들어왔는데도 다시 발을 묶어 놓는다.(逃墨, 必歸於楊, 逃楊, 必歸於儒, 歸斯受之而已矣. 今之與楊墨辯者, 如追放豚, 旣入其苙, 又從而招之.)"라고 한 데서 온 말이다.

76) 당나라 문인 韓愈(768-824)의 字이다. 한유는 불교를 반대하고 유가의 도를 수호하기 위해 힘썼다.

77) 이 말은 한유가 맹자를 칭송하여 한 것으로, 〈與孟尙書書〉에 나온다.

78) 永樂 5년(1407)에 변방 이민족 및 이웃 나라의 언어문자를 번역하는 기구를 설립하였는데 그 안에 蒙古·女眞·西番·西天·回回·百夷·高昌·緬甸 등 8개의 館이 있었다.

79) 이문절은 李廷機로, 字는 爾張이고 號는 九我이다. 복건 晉江 사람으로 명 만력 11년에 진사가 되었으며 관직은 禮部尙書에 이르렀다. 시호가 文節이고 《李文節

긴 합니다만, 선왕의 도를 밝혀 저들을 인도했다는 말은 들어보지 못하였으니, 갑자기 집을 빼앗을 것까진 없었을 듯합니다." 나는 이 뜻으로 황군의 마음을 위로했다. 또 사교가 미련한 백성들을 미혹시킬 수 있었던 것은 다 우리가 선왕의 도를 밝히지 못한 허물이지 사설이나 미련한 백성의 허물이 아니라고 탄식하였다. 백련교白蓮教[81]나 문향교도聞香教徒[82]의 경우 입교만 하여도 바로 처형한다 하기에 나는 속으로 불쌍히 여겼다. 황군의 《파사집》도 혹 서양 신부들을 불쌍히 여기는 마음에 저들을 온전히 지키기 위해 지은 책이 아닐까? 그렇다면 이 책이 서양 신부들에게 도움이 된다고 말해도 괜찮을 것이다.

청나라 강희 8년(1669)에 각 성에서 천주교당을 열어 입교시키는 것을 금지하였다. 56년(1717)에 총병 진묘陳昴의 의견을 채택하여 금령을 다시금 선포하였다. 옹정 원년(1723)에도 절강과 복건 지역의 총독 만보滿保가 복건 순무 황국재黃國材와 함께 상소하여 그 폐해를 늘어놓

集》을 남겼다.

80) 〈原道〉는 한유가 도교·불교를 배척하고 유가의 도통을 확립하기 위해 지은 대표적인 글인데, 모든 사원을 민가로 바꾸고 승려를 다시 민간인으로 되돌려야 한다고 주장하였다.

81) 白蓮教는 南宋의 白蓮宗에 뿌리를 두고 있는데 茅子元이 창시하여 원명청대에 걸쳐 유행한 민간종교다. 교의는 淨土宗에 근원을 두고 있으나, 五戒를 지키고 아미타불을 염송하며, 출가를 강조하지 않아서 기성 불교의 반발을 샀다. 원나라를 지나면서 미륵사상과 결합되었고 명나라 正德 연간 이후에는 羅教의 영향을 받아 無生老母를 創世主로 받들었다. 이 종교는 농민봉기에 자주 이용되었는데 원말 劉福通·徐壽輝 등이 이끈 홍건봉기, 명말 徐鴻儒의 봉기, 청나라 嘉靖 연간 사천·호북·섬서의 백련교 대봉기 등이 대표적이다. 오금성 외, 《명청시대 사회경제사》, 이산, 2007, 403쪽 참고.

82) 명나라 神宗 萬曆 연간(1573-1620)에 유행한 白蓮教의 일파이다.

으니, 황상께서 이를 받아들여 각 성에 세워진 천주교당은 모두 관청으로 바꾸고 실수로 천주교에 입교한 자들에게는 개과천선을 허락하되, 이를 어기는 자는 그 죄를 다스리라는 칙령을 내렸다. 이때부터 천주교를 감히 드러내놓고 믿지는 않았으나, 잔당의 세력이 몰래 가지를 뻗쳐 진성晉省과 오중吳中[83]의 생원들은 이들을 '영적 스승(神師)'으로 떠받들었으며, 부녀자들은 그들의 비밀스런 계율을 받았다. 향산과 순덕 같은 큰 마을부터 자니와 같은 작은 마을에 이르기까지, 모두 문 앞에 십자가를 달았는데, 이제야 밝은 조서를 받들어 천주교를 내치게 되었으니, 미천한 신하로서 실로 성대한 은혜를 입지 않았는가.

건륭 13년(1748) 봄 3월에 해방동지 장훈張薰이 [광동성] 조주潮州의 지부知府로 발탁되어 지키러 가자[84] 황상께서 양부兩府[85]의 청에 따라 장여림에게 해방동지 후임을 맡겼다. 4월에 이정부李廷富와 간아이簡亞二가 밤에 [포르투갈 위병] 아마로(Amaro da Cunha Lobo, 亞嗎嚧)와 안토니오(António, 安哆呢)의 집에 들어갔다가 살해되어 유기되었다.[86] 장여림은 이미 범인의 이름을 알았으나, 아마로와 안토니오가 오랑캐 병사라는 이유로 [포르투갈 총독] 병두인 메네제스(Meneses, 若些)는 그들

83) 晉省은 지금의 山西省이고 吳中은 지금의 江蘇省 蘇州市와 江浙 太湖 지역이다.

84) 장훈이 조주부 지부로 있었던 것은 건륭 13년에서 16년 사이이다.

85) 總督과 巡撫를 가리킨다.

86) 1836년 스웨덴 학자 Anders Ljungstedt는 *An Historical Sketch of the Portuguese Settlements in China: And of the Roman Catholic Church and Mission in China* 105-106쪽에서 중국들이 거리를 걷고 있다가 체포되어 구타당한 후 죽음에 이르렀다고 밝혔다. 費成康은 1996년 출간된 *Macao 400 Years*에서 그들이 아마로와 안토니오의 집에 침입해서 살해당했다고 《오문기략》에서 기술하고 있는 것은 張汝霖이 포르투갈인의 뇌물을 받고 사태의 악화를 방지하고자 한 것으로 의심하였다.

을 비호하고 숨기며 내어주지 않았다. 대부에서는 격문을 보내 교역을 중지시키고 거주민을 내보냈다. 이에 메네제스가 병사를 늘리고 병기를 수선하여 성곽을 등지고 방어 태세를 갖추었으나, 오문 오랑캐들은 싸우고자 하는 굳은 의지가 없었으며 천주교 수녀와 신부들 또한 백성들 편을 들었다.

이에 북을 울려 사람들을 모아놓고 심문하였다. 오랑캐의 법에서는 무슨 일이건 확실히 보고 들은 자가 있으면 천주도 용서하지 않는다고 하는데, 이날 직접 목도한 자가 셋이었으며 직접 들은 자 또한 33명이나 되었다. 이에 메네제스도 도리가 없어 두 범인을 묶어 압송해 왔다. 기시형에 처해야 마땅하나, 중벌로 인한 실수가 있을까 두려워 오랑캐의 법에 준하여 영원히 지만地滿[87]에서 수자리를 살게 하였으며, 메네제스의 죄를 소서양[88]에 알렸다.

처음에 중국인들은 이익을 탐하여 오문의 오랑캐들을 위해 일하였으나, 오랫동안 그들에게 능멸과 학대를 당하여 죽는 경우도 생겼는데, 관리들은 이를 모두 숨긴 채 상부에 보고하지 않았다. 건륭 8년(1743) 가을에 안셀모(Anselmo, 晏些嚧)가 [중국 상인] 진휘천陳輝千을 칼로 찔러 죽인 사건이 발생하자, 제군制軍 책릉은 그 일을 향산 현령 왕지정王之正에게 맡겼다. 유시諭示가 있을 때마다 번번이 저항하였으나 결국 안셀모는 법 앞에 무릎을 꿇었다. 이에 황상께 상주하여 아뢰었다.

87) 地滿은 말레이군도 남단에 있는 티모르(Timor)섬으로, 동티모르와 인도네시아에 속한 서티모르로 나뉜다. 중국 역대 문헌에서는 底勿·古里地悶·遲悶·池悶·知汶·地問 등으로 표기하였다.

88) 小西洋은 오늘날 인도 서남해안에 있는 고아(Goa, 果阿) 섬을 가리키며, 당시 포르투갈 식민지로서 포르투갈 인도 총독이 거주하였다.

"외국인 범죄자는 본디 내지와 다르니, 청컨대 명백하고 확실하게 심문하여 그 진상을 밝히고, 상세히 조사하여 판결하게 하십시오. 또 지방관이 오랑캐 두목과 함께 범인을 잡아 법에 따라 처리하는데, 범인을 건네받아 구금하는 것과 압송하여 심문하는 것을 면하게 해주시고, 한편으로는 사실에 근거하여 상주함으로써 위로는 국법을 펼치고 아래로는 오랑캐의 정리를 따르게 하십시오."

상주를 윤허하니 법령에 적어 밝히라는 조서가 내려왔다.

상주한 일에 대한 형부刑部의 차부劄付

내각에서 베껴 보낸 양광총독 책릉 등이 일전에 상주한 내용에 근거하여 본부에서 의논하여 다음과 같은 결론을 얻었다. 책릉 등이 다음과 같이 상주하였다. "오문 지역은 백성과 서양인이 한데 섞여 사는 곳입니다. 건륭 8년 10월 18일, 오문의 무역상 진휘천이 술에 취한 채 길에서 오랑캐 안셀모를 만나 말다툼을 하다 주먹질을 벌였는데 싸우는 도중 진휘천은 안셀모의 단도에 찔려 사망하고 말았습니다. 해당 현에서는 상처를 확인하고 진술을 확보한 뒤 보고서를 작성해 통보해 옴과 동시에 비밀리에 품고하였습니다. 서양 오랑캐가 범죄를 저질렀을 경우 일찍이 오문 밖으로 나가서 심판을 받은 적이 없었기에, 심문이 끝난 이후에 흉악범을 오랑캐 두목이 제멋대로 구속 수감하고서 지금까지도 저항하며 내어주지 않고 있습니다. 신과 전 순무 왕안국王安國은 해당 지방관이 저들을 너무 관대히 놓아주는 실수를 저지를까 실로 걱정되어서, 당장 엄격한 비답을 내려 전례대로 죄를 심의하고 불러서 압송케 하였습니다. 이후 해당 현에 거듭 재촉하였더니, 다음과 같이 보고해 왔습니다. '오랑캐 두목에 따르면, 오문 경내에 거주하는 서양인 중에 법률을 위반한 자는 모두 오문에서 다스렸으며 백 년 동안 결코 범인을 넘겨주어 수감케 한 적이 없다고 합니다. 또 안셀모가 진휘천을 죽였으니 마땅히 천조天朝의 법도에 따라 처벌받음으로써 죗값을 보상해야겠지만, 일단 죄인을 넘겨 수감하게 되면 본국의 금령을 어기게 되어 전체 오문에 사는 오랑캐 두목들까지 모두 극형에 처해지게 되니, 간절히 청하옵건대 전례대로 그들의 법에 따라 처리토록 하시옵소서. 분부를 기다려 처리하겠나이다.' 이상의 내용을 갖추어 보고하였습니다.

신 등이 오문 지역을 조사해 보니, 오랑캐가 그곳에 기거하며 교역한 것은 이전 명나라 중엽에 시작되어 오늘에 이르기까지 200여 년이 되었는데, 그간 모여든 서양 남녀가 삼사천 명을 웃돌고 있습니다. 이들은 모두 오랑캐 왕이 오랑캐 두목을 파견하여 관리하고 있으며, 서양인들이 죄를 지을 경우 오랑캐 두목이 오랑캐 법에 따라 처리하고 있습니다. 중죄인 경우 높은 장대 위에 매달아 대포를 쏘아 바다에 빠뜨려 버리고, 가벼운 죄인 경우 삼파사三巴寺 경내로 잡아 와 벌로 신상 앞에 꿇어앉히고 참회하는 것으로 끝맺었습니다. 하지만 내지 백성과 오랑캐가 연루된 사건인데 그 죄가 서양인에게 있을 경우, 지방관들은 매번 그들이 속한 교단에서 죄인을 오문 밖으로 나가게끔 내주질 않아 일을 처리하기 어렵다는 이유를 대면서 상세히 품고하지 않았습니다. 간혹 상급 관청에 통보하더라도 사건의 내용을 바꿔버리거나 죄상이 무거운 것을 가볍게 하기 일쑤였으니, 예를 들어 싸우다 사람을 죽인 것을 과실이라 하면서 외부와 줄을 엮어 일을 줄이려고 하였기에, 그 결과 다른 사건 관련 공문을 조사하려 하여도 오문의 오랑캐가 백성들을 죽여서 배상한 안건 자체를 찾아볼 수 없게 되었습니다.

지금 만약 갑작스럽게 체포하여 오문 밖으로 내보내 감금하면, 아마도 오랑캐들 사이에 의구심이 생겨나 다른 사단을 일으키고 말 것입니다. 그렇다고 그들에게 맡겨 구금시킨다면, 관아에서 직접 심문할 수 없어 사건을 판결하여 압송하기 어려울뿐더러, 시일을 오래 끌면서 몰래 숨어

도망칠 궁리를 할지도 모르는지라 오랑캐들이 법률을 경시하는 마음만 더욱 커지도록 조장하게 될 것입니다. 이는 천조의 체통과 관련된 중요한 문제이므로 신 등이 함께 사정을 참작하여 심사숙고한 결과, 마땅히 오랑캐의 정리에 맞춰 속히 매듭짓는 편이 좋다는 결론을 얻었습니다. 다만 오랑캐의 법대로 대포로 쏘아 죽이는 것은 지나치게 참혹한 실수를 면할 수 없습니다. 이에 즉시 해당 관아에 격문을 내리도록 하여, 총독이 해당 지현과 함께 저들을 찾아가 적절하게 처리하게 하였는데, 안찰사 진고상陳高翔과 광주부 지부 김윤이金允彝의 상세한 보고에 따르면, '명을 받들고 즉시 조정의 덕과 위엄을 널리 펼치며 엄격하게 깨우치게 하였으며, 또한 흉악범은 마땅히 교수형에 처해야 함을 분명히 알려주자 각 오랑캐 두목이 스스로 기한을 정해 유가족이 증인으로 참석한 가운데 흉악범 안셀모를 이번 달 3일에 교수형에 처하였는데, 이에 오문에 사는 서양인 가운데 두려워하지 않은 이가 없었다.'라고 하였습니다.

신 등이 원래의 진술서를 조사한 결과, 살인은 부딪혀서 넘어져 서로 다투다가 일어난 것으로, 본디 고의로 죽인 것은 아니었습니다. 그러나 안셀모는 법률에 따라 교수형에 처해져야 마땅하며, 이미 해당 오랑캐 두목이 흉악범을 처리하였으니, 이는 곧 목숨으로 목숨을 배상한 것이라 죄상과 처벌이 서로 부합한다고 할 수 있습니다. 비답을 내리어 사건 문서로 등록하게 하는 것 외에, 신 등이 처리한 모든 내용을 정리하여 모아 상주하여 밝혔습니다. 신에게 또 다른 청이 있사옵니다. 외국인 범죄자는 본디 내지인과 다르며, 오문은 모두 교단에 속해 있어 모든 기거복식起居服食이 사방 오랑캐와 더더욱 다른지라, 전례대로 죄인을 압송하여 조사하고 불러들이는 것은 오랑캐의 정리상 실로 원하지 않는 바입니다. 그리고 흉악범을 넘겨주려 하지 않을 경우, 지방관이 마땅히 해야 할 처분에 대해 만약 조례에 분명하게 정해놓지 않으면 옛 관습에 얽매여 간악함을 길러내는 폐단이 생길까 두렵습니다. 그러니 성은을 내리시어 특별히 유지를 내려주실 수 없으신지요? 이후 오문의 오랑캐가 살인을 저질러 그 죄가 참수와 교수에 처해 마땅한데도 오랑캐가 배상을 하려 하는 경우, 해당 현에서 조사할 때 확실하게 심문하고, 해당 관리가 총독과 순무에게 상세히 보고하여 다시금 검증하며, 지방관에게 비답을 내려 오랑캐 두목과 함께 범인을 법에 따라 처리하게 함과 동시에, 실상에 근거하여 상주하고 범인의 진술을 베껴 중앙행정부서에 보고하고 조사 대조하게 하십시오. 그리한다면 위로는 국법을 펼치고 아래로는 오랑캐의 정리를 따를 수 있을 것이며, 중대한 사안을 차일피일 끌지 않을 수 있고, 오문의 오랑캐의 포악하고 오만불손한 성질 또한 점차 개선할 수 있을 것입니다." 이상의 내용을 갖추어 올렸다.

법률을 조사해보니 외국인 가운데 범죄자가 있으면 법률에 의거하여 심문하고 판결하되, 법률상 억울함도, 눈감아 줌도 없어야 하고, 사실에 부합해야 하고 처벌 또한 마땅해야 한다. 기타 감금하고 공술을 받는 등의 항목은 본디 다 내지의 원칙에 의거하여 할 필요는 없으니, 그러다가는 오히려 심문하여 판결하는 데 있어 어려움만 자초할 것이다. 지금 해당 총독 등이 상주한 바에 따르면, 오문의 오랑캐들은 모두 교단에 속해 있으며, 모든 기거복식이 사방 오랑캐와 다르기 때문에 전례대로 압송하여 조사하고 불러들이는 것은 오랑캐의 정리상 실로 원하지 않는 바라고 하였다. 그러면서 이후 오문의 오랑캐가 살인죄를 범하여 마땅히 참수나 교수하여야 할 경우에는 해당 현에서 확실하게 심문, 조사하여 총독과 순무에게 상세히 보고하고, 그들이 다시 조사한 뒤 지방관에게 칙령을 내려 오랑캐 두목과 함께 범인을 법에 따라 처리함과 동시에, 실상에 근거하여 상주하게 해달라고 청하였다. 주청한 바대로, 이후 오문에 사는 백성과 서양인 사이에 살해나 다투는 등의 사건이 발생할 경우, 그 죄가 백성에게 있으면 법률과 조례에 따라 집행하고, 오랑캐에게 있는데 그 죄가 참수나 교수에 해당한다면 해당 현에서 조사할 때 심문을 확실하게 하여 총독과 순무에게 상세히 보고하고 그들로 하여금 다시 검증하게 한다. 만약 사건의 상황이 타당하다면 해당 총독과 순무가 즉시 지방관에게 비답을 내려 해당 오랑캐 두목과 함께 범인을 법에 따라 처리하게 함으로써 구금 압송하고 심문하는 수고를 없애는 한편, 실상에 근거하여 분명히 상주하고, 범인의 진술을 중앙행정관서에 보고하여 문서로 보관하도록 한다. 안셀모가 백성 진휘천을 살해한 사건은 해당 총독 등이 이미 흉악범으로 간주하여 마땅히 교수형에 처해야 한다고 판단하였고, 오랑캐 두목과 유가족이 증인으로 참석한 가운데 안셀모를 교수형에 처하니 서양인들 가운데 두려워하지 않는 이가 없었다고 하였는데, 이에 대해서는 더 이상 심의할 필요 없다.

이때 이르러 비로소 지켜야 할 바가 무엇인지를 알았고, 또한 천자께서 서양 오랑캐가 본디 공순하였음을 굽어 살피시어 외국인에게 매우 인자하게 법을 펼쳐주셨기로 이에 따라 옥사를 판결하였다.

그리고 소서양 고아(Goa, 果阿) 섬에서 사신을 파견하여 병두 메네제스의 죄를 조사하였다. 장여림은 비록 직위를 박탈당했지만 양부에서는 그에게 끝까지 남아 일을 마무리 짓게 하였다. 메네제스는 쌓인 죄가 많아 오랑캐들 가운데 그를 고소하러 찾아온 자가 80여 명에 이르렀다. 서양 사자 빼레라(António Pereira de Silva, 庇利那)[89]는 업무에 밝은 사람이어서, 진술을 듣고 형평에 맞게 처결을 내렸다. 장여림은 다시 향산 현령 폭욱暴煜과 뒤처리를 잘 할 수 있는 마땅한 방안을 상세히 논의하여, 조목조목 갖추어 문서로 올렸다. 빼레라는 편리한 방도라고 여겼으며, 대부臺府[90]에서는 칙령을 내려 비석에 새기게 하였는데 한문과 서양 글로 각각 하나씩 만들었다.[91]

89) 庇利那는 곧 안토니오 빼레라(Antonio Pereira de Silva)를 말하는데 포르투갈 고아 고등법원의 법관으로, 오문에 사절로 파견되었다.

90) 總督과 巡撫를 가리킨다.

하나, 도적떼를 축출한다. 이전에 범죄를 저지른 적 있는 도적들은 모두 원적지로 압송해 정착시킨다. 친척이나 보린의 수관收管[92]을 받아, 국경 나가는 것을 허락하지 않는다. 또한 오갑澳甲[93]으로부터 앞으로 감히 받아들이는 일이 없을 것이라는 보증 문서를 받아 보관하며, 쫓아낸 자의 성명을 명단으로 작성하여 큰길에 게시하고, 해당 보장保長이 수시로 검사한다. 만약 다시 잠입하여 사단을 일으킬 시, 즉시 원적지를 찾아내 보린·오갑 등을 모두 연좌제로 다스린다.

하나, 선박을 조사한다. 오문에 있는 모든 쾌속정·과정果艇[94] 및 각종 단호蛋戶[95]와 어선 등은 모두 통행 내역을 확실히 조사하여 책자로 만들고, 현에서 발행한 번호를 배마다 낙인찍은 다음 각각의 연환보결連環保結을 보장에게 제출하여 관리하게 한다. 세관[96] 앞 부두의 만에 배를 대는 것은 허락하되, 사사로이 다른 곳에 배를 대고, 금지 물품을 몰래 운반하거나, 도적을 은닉하거나, 오고 가며 사람을 유인하여 인신매매하거나, 중국인을 천주교당에 실어 나르거나, 오랑캐가 성으로 가서 매매하는 등의

91) 漢文 비석은 당시 香山縣 丞衙署에 세웠고, 포르투갈어 비석은 澳門議事亭에 세워졌다.

92) 收管은 압송하여 감금한다는 뜻으로, 범인을 압송하여 검사한 다음 발부하는 증명서를 뜻하기도 한다. 여기서는 후자의 뜻으로 쓰였다.

93) 청나라 때 연해 지역 어민을 관리하던 戶口 편제의 하나이다. 또는 澳甲의 甲長을 지칭하기도 한다.

94) 과일을 실은 바닥이 낮은 소형 화물선을 가리킨다.

95) 蛋戶 혹은 蜑戶라고 불리는 蜑人은 광동성과 복건성 등의 연해 지역에 흩어져 살았는데 육지에 거주하는 것은 금지되었다. 蛋戶는 또한 그들이 거주하던 덮개 달린 작은 배를 가리키기도 한다. 단호는 배에서 살면서 어업에 종사하거나 진주 채취 등을 하였다. 명나라 洪武 초년에 호구를 편제하여 里長을 세웠으며, 河泊司로 하여금 관할토록 하여 해마다 漁課를 거두었다. 청나라 雍正 초년에 옛 호적을 폐지하고 다시 유민들과 함께 편제하였다.

96) 稅廠은 稅館으로, 오늘날 마카오의 關前正街 부근에 있었다.

폐단이 생기게 하는 것은 허락하지 않는다. 매일 병사 넷을 파견하여 길을 나누어 순시하게 하고, 만약 다른 곳에 몰래 정박시킨 선박이 있으면 즉시 보고 조사하여 포획한 뒤, 법률에 따라 다스린다. 감시에 소홀한 지보地保는 모두 연좌제로 처벌한다. 병사가 뇌물을 받고 고의로 검거하지 않은 경우 범인과 같은 죄로 다스린다.

하나, 외상으로 구입한 물건은 압수한다. 흑인 노예들이 시장에 나와 물건을 구입할 경우 모두 현금을 가지고 교역해야지 외상으로 줄 수 없으며, 흑인 노예의 물건을 수매해서도 안 된다. 만약 감히 고의로 위반하는 경우, 조사하여 오문 밖으로 쫓아낸다.

하나, 야간 통행 금지를 위반하면 압송하여 조사 처벌한다. 이후 오문에 사는 중국인이 야간에 등을 들고 걷을 경우, 오랑캐 병사는 고의로 등불을 빼앗아 꺼뜨리고 야간통행금지를 위반했다고 무고하여서는 안 된다. 혹시 위급한 일이 있어 창졸간에 등불을 들지 않고 가는 경우, 처음 도착하여 오랑캐의 금지령을 알지 못하여 경솔하게 잘못 범한 경우, 그리고 원래 간악한 백성이라 밖에 나가 도적질을 하다 오랑캐 병사들에게 체포된 경우에는 즉시 지보에게 보내고, 다시 지방관에게 압송하여 야간 통행금지를 위반한 연유를 심문한 뒤 분별하여 처벌한다. 잠시라도 구류하거나 멋대로 고문하여서는 안 되며, 이를 어긴 자는 해당국 국왕에게 알려서 엄히 처벌한다.

하나, 오랑캐 범인은 분별하여 압송하여 심문한다. 이후 오문의 오랑캐 가운데 명을 어기거나 도적질한 죄를 저질러 참수 혹은 교수에 처해 마땅한 자를 제외하고, 그 밖의 자들은 건륭 9년(1744)에 정한 조례에 따라 검사, 심문 시에 확실하게 진술을 받도록 하며, 오랑캐 범인은 부근의 칙명을 받은 현승에게 옮기고, 오랑캐 두목과 협력하여 해당 지역의 삼엄한 곳에서 엄밀히 지키도록 한다. 현승의 관인과 압송하여 넘긴 기록을 갖추어서 감금하고 압송하여 조사하는 일을 없애는 한편, 상급 관부에 상세히 보고하여 검증하도록 한다. 죄상이 확인되면 곧 지방관에게 명하여 오랑캐 두목과 함께 법에 의거하여 처리하게 한다. 강제 군역에 해당하는 죄를 범한 범인의 경우에만 오랑캐 범인을 아문에 압송하여 넘겨받아 심문을 할 수 있는데 오문에서 가까운 곳에서 심문한 뒤 오랑캐 두목에게 넘겨주어 분별하여 구속수감하게 하고, 법에 따라 판결하고 그 결과를 자세히 하급기관에 회신하되, 총독이 오랑캐 두목과 함께 처리하도록 한다. 태형에 그치는 범인의 경우에는 해당 오랑캐 두목에게 격문으로 보내어 진술받도록 하며, 해당 관아에 죄명을 정확히 조사하여 보고하면 칙령을 내려 오랑캐 두목으로 하여금 판결한 바에 따라 처리하도록 한다.

하나, 사사로이 능멸하고 학대하는 것을 금한다. 이후 중국인이 오랑캐의 빚을 지고 차일피일 갚지 않거나 오랑캐를 침범하는 일이 있으면, 해당 오랑캐는 중국인을 관에 신고하여 철저히 추궁하게 해야지, 사사로이 구금하여 감옥에 가두거나 사사로이 채찍질하며 심문하여서는 안 된다. 이를 어기는 자는 법률에 따라 죄로 다스린다.

하나, 사사로이 건물 짓는 것을 금한다. 오문 오랑캐의 가옥과 사원은 현재 있는 것을 하나하나 조사하여 각각 책자를 만들어 공문으로 보존하고, 이후 파손된 것을 수리하는 것만을 허할 뿐, 원래 있던 것 외에 서까래 하나 돌 하나 더하는 것을 금한다. 이를 어기는 자는 법률을 위반한 죄를 논하고, 가옥과 사원 또한 철거한 뒤 값으로 팔아서 그 돈은 관에서 몰수한다.

하나, 자녀를 파는 것을 금한다. 오문에 사는 모든 중국인과 오랑캐 가운데 자녀를 파는 자가 있으면 건륭 9년에 자세히 정한 조례에 따라 각각 판결한다.

하나, 흑인 노예가 도둑질하는 것을 금한다. 이후 흑인 노예가 중국인을 꾀어 오랑캐의 물건을 훔친 경우, 중국인은 따로 지방관에게 그 이름을 보고하여 조사한 뒤 쫓아내게 하고, 흑인 노예는 오랑캐의 법에 따라 중벌로 다스린다. 중국인까지 한데 섞어 지명하여 멋대로 잡아들여 고문하여서는 안 된다. 만약 흑인 노예가 중국인의 기물을 훔쳤을 경우, 해당 오랑캐 두목은 엄히 조사하여야 한다. 마땅히 심문하여야 할 바가 있으면 흑인 노예를 내보내 명백히 심문하고 판결한 뒤 해당 오랑캐 두목에게 되돌려 보내 처리하도록 한다. 숨겨주거나 압송하지 않아서는 안 되니, 이를 어길 경우 해당 오랑캐 두목을 처벌한다.

하나, 오랑캐 도적이나 오랑캐 창녀가 죄인을 소굴에 숨겨주는 것을 금한다. 해당 오랑캐 두목은 오랑캐 도적이 내지의 범죄자를 숨겨주는 행위를 엄금하고, 또한 매춘하는 오랑캐 창녀를 찾아내 강제로 직업을 바꾸게 함으로써 내지의 무뢰배를 감춰주어 도박과 절도를 일삼지 못하게 한다. 만약 감히 반항하고 어길 경우, 내지의 범죄자와 도적 등은 법률에 따라 처결하고, 도적을 은닉한 오랑캐 도적은 사정을 알고도 죄인을 숨겨준 것에 관한 법률에 의거하여 판결한다. 무뢰배를 숨겨준 오랑캐 창녀의 경우, 남녀 모두를 각각 간음을 범한 예에 따라 다스리고, 도박이나 절도죄를 범한 경우는 그 죄가 매음보다 중하므로 중죄로 판결한다. 또한 조사, 감독의 실수를 범한 오랑캐 두목은 함께 처분하고, 사정을 알고도 고의로 검거하지 않은 자는 같은 죄로 다스린다.

하나, 오랑캐가 오문 밖으로 나가는 것을 금한다. 예전부터 오랑캐가 오문 밖을 나가는 것을 허가하지 않았으니, 이는 이미 시행된 지 오래이다. 지금 수많은 오랑캐 도적들이 사냥을 명분으로 혹은 마을 주민들을 놀라게 하거나 혹은 부녀를 희롱하여 매번 사단을 일으키는데, 이는 법률에 매우 어긋나는 바이다. 이와 같은 일을 해당 오랑캐 두목이 엄금하도록 하되, 만약 감히 저항하며 위반하면 해당 보갑이 압송하는 것을 허락하고, 범죄를 저지른 본인은 법률을 위반한 죄에 비춰 다스린다. 오랑캐 두목이 감시를 소홀히 하거나 고의로 검거하지 않은 것에 대해서는 별도로 그 죄를 논한다.

하나, 교단을 세워 종교를 따르게 하는 것을 금한다. 오문의 오랑캐는 원래 교단에 속하여 대부분 천주교를 믿는다. 그러나 중국인을 불러들여 천주교를 전파하거나, 끌어들여 입교하게 함으로써 민심과 풍속을 해치는 것을 금한다. 해당 오랑캐의 두목과 보갑은 반드시 집집마다 엄히 조사하여 금지함으로써 중국인이 멋대로 천주교에 들어가지 못하게 하고, 계절마다 증명문서를 작성하여 해당 관아로 보낸다. 만약 고의로 위반하면, 포교하는 자나 추종하는 자나 모두 보갑과 이목이 함께 조사하여 처벌하고 그들을 각각 오문 밖으로 추방한다.

빼레라가 메네제스를 죄인 호송 수레에 태워 귀국시킨 것은 건륭 14년(1749) 12월 20일의 일이다. 오랑캐 땅 여송으로부터 군선軍船을 타고 소서양에 이른 서양 사신들이 근년에 오문에서 많은 업무를 처리하니, 순검 고린顧麟이 특히 이들을 많이 도왔다고 한다.

한나라 때 오령五嶺을 개방해 외국과 왕래하기 시작한 이래로, 무제武帝 때는 사람들을 모아 황금과 오색비단을 지니고 외국을 방문하게 하여 가는 나라마다 우방이 되었다. 이들은 상선을 통해 명주구슬·유리·기암괴석 및 진기한 물건을 전해왔는데 월상국越裳國[97]에서 흰 꿩을 바친 것이 그 시초였다. 광무제光武帝가 한나라를 중흥시키자 일남군日南郡[98] 변방의 남쪽 이민족들이 조공을 바쳐왔다. 환제桓帝 때 부남扶南[99]의 서쪽에 있는 천축天竺[100]·대진大秦[101] 등의 나라가 모두

97) 越裳은 옛 나라 이름으로 지금의 베트남 중부에 위치했다. 《後漢書》〈南蠻傳〉에 "交阯의 남쪽에 월상국이 있다. 주공이 섭정할 때 월상국이 주공이 지은 악곡인 삼상을 가지고 통역을 하며 흰 꿩을 바쳤다.(交阯之南, 有越裳國. 周公居攝, 越裳以三象重譯而獻白雉.)"라는 기록이 있다.

98) 옛 郡의 이름으로 西漢 때에 처음 설치되었다. 지금의 베트남 중부 일대 지역을 말한다.

99) 옛 나라 이름으로, 지금의 캄보디아와 베트남 남부, 라오스 남부, 태국 동남부 일대에 있었다.

100) 인도의 옛 이름으로, 지금의 인도·파키스탄·방글라데시 등의 지역을 말한다.

[몇 번의] 통역을 거쳐 와 공물을 바쳤다. 당송 시대에는 특히 [조공을 바친 일이] 많았으며 원대를 거쳐 명대까지 이어졌다. 홍무 연간 초에 오랑캐 나라로 하여금 3년에 한 번씩 공물을 바치도록 제정했다. 대대로 알현하러 오는 왕들에게는 먼저 부절符節과 장부를 발급하고, 사신이 이르면 삼사三司[102]에서 부절을 맞추어 확인한 뒤, 표문表文과 토산품이 틀림없는지를 살펴 도성으로 호송하였는데 왜국만은 기한을 맞추지 않았다. 이 당시 사신이 국경을 넘어 들어온 나라가 36개국, 같은 언어를 사용하는 나라가 31개국이었고, 풍속이 전혀 다른 나라 중에 큰 나라가 18개국, 작은 나라가 149개국이었다. 영락 연간 초에 정화鄭和[103]에게 명하여 서양과 사신이 오가게 하고, 다시 교지국交趾國[104]을 멸하고 그 땅에 군현을 설치했다. 그러자 여러 번국들이 더욱 두려워 떨며 모두 조공을 바쳤는데 전에 없던 진기한 물건과 귀중한 보물들은 바쳐왔다. 소록국蘇祿國[105]에서는 커다란 진주 하나를 바쳐왔는데. 그 무게가 7량 남짓이었다. 외국의 왕 중에는 자기 처 등 식솔을 거느리고 내조하여 아들을 국자감에 들여보낸 이도 셀 수 없이 많았다.

---

101) 옛날 중국에서 로마 제국을 부르던 말이다.

102) 宋代 이래 廣州·明州·杭州에 설치된 대외무역을 관장하는 市舶司를 가리킨다.

103) 鄭和(1371?-1433?)는 명나라 永樂·宣德 연간의 환관이자 항해가로, 雲南 昆陽州(昆明市) 사람이다. 正使太監으로 1405년부터 1424년까지 여섯 차례, 1430년에 7차 서양 항해를 떠나 30여 국을 다녔으며 아프리카 동쪽 해안과 紅海·메카까지 갔다고 한다.

104) 지금의 베트남 북부에 해당한다.

105) 소록국은 지금의 필리핀 술루 제도에 있었던 이슬람 국가 술루 술탄국(the Sultanate of Sulu)을 말한다.

【소록국 왕이 명나라 영락 15년(1417)에 내조하였기에, 그에게 인장과 조서를 하사하였다.[106] 돌아가는 길에 [산동성] 덕주德州에서 죽자 왕의 예로써 장사지내고 공정恭定이라는 시호를 내렸다. 그의 묘지는 덕주에 있다.】

왕사정王士正[107]의 시 〈묘지를 지나며過墓〉

그해 거듭 통역 거쳐 장안으로 들어오니 當年重譯入長安
속국의 엄숙한 의장은 한나라 관리와 같았네 屬國威儀盡漢官
만경창파 돌아가는 길은 멀고 萬里滄波歸路遠
구하에 내리는 봄비에 무덤문은 싸늘하네 九河春雨墓門寒
부질없이 교룡 비석[108]이 능묘[109]에 섰다는 얘기만 들릴 뿐 空聞螭首生金粟
더 이상 생선 기름[110]도 옥관을 비추지 않는구나 無復魚膏照玉棺
시냇가 풀[111]이라도 바치려 다시금 머리 돌리는데 欲薦溪毛重廻首

---

106) 인장과 조서를 하사했다는 것은 조정에서 작위를 내리거나 관직에 임명하는 것을 의미한다.

107) 王士正은 王士禛(1634-1711)을 가리킨다. 본래 士禛이었으나, 그가 죽은 후 雍正帝의 이름인 胤禛을 피휘하여 士正이라 불렀으며, 나중에 乾隆帝가 士禎이라는 이름을 하사하였다. 字는 貽上, 號는 阮亭, 自號는 漁洋山人이다. 산동 新城(桓台縣) 사람으로 淸 順治15년에 진사가 되었고 經筵講官·國史副總裁·刑部尙書를 지냈다. 《池北偶談》·《漁洋詩集》 등의 저서를 남겼다.

108) 五品 이상의 관을 지낸 경우, 비석 머리에 교룡 머리 조각을 새겼다.

109) 金粟은 원래 당나라 현종의 능묘 泰陵이 있었던 산 이름으로, 후세에는 제왕의 능묘를 범칭하는 말로 사용되었다.

110) 海魚膏는 바다의 물고기에서 짜낸 기름으로, 등불을 켜는 데 쓴다.

111) 원문의 溪毛는 《左傳》〈隱公3年〉의 "명확한 소식이라도 있으면 시내나 연못가의 풀도…귀신께 바치고 왕공에게 올릴 수 있다.(苟有明信, 澗溪沼沚之毛…可薦于鬼神, 可羞于王公.)"라는 구절에 보인다.

석양에 나는 수선스런 까마귀에 저녁 풍경만 가득하네 亂鴉殘日夕漫漫

고염무顧炎武[112]의 시 〈무제無題〉

거대한 비석 저 멀리로 번쩍이는 어필 보이니 豐碑遙見炳奎題
그 옛날 흉노 태자[113] 총애하시던 일 아직도 기억나네 尙憶先朝寵日磾
대대로 물 뿌리고 쓸어주는 우리 백성 있고 世有國人供灑掃
언제나 수레 멈추는 사객들도 있네 每勤詞客駐輪蹄
구하엔 얼음 얼어 삽살개 여우가 드나들고 九河冰壯尨狐出
열두 성[114]은 황량하여 백학이 깃들었네 十二城荒白鶴棲
말 내려 담자[115]에게 한번 묻고자 하니 下馬一爲郯子問
중원의 구름과 새는 쓸쓸히 헤매고 있구나 中原雲鳥正淒迷

【고염무 스스로 단 주에서 "그 자손 중에 지금도 묘 옆에 살고 있는 이가 있다."라고 하였다.】

---

112) 顧炎武(1613-1682)는 명말청초의 사상가로, 《日知錄》·《天下郡國利病書》·《亭林詩文集》 등을 남겼다. 여기서 인용한 시의 제목은 〈소록국 동왕묘를 지나며過蘇祿東王墓〉이다.

113) 원문은 日磾로, 한나라 때 흉노족 休屠王의 태자였던 金日磾를 가리킨다. 武帝 초에 한나라에 들어와 중용되었고 車騎將軍에 배수되었으며 秺侯에 봉해졌다.

114) 12連城을 가리키며, 지금의 산동성 德州市 북쪽에 있다.

115) 담자는 춘추시대 郯國의 군왕이다. 《左傳》〈昭公17年〉에 그가 노나라에 조회하러 왔을 때 叔孫昭子가 옛날 少昊氏가 새 이름으로 벼슬 이름을 지은 것은 무슨 까닭인지 묻자, 자신의 먼 조상인 少皞氏의 행적을 거론하며 자세히 설명하였다. 이 말을 듣고 공자가 그를 찾아가서 배운 뒤, "내가 듣건대, 천자의 관직이 정당함을 잃었을 때에는 사방의 이민족에게 배운다고 하였는데, 이 말은 역시 믿을 만하다.(吾聞之, 天子失官, 學在四夷, 猶信.)"라고 평한 고사가 전한다. 여기서는 이민족을 말한다.

이에 현자보蜆子步[116]에 회원역懷遠驛을 설치하였고, 조공국으로 하여금 조공하러 오는 길에 군국의 산천에 제사지낼 때 고국의 산천에도 함께 제사 지내게 해주었다. 후에 해금海禁이 생긴 탓에 차츰 [복건성] 장주漳州·천주泉州 지역으로 옮겨갔지만, 명나라가 끝날 때까지 조공은 끊임없이 이어졌으며 유구琉球가 특히 직분을 엄격히 수행했다. 간간히 임읍林邑[117]과 진랍眞臘[118]에서 공물을 들여왔다고 하나, 호칭을 바꾸고 변방을 침범하는 일도 있었다.

명나라 정덕 연간(1506-1521)에 불랑기가 갑자기 들어와 조공 관계를 맺으려 하였으나[119] 지방 장관들이 그런 예가 없다며 이를 허락지 않았다. 얼마 후 그들은 [광동 보안현寶安縣] 남두南頭로 물러가 머물면서 공고하게 울짱을 세우더니, 갓난아이를 잡아먹기까지 하였다. 어사

116) 蜆子步는 지금의 廣東省 廣州市 十八甫에 있는 부두이다.

117) 林邑(Lâm Ấp)은 베트남 남부에 있던 占婆(Chăm Pa) 왕국의 제1왕조부터 제4왕조까지를 부르던 이름이다. 《後漢書》〈南蠻西南夷列傳〉에서부터 보이기 시작하며, 《新唐書》〈南蠻傳〉에 따르면 唐 肅宗 至德 연간(758)에 環王으로 국호를 바꿨다고 한다. 占城(Chiêm Thành)은 제6왕조부터 제15왕조까지의 국호로, 9세기 이후로는 대개 占城으로 불리었다.

118) 眞臘은 메콩강 중류 지역에 있었던 크메르족의 나라로, 오늘날 캄보디아에 해당한다. 6세기말에서 9세기 초까지 존재하였으나 이후에도 캄보디아 지역을 일컫는 이름으로 사용되었다. 《隋書》 권82에 처음 眞臘이라는 이름이 나오며, 《明史》에서는 "진랍은 점성 남쪽에 있는데 바람이 순조로우면 삼일 밤낮이면 도착한다. 수당대와 송대에 모두 조공을 바쳤다. 송나라 경원 연간에 점성을 공격하여 그 땅을 병합한 뒤 점랍으로 이름을 바꾸었으나 원대에도 여전히 진랍으로 불렀다. (真臘, 在占城南, 順風三晝夜可至. 隋唐及宋皆朝貢. 宋慶元中, 滅占城而并其地, 因改國名曰占臘. 元時仍稱真臘.)"라고 기록하고 있다.

119) 1517년(正德 12년) 선장인 안드라데(Fernão Peres de Andrade, 安特拉德)와 포루투갈 왕의 사자 토메 피레스(Tomé Pires, 皮萊資)가 이끄는 포루투갈 상선이 珠江 內河로 허락없이 들어와 廣州城 아래까지 이른 일을 말한다.

구도융邱道隆과 하오何鰲[120]가 그 죄에 대해 소장疏狀을 올렸다. 해도 부사 왕횡汪鋐이 병사를 거느리고 쫓아가자 그들은 무기를 들고 저항했다. 왕횡은 헤엄 잘 치는 자를 모집해서 그 배에 구멍을 뚫어 배를 가라앉혔으며, 도망치는 자는 모두 잡아 참수시키고 무기는 남겨두었다. 후에 왕횡이 오랑캐 식으로 총을 만들어 여러 변방의 진鎭에 하사할 것을 청하니, 그 총의 이름을 '불랑기'라 하였다. 당나라의 절도사 왕처휴王處休가 "해문 밖은 국가의 기둥이다. 충성과 믿음을 실천해 후손에게 남길지어다."라고 한 말은 참으로 맞는 소리이다. 오랑캐를 잘 다스리는 것은 나라를 편안하게 하는 훌륭한 모범인 것이다.

나라가 통일되어 태평성대를 누리는 것이 전대를 능가함에, 주객사主客司[121] · 회동관會同館[122]에 속한 자들 중에서 조선이 가장 먼저 순종하며 따랐고, 유구와 안남이 뒤를 이어 복종했다.

고영高詠의 시 〈유구에 사신으로 가는 왕회재 형[123]을 보내며, 익도 상공의 원래 운에 화답하다送汪悔齋年兄奉使琉球和益都相公原韻〉

황제의 조서 친히 받들고 운소[124]로 내려가니	天書親捧下雲霄
남쪽 만 리 길 멀다고 어찌 마다하랴	何惜南征萬里遙

120) 何鰲(1497-1559)의 字는 巨卿, 號는 沅溪이며, 浙江省 山陰(紹興市) 사람이다.

121) 主客司는 主客淸吏司를 가리킨다. 명청시대에 禮部의 한 부서로 외빈 접대 등의 일을 관장하였다.

122) 會同館은 청대에 설치한 會同四譯館을 말한다. 외국사절의 숙박, 접대와 언어통역을 전수하는 일 등을 관장하였다.

123) 원문은 年兄으로, 같은 해에 과거에 급제한 사람들 가운데 연장자에게 사용하는 호칭이다.

124) 雲霄는 복건성 남부의 연해 지역이다.

중산[125]으로 향하는 몸은 비이슬에 젖었고 身向中山擕雨露
창해를 넘나드는 돛단배는 바람과 조수를 끼고 가네 帆凌滄海挾風潮
큰 개[126]와 흰 꿩은 외국에서 오고 旅獒白雉來殊俗
옥책과 금함은 성조에서 나가네 玉冊金函出聖朝
그대의 재주 육가[127]보다 뛰어남을 진즉에 알았거니 久識君才過陸賈
하물며 지금은 교만한 위타[128]도 없음에랴 況今無復尉佗驕

동서남북이 모두 주군의 은혜라 南北東西盡主恩
바람 타고 파도에 몰아쳐도 그 뜻만은 간직하네 乘風破浪意偏存
행장엔 오직 쌍룡검만 보이고 趨裝唯看雙龍劍
의장대는 앞장서서 오호문[129]을 지나네 仗節先過五虎門
폭풍우 숨어드니 파도 더욱 잠잠하고 颶母潛形波更靜
신어가 비를 불어오니 기운도 따뜻하구나 神魚吹雨氣常溫
남방의 기이한 풍물 정말로 기록할 만하니 炎州異物殊堪紀
험난한 변방의 풍경이야 논할 필요 있을까 奇險關情安足論

125) 中山은 유구의 三部(北山·中山·南山) 중 하나로 지금 일본의 유구군도에 있다. 후에 다른 두 부와 합쳐졌다.

126) 원문은 旅獒로, 고대 西戎의 旅國에서 온 몸집이 큰 개를 가리킨다.

127) 陸賈(B.C. 240?-B.C. 170)는 漢나라 초기의 정론가·辭賦家로, 한 高祖때의 개국공신이며 《新語》를 지었다.

128) 尉佗는 趙佗(B.C. 240?-B.C. 137)를 말한다. 秦代에 南海郡 龍川縣令이 되었고 후에 南海尉가 되었다. 진말에 桂林·南海·象 세 군을 겸병하여 南越國을 세웠다. 한 高祖때 남월왕으로 봉해졌다.

129) 五虎門은 지금의 복건성 閩江 어귀 북쪽에 있으며 고대 바다로 나가는 요충지였다.

왕사정王士正의 시 〈사신으로 유구에 가는 검토 왕주차와 사인 임석래를 보내며送汪舟次檢討林石來舍人奉使琉球〉

속국이 저 푸른 물결 밖에 있어 屬國滄波外
아득한 물결은 만 리를 흘러가네 微茫萬里流
용 부절 호랑이 부절을 쌍으로 들고 雙持龍虎節
멀리 봉린주[130]를 스쳐 지나네 遙拂鳳麟洲
예의를 지키니 이족의 풍속 낯설지 않을 터이고 守禮諳殊俗
뗏목을 띄우니 장쾌한 노닒 흡족하리 乘槎愜壯遊
은하수 위의 사성[131]이 使星霄漢上
먼저 대유구로 들어가게 하네 先入大琉球

돛 달고 귀허[132]를 가리키며 掛席指歸墟
통역은 상서[133]에게 맡기네 通言隷象胥
바람 피하는 곳은 바닷새가 차지하고 避風占海鳥
물결 넘실대는 곳엔 신어가 춤추네 跋浪舞神魚
풀 옷 입은 섬사람들 천자의 사신 보러 와 卉服看天使
금빛 상자에 옥새와 서신 넣었네 金函護璽書

130) 鳳麟州는 서해 중앙에 있으며, 섬 위에 봉황과 기린 수만 마리가 무리를 이루고 산다는 신화 속의 섬이다.

131) 한나라 和帝 즉위 초에 미복 차림의 使者를 각 주현에 보내 민요를 수집하게 했다. 사신 둘이 益都에 이르렀을 때 李郃이 그들이 올 줄을 미리 알고 있었다고 해, 연유를 물으니 使星 두 개가 익주 하늘에 나타난 것을 보고 예측했다고 대답했다. 《後漢書》〈李郃傳〉에 실린 이 고사에서 유래해 사성은 조정에서 파견된 사자를 가리킨다.

132) 歸墟는 歸虛라고도 한다. 전설에 나오는 바다속 밑 없는 계곡을 말한다. 여기서는 동쪽 바다 아득한 곳이라는 뜻으로 사용되었다.

133) 고대에 사방의 사자를 접대하던 관원, 또는 통역원을 가리킨다.

훌륭한 재주로 능히 부를 지을 수 있으니 | 雄才能作賦
목원허[134]에게 양보일랑 하지 마시게 | 休讓木元虛

쌓인 기운 아득히 드넓은데 | 積氣浩茫茫
물결 타고 대양으로 나가네 | 乘流出大荒
휘파람 불며 노래하니 해신 소리 들리고 | 嘯歌聞海若
물결을 내리치니 부상[135]이 가까워 오네 | 擊汰薄扶桑
해와 달이 서로 삼켰다 토하고 | 日月相含吐
교룡은 가끔씩 도망치다 숨네 | 蛟龍或遁藏
구주의 광대함 비로소 알았으니 | 始知九洲大
추연[136]이 황당한 소리 지껄인 것 아니었구나 | 騶衍未荒唐

듣자니 팽호서[137]에서는 | 見說彭湖嶼
원수께서 승전보를 기다린다네 | 元戎佇捷勳
물에 익숙한 전사 많으니 | 習流多戰士
바다 가로질러 가 장군에게 절하리 | 橫海拜將軍
험난한 곳으로 나가니 구름 파도 장대한데 | 出險雲濤壯
편지를 날려 노포露布[138]를 전하네 | 飛書露布聞

134) 西晉의 문학가로 〈海賦〉를 지은 木華(字 玄虛)를 가리킨다.

135) 扶桑은 원래 동해의 神木을 가리키며 해 뜨는 곳을 의미한다. 여기서는 부상목이 많은 중국 동쪽의 땅, 즉 일본을 말한다.

136) 騶衍(B.C. 305?-B.C. 240)은 鄒衍이라고도 쓰며, 전국시대 齊나라 臨淄사람으로 陰陽家이다. 모든 일이 오덕의 변화에 따라 순환한다는 五德終始說과 세계가 大九州로 이루어져 있으며 그 주위는 大海에 둘러싸여 있다는 大九州說 등을 제창했다.

137) 澎湖嶼는 福建省과 臺灣 사이에 있는 팽호 군도를 말한다.

138) 일반적으로 봉하지 않은 詔書나 上奏文을 뜻하는데 주로 군대의 승리 소식을 아뢰는 상주문을 뜻한다.

어서 풍토기를 완성해　　早成風土記
돌아와 성군께 보고하시게　　歸報聖明君

〈안남에 사신으로 가는 편수 손여립과 예부 주성공을 보내며送孫予立編修周星公禮部奉使安南〉

예전 고평139)으로 사역 가던 일 기억해보니　　憶昔高平役
어느덧 여러 해가 지났구나　　於今歲屢遷
마침내 오랑캐와의 싸움 그치고　　遂休蠻觸鬬
한당 시대의 태평성세 이루었네　　共識漢唐年
문서는 얼마나 자주 오는지　　文笥來何數
제사용 풀 바치는 것도 정성스럽구나　　包茅貢亦虔
월상에서 흰 꿩 길들이니　　越裳馴白雉
주연140)으로 수자리 살러 가지 않아도 된다네　　征戍罷朱鳶

밭두둑엔 군대의 칼날이 어지럽고　　畇町軍鋒擾
서남쪽엔 살기가 얽혔었네　　西南殺氣纏
요상한 기운이 상군141)을 가로지르고　　妖氛横象郡
샛길도 용편142)에서 끊겼네　　間道絶龍編
새로 정한 역법 예전처럼 받드나　　正朔依然奉
거짓된 말들이 몇 곳에 전해졌네　　訛言幾處傳
천지가 다시금 깨끗이 씻기니　　乾坤重盪滌

139) 지금의 베트남 북부 高平을 말한다.
140) 越裳과 朱鳶은 모두 고대 베트남에 있었던 15국 중 하나다. 《大越史記全書·外紀》〈鴻龐紀〉에 보인다.
141) 象郡은 지금의 廣西省 서부, 貴州省 남부와 廣東省 서남부 일부지역을 말한다.
142) 龍編은 交趾郡에 속한 縣이다.

먼 곳 가까운 곳이 모두 감화되었도다　　遐邇盡陶甄

사신이 남쪽 관문으로 들어가니　　使者南關入
장안은 북두성 옆　　長安北斗邊
직방[143]은 공물을 바치고　　職方陳貢贄
제루[144]는 종과 북을 늘어놓았네　　鞮鞻列宮懸
충효로써 천자의 말씀 아뢰니　　忠孝問天語
천자의 어필이 해안까지 비추네　　奎章照海堧
잔치도 끝나고 천자의 예도 다 올렸으니　　餙終王禮備
세세토록 주군의 은혜 두루 미치리라　　繼世主恩偏

제사 고기 올리는 제후는 귀하고　　胙上諸侯貴
길 떠난 두 재사는 어질구나　　行人二妙賢
천자의 문서가 책부에 반포되고　　璽書頒冊府
영탕[145]은 남만의 안개를 깨트리네　　英簜破蠻烟
형산엔 운무 걷히고　　衡嶽開雲霧
상강은 유유자적 흐르나니　　湘江任泝沿
깃발 앞에서 남방 역병 쫓아내고　　麾前驅瘴癘
하늘 밖에서 별 자리 가리키리　　規外指星躔

구리 기둥 보며 마원馬援 장군[146]을 생각하고　　銅柱懷新息

143) 職方은 周代부터 있던 지도를 관장하고 사방의 공물을 담당하던 관직이다.

144) 鞮鞻는 周代에 四夷의 음악을 관장하던 관직이다.

145) 대나무로 만든 부절로, 후에 외국으로 사신 간 관원의 증빙 물품을 두루 지칭하는 말로 사용되었다.

146) 馬援(B.C. 14-49)은 동한 초 扶風 茂陵(섬서성 興平 동북쪽) 사람으로, 字는 文淵이다. 建武 17년(35) 伏波將軍으로 交趾의 기의를 진압한 후 新息侯로 봉

단사에 치천[147]을 찾아다니네 丹砂訪穉川
향을 따네, 삼장목 採香三丈木
고치 짓네, 팔잠면[148] 繅繭八蠶綿
붉은 파초 안에는 박쥐가 살고 飛鼠紅蕉裏
푸른 나무 꼭대기에는 영양이 있네 羚羊碧樹巓
빈랑으로 술 빚고 檳榔供釀酒
전갈을 상에 올리네 蚳子上盤筵

풍토의 유래 달라도 風土由來異
천자의 위세 만방에 떨쳐졌네 聲靈此日宣
어지러이 일어나는 먼지에 望塵紛絡繹
코끼리 타고 다투어 모여드누나 騎象競駢闐
나라의 체통은 천추에 귀한 것 國體千秋重
사신의 작은 수레 만 리를 도네 軺車萬里旋
교주[149]에 새로운 기록이 생기면 交州新有記
진정 낙명전[150]을 보겠네 眞見雒名田

해졌는데 교지에 구리로 만든 기둥을 세워 한나라 영토의 남쪽 경계로 삼았다고 한다.

147) 穉川은 稚川을 말한다. 道家 전설 중의 仙都로, 稚川眞君이 사는 곳이다. 《抱朴子》로 널리 알려진 東晉의 도사 葛洪의 字이기도 하다.

148) 《廣東新語》 권24 〈蟲語〉의 기록에 의하면 광동지역에서 1년에 8번 실을 생산하는데 여덟 번째는 絲가 아니라 綿을 만들기에 적합해 八蠶綿이라 했다고 한다.

149) 交州는 지금의 광동성·광서성 대부분 지역과 베트남 북부일대에 있었던 옛 州의 이름으로, 여기서는 베트남 북부를 가리킨다.

150) 雒名田은 雒田으로, 옛날 교지 사람들이 조수가 드나드는 해안가에 개간한 밭을 가리킨다.

시기를 정하고 표를 검사하여, 배는 3척이 넘지 않도록 하고 사람은 백 명이 넘지 않도록 하며, 입경入京하는 수행원은 20명을 넘지 않도록 한다. 도착하자마자 포정사는 잔치를 베풀고 관병이 그들을 호송해 입경하도록 하고 서반序班[151]을 보내 감합勘合[152]을 발급한 뒤 귀국할 때까지 지니도록 한다.

광동에 들어온 나라 중 섬라暹羅라는 나라가 있는데 순치 10년(1653)에 조공을 청하였고, 그 후로 조공 기한을 3년으로 정했다. 강희 12년(1673)에는 국왕 삼열박森列拍에게 고명誥命 및 도금한 낙타 장식 인끈과 은 도장을 하사했다. 옹정 2년(1724)에 쌀을 월 땅까지 운반해 오자 조정에서 그 뜻을 갸륵히 여겨 세금을 면한다는 칙령을 내렸으며, 상으로 하사품을 더해 주었다. 하란賀蘭[153]이라는 나라 역시 순치 10년에 사신을 보내 바다를 건너와 조공을 바쳤다.[154] 처음에는 8년에 한 번 조공하는 것으로 정했다가 후에 5년에 한 번으로 바꾸었다. 강희 2년(1663)에 하란에서는 출해왕出海王[155]을 파견해 과선戈船을 이

151) 序班은 명나라 때부터 있던 관직으로 百官의 서열을 관장하는 직이다.

152) 청대 관리가 출장 갈 때 소지하는 신분증명서이다.

153) 賀蘭은 네델란드의 지명이자 다른 이름인 홀란드(Holland)의 음차이다.

154) 順治 10년(1653)에 바타비아(Batavia, 巴達維亞, 인도네시아의 자카르타)의 네덜란드 동인도회사가 廣州에 프레데릭 스케델(Frederick Schedel, 斯克德)을 파견해 통상을 요구했다. 최초의 네델란드 사신은 天啓 3년(1623), 통상을 요구하기 위해 복건에 도착한 판 밀데르트(Van Mildert, 番密爾德)였다.

155) 청나라 문헌 기록에 따르면, 네덜란드의 出海王은 荷蘭國官理軍務中軍으로도 불리었으며 이름은 苗蕉沙吾였다. 《康熙統一臺灣檔案史料選集》, 福建人民出版社, 1983, 19-21쪽 참고. 苗蕉沙吾에 대해서는 네덜란드의 말라카 총독(1665-1677)을 지낸 해군 제독 발타사르 볼트(Balthasar Bort, 1626-1684)로 추정된다. 그는 1662년에서 1664년 사이 세 차례 중국원정을 통해 동인도회사의 통상

끌고 가 민안진閩安鎭[156]에서 해적 토벌을 돕게 했다. 이듬해 출해왕의 대군이 [복건성] 하문厦門과 금문金門 점령을 도우니, 칙령을 내려 포상했다.

서양에 있는 나라 중에는 정화가 다녀온 이래 고리古里·쇄리瑣里·서양쇄리西洋瑣里·홀로모사忽魯謨斯[157] 등에 대한 기록이 보인다. 명나라 만력 29년(1601)에 마테오 리치가 처음으로 토산품을 환관 마당馬堂[158]에게 바쳤고, 청나라 강희 6년(1667)에 조공도 시작했으나 길이 멀어 조공의 시기를 정한 바 없었으며 공물 역시 정한 액수가 없었다. 그 뒤로 몇 년에 한 차례씩 이르렀다. 강희 10년(1671), 공사貢使 마누엘(Manuel de Saldanha, 馬諾勿)[159]이 돌아가는 길에 [강소성] 산양山陽에

거점을 마련하려 했는데 이 원정에서 厦門과 金門의 鄭成功 세력을 몰아내고 잠시 점령하기도 했다. 鄭成功은 1662년 대만에서 네델란드 동인도회사 세력을 축출하는 등 적대적이었으므로 이 시기 네델란드와 청나라의 관계는 우호적이었다. 郭廷以 編, 《近代中国史》, 商務印書館, 1947, 196쪽 참고. Hugh Murray, *An Historical and Descriptive Account of China*, Vol.1, Edinburgh: Oliver & Boyd, 1836, 247-248쪽 참고.

156) 오늘날 福建省 福州 지역이다.

157) 古里는 인도 Kerala주의 Calicut, 瑣里는 인도 Coromandel이다. 西洋瑣里는 곧 쇄리이다. 여기서는 이 둘을 서로 다른 나라로 열거했으나, 이는 《明史》〈外國傳〉의 오류를 그대로 따른 것 같다. 忽魯謨斯는 이란 Hurmuz섬이다.

158) 馬堂은 명나라 太監으로 神宗 때에 天津의 稅監이 되었으며 臨淸 지역을 함께 관할했는데 무거운 세금으로 상인과 백성들의 원성을 샀다. 이로 인해 1599년 백성들이 관아를 불태우는 등, 민변을 일으켰다.

159) 고아 섬의 포르투갈 인도 총독이 포르투갈 국왕의 명으로 파견한 사신으로, 馬納撒爾達聶 혹은 馬努埃爾로도 쓴다. 마누엘은 1667년에 오문에 도착한 이후 계속 머물다가 1670년에야 북경에 들어왔다. 본문의 강희 6년의 조공과 강희 10년의 사건은 하나의 연속된 사건이라고 볼 수 있다.

이르러 병사하자 예에 따라 장사를 치러주었다. 강희 17년(1678) 서양 국왕 아폰소(Afonso, 阿豐肅)가 사자를 공물로 보냈다.[160] 마누엘과 아폰소는 서양의 어느 나라 사람인지 고찰할 길이 없다. 옹정 3년(1725) 의대리아의 교황 베네딕토(Benedictus, 伯納第多)[161]가 사신을 보내 표문을 올리고 토산품을 공물로 바쳤는데, 지금 오문 오랑캐들의 나라 대서양이 바로 그곳이다. 세종世宗[162]께서는 칙령을 내려 후하게 상을 주었다. 옹정 5년(1727) 서양 박이도갈이博爾都噶爾[163] 나라의 국왕 주앙(João, 若望)[164]이 사신을 파견하여 표문을 바치고 입조하여 하례를 행하자, 성대한 연회를 베풀어 대접하고 낭중 한 사람을 보내 북경에 있는 서양인과 함께 가서 맞이하도록 했으며, 보낼 때도 그와 같이 했으니, 특별한 대우였다고 할 수 있다.[165]

---

160) 강희 17년(1678) 고아섬의 포르투갈 인도 총독이 포르투갈 국왕의 명의로 파견한 사신이 예물을 가지고 온 일을 말한다. 당시 포르투갈의 실질적인 국왕은 아폰소 6세(Afonso VI, 1656-1683 재위)가 아니고, 그의 동생 페드루 2세(Pedro II, 1648-1706)였다. 1668년에 동생 페드루가 형에게 왕권 포기를 강요하고 아소르스 제도로 유배하였고, 1683년에 아폰소가 사망하자 곧바로 왕위에 올랐다. 포르투갈 내부의 사정을 알 수 없었으므로 왕의 이름을 잘못 기록한 것이다.

161) 교황 베네딕토 13세(Benedictus PP. XIII)는 제245대 교황으로 1724년부터 1730년까지 재위하였다.

162) 世宗은 雍正帝(1678-1735, 1722-1735 재위)의 廟號이다.

163) 포르투갈의 음역이다.

164) 주앙 5세(João V de Portugal, 若望, 1689-1750)는 페드루 2세의 아들로 1706년부터 1750년까지 재위하였다.

165) 여기서 서양인은 당시 예수회 선교사로 북경에 와있던 안토니오 드 마갈랑이스(António de Magalhães, 張安多, 1677-1735) 신부이며, 1721년에 강희제가 카를로 암브로조 메차바르바(Carlo Ambrogio Mezzabarba, 1685-1741)와 함께 교황과 포르투갈의 왕에게 외교사절로 보냈다. 이에 대한 답례로 1725년 주앙 5세가

승 적산跡刪의 시 〈공사[166]와 함께 도성으로 들어가는 고 이윤[167]을 보내며 10수送高二尹伴貢入京十首〉

벼슬살이라는 것이 시대를 만나기 어려워 代耕未易得逢年
관리 노릇 하느라 시정詩情은 늘 썰렁하기만 하네 宦況詩情總冷然
한가로이 장부 밀어 놓고 통역에게 묻노니 閒却簿書問重譯
풍광 좋은 곳 중 못 가본 곳은 어디인가 風光何處不周還

강가에는 대랑과 이랑이 연이어 가고 江上大郎連二郎
강둑에는 외국 배와 관부의 선박이 나란히 섰네 江干蕃舶並官航
멀리서 온 사람 신기한 물건 자랑 마소 遠人不用誇奇貨
관반館伴[168]에겐 명주가 비단 주머니에 있으니 館伴明珠在錦囊

배에 올라 바람결에 거문고 안고 잠들었더니 登舟風便抱琴眠
꿈에서 날아가는 오리 따라 높은 하늘에 올랐네 夢逐飛鳧上九天
이번 떠나는 참에 하늘길 멀다고 걱정하지 마오 此去莫愁天路遠
맑은 바람이 성인 앞에 먼저 와 있을 테니 淸風先到聖人前

문신하고 이를 검게 새긴 이[169] 함께 천자께 조알하니 雕題刻齒共朝天

알렉상드르 메텔로(Alexandre Metelo)를 대사로 옹정제에게 보냈는데, 바로 본문의 옹정 5년에 포르투갈 국왕이 파견한 사신이다. 그전까지는 포르투갈을 이탈리아와 혼동하였는데, 바로 앞에서 오문 오랑캐들의 나라 대서양이라고 한 부분에서 볼 수 있다. 포르투갈을 博爾都噶爾라고 표기한 것이 이때가 처음으로, 포르투갈의 첫 사신이라고 생각하여 성대하게 접대하였다.

166) 공물을 바치는 일을 맡아보는 사신을 이르던 호칭이다.

167) 二尹은 명청시기 縣丞 또는 府 同知의 별칭이다.

168) 館伴은 외국 손님을 모시는 관원이다. 즉 이 시를 받는 대상인 고 이윤을 가리킨다.

169) 원문은 雕題刻齒이며, 雕題鑿齒, 雕題黑齒와 뜻이 통한다. 《臺灣府志》에 "옛

흐린 물 더러운 진흙에 하얀 연꽃을 심었구나　濁水汚泥種白蓮
연잎 가지 하나로 감로를 받들고　擎出一枝承雨露
동림의 다시 만날 인연 기억해야 하리[170]　東林須記再來緣

하늘의 상서로운 햇빛이 붉은 구름을 쏘고　九重瑞日射彤雲
만 리 밖에선 천계 소리 도처에 들리네　萬里天鷄到處聞
한가로이 주리[171]에게 명교를 이야기하고　閒與侏離說聲教
자손들이 경전을 배우도록 잘 가르치네　好教遣子受三墳

단발에 문신한 이들과 서로 어울리며　相隨斷髮及文身
다른 풍속 이상한 말하는 사람들과 애써 친해지네　異俗殊音强自親
그러나 소리와 모습, 문물을 모두 버리고 나면　除却聲華與文物
누가 진짜이고 누가 가짜인지 알 수 없으리　不知誰假復誰眞

진짜 속에 가짜, 가짜 속에 진짜 있으니　眞中有假假中眞
일하는 자나 읊조리는 자나 모두 한 몸일세　行役行吟總一身
관리 행렬 앞으로 나아가 공사를 모시나니　直造鵷行陪貢使
허리 굽힌 관리[172]보다 조금 나음을 알겠구나　也知差勝折腰人

날 대만에는 이마에 문신을 하고 이가 검은 종족들이 살았다.(臺在昔爲雕題黑齒之種)"라는 기록이 있다. 雕題는 옛 부족의 이름으로 이마에 꽃무늬를 문신했다 하여 붙여진 이름이다.

170) 廬山 東林寺는 晉나라 때 고승 慧遠이 蓮社를 만들고 당시 高士들과 어울렸던 곳인데, 외국의 공사를 흰 연꽃에 비유했으므로 동림을 언급한 듯하다.

171) 侏離는 중국 서부의 이민족을 가리키는 말로, 그들의 음악이나 언어를 가리키기도 한다.

172) 東晉의 陶淵明은 "내가 다섯 말의 하찮은 녹봉 때문에 시골의 소인에게 허리를 굽힐 수는 없다.(我不能爲五斗米, 折腰向鄕里小兒.)"라고 탄식하고는, 〈귀거래사歸去來辭〉를 읊으며 고향으로 돌아갔다. 허리를 굽힌 사람이란 바로 봉록을

물 많은 월 땅과 산 많은 연 땅[173]은 멀지 않나니　粵水燕山路未賒
풍속 살피고 묻다 보면 그 흥이 가없도다　觀風問俗興無涯
다른 말 다른 옷 이상하다 마오　異言異服休相訝
문자와 제도 같으니 본디 한 집안이라네　同軌同文本一家

학 사고 거문고 배우느라 봉급은 바닥났는데　買鶴修琴罄俸錢
아침 되어 격문 받들고 망연자실하였네　朝來棒檄心茫然
거문고 연주 마치고 서글퍼하는데 학은 일어나 춤추며　罷琴惆悵鶴起舞
왕궁으로 날아가니 어여쁨 받겠네　飛上丹霄寧受憐

해진 갖옷 파리한 말 너무도 지쳤구나　弊裘羸馬太郎當
여행길에 제사 지내니 바람 일어 돛 달기 바쁘네　祖道乘風掛席忙
강 너머 늙은 어부 시샘 나 죽겠구나　妬殺隔江老漁父
뱃머리엔 초승달이 서리같이 희네　船頭初月白如霜

조공과 시장은 서로 연관되긴 하지만, 시장의 이익이 크다 보니 애초에 비록 기한을 정해놓고 감합을 엄하게 관리했어도, 끝내는 모두 조공을 사칭해 시장을 열고 조공은 이내 피폐해졌다. 징세는 시장으로 인해 일어나는데, 애초에 통제하고 억압하는 취지를 보여주고 경비도 보조했으나 가혹하게 징수하여 시장을 어지럽히는 일이 간혹 일어나 시장 역시 피폐해졌다. 《후한서》에 이르기를 "여러 번국들이 조공을 바치더니 번국의 장사치들이 양월揚粵[174] 사이에 가득했다"라고 하였다.

위해 굽신거려야 하는 관리의 처지를 뜻한다.

173) 粵 땅은 이 시를 짓는 적산이 있는 광동이고, 燕 땅은 고이윤이 향해 가는 북경이다.

174) 揚越이라고도 한다. 본디 百越의 한 부족을 가리키며 戰國時代부터 魏晉 시대까지 越人의 범칭으로 쓰였다. 여기에서는 그들이 살았던 廣東省 일대를 가리키

당나라 때에는 이로 인해 시박사를 두고, 해당 수신帥臣[175]이 겸하여 관리하게 했다. 그들의 배를 보면, 가장 큰 것이 독장박獨檣舶으로 천 파란婆蘭[176]을 실을 수 있는데 1파란은 3백 근이다. 그 다음은 우두박牛頭舶으로, 독장박의 3분의 1 규모다. 그 다음은 삼목박三木舶으로 우두박의 3분의 1, 다음은 요하박料河舶으로 삼목박의 3분의 1 규모다. 당나라 정관貞觀 연간(627-649)에 추해抽解[177]를 10분의 1로 하라는 조서를 내렸고, 송나라 개보開寶 4년(971)에 시박사를 두어 지주知州가 그 직을 겸하게 했으며 통판通判[178]이 판관判官[179]을 겸하게 했다. 원풍元豊 연간(1078-1085)에야 비로소 수신이 겸하여 관리하는 것을 그만두게 했다. 순화淳化 2년(991)에는 추해로 10분의 2를 징수했다. [들여온 물품의] 10분의 1은 세금으로 징수하고, 그 나머지는 관아에서 [박매로] 사들였으므로 세입이 수십만을 헤아렸다. 남송에 이르러서는 [지역 정부인] 현縣 관아의 모든 경비를 이 세입에 의존해 처리했다. 융흥隆興 연

고 있다.

175) 帥臣은 송대에는 각 路의 安撫使 등을 가리켰으나, 후대에는 일반적으로 統帥나 主將 등의 武官을 가리켰다.

176) 婆蘭은 고대 중량을 세던 단위이다. 《宋史》〈食貨志下八〉에 보면, "오랑캐들은 300근을 1파란이라고 부른다. 선박 중에 가장 큰 것이 독장인데 1000파란을 실을 수 있다.(胡人謂三百斤爲一婆蘭, 凡舶舟最大者曰獨檣, 載一千婆蘭.)"라는 기록이 보이다.

177) 抽解는 연해 지역 항구의 무역에 대해 징수하던 실물세를 가리킨다.

178) 通判은 곡식의 운송·전답·수리·소송 등의 일을 담당하는 州府의 고급관리로, 해당 州府의 관리에 대한 감찰 책임도 진다. 송대에 그 관제가 시작하였으며, 명대에는 知府나 同知의 아래 직급에 해당하였다.

179) 判官은 수나라에서 시작된 행정 보조 관리를 가리키는데, 당에서는 節度使·觀察使·防防使 등의 휘하에서 정사를 보좌하였다.

간(1163-1164) 초에는 10분의 1을 세로 징수하라는 조서가 내렸으며, 박매博買[180])를 그만두게 했다. 처음에는 외국 물건을 상등품과 하등품으로 나누었는데 상등품은 10분의 1을 징수하고 10분의 4를 박매했으며 하등품은 10분의 2를 징수하고 10분의 4를 박매했다.[181]) 추징과 박매가 많아지자 상인들은 모두 그 상등품을 숨겼으며, 상등이라 말했어도 실물은 아니었다. 이렇게 되자 여러 백관들의 말에 따라 이 제도를 폐지했다. 건도乾道 연간(1165-1173) 초에 제거提擧를 두었다. 원나라 때에는 제거를 설치했다가 곧 폐지했다.

명나라 초기에는 여러 외국의 상호 교역을 허가했으며 시박제거사市舶提擧司 1인을 두고 종 5품의 벼슬을 내렸다. 부제거 2인은 종 6품, 그 밑의 관리 중 우두머리 1인은 종 9품을 하사했다. 이들은 해외 여러 번국들의 조공과 시장 무역에 관한 일을 관장하고, 사신들의 표문과 감합의 진위를 판가름했다. 또한 [백성들이] 외국과 접촉하는 것을 금하고, 밀수품을 압수하며, 교역을 공평하게 집행하고, 출입을 통제함과 동시에 그들의 숙식과 접대를 세심히 살폈다. 국왕과 왕비, 그리고 수행 대신들이 가지고 온 물건들은 반을 징수하고 그 나머지는 관아에서 값을 치루고 사들였는데, 섬라와 조와爪哇만은 징수를 면제해주었다. 외국 상인들이 사사로이 시장에 들여온 물건은 모두 봉인하고 장부에 기록한 다음, 그 10분의 2를 세금으로 징수했다. 성조成祖 때에는 환관에게

180) 博買는 관부가 낮은 가격으로 외래물건을 사들이는 제도이다.

181) 상등품과 하등품의 세율이 뒤바뀐 것으로 보인다. 융흥 2년(1164)에 兩浙市舶司에서 상주문을 올려 위 본문의 뒤에 이어지는 내용을 언급하여 상등품에 매겨지던 추분을 10분의 1로 줄이고 박매를 폐지했다는 기록이 《宋會要輯稿》〈職官〉에 보인다.

세금 징수를 감독하게 하고, 제거 등의 관리들은 장부만 관리하게 했다.

가정嘉靖 원년(1522)에는 복건과 절강 두 곳의 시박사를 없애고 광동 시박사만 남겼다.[182] 여러 외국의 큰 배가 나는 듯 파도를 타고 이르는데 서도鼠島를 바라보고 세 번 쉬고, 오랑캐의 커다란 배는 구름 속에 높이 솟아 인주麟州를 가리키며 한 차례 쉬었다 하니,[183] 이곳이야 말로 이른바 황금 산, 구슬 바다요, 천자의 남쪽 보고였던 것이다. 측천무후則天武后 때 도독 노원예路元睿가 외국 화물을 가로채자 선박 주인이 분을 이기지 못하고 그를 죽이는 일이 발생했다. 명나라 때에도 세금 징수를 맡은 환관이 멋대로 징수해 해를 끼쳤고, 위권韋眷[184]이 부임한 뒤에는 월 땅의 부호들에게 착취하여 바침으로써 세금이 날로 줄어들었다. 반면 당나라 이면李勉[185]이 영남절도사로 임명되자, 해마다 겨우

182) 廣東은 占城·暹羅 등의 여러 번국을 위해 廣州에, 福建은 琉球만을 위해 泉州에, 浙江은 日本만을 위해 寧波에 설치하였다고 한다.

183) 원문인 "飛艎走浪, 望鼠島而三休, 大舶參雲, 指麟洲而一息"은 唐나라 張鷟의 〈波斯崑崙等舶到擬給食料已前隱沒不付有名無料虛破官物請停〉에 나오는 말이다. 鼠島는 《十洲記》에서 南海 가운데 炎洲라는 곳이 있고 이곳에 사는 火鼠의 털은 짜서 베를 만들 수 있다고 한 것에서 비롯하였다. 三休는 賈誼의 《新書》에 翟나라 王의 사자가 楚나라에 이르자, 楚나라 왕이 자랑하고 싶은 마음에 章華臺에서 사자를 맞이하였는데, 章華臺는 높아서 올라가려면 세 번은 쉬어야 위에 올라갈 수 있었다는 고사에서 비롯하였다. 麟洲는 《述異記》에서 西海에 있는 鳳麟洲라는 곳이 있는데 기린과 봉황이 많이 살아서 그렇게 이름하였다고 한 기록에서 비롯하였다. 여기에서 鼠島와 麟洲는 남해와 서해에 있는 먼 나라들을 일컫는 말로 쓰였고 세 번 쉰다는 말은 거리가 멀어서 오기 힘들다는 뜻으로 쓰고 있다.

184) 韋眷은 字가 效忠이고 廣西 宜山 사람이다. 명나라 太監으로 成化年間에 廣東市舶의 세를 주관했는데 착취와 축재를 일삼았으며 布政使 陳選을 무고한 일로 체포되어 압송 중 사망했다.

185) 李勉(717-788)은 字가 玄卿으로, 隴西 成紀(甘肅 秦安縣) 사람으로 당대의 재

4-5척 이르던 서남 오랑캐의 선박이 이면이 청렴하고 세금 또한 과도하게 물리지 않는 것을 보고 이듬해 40척이나 이르러 조정과 백성 모두에게 도움이 되었다.

청나라 강희 24년(1685)에 월 지역의 해관감독을 두니, 내무부 원외낭중員外郎中이 나아가 그 일을 담당했다. 그 후 간혹 비리 때문에 일이 어그러지기도 하여 순무에게 칙령을 내려 감독하게 했으며, 근년에는 총독에게 그 일을 귀속시켰다. 중국을 찾아온 나라들로는 하란·영길리·서국瑞國·연국璉國[186]이 있는데 모두 홍모의 족속이었다. 불랑서나 여송[187] 같은 곳은 모두 불랑기였다. 한 해에 평균 20여 척 정도가 들어왔으며, 이들이 도착하면 고기와 술로 위로했다. 십삼행十三行[188]이라 불리는 중개상이 이 일을 주관했으며, 모두 층층의 높은 누대로 된 건물을 갖고 있었다. 선장은 대반大班, 그 다음은 이반二班이라 하였는데 이들은 십삼행에 머무르는 것이 허락되었고 나머지는 모두 선박에 머물렀으니, 이는 회원역 옆에 120채의 건물을 지어 외국인들을 머물게 한 명나라 때의 제도를 따른 것이었다.

상을 지냈다. 江西觀察使·京兆尹·御史大夫·嶺南節度使·工部尚書 등을 지냈으며 汧國公에 봉해졌다. 영남절도사를 맡은 것은 758년이다.

186) 하란은 네덜란드, 영길리는 영국, 서국은 스웨덴, 연국은 덴마크이다.

187) 불랑서는 포르투갈, 여송은 스페인을 가리킨다.

188) 廣州 관부에서 대외무역을 허락해준 商行을 말한다. 公行·洋行·洋貨行·外洋行이라고도 부른다. 그 명칭은 명나라 때부터 시작되었으며, 十三行이라고는 하나 13으로 고정된 것은 아니었다.

나천척羅天尺[189]**의 시 〈겨울밤, 주강의 배에서 십삼행의 서양물건을 불로 태우는 것을 보고 지은 노래**冬夜珠江舟中觀火燒洋貨十三行因成長歌〉

광주의 성곽은 천하에 으뜸	廣州城郭天下雄
그 안에 섬 오랑캐들이 서로 붙어 산다네	島夷鱗次居其中
향과 진주, 은과 돈이 시장에 가득하고	香珠銀錢堆滿市
화포, 우단에 치나융[190]이 널렸네	火布羽緞哆哪絨
파란 눈의 서양 관리는 이층집 차지해 살고	碧眼蕃官占樓住
붉은 털 서양 귀신들도 몇 년이고 머무네	紅毛鬼子經年寓
호경 거리는 서각루로 이어지는데	濠畔街連西角樓
서양 물건이 산더미처럼 어지럽게 쌓여있네	洋貨如山紛雜處
나는 주해[191]를 찾아와 홀로 배를 타고	我來珠海駕孤舟
밤중에 달 보러 비파주로 나아갔네	看月夜出琵琶洲
하얀 꽃내음 풍기는 배들 흩어지자 꽃향기 사라지고	素馨船散花香歇
바다 위로 뜬 하현달이 갈고리처럼 가늘구나	下弦海月纖如鈎
그윽한 데서 시구 떠올리려 차가운 상앗대 드리우는데	探幽覓句一竿冷
만 길의 무지개가 홀연 가로 걸렸네	萬丈虹光忽橫亘
붉은 새는 안시성[192]에 날아들고	赤烏飛集雁翅城
신기루는 저 멀리 번개 속에 희미하네	蜃樓遙從電光隱
염관[193]이 순행할 때 불 양산 펼쳐진 것처럼 드높으니	高如炎官出巡火傘張

189) 羅天尺(1686-1766)은 字가 履先, 號가 石湖로 廣東 順德 大良 사람이며 《瘦暈山房詩鈔》·《五山志林》 등을 지었다.

190) 털이 짧고 두툼한 모직물이다.

191) 珠海는 珠江을 가리킨다.

192) 雁翅城은 지금의 廣州市 趙秀區에 있는 송대에 축조되었던 성 중 하나이다.

193) 炎官은 신화에 나오는 火神이다. 吳筠의 〈游仙〉시에 "적제는 화룡을 뛰어넘고 염관은 주조를 제압하네(赤帝躍火龍, 炎官控朱鳥)"라는 구절이 있다. 염관의 傘은 태양을 가리키기도 한다.

한발[194]의 남은 위세 감당할 수 없구나 旱魃餘威不可當
오림[195] 적벽[196]의 밤 격전처럼 웅장하니 雄如烏林赤壁夜鏖戰
만 갈래 금빛이 물결 위를 비추누나 萬道金光射波面
위로는 요순의 오색구름이 삼대 별자리를 휘감는 듯 上疑堯天卿雲五色擁三臺
불 떠난 주작이 서로 소란을 피우네 離火朱鳥相喧㕦
아래로는 중보[197]가 부국을 일구려 새로이 소금을 끓이는 듯 下疑仲父富國新煮海
천년의 패기霸氣가 지금도 남아 있네 千年伯氣今猶在
나를 궁상맞은 선비라 비웃겠지만 笑我窮酸一腐儒
온갖 보화가 잿더미로 변하니 이내 심정 안타까워라 百寶灰燼懷區區
동방 삼겁을 아는지 모르는지 東方三刼曾知否
초나라 사람 한번 횃불 들었으니 어찌 하리오[198] 楚人一炬胡爲乎
옛날 유향이 상주문 올린 것을 보니 舊觀劉向陳封事

194) 旱魃은 가뭄을 몰고 오는 신으로, 黃帝와 蚩尤의 싸움에서 黃帝를 도와 치우 편의 風雨神을 제압했으며 그러다 신력을 잃었다고 한다. 한발이 북방에 남게 되어 북방에 가뭄이 잦다는 전설이 있다.

195) 烏林은 지금의 湖北省 洪湖縣 동북쪽 烏林磯를 말한다.

196) 赤壁은 지금의 湖北省 洪湖縣 동북쪽 적벽산을 말한다. 동한 建安 13년(208) 적벽대전이 있었던 곳으로 孫權과 劉備의 연합군이 曹操軍을 대파했다.

197) 管仲(?-B.C. 645)을 말한다. 仲父는 齊 桓公이 그를 존대해 부른 것이다. 춘추시기 제국의 정치 사상가로 이름은 夷吾이며 桓公을 보좌해 제국을 강국으로 만들었다. 일찍이 부국을 만들기 위해 산림을 개발하고 어업·염업·철광업 등을 발전시킬 것을 건의했다.

198) 당나라 시인 杜牧의 〈阿房宮賦〉를 인용했다. "병졸들이 함성 지르며 함곡관을 공격하고, 초나라 사람이 횃불을 드니, 가련히도 초토가 되었구나.(戍卒叫, 函谷擧, 楚人一炬, 可憐焦土.)" 秦二世 때 陳勝과 吳廣이 기의하자 그 틈을 타서 項羽가 함곡관으로 들어와 횃불로 진 왕조 때 온갖 사치를 부려 지은 아방궁을 태워 재로 만든 사건을 이야기한다. 여기서 초나라 사람이란 곧 항우를 가리킨다.

화재 기록이 열네 번 나오네 火災紀之凡十四
한나라 역사에는 솔개가 둥지 태운 일 나오고 又觀漢史鳶焚巢
흑상 역시 오행지에 실려 있네199) 黑祥亦列五行志
지금은 화평한 기운이 상서로움을 가져와 나쁜 기운 없고
只今太和致祥戾氣消
덕정 베푸는 훌륭한 관료들도 많다네200) 反風滅火多大僚
하물며 화재 막는 건 주옥뿐이라 하였은즉 況云火災之禦惟珠玉
이 강을 주강이라 이름하여 보광이 타오르니 江名珠江寶光燭
불을 꺼도 꺼지지 않는데 어찌 까닭이 없으랴 撲之不滅豈無因
회록201) 너는 불꽃을 향해 가는 자로구나 回祿爾是趨炎人
강가에서 장탄식하고 노를 저어 가는데 太息江皋理舟楫
굴뚝으로 나오는 밥짓는 연기가 눈처럼 차갑구나 破突炊烟冷如雪

그들이 가지고 온 것은 필지嗶吱202) · 다라련哆囉嗹203) · 유리(玻璃),

199) 《漢書》〈五行志〉에 "물의 색은 검은 빛으로 흑생과 흑상이 있게 된다. 무릇 귓병은 물의 기운이 병든 것이며, 물의 기운이 병든 것은 불이 그것을 이길 수 있다.(水色黑, 故有黑眚黑祥. 凡聽傷者病水氣, 水氣病則火沴之.)"라고 하였다. 흑생과 흑상은 물로 인해 일어나는 재해와 징조를 말한다.

200) 反風滅火는 덕정을 베푸는 것을 말한다. 《後漢書》〈劉昆傳〉에 나오는 표현이다. "광무제가 유곤을 불러 '전에 강릉에 있을 때에는 바람의 방향을 바꿔서 불을 껐고, 뒤에 홍농 태수로 있을 때에는 범이 북쪽으로 강을 건너갔다는데, 무슨 덕정을 행했기에 이런 일이 있게 하였는가?'라고 묻자, 유곤이 '우연일 뿐입니다.'라고 답하였다.(詔問昆, "前在江陵, 反風滅火, 後守弘農, 虎北渡河, 行何德政而致是事?" 昆對曰, "偶然耳.")"

201) 回祿은 火神의 이름으로, 화재를 뜻하기도 한다.

202) 면이나 모를 능직으로 직조하여 표면에 사선이 나타나는 트윌을 가리키며, 라틴어로 絹이라는 뜻의 serica에서 유래한 beige 혹은 serge의 음역이다.

203) 哆囉呢라고도 부르는데 일종의 두껍고 폭이 넓은 모직물로 오늘날의 벨벳에

그리고 각종 기이한 향료와 진귀한 보물이었으며, 간혹 은전을 가져오기도 했다. 가지고 간 것은 차·호사湖絲[204]·도기·고운 설탕, 그리고 납과 주석과 황금이었는데, 서적과 유황, 쌀과 철 및 엽전의 거래만은 금지했다. 명나라 말에 환관 이봉李鳳을 보내 월 지역에 세금 20만 냥을 증액했으나, 결국 충당하지 못했다. 지금은 세금이 차고 넘치며, 먼 곳의 백성을 회유하여 따르게 하는 은혜 또한 끝이 없다. 조공선의 압창물壓艙物[205]에 대해서는 일절 징수하지 않으며, 오문의 오랑캐들에 대해서는 더욱 두터운 혜택을 준다. 배가 오문으로 돌아오면 선세만 징수하고, 화물은 세어서 장부에 기록만 한다. 이 화물을 오랑캐의 집으로 보냈다가 중국 상인과 교역을 하여 오문 밖으로 내보낼 때에만 세금을 징수한다. 또한 조례를 반포하고, 이를 새겨 높이 내걸어서 아전들이 나쁜 짓을 할 수 없었기에 사방 먼 곳에서 남쪽 바다로 수레바퀴 살처럼 모여들었다. 오문 땅의 매년 지세는 은 5백 냥으로, 향산현에서 징수하였다. 《명사》에서는 호경에서 해마다 바치는 세금이 2만 냥이고[206] 거기서 내는 지세가 5백 냥이라고 했는데 어디서 근거한 것인지

해당한다.

204) 湖絲는 절강성 湖州에서 생산되는 생사이다.

205) 배는 선실을 비워두어서는 안 되는데, 쉽게 뒤집히기 때문이다. 따라서 돌이나 모래 같은 중량이 나가는 물건을 가져다가 선실을 눌러놓아야 하는데, 이를 壓艙物이라 부른다.

206) 《明史》〈佛郎機傳〉에서 "이에 앞서 섬라·점성·조와·유구·발니 등의 나라들이 서로 무역을 하였는데 모두 광주에서 하였다. 이에 시박사를 설치해 그를 관리했다.…가정 14년에 지휘 황경이 뇌물을 받고 상부에 청해 장소를 호경으로 옮기니 해마다 바치는 세금이 2만 금이었다.(先是, 暹羅·占城·爪哇·琉球·浡泥諸國互市, 俱在廣州. 設市舶司領之.…嘉靖十四年, 指揮黃慶納賄, 請於上官, 移之濠鏡, 歲輸課二萬金.)"라고 하였다.

모르겠다.[207] 청나라 때는 《부역전서賦役全書》[208]에 이 사실이 실려 있는데 《부역전서》가 만력 간행본을 표준으로 삼았으므로, 오문에 지세가 있게 된 것은 대략 만력 연간에서 그리 멀지 않다고 할 수 있다.

207) 서양측 자료에 따르면 초기에 오문에 정착한 포르투갈인들이 광동의 해도부사에게 500냥을 뇌물로 준 것에서 유래했다고 한다. Montalto de Jesus, *Historic Macao*, Hongkong: Kelly & Walsh, 1902, 34쪽. *Breve Monografia De Macao*, 2009, 155쪽 참고.

208) 청나라 순치 9년(1652)에 편수된 《廣東賦役全書》를 가리킨다.

望廈村
新廟
縣丞衙門
關閘
三巴門
田
花王廟
唐人廟

오문기략 하권

오번편澳蕃篇
서양 여러 나라를 덧붙여 기록하다

오문에 들어온 외국에 대한 기록에는 대략 몇 가지 단서가 있다. 명나라 초기에 광주에서 무역을 시작해 정덕正德 연간(1506-1521)에 전백현電白縣으로 옮겨갔다가 가정嘉靖 연간(1522-1566)에 다시 호경濠鏡으로 옮겨간 나라로는 섬라暹羅·점성占城·조와爪哇·유구琉球·발니浡泥 등이 있다. 그 후 집을 짓고 거주한 자들이 바로 불랑기佛郎機 사람들이다. 처음에 불랑기와 시장을 다투다가 곧 이어 우호적으로 왕래하며 통상을 요구했던 나라는 화란和蘭[1]이다. 오문을 도망꾼의 소굴로 삼은 나라는 왜국倭國이다. 서양 나라도 몇 가지 기록이 보인다. 고리古里·쇄리瑣里·서양쇄리西洋瑣里·가지柯枝·석란산錫蘭山[2] 등은 서양에서

---

1) 네덜란드를 가리킨다. 賀蘭·荷蘭·紅毛·紅夷 등으로 표기하기도 한다.

2) 古里는 인도 케랄라주의 Calicut이고, 瑣里는 인도 동남부 해안지역인 Coromandel이다. 촐라(Chola) 왕국의 땅을 뜻하는 타밀어 Chola Mandalam이 포르투갈어로 옮겨지면서 Coromandel이 되었다. 명대 역사서에서 瑣里와 西洋瑣里로 불리는 지역은 촐라 왕국의 통치지역을 가리키는 말이다. 강력한 해상 전력으로 그 전성기에는 인도 남동부에서 인도양과 오늘날의 말레이시아와 인도네시아 일부에 걸쳐 지배하였다. 《明史》〈外國傳〉에서는 "쇄리는 서양쇄리에 가까우나 조금 작다.(瑣里, 近西洋瑣里而差小)"라고 하여 이 둘을 서로 다른 나라로 열거했으나, 西洋瑣里는 곧 瑣里와 같은 나라이다. 柯枝는 인도 서남 해안 Cochin, 錫蘭山은 스리랑

가깝다. 홀로모사忽魯謨斯[3] 같은 경우는 서해 끝에 위치해 있어서 거리가 매우 멀지만 모두 명나라 초기 입조하러 오는 나라로 기록되어 있다. 지금의 서양 오랑캐는 이른바 의대리아意大里亞라는 나라로, 명나라 말부터 들어오기 시작했다. 이제 그 본말을 구별하고 모아서 한 편으로 기록하였다.

점성은 남쪽 바다에 있다. 경주瓊州[4]에서 출발하면 순풍일 경우 하루 만에 도착할 수 있다. 주周나라 때 월상越裳[5] 땅으로, 진秦에 와서 임읍林邑이 되었다가 한漢에 들어와 상림현象林縣이 되었다. 국왕이 거하는 곳이 점성이어서 당唐에서 송宋까지 점성을 국호로 삼았다. 명나라 초기에 점성국왕에게 봉호를 하사하고 명나라 정삭을 받들게 하였으나 후에 안남安南[6]에 의해 멸망하였다. 이에 우도어사右都御史 도용屠滽을 광동廣東으로 파견해 점성국왕 고래古來를 왕에 책봉하고, 안남에 격문을 보내 [힐책하고] 병사를 모집해 그를 호위해 귀국하게 하였다. 그들의 집은 모두 [중국이 있는] 북쪽을 향하고 있다. 국왕은 쇄리 사람으로 불교를 숭상한다. 나라가 그다지 부유하지는 않으나 코뿔소

카이다.

3) 이란의 호르무즈(Hormuz) 섬을 가리킨다. 페르시아만과 오만(Oman) 사이 해안에 있는 섬으로 13세기경부터 인도와 중국의 무역을 독점하는 등, 무역의 중심지였다.

4) 광동성 海南島를 가리킨다.

5) 삼국시대 이전의 史籍에 등장하는 越裳은 남쪽 변방에 있던 나라로 추측되나, 그 위치에 대해서는 이설이 분분하다. 삼국시대 이후의 월상은 九德郡에 속해있던 현의 이름으로, 지금의 베트남 義靜省 남부 河靜(Ha-Tinh) 일대에 해당한다. 훗날 사적에서는 베트남 중부지방을 일컬어 주나라 월상씨들이 살았던 옛 땅이라 기록하고 있다.

6) 安南은 베트남의 옛 이름이다. 清 嘉慶 8年(1803)에 越南으로 바꿨다.

와 코끼리가 가장 많다. 오목烏木과 강향목降香木으로 땔감을 삼는다. 가남목伽楠木[7]은 하나의 산에서만 나는데, 추장이 지키고 있어 백성들이 감히 채취하지 못한다.

우동尤侗[8]의 시 〈점성 죽지사占城竹枝詞〉

금화관 위에 삼산모를 쓰고　　金花冠上戴三山
대모로 신발 장식하고 보석 허리띠 찼네　　玳瑁裝鞵束寶鐶
아무리 용감하다 해도　　任爾通身都是膽
한밤중에 시만[9]을 만나는 것은 두려울 수밖에　　那堪黑夜遇尸蠻
십경 밤낮으로 북소리 둥둥　　十更晝夜鼓冬冬
오시[10]에 일어나고 자시[11]에 자는 풍속은 통한다네　　午起子眠風俗通
세 척의 대나무 들고 돌아가며 술을 부으니　　三尺竹竿輪灌酒
온 성안에서 가무가 밝은 달 아래 펼쳐지네　　滿城歌舞月明中

〈공사가 막 점성을 출발하다貢使初發占城〉

7) 여기 나오는 오목·강향목·가남목 등은 모두 향료로 사용되는 목재 이름이다.
8) 尤侗(1618-1704)은 청나라 문학가이자 희곡가로 자는 同人 혹은 展成이며, 호는 悔庵·艮齋·西堂老人이다. 지금의 강소성 吳縣인 長洲 사람으로, 작품의 대부분이 《西堂全集》에 수록되어 있다.
9) 尸蠻은 尸頭蠻, 혹은 北瓜라고도 한다. 《瀛涯勝覽》의 기록에 따르면, 본래 여인의 몸으로 잠들면 머리가 몸에서 떨어져 나와 귀가 날갯짓을 하여 날아다니며 아이의 복부를 물어 먹는다고 한다. 해 뜨기 전에 본래의 몸에 돌아와 붙는데 밤새 있었던 일을 기억하지 못한다고 한다.
10) 午時는 낮 11시에서 1시 사이를 가리킨다.
11) 子時는 밤 11시에서 1시 사이를 가리킨다.

버들개지 늘어진 강가 다리를 지나서 行盡河橋柳色邊
돛 하나 높이 달고 멀리 천자 배알하러 떠나네 片帆高掛遠朝天
떠나기도 전에 돌아올 마음 조급함을 알겠나니 未行先識歸心早
연산에 두견새 있기 때문이라네[12) 應是燕山有杜鵑

〈강가 누각에서 이별하며 남기다江樓留別〉

푸른 산은 누각을 굽어보고 누각은 나루를 굽어보는데 青嶂俯樓樓俯渡
멀리 가는 이 전송하러 온 객이 이곳을 지나가네 遠人送客此經過
서풍 부는 양자강 변 버드나무 西風揚子江邊柳
떨어지는 잎이 이별의 그리움만큼 많지는 않으리 落葉不如離思多

섬라는 점성의 서남쪽에 있으며, 순풍을 안고 가면 열흘 만에 도착할 수 있다. 수당隋唐 시기에 적토국赤土國[13)]이라 불리던 것이 후세에 나곡羅斛과 섬暹[14)] 두 나라로 나뉘었다. 그 후 나곡이 강성해지자 섬을 합병하고는 섬라곡국暹羅斛國이라 칭하였다. 명나라 초기에 칙령을 내려 봉호를 하사하고 '섬라국왕지인暹羅國王之印'이라는 도장을 하사하면서 섬라라는 호칭으로 부르기 시작했다. 가정 연간에 이웃 나라 동만우東蠻牛[15)]에게 제압당했다. 뒤를 이은 왕이 굳은 뜻을 세워 복수한 끝

12) 燕山은 사신이 머무는 북경을 상징한다. 두견새를 언급한 것은 고향을 그리워하는 마음을 나타낸 것이다.

13) 赤土國은 오늘날 태국 남부의 송클라(Songkhla)주나 빠따니(Pattani)주에 있었던 것으로 추정되는 고대 국가이다.

14) 羅斛은 오늘날 태국의 롭부리(Lopbury) 지역에 존재했었던 고대국가이다. 暹은 오늘날 태국의 수코타이(Sukhothai) 지역에 존재했었던 고대국가이다.

15) 東蠻牛는 미얀마의 퉁구(Toungoo) 왕조를 가리키는데, 따웅우(Taungoo) 왕조라

에, 동만우를 대파하고 병사를 이동시켜 진랍眞臘을 공격해 승리를 거두니, 드디어 여러 나라들 사이에서 패자로 군림하게 되었다. 일본이 조선을 침략하자 섬라에서 비밀리에 출병하여 곧장 일본을 공격하고 후방 지원군을 차단하겠다고 청해왔다. 병부상서 석성石星[16]은 따르고자 하였으나 양광총독兩廣總督 소언蕭彦[17]이 그럴 수 없다는 입장을 견지하여 시행되지 않았다.

숭정崇禎 16년(1643)에도 조공을 바쳤다. 청나라에 들어와서는 더욱 공손히 따랐기에 강희 12년(1673)에 섬라국왕에 책봉했다. 공물 중에는 잘 길들여진 코끼리와 금빛 털을 가진 원숭이가 많았다. 그 나라는 둘레가 천 리에 달하는데 사람들이 잽싸고 사나우며 수전水戰에 익숙하다. 대장은 성철聖鐵[18]로 몸을 싸매고 있어서 칼이나 화살도 뚫지 못한다. 성철은 사람의 두개골이다. 이 나라 왕도 쇄리 사람이다. 관직은 열 등급으로 나뉘며, 왕에서부터 서민에 이르기까지 모든 일은 아내가 결

고도 불리며 1531년부터 1752년까지 미얀마 중부에 있었다. 16세기 후반 미얀마 외에 태국과 라오스 지역까지 진출했으며, 시암의 첫 번째 왕조인 아유타야 왕국을 점령하기도 했다.

16) 石星(?-1599)은 字가 拱宸이고 號는 東泉이다. 山東省 東明縣 사람으로 명나라 隆慶 원년(1567)에 吏科給事中을 역임하였고, 萬曆 연간에는 兵部尙書를 지냈다.

17) 안휘성 宣城 사람으로 만력 17년에 左副徒御史로서 양광총독을 역임했다.

18) 元나라 周達觀이 지은《眞臘風土記》〈國主出入〉에서는 "새로 임금 된 자는 몸에 성철을 박아 넣는데 그러면 화살이나 칼 같은 것이 닿아도 해를 입힐 수 없다.(新主身嵌聖鐵, 縱使刀箭之屬, 著體不能爲害.)"라고 적고 있다.《明史》〈外國傳五·暹羅〉에는 "대장은 성철로 몸을 싸매는데 그러면 칼과 화살이 들어가지 못한다. 성철이란 사람의 두개골이다.(大將用聖鐵裹身, 刀矢不能入. 聖鐵者, 人腦骨也.)"라고 하였다.

정한다. 아내가 중국인과 정분이 나면 남편은 술상을 차려 함께 마신다. 불교를 숭상한다. 기후가 불규칙해서 추웠다 더웠다 하며, 지대가 낮고 습해서 사람들은 모두 다락집에 산다. 남자나 여자나 모두 머리를 틀어 올리고 흰 천으로 머리를 가린다. 의복은 중국과 흡사하다. 명나라 때 [복건성] 정주汀州 사람 사문빈謝文彬이 소금을 팔러 바다로 나갔다가 표류하여 그 나라에 들어갔는데, 후에 곤악坤嶽이라는 벼슬까지 지냈다. 곤악은 중국의 한림원 학사에 해당한다. 그 나라에는 복건성 출신 사람이 많은데, 얼마나 재물을 많이 내느냐에 따라 높은 관직을 내린다. 관리가 된 사람이 많아서, 그 가운데 종종 사신으로 조공을 바치러 오는 사람도 있다.

우동의 시 〈섬라 죽지사暹羅竹枝詞〉

흰 천 머리에 두르고 푸른 천 허리에 싸맨 채	白布纏頭青壓腰
조개 껍질 화폐[19]로 장사하며 향을 사를 줄도 안다네	海肌買賣解香燒
여자가 결정하면 남자는 따르며	女兒斷事男兒聽
중국 사람을 유난히 좋아해 밤마다 교태를 부리네	偏愛華人夜夜嬌
적미군의 후손들이[20] 비린내 나는 바람에 물들어	赤眉遺種染腥風
납땜한 옷에 주사 박아 넣고 중들은 붉은 옷 걸쳤네	封釬嵌砂僧點紅
살아서 몸을 두른 것은 모두 성철이요	生日裹身皆聖鐵
죽어서는 파도 속에 조장[21]을 한다네	死時鳥葬海濤中

19) 고대 태국·미얀마·방글라데시 및 중국의 운남 일대에서는 조개 껍질로 화폐를 대신했다.

20) 赤眉軍은 新莽 말년의 농민 기의군을 말한다. 섬라는 예부터 적토국이라 칭하면서, 적미군의 후세들이 사는 나라로 여겨왔다.

양패란梁佩蘭의 시 〈조공 바치러 온 섬라 사자를 보고觀暹羅使者入貢〉

교화 바깥 땅이지만 능히 존친의 도를 알아 能於化外識尊親
파도에 몸 젖는 수고도 마다하지 않는구나 不憚波濤濺着身
데려온 물고기와 용은 구모[22]도 잊었고 媵水魚龍忘颶毋
남으로 북으로 하늘 가리키며 침신[23]에게 맡기네 指天南北託針神
중조에서는 예법상 조카 삼촌이라 부르지만 中朝禮自通甥舅
외국에서는 본디 자식이요 신하라 칭해야 하네 外國稱原列子臣
가져온 특산물이라고는 금엽표문[24]뿐이지만 方物只將金葉表
성명한 왕께서는 기이한 보배 귀히 여기지 않는다네 聖王從不貴奇珍

진왕유陳王猷의 시 〈조공으로 바친 닭을 노래하고 서문을 쓰다觀貢雞歌幷序〉

옹정 기유년(1729) 가을에 섬라에서 조공을 바쳐왔다. 닭은 키가 3척도 넘고 80근은 나갈 만큼 컸다. 벼슬이 한 조각 있었는데 마치 흐물거리는 뿔로 된 것처럼 보였다. 부리는 봉황 같았고 혀가 없었다. 머리에서 목까지는 털이 나 있지 않았고 선홍색 살빛이 드러나 보여 갓 핀 꽃처럼 붉은 색과 옅은 녹색이 빛을 발하였다. 몸에는 날개가 없었고, 목 아래에 난 털은 검은 숫양의 털과 닮아서, 길이는 일 척 남짓 되는 것이 꼬아 만든 실 같았다. 바람이 불면 살갗이 드러났는데 옅은 자줏빛이었다. 발가락이

21) 섬라 사람들은 부유한 사람이 죽으면 입에 수은을 부어 봉한 뒤 묻고, 가난한 사람이 죽으면 바닷가에 시체를 가져다 버려 새들이 시신을 뜯어먹게 한다. 새들이 시신을 다 뜯어먹으면 바닷가에 뼈를 버리는데 이를 일러 鳥葬이라 하였다.

22) 颶毋는 폭풍우가 올 것임을 미리 알리는 구름무리, 혹은 폭풍우 자체를 가리키기도 한다.

23) 나침반을 의인화한 것이다.

24) 金葉表文은 금박에 새긴 표문으로, 주로 공물을 바치러 올 때 중국 천자에게 올렸다.

세 개에 발톱은 없었다. 걸음걸이는 학과 비슷했다. 나는 회성會城인 광주廣州의 공관貢館에서 그것을 보았는데 무슨 동물인지 알 수가 없기에 돌아와 노래를 지어 이를 기록했다.

삼 척도 넘는 우뚝 거대한 닭	昂然大雞三尺强
고개 숙여 마시고 쪼는 모습 잘도 길들여져 있구나	頫而飮啄馴以良
더 이상 노여움에 혹을 부르르 떨며 일어나지 않으니	不復怒癭爭硍磊
사나운 눈에서 뿜어내는 빛인들 어디 있겠는가	詎有悍目呈精光
검은빛 높다란 볏슬은 흐물거리는 뾰족한 뿔인 듯	峩冠黯默液特角
우뚝한 반달이 가운데 솟은 듯	半規卓確高中央
살짝 구부러진 짧은 부리엔 혀뿌리도 없고	微鈎短喙失舌本
몸 막아줄 두 날개도 거의 보이지 않네	絶少兩翼爲身防
삼 척이나 되는 키에 발톱일랑 없으니	三尺著地距何有
어떻게 울며 싸우며 날아오르기까지 하겠는가	何能鳴鬪還飛揚
온몸에 늘어뜨린 깃털은 검은 숫양 같고	遍體垂絲黑羖色
바람 불어 털 날리면 푸른빛도 보이네	風吹散漫見頑蒼
목 아래 살결은 노을 비단을 펼쳐놓은 듯	頸下入膚刷霞錦
간간이 섞인 연둣빛엔 문양도 많구나	間以媚綠饒文章
털 없이 아름다운 무늬가 가죽에 붙어있으나	毛去有文只附鞹
그 무늬인즉 자세히 들여다볼 필요 있을까	於理則那費周詳
억지로 닭이라 하기에 일단 닭이라 여기나니	强名爲雞聊雞之
《산경》[25]에 빠진 부분 채워 넣어야겠네	山經遺佚須補亡
옛날에는 진귀한 날짐승을 나라에서 기르지 않았고[26]	古者珍禽不畜國

25) 《山海經》을 말한다. 이 책은 《산경》과 《해경》으로 나뉘어져 있는데, 그 중 《산경》이라는 뜻이다.

26) 《書經》〈旅獒〉에서 "개나 말이 풍토에 맞지 않으면 기르지 않고, 진귀한 새나 기이한 짐승도 나라에서 기르지 않는다.(犬馬非其土性不畜, 珍禽奇獸不育於國.)"라

선왕의 조심스러운 덕으로 먼 나라를 편히 해주셨네 先王愼德綏遐方
이역에서 바다를 건너와 정성을 바치고 航海輸誠出異域
만이의 땅에서 온 신하가 조공을 바치니 遠臣職貢來蠻疆
몇 번 통역 거치는 나라라도 교화에는 안팎이 따로 없어 重譯更翻化莫外
밝은 조칙 반포하심에 일정한 법도가 있구나 分頒昭致制有常
기이한 물건 귀히 여기지 않고 일용품 천히 여기지 않으니 不貴異物賤用物
봉황이 오고 기린이 노닐어 태평성세를 내리셨도다 鳳至麟遊天降康
지금 바야흐로 도가 펼쳐지고 폐하께선 성명하시니 當今有道陛下聖
이것을 다시 월상으로 돌려보내실 줄 정녕 알겠네[27] 定知却此還越裳
월성[28]의 호사가들 달려왔다가 놀라 粵城好事走且僵
날마다 구경꾼들로 담장을 이루네 日往觀者如堵墻
혹자는 곤계[29]가 이것이 아닐까 의심하고 或疑崑鷄毋乃是
혹자는 목덜미의 문채가 난새 봉황에 버금간다고 말하네 或謂頸彩媲鸞皇
뒤뚱뒤뚱 걷는 태선[30]이 又若胎仙步彳亍
미처 학이 다 못되어 미향으로 돌아간 듯 化鶴未成歸迷鄉
내가 지팡이 짚고 서쪽 성곽을 나섰으나 我攜笻杖出西郭

고 하였다.

27) 월상은 交趾의 남쪽에 있던 옛날 나라 이름이다. 周나라 成王 때에 周公이 섭정하여 천하가 태평해지자, 越裳氏가 와서 주공에게 흰 꿩을 바치며, 우리나라 노인들이 "하늘에 풍우가 거세지 않고 바다에 해일이 일지 않은 지 지금 3년이 되었다. 아마도 중국에 성인이 계신 듯한데, 어찌하여 가서 조회하지 않는가.(天之不迅風疾雨也 海不波溢也 三年於玆矣 意者中國殆有聖人 盍往朝之.)"라고 하기에 조공을 바치러 왔다고 하였다는 말이 《韓詩外傳》 권5에 나온다.

28) 광동 지역을 가리킨다.

29) 崑鷄는 漢나라 司馬相如가 지은 〈上林賦〉에 나오는 새 이름이다. 郭璞은 注에서 "곤계는 학처럼 생겼고 황백색이다(崑鷄似鶴, 黃白色)"라고 하였다.

30) 옛날에는 학을 仙禽이라 불렀고 胎生한다 하여 胎仙이라고도 불렀다.

관인들 빗장 잠그고 깊이 감춰 두었네　館人反扉深閉藏
어쩌다 자물쇠가 열렸기에 한 번 구경하였더니　偶逢啓鑰得一覩
처음 보는 것이었으되 황당하지는 않았네　目所未見非荒唐
바다 고니가 사람을 삼킨다니 무슨 미친 소리인가[31)]　海鵠呑人何披猖
호문에서 동으로 가자니 하늘도 아득하구나　虎門東去天茫茫

조와는 점성의 서남쪽에 있다. 원나라 세조世祖가 군사를 거느리고 가서 그 나라를 격파했는데 [복건성] 천주泉州로부터 한 달이 걸려 도착했다. 명나라 때《대통력大統曆》[32)]을 하사하고 서왕西王의 인장을 하사하였더니 동왕東王도 조공을 바치며 도장을 달라고 청하였다. 그 후 두 왕이 나란히 조공을 바쳤다. 정통正統 연간(1436-1449)에 광동참정廣東參政 장염張琰이 조와에서 하도 빈번히 조공을 바치는 탓에 접대비용도 많고 수고스럽기도 하다며 상주하자, 황제께서 이를 받아들여 3년에 한 번씩 조공하도록 칙령을 내렸다. 홍치弘治(1488-1505)[33)] 이후로는

31) 《神異經》에 다음과 같은 기록이 보인다. "서해 밖에 고니의 나라가 있는데 남녀 모두 키가 7촌이다. 날 때부터 예의를 알아, 경서를 좋아하고 무릎 꿇고 절할 줄도 안다. 그 나라 사람은 300살까지 산다. 나는 듯 걸어 하루에 천 리를 가며 아무것도 감히 범하지 못한다. 그러나 오직 바다 고니를 두려워한다. 이들이 지나가기만 하면 삼켜버리는데 그러면 고니 또한 300살까지 살 수 있다. 고니 뱃속에서도 이들은 죽지 않으며, 고니도 하루에 천 리를 날 수 있다.(西海之外有鵠國焉. 男女皆長七寸, 爲人自然有禮. 好經諭跪拜, 其人皆壽三百歲. 行如飛, 日行千里, 百物不敢犯之. 惟畏海鵠, 過輒呑之, 亦壽三百歲. 此人在鵠腹中不死, 而鵠亦一擧千里.)" 《太平廣記》 권481 〈蠻夷〉 참고.

32) 《大統曆》은 명 홍무 17년(1384)에 漏刻博士 原統이 元나라 郭守敬의 《授時曆》을 산정하여 완성한 역법서로 명나라 때 오랜 기간 사용되었다.

33) 명나라 孝宗 朱祐樘의 연호이다. 원문은 宏治인데, 청나라 乾隆帝의 이름을 피휘하여 弘을 宏으로 썼다.

찾아오는 자가 드물었다. 그 나라는 일명 포가룡莆家龍이라고도 하고 하항下港 혹은 순탑順塔이라고도 한다. 신촌新村34)이라는 곳이 있는데, 매우 부유한 곳으로 알려져 있으며 중국과 서양의 무역선들이 모여든다. 신촌의 주인은 광동 사람이다.

우동의 시 〈조와 죽지사爪哇竹枝詞〉

망상35)이 원숭이로 변했다고 하더니	稱傳罔象變猢猻
태어나서부터 칼을 입에 문 불랄두36)로구나	生小啣刀不剌頭
나란한 탑거에는 어린 마누라를 앉히고	並駕塔車坐妻小
죽창회37)에 나아가서는 풍류를 다투네	竹鎗會上鬪風流

34) 지금의 인도네시아 자바섬 동북부에 있는 그레식(Gresik)이다. 馬歡의 《瀛涯勝覽》의 〈爪哇〉조에 "신촌은 외국말로 하면 혁아석이다. 원래는 모래사장이었는데 중국인이 이곳에 와서 처음 거주하게 되었다 하여 신촌이라 이름하였다(新村, 番名革兒昔, 原係沙灘之地, 蓋因中國人來此創居, 遂名新村)"라는 기록이 있다.

35) 罔象은 전설 속의 水怪 혹은 木石怪이다. 馬歡의 《瀛涯勝覽》의 〈爪哇〉조에 다음과 같은 기록이 보인다. "옛날에 전하는 말에 따르면 귀신의 아들 마왕은 얼굴이 푸르고 몸은 붉었으며 머리칼도 붉었다고 한다. 어느 날 이곳에 머물다가 망상과 교접하여 100여 명의 자식을 낳았는데, 그들은 피를 먹어서 많은 사람들이 잡아 먹혔다. 어느 날 번개가 치고 돌이 갈라지더니 그 안에서 한 사람이 나왔다. 사람들은 그를 이인이라 여겨 왕으로 추대했다. 그는 즉시 정예병으로 하여금 망상 등을 몰아내어 해를 입히지 못하게 하였다. 후에 이가 생겨서 안전해졌다.(舊傳鬼子魔王青面紅身赤髮, 止於此地與一罔象相合, 而生子百餘, 常啖血爲食, 人多被食. 忽一日雷震石裂, 中坐一人, 衆稱異之, 遂推爲王. 卽令精兵驅逐罔象等衆而不爲害, 後復生齒而安焉.)"

36) 원문은 不剌頭로 자바어 벨란단(beladan)의 음역이며, 칼을 찬다는 뜻이다.

37) 黃省曾의 《西洋朝貢典錄》〈爪哇記〉에 다음과 같은 기록이 보인다. "그 나라는 시월이 한 해의 첫 달이다. 그 달이 되면 왕은 탑거를 타고 나가 죽창회를 연다.(其

신촌의 무역선엔 성스러운 샘물 맑은데 新村市舶聖泉淸
외국 노래 즐겨 들으며 달빛 아래 거니네 喜聽蕃歌步月行
거꾸로 매달릴 줄 아는 알록달록 새[38] 더욱 어여뻐라 更愛彩禽能倒掛
향내 맡고서 밤 깊어질 때 소리 내 우네 聞香時向夜深鳴

유구는 동남쪽 큰 바다에 있다. 명나라 때 처음으로 중국과 왕래하였다. 그 나라에는 세 명의 왕이 있는데 중산왕中山王·산남왕山南王·산북왕山北王이라 칭하며 모두 상尙을 성씨로 삼는다. 세 왕이 나란히 조공을 바치러 들어왔지만 중산왕이 가장 빈번히 들어왔고, 여러 차례 조카와 성채 관리의 아들 및 여관女官인 생고生姑와 노매魯妹를 중국에 보내 공부하게 하였다.[39] 후에 산북이 [산남과 중산] 두 왕에 의해

建歲首以十月. 是月也, 王乘塔車出, 作竹槍會.)" "죽창회에 가면 왕비가 앞에, 왕이 뒤에 앉는다. 모두 탑거에 타는데 탑거는 1장 남짓한 높이에 창문이 네 개, 바퀴가 두 개이며, 말이 끈다. 백성들은 아내를 데리고 와 줄지어 섬죽으로 만든 창을 짚고 서있다. 아내들은 삼 척 길이의 몽둥이를 들고 서있다. 북이 울리면 싸우고, 북소리가 느려지면 멈춘다. 세 번 싸우는데 아내들은 몽둥이를 들고 상대를 친다. '나라나라!'하고 외치면 물러선다. 적을 찔러 죽인 사람이 이기고, 승자는 1문의 돈을 죽은 사람 가족에게 준 다음 그 아내를 차지한다.(凡往會所, 妃前王後, 俱乘塔車. 車高丈餘, 四牖兩輪, 服以馬. 民各携其妻伍列而執剡竹之槍, 妻執三尺木梃. 鼓嚴而鬪, 緩而止. 凡三交, 妻各以木梃格之, 曰'那剌那剌'則退. 凡刺死敵人者勝, 勝者以金錢一文與死者之家人而有其妻.)"

38) 倒掛鳥를 말한다. 당송시대부터 桐花鳳, 綠毛么鳳 등의 이름으로 불리며 사랑받던 작은 새로, 오색 깃털로 덮여 있다. 낮에 그 옆에서 향을 피우면 밤에 날개를 펴고 거꾸로 매달려 있을 때 꼬리 깃털이 펼쳐지면서 향을 뿜는다고 한다. 인도네시아나 파푸아뉴기니 등이 원산지이다.

39) 《明史》〈琉球傳〉에 다음과 같은 기록이 보인다. "25년 여름에 중산의 공사가 조카와 성채 관리의 아들을 데리고 와서 국학에서 공부할 수 있게 해달라고 청하자 그렇게 해주었다. 또 의복과 두건, 신발과 버선 및 여름옷 한 벌을 하사했다. 그해

합병되었고, 중산이 더욱 강성해졌다. 한 해에 두 번 세 번 조공을 바쳤는데, 너무 번다하여 귀찮았지만 거절하지는 못했다. 선덕宣德 연간(1426-1435)에 산남이 다시 중산에 합병되어 이때부터 유구에는 중산 한 나라만 남게 되었다. 만력萬曆 연간(1573-1620)에 일본에 패하였으나[40] 변함없이 조공을 바쳤다. 후에 [북경과 남경] 두 도성이 차례로 함락되고 당왕唐王[41]이 복건에서 등극했을 때도 사신을 보내 조공을 바쳤다. 청나라에 들어와서는 더욱 경건히 외국 변방국으로서의 예를 지켰다. 순치順治 11년(1654)에 상질尙質을 중산왕에 책봉했다. 강희康熙 21년(1682)에 세자 상정尙貞이 왕위 세습을 청하자 관리를 파견하여 책봉하고, 황제께서 직접 쓰신 "중산세토中山世土" 네 글자를 하사하였다. 옹정 2년(1724)에는 "집서구양輯瑞球陽"[42]이라는 편액을 하사하였

겨울에 산남왕도 조카와 성채 관리의 아들을 국학에 들여보내니, 중산국과 똑같이 하사품을 내렸다. 이때부터 겨울옷과 여름옷을 하사하는 것이 관례가 되었다. 이듬해 중산에서 두 차례 공물을 바쳐오고, 또 성채 관리의 아들을 보내어 국학에서 공부하게 하였다.…중산에서도 성채 관리의 아들 둘과 여관인 생고와 노매 두 사람을 앞뒤로 파견해 공부하게 하였다. 저들이 중국을 흠모함이 이와 같았다.(二十五年夏, 中山貢使以其王從子及寨官子偕來, 請肄業國學, 從之. 賜衣巾靴袜并夏衣一襲. 其冬, 山南王亦遣從子及寨官子入國學, 賜賚如之. 自是, 歲賜冬夏衣以爲常. 明年, 中山两入貢, 又遣寨官子肄業國學.…中山亦遣寨官子二人及女官生姑·鲁妹二人, 先後來肄業, 其感慕華風如此.)"

40) 1609년 일본의 戰國時代가 끝나고 사쓰마번(薩摩藩)이 침공했는데, 별다른 저항을 하지 못하고 패하여 일본의 조공국이 되었다.

41) 南明 隆武帝를 말한다. 명나라 황실의 회복을 목적으로 하는 신하들에 의해 옹립되었으나, 주위 문무관의 다툼과 淸軍의 세력에 밀려 杭州·禮健·建寧·延平 등을 전전하다가 汀州에서 사망했다.

42) 輯瑞球陽 중 '輯瑞'는 《尙書》〈舜典〉에 나오는 "다섯 개의 홀을 거두시니 한 달이 다 되었거늘 이에 날마다 사악과 여러 목백들을 만나보시고, 여러 제후들에게 홀을 나누어주시다(輯五瑞, 既月乃日, 覲四嶽群牧, 班瑞于群后)"에서 따온 말

다. 여러 차례 측근 신하의 자제들을 파견하여 관생官生[43)]으로 국자감에 들어가 공부하게 하였다. 지금 공물을 바치러 올 때는 복건을 경유하며, 광동의 시장으로 오는 자는 없다.

우동의 시 〈유구 죽지사琉球竹枝詞〉

환회문[44)] 안에 호리병박 부채 펼쳐지고	歡會門中蘆扇開
아름다운 여인들 쌀 머금고 술잔 올리네	美姬含米上行盃
금잠 꽂은 장사는 온화하기도 하여라	金簪長史雍容甚
북 치며 책 상자 열고[45)] 이제 막 태학에서 왔네[46)]	鼓篋新從太學來
베 모자에 털 옷 입고 패옥 늘어뜨린 채	布帽毛衣曳珮璫
쌍쌍의 섬섬옥수로 원앙을 수놓네	雙雙纖手繡鴛鴦
여군[47)]이 새벽에 들어가 신전을 모시니	女君曉入奉神殿

이다. 구양은 유구를 뜻한다. '집서구양'은 유구국이 영원토록 평안하기를 바란다는 뜻이다.

43) 명청시대에 국자감에 들어가 공부하던 자를 가리킨다.

44) 오키나와 나하(那覇) 슈리성(首里城)에 있던 외곽의 첫 번째 문이다.

45) 원문은 鼓篋으로 고대의 入學 의식이다. 《禮記》〈學記〉에 나오는 구절인데 鄭玄은 注에서 "고협은 북을 울려 사람들에게 경계하고, 상자를 열어 자신이 익혀야 할 경서를 꺼내는 것이다.(鼓篋, 擊鼓警衆, 乃發篋出所治經業也.)"라고 하였다.

46) 조선 李德懋(1741-1793)의 《青莊館全書》 권52 〈耳目口心書·五〉에서 이 시를 인용하면서 注에 "문 이름은 환회이고 금호리병박 부채로써 호위를 한다. 미희가 쌀을 머금어서 술을 만들며 술 이름을 미기라 한다. 관원은 모두 금잠을 꽂으며, 자제가 국자감에 입학해서 글을 읽다가 돌아오면 장사가 된다.(門名歡會, 以金葫蘆團扇爲儀衛, 美姬含米, 造酒名曰米奇. 官皆金簪, 子弟入國子監讀書, 歸爲長史.)"라고 하였다.

47) 이덕무의 《青莊館全書》 권65 〈異國〉에 "두 지아비를 섬기지 않은 부인을 신령을 대신하여 제사를 받는 시로 삼고, 그 우두머리를 여군이라 부른다.(以婦人不二夫

하늘하늘한 춤, 당 안에 노랫소리 가득하구나 舞也婆娑歌滿堂

임인창林麟焻[48]의 시 〈유구에 사신으로 가서 지은 죽지사使琉球竹枝詞〉

손에 용 부절 들고 푸른 바다를 건너니 手持龍節渡滄溟
눈부신 황제의 글을 뭇 신령들이 보호하네 璀璨宸章護百靈
호위에 견줄 청렴함은[49] 신하에게 절실한 바 淸比胡威臣所切
풍속을 살피러 먼저 각금정[50]에 도착했네 觀風先到却金亭

옛날 서복이 불로초를 캐고 난 뒤 徐福當年採藥餘
그 자손들이 섬에 산다는 소문이 들렸네 傳聞島上子孫居
섬 사람[51] 만날 때마다 공손히 안부 묻고[52] 每逢卉服蘭闍問
진나라 때 미처 불타지 않은 책을 얻고자 하네 欲乞嬴秦未火書

者爲尸, 其魁號女君.)"라는 기록이 있다.

48) 林麟焻은 字가 石來로, 복건성 莆田 사람이다. 강희 21년에 汪楫이 유구에 책봉 사신으로 갈 때 副使로 따라갔다. 돌아와서 戶部主事·禮部郎中을 지냈다. 시로 유명하였으며, 《玉巖詩集》·《竹香詞》 등을 남겼다.

49) 삼국시대 魏나라의 胡質과 胡威 부자는 청렴한 것으로 이름이 났는데, 曹丕가 호위에게 둘 중 누가 더 청렴한지를 묻자 호위가 부친 호질이 더 낫다고 대답하였다. 이에 조비가 그 까닭을 물으니, 호위가 "신의 아비는 청렴하면서도 남이 알까 두려워하였고, 신은 청렴하면서도 남이 알지 못할까 두려워하니, 이런 까닭에 신이 훨씬 못합니다.(臣父淸畏人知, 臣淸畏人不知, 是以不如遠矣.)"라고 하였다. 《世說新語》〈德行〉에 보인다.

50) 却金亭은 돈을 마다한 청렴한 관리를 기념하기 위해 세운 정자이다. 현재 절강성 餘姚와 溫州, 광동성 東莞에 각각 각금정이 있다.

51) 원문은 卉服으로 섬에 사는 이민족을 가리킨다. 《尙書》〈禹貢〉에 "섬 오랑캐는 풀 옷을 입는다(島夷卉服)"라는 말이 있다.

52) 원문은 蘭闍로 蘭奢로도 쓴다. 梵語나 이란어의 음역으로 '존경한다'는 뜻을 지니는데, 주로 상대를 칭찬할 때 쓰는 말이다.

해 비끼는 사시[53]엔 장 서는 날[54] 많아서 日斜沙市趁虛多
촌 아낙들 푸른 대바구니엔 나물이 한가득 村婦青筐藉綠莎
꽃 산가지[55]에 술잔 없을까 안타까워 마라 莫惜籌花無酒盞
사람들 돌아가면 작은 소라 술잔 살 수 있으니 人歸買得小紅螺

비단 같은 은하수에 우성과 두성이 지나가고 疋練明河牛斗橫
둥둥 관아의 북소리에 삼경이 되려 하네 鼕鼕衙鼓欲三更
고향 생각에 누런 비단 이불 끌어안고 앉아서 思鄉坐擁黃紬被
창에 붙은 도마뱀 소리를 가만히 듣네 靜聽盤窗蜥蜴聲

서른여섯 개 봉우리가 바다를 에두르고 三十六峰瀛海環
성난 조수가 밤낮으로 쉬지 않고 밀려오네 怒潮日夜響潺湲
누각 서쪽은 온통 푸른 숲뿐인데 樓西一抹青林裏
산안개 자욱한 사이로 마치산[56]이 보이네 露出煙蘿馬齒山

산꼭대기에서 사냥하며 바다 위 구름을 바라보고 射獵山頭望海雲
생선 뜨고 술 휘저으며 발그레 취하네 割鮮挏酒醉斜曛
길에 지전[57] 걸려있고 소나무 가래나무[58] 늙은 것 보니 紙錢挂道松楸老
여기가 환사[59] 부락의 무덤임을 알겠구나 知是歡斯部落墳

53) 沙市는 海市와 같은 말로 신기루를 뜻하는데, 여기서는 해안가 시장으로 본다.
54) 원문은 趁虛이다. 송나라 錢易의 《南部新書》〈辛〉조에 보면, "단주 이남에는 삼일에 한번 장이 열리는데 이를 진허라 한다.(端州已南, 三日一市, 謂之趁虛.)"라는 기록이 보인다.
55) 꽃을 산가지 삼아 술 마시기 내기를 하는 것이다.
56) 馬齒山은 오키나와 나하 서쪽의 게라마 제도(慶良間諸島)를 가리킨다.
57) 지전은 종이돈으로, 죽은 사람의 명복을 빌며 노자로 삼으라고 태우는 데 사용한다.
58) 소나무와 가래나무는 주로 무덤가에 심는 나무이다.

마음 다스리면 도심이 생겨나[60] 허정虛靜할 수 있나니 心齋生白室能虛
안석에 향 사르며 도가의 책을 쥐고 있네 棐几焚香把道書
읽고 난 뒤 난간에 기대어 홀로 그윽이 웃노라니 讀罷憑闌笑幽獨
등나무 담장 서쪽 모퉁이가 종려나무와 마주하고 있구나 藤墻西角對棕櫚

사당 문에 홍교로가 비스듬히 비치는데 廟門斜映虹橋路
바닷새는 저 높이 늙은 측백나무 가지에 둥지 틀었네 海鳥高巢占柏枝
이때부터 섬 오랑캐들 배움에 나아갈 줄 알아 自是島夷知向學
세 칸짜리 기와집에 공자를 모셨네[61] 三間瓦屋祀宣尼

왕이 거하는 산속 저택에는 토원[62]이 열렸고 王居山第兎園開
소나무 상수리나무 종려나무 꽃이 돌 옆에 심겨 있네 松櫪棕花倚石栽

---

59) 歡斯는 오키나와의 부락명이다. 수나라 大業 6년(610)에 陳棱과 張鎭州가 만여 명을 이끌고 광동성 潮州를 출발했는데 역풍을 만나 한 달이 넘어서야 오키나와에 도착했다. 그곳의 추장에게 항복을 종용했으나 이를 거절하자 진릉은 몇 차례 전쟁을 치른 끝에 그곳의 수장인 歡斯渴刺兜와 歡斯老模를 죽이고 목책을 불태운 다음 남녀 수천 명을 포로로 잡아 돌아갔다. 이에 관한 기록은 《隋書》〈陳棱傳〉과 〈流求國〉에 자세히 보인다.

60) 원문은 生白으로 《莊子》〈人間世〉에 보인다. "저 문 닫아건 자를 보라. 빈 방에 '백'이 생겨나 길함이 그지없다.(瞻彼闋者, 虛室生白, 吉祥止止.)" 陸德明은 《釋文》에서 "최씨는 '백이란 해가 비추는 것을 말한다'고 했고 사마씨는 '방이란 마음을 비유한다'고 했다. 마음을 비우면 순백이 절로 생겨남을 이른다.(崔云, '白者, 日光所照也'. 司馬云, '室比喻心'. 心能空虛則純白獨生也.)"라고 하였다. 여기서는 순결한 도심이 생겨나는 것을 가리킨다.

61) 오키나와 나하에 있는 공자묘를 묘사한 것이다.

62) 兎園은 西漢의 梁孝王 劉武가 조성한 화려하고 규모가 큰 정원으로, 후세 사람들은 이를 梁園이라고 불렀다. 《漢書》의 기록에 따르면 너비가 삼백 리에 달했다고 한다. 양효왕은 이곳에서 사냥을 하고 잔치를 하며 걸출한 문인인 枚乘·嚴忌·司馬相如·鄒陽 등과 어울렸다.

따르던 몇몇 관리들이 글을 바치려 하나 　多少從官思授簡
누가 추양鄒陽이고 매승枚乘[63]인지 알 수 없구나 　不知若箇是鄒枚

봉신문[64] 안에는 조관들이 줄지어 서서 　奉神門內列鵷行
천서를 얻어 대황[65]을 다스리고자 하네 　乞把天書鎭大荒
금으로 만든 궤짝 들이라 하여 옛날 조서를 펼치니 　喚取金縢開舊詔
난쟁이들[66] 감읍하며 선황을 이야기하네 　侏儒感泣說先皇

비궁의 용마루와 서까래가 산과 들을 압도하니 　閟宮甍桷壓山原
장차 누릴 제사 이제부터 끝없이 이어지리 　將享今看幾葉孫
스물일곱 왕의 제사를 모시고 있기에 　二十七王禋祀在
홀笏과 제기 하사하여 왕의 은혜 드러냈네 　鼇圭錫卣見君恩

〈서역전〉에서 일찍이 작도이[67]를 기록하였네 　譯章曾記莋都夷
반목과 백랑[68]이 한나라에 귀속되던 시절에 　槃木白狼歸漢時

---

63) 鄒陽과 枚乘은 모두 서한 때 저명한 문장가이다.

64) 오키나와 나하 슈리성에 있던 문이다. 내부에 들어서면 넓은 광장과 유구국의 가장 큰 목조건물인 正殿이 보이는데, 각종 의식이 행해질 때는 바닥에 그려진 磚을 기준으로 관료들이 지위 순서로 늘어섰다.

65) 크게 편벽한 곳이라는 뜻으로, 유구를 이렇게 표현한 것이다.

66) 유구국 사람들을 난쟁이로 표현한 것이다.

67) 원문의 譯章은 《後漢書》〈南蠻西南夷列傳〉을 지칭한다. 莋都夷는 한나라 때 서남 이민족이 세운 나라의 이름이다. 무제 때 서남 변방을 개척하고 작도현을 설치하였는데 지금의 四川省 漢源縣 동북쪽에 있었다.

68) 槃木은 서쪽 이민족인 羌族들의 공동체로 先秦시기에 四川省 서북 일대로 이동해 들어왔다. 白狼은 甘肅省 남쪽에서 사천성 서쪽으로 들어온 공동체인데 이 둘은 서로 연합하여 대규모의 강족 공동체를 형성하였다. 《後漢書》〈西南夷列傳〉에 기록하기를, 동한 永平年間에 "먼 곳의 오랑캐를 위엄으로 품었다. 문산 서쪽

그러나 어찌 섬나라 왕이 성덕을 품고서 何似島王懷聖德
삼배하며 〈녹명〉 시[69]를 훌륭히 부르는 것만 하리오 工歌三拜鹿鳴詩

종신들은 준걸이요 도령들은 훌륭하니 宗臣淸俊好兒郞
궁중의 눈썹 배워 그 치장이 열 가지라네 學畫宮眉十樣粧
우리를 초대해 소매 치켜들고 〈소수수〉[70]를 부르고 翹袖招要小垂手
아모 위에 꽃을 꽂고 〈무산향〉[71]을 추네 簪花砑帽舞山香

망선루가 저 높은 산에 기대 세워져 있으니 望仙樓閣倚崔嵬
날마다 보이는 은산이 열두 번이나 바뀌네 日看銀山十二回
생학[72]과 오색구름이 지척에서 날아다니며 笙鶴綵雲飛咫尺
저 약수가 봉래를 가로막지 못하게 하네[73] 不敎弱水隔蓬萊

은 대대로 가보지 못한 곳으로 제왕의 통치가 미치지 못하였다. 백랑과 반목, 그리고 당취 등 백여 국은 가호가 130만에 이르렀고 인구가 600만 이상이었는데 이들이 각종 공물을 바쳐오며 신하를 칭하였다.(威懷遠夷. 自汶山以西, 前世所不至, 正朔所未加. 白狼·盤木·唐取等百餘國, 户百三十萬, 口六百萬以上. 擧种貢奉, 稱爲臣奴僕.)"라고 하였다. 동한 때에 반목과 백랑 등의 나라는 益州刺史의 회유 정책에 감동하여 공물을 바치고 찬양했다는 기록도 보인다.

69) 〈鹿鳴〉은 여러 신하들과 귀빈에게 잔치를 베풀 때 부르던 노래로, 《詩經》〈小雅〉의 편명이다.

70) 〈小垂手〉는 樂府雜曲 가운데 舞曲의 이름이다.

71) 〈舞山香〉은 고대 곡명이다. 당나라 현종이 총애하던 汝南王 李進은 아명이 花奴다. 현종은 화노에게 머리에 砑帽를 쓰고 아모 위에 꽃을 꽂은 다음 羯鼓를 연주하게 하였는데, 곡 연주가 끝날 때까지 모자도 꽃도 움직이지 않아 현종은 이를 보며 즐거워했다고 한다.

72) 신선이 학을 타고 생황을 연주하는 것으로, 일반적으로 仙鶴을 뜻한다.

73) 봉래는 동해에 있는 三神山의 하나이고, 弱水는 서해의 다른 이름이다. 둘 사이의 거리가 30만 리나 떨어져 있어 서로의 거리가 매우 멀어서 만날 수 없는 경우를 弱水之隔이라 한다. 즉 중국과 유구국이 멀리 떨어져 있으나 학과 구름이 오가며

말 위의 허리 가는 여인 옆으로 앉아 말을 타고　織腰馬上側乘騎
풀 반지 끼고 은비녀 한 여인네는 버들가지를 꺾네　草圈銀釵折柳枝
어깨를 나란히 하고 슬피 〈상령곡〉[74]을 부르고　連臂哀歌上靈曲
달 밝으면 여군의 사당에서 일제히 시합을 하네　月明齊賽女君祠

오랫동안 이역에 머물다 한 해가 가려 하니　久稽異域歲將徂
흡사 떠돌아다니는 서역 상인인 듯하여 홀로 웃어보네　自笑流連似賈胡
뱃사공도 빨리 돌아가고픈 마음 아는지　三老亦知歸意速
때때로 바람과 동오[75]를 살피네　時時風色相銅鳥

발니는 서남쪽 큰 바다에 있다. 송나라 태종 때에 처음으로 중국과 왕래했다. 명나라 초기에 사신을 보내 그 나라의 왕인 마합모사馬合謨沙에게 조공을 바치도록 명령하였고,[76] 영락永樂 3년(1405)에는 국왕으로 책봉하고 제고制誥와 인장을 하사했다. [그 다음] 왕은 왕비와 형제자매 그리고 자녀와 신하들을 데리고 바다를 건너와 조알하였는데, 영락 6년(1408) 8월에 도성에 들어왔다가 10월에 남경의 회동관會同館에서 세상을 떠났다.[77] 황제께서는 애도하는 마음에 사흘간 조회를 폐하

서로를 연결시키고 있다는 뜻이다.

74) 〈上靈曲〉은 곡명이다. 한나라 고조의 총애를 받던 戚夫人이 잘 불렀다고 한다.

75) 嘉慶本 원문은 銅鳥이나, 乾隆本에서는 銅烏로 쓰고 있다. 銅烏는 구리로 만든 새 모양의 기후 관측기로, 相風烏라고도 한다.

76) 馬合謨沙는 브루나이의 아왕 브따따르(Awang Betatar, 1363-1402 재위)왕으로, 이슬람으로 개종한 뒤에는 무하마드 샤(Muhammad Shah)로 불렸다. 明 洪武 3년(1370)에 明 太祖가 御使 張敬之와 福建行省都事 沈秩 등을 그 나라에 파견하니, 이듬해 귀국하는 사신 편에 사신을 보내 중국에 조공을 바치고 명나라의 건국을 축하하였다.

77) 1408년에 중국에 와서 남경에서 죽은 술탄은 무하마드 샤의 아들로 여겨지는 압둘

시었고, 매우 후하게 장례를 치러주었다. 그리고는 안덕문安德門 밖 석자강石子岡[78]에 묻어주고 '공순恭順'이라는 시호를 하사했다. 무덤 옆에 사당을 세우고 관리가 봄가을마다 소뢰少牢[79]로써 제사 지냈다. 그 나라의 뒷산에 '장녕진국지산長寧鎭國之山'이라는 봉호를 하사했다. 영락 10년(1412)에 뒤이어 보위에 오른 하왕遐旺이 모친을 모시고 조알하러 왔다.[80] 만력 연간(1573-1620)에 후사 없이 왕이 죽자 딸을 왕으로 세웠다. 그 나라는 열네 개의 주州로 이루어져 있다. 왕은 [노끈으로 엮은] 승상繩牀에 앉아 지내며, 외출할 적에는 커다란 천으로 감싼 뒤 시중들이 들쳐 메고 다니는데, 이를 일러 완낭阮囊이라 한다. 대나무로 엮은 그릇과 패엽貝葉에 음식을 담아 먹고 야자를 걸러내어 술을 만든다. 불교를 숭상한다. 처음에는 조와의 속국이었으나 후에 섬라의 속국이 되면서 대니大泥라고 이름을 바꾸었다.[81] 그 지역까지 흘러 들어가 거주

마짓 하산(Abdul Majid Hassan, 1402-1408 재위)이며, 마하라야 카르나(Maharaja Karna, 麻那惹加那)로 불리기도 한다. 그는 1408년 8월에 南京에 와서 成祖를 알현하고 몇 개월 머물다가 병에 걸려 10월에 28세의 나이로 죽었다고 한다. 南京의 浡泥國恭順王墓가 바로 그의 묘지이다.

78) 石子岡은 지금의 강소성 남경시 雨京臺 일대이다.

79) 少牢는 소를 빼고 양과 돼지만을 제물로 바치는 제사를 가리킨다.

80) 중국 기록에서는 브루나이의 왕으로 遐旺을 언급하고 있으나, 실제 당시 브루나이를 통치했던 술탄은 하왕의 할아버지 무하마드 샤의 형제인 술탄 아흐마드(Ahmad, 1408-1425 재위)였다. 술탄 아흐마드는 복건성 출신 Ong Sum Ping의 여동생과 결혼하였으나 딸만 두어서 사위가 그 다음 술탄 자리를 계승하여 3대 술탄인 샤리프 알리(Sharif Ali, 1425-1432 재위)가 된다.

81) 大泥는 太泥라고도 쓴다. 지금의 태국 남부, 말레이반도 중부의 빠따니(Pattani) 일대에 있었다. 《明史》〈外國傳〉에 따르면 萬曆 연간(1573-1619)에 왕이 죽고 후사가 없어 왕족들의 다툼이 일어났고 나중에 죽은 왕의 딸을 왕으로 세웠다고 한다. 이 과정에서 발니의 한 일파가 빠따니 지역으로 이주하여 또 다른 왕국을

하는 중국인들이 많이 있다. 장주漳州 사람 장 아무개가 그 나라의 나독那督이 되었는데, 나독은 중국말로 하면 높은 관리라는 뜻이다.

우동의 시 〈발니 죽지사浡泥竹枝詞〉

걸터앉으면 승상이요 출타할 때는 완낭이라　坐踞繩牀出阮囊
대 그릇과 나뭇잎에 야자즙을 거르네　竹編貝葉瀝椰漿
집마다 목욕재계하며 불교에 귀의하지만　家家齋沐皈依佛
사람을 부축하여 취향에 들어가길 좋아하네　却喜扶人入醉鄉

불랑서弗郎西는 명나라 때 불랑기佛郎機라고 불렀으며 점성 서남쪽에 위치해 있다. 옛날부터 중국과 왕래하지는 않았다. 명나라 정덕 13년(1518)에 사신 가필단말加必丹末 등을 보내 월 땅에 들어왔는데 그때 특산물을 바쳐오며 봉호를 하사해 줄 것을 청하였기에 처음으로 그 나라 이름을 알게 되었다.[82] 이에 조서를 내려 바쳐온 특산물의 값을 치

건설한 것으로 보인다. 발음상의 유사성으로 인해 발니와 대니를 혼동하였으며, 후에 暹羅의 속국이 되면서 대니로 이름을 바꾸었다고 기술하고 있다.

82) 加必丹末은 Captain-Major의 뜻을 가진 포르투갈어 카피탄모(capitão-mor)를 음차한 것으로, 正德 12년(1517)에 포르투갈 인도 총독의 특사인 토메 피레스(Tomé Pires, 皮萊資, 1465?-1540)가 최초로 광주에 와서 통상을 요구할 때 동행했던 함대의 대장인 페르낭 피레스 드 안드라데(Fernão Peres de Andrade, 安特拉德, ?-1552)를 가리킨다. 그들에 앞서 1516년에 탐험가 라파엘 페레스트렐로(Rafael Perestrello, 1514-1517)가 광주에 와서 통상하였다는 기록이 있다. 여기서 정덕 13년인 1518년에 들어온 것으로 기록하고 있는 것은 포르투갈 사신이 도착한 시간이 아니라 북경에 보고된 시간으로 보인다. *The Suma oriental of Tomé Pires & The Book of Francisco Rodrigues*, London: The Hakluyt Society, 1944. xxvii-xxxi 참조.

러 주고 돌려보냈다. 그러나 그 나라 사람들은 오래도록 머물며 떠나지 않으면서 날마다 노략질을 일삼았다. 얼마 후 권신에게 빌붙어 아첨한 끝에 입성 허가를 받았다.[83] 무종武宗[84]이 남쪽을 순수할 때 화자火者 아삼亞三[85]이 강빈江彬[86]의 도움으로 황제 옆에서 시중들게 되었는데, 황제께서는 가끔 재미 삼아 그 나라 말을 배웠다. [광주廣州] 회원역懷遠驛에 남아 있던 자들은 더욱 심하게 노략질하여 양민을 사들이고, 집을 짓고 울짱을 세워가며 장기간 거주할 계책을 세웠다.

15년(1520)에 어사 하오何鰲가 아뢰었다. "불랑기는 가장 포악하고 교활하며 무기 또한 다른 외국에 비해 유독 정교합니다. 지난해 갑자기 큰 배를 타고 광동 회성으로 들어올 때 대포 소리가 천지를 진동하더니, 회원역에 남은 자들은 법제를 어겨가며 서로 왕래하고, 도성에 들어온 자들은 사납게 굴며 윗자리를 차지하려 합니다.【관리를 보고도 절하지 않으며 여러 외국 중에 우두머리가 되려고 하였다.】 지금 저들의 청대로 왕래하며 무역하게 해주었다가는 필히 전쟁과 살상을 자행할 터, 남방의 재앙은 이루 다 헤아릴 수 없는 지경이 되고 말 것입니다. 조종祖宗

83) 正德 15년(1520) 1월에 토메 피레스(Tomé Pires, 皮萊資) 일행은 廣州에서 출발하여 5월에 南京에 이르렀고, 다음해 1월에 北京에 도착하여 會同館에 머물렀다.

84) 武宗(1505-1521 재위)은 명나라의 10대 황제인 正德帝의 묘호이다.

85) 火者는 본디 지위가 낮은 宦官을 가리키는데, 원나라와 명나라 때에는 서역의 回族들을 관가에서 부르는 데 사용하기도 하였다. 亞三은 본래 回族 출신 중국인이었으나 포르투갈어를 할 줄 알았기 때문에 토메 피레스(Tomé Pires)의 통역을 맡았다.

86) 江彬은 宣府(河北省 宣化縣) 사람으로 말 타고 활 쏘는 것에 뛰어났다. 武宗이 불러 그 기예를 보고 매우 기뻐하며 道指揮僉事로 발탁하고 四鎭軍을 통솔하도록 명하였다. 또 平虜伯으로 봉하여, 그 권세가 비길 데 없었으나 무종이 죽고 난 뒤 황후에게 죽임을 당했다.

께서 조공에 기한을 정하고 일정한 법도를 정하여 막으셨기에 찾아오는 자가 많지 않았습니다. 그러던 것이 근자에 포정사 오정거吳廷擧[87]가 위에 바칠 향물香物이 부족하다면서 어느 해 찾아오건 바로바로 물건을 받아들이자, 서양 선박이 바닷가에 끊이지 않게 되어 오랑캐가 성이며 마을에 뒤섞여 사는 형국이 되었습니다. 방위는 허술해졌는데 뱃길에는 더욱 익숙해졌으니, 이것이 바로 불랑기가 기회를 틈타 돌연 쳐들어오게 된 이유입니다. 바라옵건대 바닷가에 있는 외국 선박과 몰래 숨어 사는 외국인들을 모두 쫓아내시고 사적인 통상을 금지함과 동시에 수비를 엄격히 하시어 이 지방의 안정을 찾을 수 있도록 해주십시오."

마침 어사 구도륭邱道隆[88]도 같은 내용을 아뢰었다. 그러자 예부에서도 다음과 같이 아뢰었다. "도륭은 앞서 순덕順德을 다스렸고 하오는 순덕 사람이라 그곳의 이익과 폐단에 대해 깊이 알고 있으니, 청컨대 어사의 말을 따르시옵소서." 이에 그렇게 하라는 비답이 내려왔다. 아삼은 본디 중국인으로 외국인의 심부름꾼 노릇을 하던 자인데 황제를 모시면서 매우 교만하였다. 무종이 붕어한 뒤 법관에게 보내져서 사실을 조사받고 처형되었으며, 그 나라의 조공도 금했다.

가정 2년(1523)에 불랑기가 신회新會의 서초만西草灣을 침략했다. 비왜도지휘備倭都指揮 가영柯榮과 백호百戶 왕응은王應恩이 저들을 막아

87) 吳廷擧(1459-1525)는 字가 獻臣이고, 號가 東湖이며, 湖北 嘉魚人이다. 雲南兵備副使·江西右參政·廣東右布政使·右副都禦史, 工部 및 兵部右侍郎 등에 올랐으며, 番舶進貢交易法 등을 입안하였다.

88) 丘道隆은 字가 懋之이며, 上杭人이다. 江南道禦史로 발탁되어 처음으로 佛朗機를 축출할 것을 청하였다.

거듭 싸운 끝에 초주稍州에 이르렀다. 향화인向化人[89] 반정구潘丁苟가 먼저 오르자 뭇 병사들이 일제히 진격하여, 대장 페드로(Pedro Homem, 別都盧)와 소세리疏世利[90] 등 42명을 생포하고 35명의 수급을 베고 두 척의 배를 얻었다.[91] 나머지 적들이 다시 세 척의 배를 끌고 와 접전하였는데 왕응은이 전장에서 사망하였고 적들도 패하여 도망갔으며 무역선의 왕래도 끊겼다.

황좌黃佐[92]가 말했다. "예전에 서양 선박이 왕래할 적에는 조정과 민간이 대외무역에서 많은 이익을 얻었으나, 논자들 중에 외국 선박이

89) 向化人은 모국을 떠나 다른 나라의 백성이 된 사람을 일컫는다. 조선에서는 여진이나 일본에서 귀화한 사람을 일컫는 말로 쓰였으나, 당시 중국의 경우 이민족이나 월남인일 가능성이 크다. 潘丁苟에 대해서, 펠리오(Paul Pelliot, 伯希和)는 江蘇崇明縣 출신의 무명소졸로 보았다. 金國平은《殊域周咨錄》의 기록에 근거하여 포르투갈 배에서 함께 오래 일한 중국인 선원으로 보았다. Paul Pelliot, "Le Hoja Et Le Sayyid Husain de L'histoire Des Ming", *T'oung Pao*, Vol. 38, Leiden: E. J. Brill, 1948, 103쪽 참고. 金國平,《西力東漸-中葡早期接觸追昔》, 澳門基金會, 2000, 15-16쪽 참고.

90) 疏世利는 페드로(Pedro Homem, 別都盧)의 부하로 보인다. 펠리오(Paul Pelliot, 伯希和)는 알바로 푸제이로(Álvaro Fuzeiro)의 푸제이로(Fuzeiro), 혹은 바르또다뮤 소아레즈(Bartholameu Soarez)의 소아레즈(Soarez), 또 페로 소아레스(Pero Soares)의 소아레스(Soares)를 음차한 것으로 보았다. 張天澤은 페드로 오멤(Pedro Homem)이 지휘하던 배의 이름인 시세이로(Syseiro)의 음차로, 당시에 인명과 선명을 혼동한 결과라고 하였다. Paul Pelliot, 위의 글, 100쪽 참고, 張天澤, 『中葡早期通商史』, 香港中華書局, 1988, 78쪽 참고.

91) 이 전쟁을 稍州之戰이라고 부른다. 명《世宗實錄》1523년 3월조의 기록을 보면 불랑기인 페드로(Pedro Homem, 別都盧)가 이끄는 함대를 맞아 가영·왕응은이 싸우다가 초주에까지 이르렀는데, 결국 페드로와 소세리 등 42인을 사로잡고 35명을 참수하고 배 두 척을 노획했다는 내용이 나온다.

92) 黃佐(1420-1566)는 字가 才伯, 號가 泰泉으로, 廣東 香山縣 사람이다. 廣西按察司僉事를 지냈으며,《廣西通志》·《廣東通志》등의 저작이 있다.

경내를 침범할 우려가 있다며 문제 삼는 자가 있었습니다. 섬라와 진랍, 그리고 조와와 삼불제三佛齊[93] 등의 나라는 홍무 연간 초에 토산품을 바치러 중국에 들어온 이래 오늘날까지 신하의 나라로서 복종하고 있습니다. 남방의 오랑캐들은 대체적으로 느슨하고 유약한 것이 일반적 습성인지라, 백여 년 동안 감히 쳐들어오거나 도적질을 하는 자가 없었습니다. 근자에 불랑기가 서해로부터 들어왔는데, 만약 조금이라도 함부로 방자한 짓을 한다면 곧 불러서 법에 따라 처리해야 할 것입니다." 담당자가 상소를 올리자 드디어 해금을 풀었다. 이때부터 불랑기가 향산 오문에 들어와 무역을 하게 되었으며, 집을 짓고 성을 쌓고 마치 엄연한 일개 나라처럼 바닷가에 웅거하였으니, 그 수가 만여 명에 이르렀다. 섬라와 점성, 그리고 조와 등의 나라는 불랑기가 두려워 피해갔다.

만력 연간에 여송을 멸망시켰다.[94] 여송은 남해에 있으며 [복건성]

93) 말레이지역에 존재하였던 스리위자야(Srivijaya)라는 도시국가를 가리킨다. 말레이반도와 인도네시아의 수마트라 섬에 위치하여 말라카 해협과 순다 해협을 통제하였기에 8세기 이후 해상무역국가로 발전하였다. 수도는 남부의 팔렘방이었으며 불교국가였다. 10세기에 전성기를 맞이한 후 14세기에 爪哇에게 멸망당했다. 唐代에는 室利佛逝, 佛逝, 舊港 등으로 표기했고, 三佛齊는 宋代 이후부터 불린 명칭이다.

94) 呂宋은 필리핀의 가장 큰 섬으로 수도 마닐라가 있는 루손(Luzon)섬을 가리킨다. 스페인 사람들이 도착하기 전에는 몇 개의 독립된 왕국과 부족이 있었다. 1521년에 포르투갈의 탐험가 마젤란(Ferdinand Magellan)이 필리핀에 도착했고 이어서 스페인인이 도착하여 1565년에 필리핀에 식민지를 건설하고 미구엘 로페즈 데 레가즈피(Miguel Lopez de Legazpi)가 초대 총독이 된다. 1571년에 스페인은 마닐라를 점령하고 스페인령 동인도를 건립했으며, 1580년에 스페인 왕 펠리페 2세가 포르투갈 왕위를 겸임하는 이베리아 연합이 만들어져 1640년까지 60년간 존속하였다. 때문에 여기에서 만력 연간(1573-1620)에 여송을 멸망시킨 불랑기는 포르투갈이 아니라 스페인으로 볼 수 있다.

장주漳州에서 매우 가까워서 명나라 초에 조공을 바쳐왔다. 불랑기는 처음에 여송과 무역을 했으나 후에 여송은 국력이 약하니 취할만하다 여기고는, 후한 뇌물을 바치면서 집 짓고 살게 소가죽만 한 크기의 땅을 달라고 청하였다. 왕은 저들의 속임수도 모르고 이를 허락했다. 그러자 불랑기 사람들은 소가죽을 찢어 수천 장丈[95] 길이가 되도록 이은 다음 여송의 땅을 빙 두르고 약속대로 달라고 했다. 왕은 크게 놀랐으나 이미 허락한 뒤인지라 어쩔 수 없이 저들의 말대로 해주고 저들로부터 약간의 세금을 징수하였다. 불랑기 사람들은 땅을 얻게 되자 집을 짓고 성을 쌓았으며 무기를 진열해 놓고 수비대를 설치했다. 이윽고 모든 준비가 끝나자 여송이 무방비일 때를 틈타 왕을 습격, 살해하고 그 나라를 차지했다. 국명은 여전히 여송이라 하였으나 실은 불랑기였다.

우동의 시 〈여송 죽지사呂宋竹枝詞〉

그때 소가죽 한 장에 나라를 잃더니[96]	當年失國一牛皮
저절로 황금 콩이 열린다는 가지는 어디에 있는가[97]	何處天生金豆枝

95) 원문은 數十丈이나 《明史》〈外國傳〉의 기록과 문맥에 따라 수천 장으로 고쳤다.

96) 우동이 스스로 단 注에 다음과 같이 적혀 있다. “불랑기 사람들이 황금을 가져와 집을 지으려 하니 소가죽 크기만큼 땅을 달라고 했다. 왕이 이를 허락하자 소가죽을 잘라 사방 둘레를 이어 붙이고는 그만큼의 땅을 요구했다. 그들은 그곳에 성을 쌓고 거주하더니, 끝내 여송을 멸망시켰다.(佛郞機以黃金求地如牛皮大盖屋, 王許之, 乃剪牛皮相續爲四圍, 求地稱此, 築城居之, 遂滅呂宋.)”

97) 우동이 스스로 단 注에 다음과 같이 적혀 있다. “망령된 남자 장억이 기역산에 황금 콩이 자란다고 거짓말을 하였는데, 관리를 파견해 가서 조사해보게 하니 그런 것이 없기에 장억을 죽였다. 그후 추장은 중국인들을 의심하기 시작해 공격해 죽였는데 대륜산까지 추격해 섬멸하였다.(妄男子張嶷詭稱機易山產金豆, 遣官

한스럽구나, 대륜산에서 길이 막혀 살해당한 후 可恨大崙遮殺後
간내[98]에는 압동[99]들이 남지 않았네 澗頭不剩壓冬兒

이에 앞서 거대한 대포와 날카로운 병기를 지닌 대장을 파견해 만랄가滿剌加[100]를 패망시키고, 다시 파서국巴西國[101]을 격파하였으며, 홍모와 더불어 미락거美洛居[102]를 나누어 가졌다. 그러다가 이때 이르러 여송에서 얻은 이익을 가지고 복건성과 광동성 일대 해상의 이익까지

往勘, 無有也. 嶷坐誅, 酋疑華人, 攻殺之, 追至大崙山殲之焉.)" 여기서 말하고 있는 것은 루손섬을 점령한 스페인이 필리핀에 거주하고 있던 화교들을 대량 학살한 이른바 '大侖山 참살 사건'이다.(만력 31년 8월) 황금이 열리는 나무가 있다고 거짓말을 한 장억이 사실이 발각되어 중국으로 압송되어 주살된 후 스페인은 중국이 루손에 흑심을 품고 있다고 의심하여 루손에 살고 있던 중국인들을 탄압하기 시작했다. 이에 중국인들이 반항하면서 전쟁이 터지니, 마침내 스페인이 대륜산에서 2만 5천 명에 달하는 중국인을 학살하였다.

98) 澗頭는 澗內를 말한다. 필리핀 마닐라의 唐人街가 있던 곳이다.

99) 壓冬은 필리핀 화교를 가리킨다. 張燮의 《東西洋考》〈呂宋〉 조에서 "중국인들이 여송에 많이 도착하였는데 왕왕 오래도록 머물고 돌아가지 않았다. 이들을 압동이라고 불렀다(華人旣多詣呂宋, 往往久住不歸, 名爲壓冬)"라고 하였다. 《東西洋考》, 1981년 中華書局, 89쪽.

100) 滿剌加는 옛 음역이며 오늘날에는 馬六甲으로 표기한다. 14세기에서 15세기까지 존재하였던 왕국으로 지금의 말레이반도 말라카(Malacca)주 일대에 있었다. 일찍이 해상무역을 장악하였으나, 1511년 포르투갈의 침입을 받아 멸망하였다.

101) 《南海誌》에는 不斯麻, 《元史·武宗本紀》에는 八昔, 《明實錄》 嘉靖 2年과 《名山藏·王亨記》 및 《明史》〈佛郎機傳〉에서는 巴西로 쓰고 있는데, 곧 포르투갈어로 Pacem이다. 지금의 수마트라섬 동북 해안의 파시(Passier, 波奢) 부근으로, 1521년 포르투갈인에게 정복당했다.

102) 香料群島라고도 부르는 인도네시아의 말루쿠(Maluku) 제도를 가리킨다. 摩鹿加라고도 하였는데, 16세기에 포르투갈, 스페인, 네델란드인들이 차지하기 위해 치열하게 경쟁했던 장소이다.

독차지하니, 그 세력이 더욱 강성해졌다. 저들이 물로 가로막힌 청주산靑洲山에 성을 쌓으니,[103] 해외 여러 외국 중에 감히 저들과 맞서는 자가 없었다. 만랄가는 점성 남쪽에 있는데 명나라 영락 연간에 만랄가 국왕을 왕에 봉하고 제고와 인장을 하사했다.

명나라 성조成祖의 〈만랄가 진산을 봉하는 어제시御製封滿剌加鎭山〉

서남쪽 큰 바다 중국과 통하니	西南巨海中國通
하늘로 들어가고 땅으로 퍼붓는 것 영원히 한결같네	輸天灌地億載同
말간 해와 목욕한 달, 풍경도 조화롭고	洗日浴月光景融
비 내리는 벼랑과 이슬 맞은 돌, 초목도 짙어라	雨崖露石草木濃
황금꽃과 보석 비녀 울긋불긋 빛나는데	金花寶鈿生青紅
이곳에 자리 잡은 나라, 그 백성들도 순하구나	有國於此民俗雍
선과 의를 좋아하는 국왕이 조종을 흠모하더니	王好善義思朝宗
중국의 고을과 나란하길 원하며 교화에 귀의하였네	願比內郡依華風
출입할 때면 시종들의 일산도 겹겹	出入導從張蓋重
의례와 격식에 예법도 공손해라	儀文裼襲禮虔恭
공석에 크게 적어 너의 충성을 드러내려	大書貢石表爾忠
너의 나라 서산을 진국산鎭國山으로 봉하노라	爾國西山永鎭封
산군山君도 해백海伯도[104] 흔연히 따르고	山居海伯翕扈從

103) 《明史》〈佛郎機傳〉에 따르면, 萬曆 34년(1606)에 淸州에 사원을 지었는데, 높이가 6-7장에 이르렀다고 한다. 그 이듬해부터 이들을 쫓아내자는 논의가 있었으나 실행하지 못하였고, 天啓 원년(1621)에 이르러 廣東右參政監司 馮從龍을 보내 淸州城을 부쉈다.

104) 山君은 산신, 海伯은 해신을 말한다. 산군은 嘉慶本과 乾隆本 모두 원문은 山居이나, 문맥상 산군이 맞는 것으로 보인다.

황고께서 하늘을 오르내리시네 皇考陟降在彼穹
하늘이 너의 나라 부강해지는 것을 오래도록 지켜보리니 后天監視久彌隆
너의 수많은 자손들 만복이 드높으리라 爾衆子孫萬福崇

우동의 시 〈만랄가 죽지사滿剌加竹枝詞〉

계곡 위 둥근 다리, 다리 위 정자 溪上環橋橋上亭
초심점[105]은 가늘어서 부드럽게 가공하면 향기나네 蕉心簟細打磨馨
일찍이 봉천문[106] 밖에서 함께 잔치를 즐기고 奉天門外曾陪讌
용문을 가지고 가 어명을 새겼지 攜取龍文勒御名

[만랄가가] 불랑기에게 패망한 뒤에도 향산 오문에서 무역하던 자들의 걸음이 끊이지 않았다. 파서국은 고증할 길이 없다. 미락거에 관한 내용은 〈홍모기紅毛記〉에 자세히 나와 있다.

불랑기는 후에 간계랍국干系臘國이라 칭하기도 하였는데[107] 지금은 불랑서 혹은 법랑서法郎西라고 부르며, 해마다 여송과 함께 광동에 들어와 무역을 한다. 여무로呂武勝[108]라는 자는 유독 영특하고 교활했으며, 오문 십삼행十三行을 오고 간 지 20여 년이라 현지 방언이나 중국

105) 꼴과 같은 가는 풀로 짠 고운 멍석을 가리킨다.
106) 奉天門은 지금의 강소성 南京에 있다.
107) 幹系臘國은 스페인 왕국의 핵심 세력인 카스티야(Castilla) 왕국의 음역으로, 곧 스페인을 가리킨다. 여기에서 불랑기가 나중에 간계랍국으로 칭하였다고 한 것은 1580년에 포르투갈의 왕위를 스페인의 펠리페2세가 겸함으로써 이베리아 연합이 형성된 것을 가리킨다
108) 스페인 상인 레카로스(D. Gabriel Lecaros)를 가리키는 듯하나, 그에 대한 자세한 기록은 알 수 없다.

어도 잘했고, 심지어 한자도 모두 알아서 사람들은 그를 여대반呂大班이라 불렀다. 그는 돈을 꿔주고 이자를 얻는 식으로 거만금을 모았다. 중국 물건이 좋은지 나쁜지, 값이 비싼지 싼지를 서양 선박이 도착하기 전에 미리 알려주어서 [오문 십삼행의] 장사치들은 근래에 무역에서 많은 이윤을 남기지 못했다. 그 나라 사람들은 모두 키가 크고 코가 높으며 고양이 같은 눈에 매의 부리처럼 생긴 주둥이를 가졌다. 머리는 곱슬머리이고 수염은 붉으며, 장사를 잘한다. 매매를 할 적에는 손가락만 폈다 굽혔다 하며 숫자를 표시할 뿐, 수천 금이나 되는 액수라도 계약서를 쓰지 않는다. 무슨 일이 있어 하늘에 대고 맹세를 하면 저버리지 않는다. 옷은 화려하고 깨끗하며 신분이 높은 사람은 관을 쓰고 낮은 사람은 도롱이를 쓰는데 연장자를 보면 즉시 벗는다. 그 나라에서는 주로 무소뿔과 상아와 진주와 조개가 많이 난다. 처음에는 불교를 신봉했으나 후에 천주교를 믿었다. 명나라 말에 대서양 사람들이 오문에 들어와 살게 되더니 나중에는 그들 차지가 되고 말았다.

우동의 시 〈불랑기 죽지사佛郎機竹枝詞〉

지네 모양의 배가 바다를 가로지르고　　蜈蚣船櫓海中馳
사원에 들어갈 때는 붉은 지팡이를 짚네　　入寺還將紅杖持
무슨 일로 부처 앞에서 교인109)하나 했더니　　何事佛前交印去
정혼하러 비구니 찾아와 복을 비는 것이로군　　定婚來乞比邱尼

109) 우동이 직접 단 注에, "혼인할 때 부처 앞에서 서로 짝을 맺고 승려가 증인이 되어 주는 것을 일러 교인이라 한다.(婚姻詣佛前相配, 以僧爲証, 謂之交印.)" 라고 하였다. 여기서 부처나 승려라고 부른 것은 예수와 신부로 보아야 한다. 아래에 나오는 비구니도 수녀로 보아야 한다.

하란賀蘭은 화란和蘭이라고도 하고, 일명 홍모번紅毛番[110]이라고도 한다. 그 땅은 불랑기와 가깝다. 처음에 대니와 여송, 교류파咬嚁吧[111] 등 여러 나라를 전전하며 장사를 했지만 감히 중국을 엿본 적은 없었다. 불랑기가 여송을 점거하고 향산에서 무역을 시작하자 화란은 그 이야기를 듣고 부러워하다가, 만력 29년(1601)에 거대한 배를 몰고 대포를 가지고 여송에 접근했다. 그러나 여송 사람들이 힘껏 저항하자 배를 돌려 향산 오문에 도착했다. 오문 사람들이 찾아온 이유를 거듭 따져 묻자 통교하여 조공 무역을 하고자 할 뿐, 감히 노략질은 하지 않겠다고 했다. 담당자는 이를 거절했다. 세사稅使 이도李道는 그들의 우두머리를 성안으로 불러들여 한 달 동안 머무르게 하였으나, 감히 조정에 아뢰지 못하고 있다가 돌려보냈다. 오문에 있는 사람들이 그들의 상륙을 두려워하며 수비를 엄밀히 하자 그제야 물러갔다.

얼마 후 복건성으로 들어가 팽호彭湖를 점거했다. 당시 불랑기가 해상을 횡행하면서 홍모국과 자웅을 겨루던 터라, 다시 배를 타고 동쪽으로 와서 미락거를 공격했다. 미락거는 동해에 있는데 무척 부유한 편이라 무역하는 중국인들이 많았다. 만력 연간에 불랑기가 미락거를 공격하자 미락거의 우두머리는 전쟁에 패해 항복했다. 홍모는 불랑기 군사가 철수하기를 기다렸다가 그들이 없는 틈을 노려 곧장 성 밑에 도착한 다음 추장을 붙잡고 "네가 나를 잘 모시면 불랑기를 섬기는 것보다 훨씬 나을 것"이라고 말했다. 미락거 우두머리는 어쩔 수 없어 시키는

110) 紅毛番은 명대에는 주로 네덜란드인을, 청대에는 주로 영국인을 가리켰는데, 서양인을 통칭해서 홍모번이라 부르기도 하였다.

111) 咬嚁吧는 오늘날 인도네시아의 자카르타를 가리킨다. 혹은 자바 섬 전체를 가리키기도 한다.

대로 하였다. 홍모는 1-2년마다 한 번씩 무리를 이끌고 자기 나라로 돌아갔다. 불랑기가 대대적으로 대군을 이끌고 습격해 왔는데, 마침 홍모가 떠난 뒤였기에 미락거를 격파하고 우두머리를 죽여 버렸다. 그러나 홍모번이 돌아와, 다시 그들의 성을 쳐부수었다. 이때부터 해마다 전쟁을 일으키는 통에 도저히 사람이 살 수 없었다. 그곳에 거주하던 중국인이 저들을 찾아가 전쟁을 그만두라고 설득하고는, 나라 안에 있는 만로고산萬老高山[112]을 경계로 산 이북은 홍모번에게 주고 산 이남은 불랑기에게 주니, 미락거는 결국 두 나라에 의해 양분되고 말았다.

홍모는 또 불랑기와 조와에 들어가 무역을 하였는데, 큰 강 동쪽에 무역 기지[113]를 만들자 불랑기는 그 서쪽에 무역 기지를 만들었다. 또 발니에 무역 기지를 만들어 거주하기도 하였다. 결국 대만까지 침략해 차지하고는 집을 짓고 경작하면서 오래도록 머물며 떠나지 않았다. 숭정 연간(1628-1644)에 정지룡鄭芝龍[114]에게 격파 당하자 오문의 불랑기와 우호 관계를 맺고 먼 공해상에서 밀무역을 하였다. 숭정 10년(1637)에 네 척의 배를 몰고 호도문虎跳門을 경유해 광주廣州에 도착하

112) 萬老高山은 말루쿠(Maluku)의 음역으로 보이며, 당시에 몰루카(Molucca)라고 불렸던 곳은 오늘날 인도네시아 말루쿠(Maluku) 군도에 있는 트르나테(Ternate) 섬이다.

113) 원문은 土庫인데, 명나라 때 네덜란드나 영국인이 아시아에 설치했던 무역 기지를 土庫라고 부른다. 지금도 인도네시아와 말레이시아에서는 상점을 toko라고 부른다.

114) 鄭芝龍(1604-1661)은 字가 飛皇이고, 통칭 一官이나 老一官으로 불린다. 복건성 南安 사람으로, 처음에는 해적이었으나 나중에 명의 관직을 받았다. 명이 망하자 唐王을 옹립하고 福州에서 南明 隆武 정권을 건립하였다. 나중에 청에 항복하였으나, 그 아들 鄭成功이 끝내 투항하기를 거부하여 청나라 조정에 의해 죽임을 당했다.

더니 무역을 하게 해달라고 청하였다. 우두머리가 매우 으스대며 시장을 다니자 간악한 백성들은 마치 금광이라도 보듯 여겼으니, 권세가들 중에는 아마도 저들을 위해 일을 주선해준 사람도 있었을 것이다. 당국에서 호경濠鏡의 전례를 거울삼아 내몰 것을 의론하였을 때도 간혹 그 안에서 방해하는 이도 있었다. 마침 총독 장경심張鏡心[115]이 도착하여 불가함을 주장하자, 이에 곧 달아나버리고는 명나라가 끝날 때까지 무역하지 않았다.

청나라 순치 10년(1653)에 하란荷蘭, 일명 하란賀蘭이 처음으로 조정에 조공을 바쳐왔다. 18년(1661)에 정성공鄭成功[116]이 강남에서 패하여 돌아왔는데, 마침 일본의 대장[117]【중국어로 하면 두목이라는 뜻이다】 하빈何斌[118]이 대만을 취할 수 있는 정황을 설명하였다. 정성공은 몹시 기뻐하며, 무기를 싸 들고 급히 길을 떠났다. [대만 대남臺南의] 녹이문鹿耳門에 이르러 갑자기 물이 몇 장도 넘게 불어났는데, 크고 작은 전함들이 꼬리에 꼬리를 물고 들어오자 홍모들은 크게 놀랐다. [정성공의 군대는] 적감성赤嵌城[119]을 격파하고 왕성王城[120]으로 진격해 들어간 뒤 칠

115) 張鏡心(1590-1656)은 字가 仲孝이고 號는 湛虛로, 河北 磁州 사람이다. 兩廣總督과 兵部尙書를 지냈다.

116) 鄭成功(1624-1662)은 본명이 森, 字가 大木으로 복건성 南安 사람이다. 鄭芝龍의 아들로 청나라에 항거하는 한편 네덜란드 동인도회사의 대만통치를 끝냈다.

117) 원문의 甲螺는 포르투갈어로 카베실랴(cabecilha)이며 일어로 카시라(カシラ)로, captain의 음역어 가운데 하나이다.

118) 何斌은 何廷斌이라고도 한다. 원래는 鄭芝龍의 부하였으나 나중에 네덜란드 동인도회사의 통역과 회계를 담당하였으며, 대만의 중국인 공동체 지도자였다. 몰래 鄭成功과 서신을 주고받다가 발각되자 1659년에 廈門에 도착하여 대만의 항구 및 수로, 네덜란드 군대의 배치 및 요새의 지도 등을 제공하였다.

119) 赤嵌城은 赤嵌樓라고도 하며, 臺南市에 있다. 원래의 이름은 臺灣 원주민 마을

곤신七崑身[121])을 에워싸고서 압박해 들어갔다. 불을 지르고 협판선夾板船[122])을 태운 뒤 사람을 보내 [투항할 것을] 고하자 홍모는 드디어 항복하였다.[123]) 강희 연간(1662-1722) 초에 대군을 이끌고 대만을 정복할 때 하란이 토벌을 돕는 공을 세웠다. 대만을 평정하고 난 뒤 그 왕인 요하네스 캄푸이스(Johannes Camphuys, 耀漢連氏 甘勃氏)[124])가 신하 빈센트 파츠(Vincent Paats, 賓先巴芝)[125])를 파견하여 금엽표문金葉表文을 바쳤는데, 표문에 "먼 외국의 조그마한 진흙땅은 중국에서 날아온 먼지요,

---

을 네덜란드어로 기록한 싸깜(Sakam)에서 유래하였다. 프로방시아 요새(Fort Provintia)라고도 부르며 1653년에 지어졌다. 清代에 대부분 무너졌으며 지금의 모습은 네덜란드인이 지은 성벽 위에 덧지은 것이다.

120) 王城은 紅毛, 즉 네덜란드인들의 본거지인 臺南市 서쪽 安平港에 있던 安平城으로, 오렌지성(Orange City, 奥倫治城), 질란디아 요새(castelo de Zelândia, 熱蘭遮城)로도 불렀다. 지금은 일부 흔적만 남아있어 安平古堡로 불린다.

121) 七崑身은 七鯤身이나 七鯤鯓으로 쓰기도 한다. 鯤鯓이란 석호와 같이 모래사주로 둘러싸인 호수 지형을 가리키는 말이다.

122) 夾板船은 카빨(Kapal)의 음역으로, 그 어원은 타밀어에서 유래한 말레이어이다. 哈板船·夾板船·甲板·甲板船·呷板船 등이 모두 이에 해당하며, 동서양을 가리지 않고 갑판이 있는 거대한 범선을 일컬었다.

123) 1661년에 金門에서 출발하여 시작된 공방전은 1662년 2월에 鄭成功과 네덜란드 동인도회사에서 파견한 대만 총독 프레데릭 코예트(Frederick Coyett) 사이에 조약을 맺음에 따라 끝을 맺고, 이에 따라 38년에 걸친 네덜란드의 대만 통치가 막을 내렸다.

124) 요하네스 캄푸이스(Johannes Camphuys, 耀漢連氏 甘勃氏, 1634-1695)는 1684년부터 1691년까지 오늘날 자카르타에 해당하는 바타비아(Batavia)에 있는 네덜란드 동인도회사(VOC)의 총독이었다. 당시 서양의 총독과 왕을 정확하게 구분하지 못하였기에 본문에서 왕으로 기록하고 있다.

125) 빈센트 파츠(Vincent Paats, 賓先巴芝)는 강희 25년(1686)에 北京에 도착한 사신으로, 바타비아(Batavia)의 네덜란드 동인도회사(VOC)에서 통상 허가를 얻기 위해 파견하였다.

이역의 작은 물방울은 원래 천자께서 떨어뜨려주신 이슬입니다."라는 말이 있었다. 공물도 정성을 다했다. 지금까지 해마다 끊이지 않고 무역을 하고 있다.

배 중에는 상선과 [전선戰船인] 과선戈船이 있는데 바닥이 모두 이중 구조로 되어있다. 상선에는 수십 층 높이의 망루가 있는데 비려飛廬[126]로 에워싸여 있다. 안에는 커다란 총포가 백 문門이나 있다. 계단은 등나무를 엮어서 타고 올라가게 되어있으며 창문은 유리로 되어있다. 선실은 벽지단[127]으로 발라져 있다. 배의 내부는 여러 부분으로 나뉘는데 줄을 타고 내려가면 맑은 물이 나오는 우물과 채마밭이 있다. 솥을 걸어 놓고 밥을 지으며, 흰 비단을 두르고 양탄자를 깔고 그 위에서 자는데 이를 일러 연상耎牀이라 한다. 음식은 소합유蘇合油로 지져 먹으며 빵과 소고기 등은 모두 누렇게 익어야 먹는다. 술은 포도주나 향춘香春을 마신다. 때로는 동금銅琴을 타면서, 손뼉 치고 어깨 들썩이며 마주보고 춤을 추어 손님들을 즐겁게 해준다.

돛은 천으로 되어있고 모두 일곱 장이다. 키 뒤에는 조해경照海鏡[128]이 있는데 지름이 몇 척이나 된다. 칼은 구부릴 수 있어서 정말로 옛날의 어장검魚腸劍과 닮았다. 과선에는 돛대가 다섯인 것과 아홉인 것이

126) 飛廬는 배위의 작은 누각을 의미한다. 보통 3층까지 지을 수 있으며 각 층마다 명칭이 있다.

127) 원문은 辟支緞로 辟支緞의 오기이다. 嗶吱緞 또는 嗶嘰라고도 쓰며, 사선 무늬의 두터운 능직물을 말한다.

128) 張燮의 《東西洋考》〈紅毛番〉 조에서는 照海鏡을 다음과 같이 설명하고 있다. "키 뒤에 구리 쟁반이 있는데 지름이 수 척에 달한다. 바다를 비추는 거울이라고 하는데, 이것을 보면 바다에서 길을 잃지 않을 수 있다.(舵後銅盤, 大徑數尺, 譯言照海鏡, 識此可海上不迷)." 《東西洋考》, 129쪽.

있으며, 뱃머리와 꼬리에 모두 키가 있다. 키잡이는 교대로 배를 몰고, 오직 나침반만 보면서 항해한다. 돛대에 올라 천리경千里鏡을 보는데, 멀리 있는 배가 콩만 하게 보이면 따라잡을 수 없고, 엄지손가락만 하게 보이면 돛대를 늘려서 따라잡을 수 있다. 돛대에는 암수 두 구멍이 있어서, 고리를 걸고 박아 넣어 좌우에 돛을 덧붙이면 수백 리나 떨어진 먼 거리도 따라잡을 수 있다. 때론 먼 바다 밖에서 해적질을 하기도 하고, 불랑서나 여송과 원수처럼 싸우기도 한다. 여송은 그들의 공격을 피하느라 [중국 땅에] 들어와 무역하지 않은 지 삼년이 되었다.

그 나라 사람들은 눈이 움푹하고 코가 길며, 머리와 눈썹과 수염이 모두 붉다. 발이 1척 2촌이나 되며 몸집이 매우 거대하다. 하지만 전투에 약해, 믿는 것이라곤 오직 거대한 배와 대포밖에 없어서 종종 패하는 일이 많다. 그 나라에서는 금은과 호박과 마노와 유리와 천아융天鵞絨[129]과 쇄복瑣服[130]과 다라련哆囉嗹이 많이 난다. 자명종·조총[131]·마총馬銃[132]·양날검(雙利劍)·외날검(單利劍)·천체망원경(照星月水鏡)·광학망원경(江河照水鏡) 등은 매우 정교하게 제작되어 있어 서양의 물건 중에서 으뜸이다. 마총을 진상한 적이 있는데 속에 작은 마총 20개가 들어있었다. 또 도검 8개를 바친 적도 있는데 손가락에 감을 수 있을 만큼 유연하였다.

129) 짧고 고운 털이 촘촘히 심어진 직물로, 우단의 일종이다.

130) 瑣服은 瑣袱 혹은 梭服이라고도 하며, 상등품 모포의 일종이다.

131) 鳥銃은 구식 火繩銃이다.

132) 馬銃은 기병용 구식 화승총이다.

왕사정王士正의 시 〈하란도검荷蘭刀劍〉

금문도 전투[133]가 기억나네　　　憶戰金門島
왕의 병사들이 대대적으로 포위했었지　　　王師大合圍
서늘한 섬광이 바다 밖에서 생겨나　　　寒芒生海外
보는 사람 가슴이 다 날아가는 것 같았다네　　　眞見著胷飛

준마 네 필이 있었는데 두 마리는 푸른색, 두 마리는 붉은색이었다. 머리는 봉황 같고 목은 학 같았으며, 하루에 천 리를 달렸다.

왕사정의 시 〈하란 말 네 필荷蘭四馬〉

용의 후예가 서쪽 끝에서 왔는데　　　龍種來西極
준마는 노여워하며 무리 짓지 않는구나　　　蘭筋怒不羣
북 실은 수레[134]가 응당 너를 기다리고 있으리니　　　鼓車應待汝
뜬구름은 밟을 필요조차 없으리라　　　不用籋浮雲

서양에서 온 흰 소 네 마리는 흰 바탕에 얼룩무늬였으며 길이가 2척, 키가 1척 7촌이었고, 목 부분에 혹이 있었다.

133) 鄭成功이 이끈 명나라 부대와 대만을 점령하고 있던 네덜란드 동인도회사와의 전쟁을 가리킨다. 1661년에 정성공은 네덜란드 동인도회사로부터 대만을 수복하기로 결정하고, 수백 척의 전함과 2만5천의 대군을 이끌고 금문도를 출발하여 먼저 澎湖島를 함락시키고, 이어서 臺南에 상륙하였다. 그 후 짧은 몇 개월 내에 대만의 대부분을 수복하였다.

134) 한나라 광무제는 이국에서 명마와 보검을 바치자, 명마는 출행할 때 큰 북을 싣고 가는 鼓車를 끌게 하고 보검은 騎士에게 하사하였다. 《後漢書》 卷76 〈循吏列傳〉 참고.

왕사정의 시 〈흰 소白小牛〉

혹여 유사[135]의 종자인가	豈是流沙種
아니면 과하의 망아지[136]인가	還疑果下駒
곰과 호랑이에게 말 전하노니	寄言熊虎質
감히 이빨과 갈기를 믿지 마라	不敢恃牙鬣

지금 다시 그 이름을 분석하면 영길리英吉利[137]라고도 부른다.

적산 스님의 시 〈영계려[138]의 그림英鷄黎畵〉

한 자 화폭에 그려진 운림이 환상인지 진짜인지	尺幅雲林幻也眞
어쩌다 보게 되었는데 모든 것이 새롭구나	無端聞見一翻新
울긋불긋한 그림은 지나의 필법 아니나	丹靑不是支那筆
꽃과 나무는 그래도 진단[139]의 봄과 닮았네	花木還同震旦春
약수[140]도 동으로 흐르면 언젠가 바다에 닿고	弱水東流終到海
월상도 남쪽을 떠나면 나루터와 통할 수 있다네[141]	越裳南去卽通津
근래에 오랑캐 땅에서 살고자 하는 사람 있다고 하니	年來頗有居夷願

135) 流沙는 중국 서북 지역의 사막을 가리킨다.

136) 果下駒는 몸집이 왜소한 말을 가리킨다.

137) 잉글랜드(England)의 음역으로 영국을 가리킨다.

138) 英鷄黎는 곧 英吉利의 다른 표현이다.

139) 중국을 가리킨다.

140) 약수는 서쪽 먼 곳에 있는 강을 가리킨다. 《山海經》〈大荒西經〉에 "곤륜 언덕… 아래에 약수라는 못이 있다(昆侖之丘…其下有弱水之淵)"라는 기록이 보인다. 《後漢書》〈西域傳 · 大秦〉에는 "대진국 서쪽에 약수와 유사가 있는데 서왕모의 거처와 가깝다(大秦國西有弱水 · 流沙, 近西王母所居處)"라는 기록이 보인다.

141) 通津은 공자의 가르침에 닿을 수 있을 것이라는 뜻이다.

지도 펼쳐놓고 사람들에게 물어보는 것도 당연하구나 莫怪披圖數問人

서瑞라고도 하고 련璉이라고도 한다.[142)]

갈라파噶囉吧[143)]는 남양南洋의 중심지로 중국인이 그곳까지 흘러 들어가 많이 거주하고 있다. 건륭 6년(1741)에 그 나라 우두머리가 이웃과 분란이 일어나자 중국인들을 위협해 최전선으로 내몰았는데 그 때 죽은 자가 수천 명이었다. 얼마 후 중국인들을 내몰아 다시 전쟁을 일으키려 하자 중국인들은 두려운 마음에 변란을 일으키고자 도모하였다. 그러나 일이 누설되어 우두머리가 밤을 틈타 중국인들을 거의 다 도륙하니,[144)] 산으로 도망간 자들만 살아남았고 무역도 중단되었다. 얼마 후 중국인들이 조금씩 다시 그곳을 찾아가기 시작했는데, 그들 또한 [중국인과의 무역에서] 이득을 얻었기에 다시 모여 살게 하였다.

우동의 시 〈하란 죽지사荷蘭竹枝詞〉

화란을 바라보니 온통 불처럼 붉은데 和蘭一望紅如火
향산에서 무역을 하느라 오귀[145)]가 모였네 互市香山烏鬼羣

142) 瑞는 스웨덴, 璉은 덴마크이다. 영국, 스웨덴, 덴마크 등을 모두 紅毛의 하나로 보아 함께 서술하고 있다.

143) 인도네시아 자카르타를 가리킨다. 咬𠺕吧라고도 쓴다.

144) 네덜란드 동인도회사의 식민 통치자들이 건륭 5년(1740)에 지금의 인도네시아 자카르타인 바타비아(Batavia, 巴達維亞)에서 화교들을 학살한 사건인 '바타비아 대학살(紅溪之役)'을 가리킨다. 이 사건에 대한 본문의 기록은 실제 역사적 사실과 다르다.

십 척의 둥근 구리로 만든 조해경 十尺銅盤照海鏡
이제 막 봉호를 하사받은 대포의 이름은 대장군 新封炮號大將軍

일본은 옛날의 일본인 왜노국倭奴國으로 다섯 개의 기畿, 일곱 개의 도道, 세 개의 섬으로 이루어져 있다. 그 나라 왕은 대대로 왕王을 성씨로 삼았다. 명나라가 망할 때까지 동남쪽의 우환거리였는데, 이에 관한 내용은 《명사》에 잘 갖추어져 있다. 만력 연간에 향산 오문에 사는 불랑기가 왜적들을 몰래 숨겨주었는데, [그들이] 관군을 살해했다. [만력] 42년(1614)에 해도 유안성兪安性이 격문을 받들어 왜구 98명을 바다 밖으로 몰아낸 다음 통금을 엄히 하자 우환이 점점 줄어들었다.

진공윤陳恭允의 시 〈일본도가日本刀歌〉

흰 해에서 나온 금과 쇠의 광택 白日所出金鐵流
쇠의 성질은 강하고 금의 성질은 부드럽네 鐵之性剛金性柔
보검으로 주조되어 구부렸다 폈다 하는데 鑄爲寶刀能屈伸
구부리면 제 몸을 방어하고 펴면 사람을 죽이네 屈以防身伸殺人
별빛과 번개의 섬광이 모였다 흩어지고 星流電激光離合
햇볕이 사방을 쏘아 눈이 부시네 日華四射曈曈濕
어두운 바람이 한밤중에 살갗을 에며 불어오니 陰風夜半刮面來
울부짖는 백만 명의 영혼이 칼집 안에서 흐느끼네 百萬啼魂鞘中泣
중원에는 해마다 화살이 날아다녀 中原歲歲飛白羽
세상 사람들은 검을 보고도 돌아보지 않네 世人見刀皆不顧
은혜든 원한이든 무시하였으니 爲恩爲怨知是誰

145) 烏鬼는 흑인 노예를 가리킨다.

보검이 무슨 죄 있다고 당신의 노여움을 샀을까　寶刀何罪逢君怒
당신 위해 낮에는 위엄을 성대히 해주고　爲君晝盛威與儀
당신 위해 밤에는 도깨비들 굴복시키네　爲君夜伏魍與魎
물속의 교룡, 그 턱을 찌르고　水中有蛟貫其頤
산속의 호랑이, 그 껍질을 벗기네　山中有虎抉其皮
죽임으로 죽임을 그치게 하는 것은 천하의 인자함이니　以殺止殺天下仁
보검의 소원은 성인을 따르는 것 뿐이라네　寶刀所願從聖人

동쪽 바다(東洋)가 끝나는 곳에서 서쪽 바다(西洋)가 시작되는데 그곳에 파라婆羅[146]라는 나라가 있다. 그 서쪽에 있는 소문답랄蘇門答剌[147]이라는 곳은 서양의 요충지이다. 소문답랄에서 순풍을 타고 12일을 밤낮으로 가면 한 나라에 도착하는데 그 나라의 이름은 석란산錫蘭山[148]이다. 그 나라 동남쪽 바다에 산이 서너 개 있는데, 그곳 전체를 취람서翠藍嶼[149]라고 부른다. 크고 작은 해문海門이 일곱 개가 있고, 모든 해문으로는 배가 드나들 수 있다. 가운데 산 하나가 유난히 거대

146) 婆羅는 오늘날의 보르네오(Borneo) 섬을 가리키는데, 종종 그 북쪽에 있는 브루나이와 혼동하였다. 때문에 《明史 · 外國傳》에서는 文萊라고도 부른다고 하였다. 당대에는 婆利로 표기하고 원대에는 渤泥로, 명대에는 文萊 등으로 표기하였다. 동쪽 바다와 서쪽 바다를 가르는 기준으로 삼았다.

147) 인도네시아 수마트라(Sumatra) 섬을 가리킨다.

148) 錫蘭은 스리랑카(Sri Lanka)를 가리킨다. 산스크리트어로는 '사자의 거주지'를 뜻하는 Sinhala 혹은 Sihala에서 유래하여 팔리어로 Sihalan이라고 하였으며, Silan으로 축약해 불렀다. 錫蘭은 그 음역이다. 역대 중국 문헌에서는 僧伽羅國, 古狼牙修, 獅子國이라고도 썼다.

149) 翠藍嶼는 벵골만 동남쪽 니코바(Nicobar, 尼科巴)군도를 가리킨다. 翠藍山, 翠藍, 翠藍島라고도 쓰고, 《瀛涯勝覽》에서는 裸形國이라고도 하였다. 고대에 스리랑카나 인도로 가는 항로에서 경유하는 곳이었다.

한데, 현지에서는 사독만산梭篤蠻山[150)]이라고 부른다. 전하는 바에 따르면, 석가모니가 옛날에 이 산을 지나다가 물에서 목욕을 했다고 한다. 이 산으로부터 이레를 가면 앵가취산鸚歌嘴山[151)]이 나온다. 다시 이삼일 가면 불당산佛堂山에 도착하는데, 거기서 바로 석란국의 국경으로 들어갈 수 있다.

우동의 시 〈석란국 죽지사錫蘭國竹枝詞〉

산 위에는 주렴이, 바닷가에는 모래가　　山上珠簾海上沙
모래 속 너럭바위는 누런 까마귀를 닮았네　　沙中磐石象黃鴉
조정에는 일찍이 번당[152)]을 세워놓았고　　中朝曾設幡幢供
오랜 절에는 누운 석가상 지금도 있네　　古寺猶看臥釋迦

고리古里는 서쪽 바다에 있는 큰 나라로, 석란산에서 열흘이면 도착할 수 있다. 명나라 영락 연간(1403-1424)에는 조정에 여러 서양의 사신들이 가득했는데, 고리가 대국이라는 이유로 그 나라의 사신을 가장 앞에 세웠다. 정통 연간(1436-1449) 이후로는 더 이상 오지 않았다.

150) 梭篤蠻山은《瀛涯勝覽》에서는 桉篤蠻山으로 표기하고 있다. 지금의 벵골만과 안다만해 사이의 니코바 군도 위쪽에 위치한 안다만(Andaman) 군도 혹은 그중 북안다만섬을 가리킨다.

151) 鸚歌嘴山은 스리랑카 동남부에 있는 나문유쿨라(Namunukula)산을 가리키는데, Namunakuli, Namunukuli, Namanakuli로도 쓴다.

152) 佛家에 幡과 幢이 있는데, 번은 설법 등이 있을 때 부처나 보살의 덕을 나타내는 것으로 꼭대기에 종이나 헝겊 따위를 가늘게 오려서 달아 불당에 장식하는 것이며, 당은 佛畫를 그려 절 문 앞에 세우는 것이다.

우동의 시 〈고리 죽지사古里竹枝詞〉

산성과 해시가 명왕[153]을 에워싸고　山城海市擁名王
서쪽에서 온 좋은 말에는 자줏빛 재갈 물렸네　好馬西來勒紫韁
찰랑찰랑 구슬 목걸이에 금으로 된 팔찌　瓔珞步搖金跳脫
미인은 한나라 궁녀의 화장에 뒤지지 않네　美人不讓漢宮粧

다섯 등급의 백성들[154] 불상[155] 앞에 귀의하고　五等皈依乃納兒
호로[156] 타며 부르는 노래에 간간히 구리 줄 소리 들려오네　葫蘆彈唱間銅絲
서풍에 만 리 밖 뱃사람들 도착하면　西風萬里艅人至
뭍에 올라 먼저 영락비[157]를 보네　上岸先看永樂碑

그 나라 왕은 승려를 존경하지만, 백성의 절반은 이슬람교를 믿어 수십 곳에 예배당이 세워져 있다. 왕이 늙으면 아들에게 왕위를 물려주지 않고 조카에게 물려주며, 조카가 없으면 아우에게, 아우마저 없으면 그 나라 안에서 덕망 있는 자에게 물려준다. 나라의 일은 모두 이슬람교도인 두 명의 장군이 결정한다. 백성을 다섯 계급으로 나누는 것은 가지柯枝와 같다고 한다.

153) 이민족 중에 명성이 높은 왕을 이른다.
154) 인도의 카스트 제도를 말한다.
155) 원문은 乃納兒인데, 黃省曾의 《西洋朝貢典錄》〈古里國〉 조에 다음과 같은 설명이 있다. "불상을 내납아라고 부르며 구리로 만든다(佛像謂之乃納兒, 以銅爲之)." 黃省曾, 앞의 책, 98쪽.
156) 호리병 모양의 악기를 가리킨다.
157) 명나라 영락 연간에 鄭和가 뱃길로 古里에 도착한 뒤에 그곳에 세운 비석을 가리킨다.

우동의 시 〈가지 죽지사柯枝竹枝詞〉

가지에는 꽃 핀 가지 하나 보이지 않고 柯枝不見一枝榮
오직 후추만 만 섬 그득하네 止有胡椒萬斛盈
이상하게도 천공께서 눈이 어두운 탓에 却怪天公沒分曉
반년은 비가 오고 반년은 날이 갠다네 半年雨落半年晴

명나라 초에 서양쇄리西洋瑣里에 조서를 보내 깨우치자 국왕인 별리別里[158]가 사신을 보내 토산품을 바쳐왔다. 영락 연간에 고리 및 아단阿丹[159] 등 열다섯 나라와 함께 조공을 바쳤다.[160]

우동의 시 〈서양쇄리 죽지사西洋瑣里竹枝詞〉

서양의 열여섯 나라 그 어디인가 西洋十六國誰何
쇄리에서 가져온 토산품이 유난히 많구나 瑣里偏擕方物多
또 지도를 바쳐온 소쇄리[161]라는 나라도 있어 又有輿圖小瑣里
홍살을 가지고 와 두라면과 다투려 하였네[162] 欲將紅撒鬬兜羅

158) 《明史·外國傳》에서는 서양쇄리의 국왕 이름을 別里提로 쓰고 있다.

159) 阿丹은 아라비아반도 남단, 아덴(Aden)만에 있던 나라이다. 예로부터 해운의 요충지로, 15세기에 일찍이 鄭和도 이곳에 기항한 적이 있다.

160) 《太祖實錄》 卷38 洪武 3年條에 따르면, 永樂 21년(1423) 9월의 일이다.

161) 小瑣里는 沙里八丹이라고도 하며, 지금의 인도 동해안의 나가파탐(Nagapatam)이다. 일설에는 인도 동해안의 마술리파탐(Masulipatam)이라고도 한다. 서양쇄리보다 작으며, 동쇄리라고도 불렸다. 洪武 연간에 명나라에 조공을 바쳐오면서 그 나라의 산천이 그려진 지도를 바쳤다. 이에 황제는 《대통력》과 함께 금실로 짠 무늬 비단과 얇은 비단 각 4필을 하사하였다.

162) 두라면은 융단과 비슷한 직물이고, 홍살은 쇄리국의 특산물인 붉은색의 직물을 말한다.

쇄리는 서양쇄리에서 가까우며 면적이 조금 작다.[163] 명나라 홍무 연간(1368-1398) 초에 사신을 보내 조공했으며 그 나라의 산천과 국토가 그려진 지도를 바쳐왔다. 이에 후하게 사례하고 《대통력大統曆》을 하사했다.

홀로모사忽魯謨斯[164]는 서양[165]의 대국으로, 고리에서 서북쪽으로 25일간 가면 도착할 수 있다. 영락 연간에 서양의 가까운 나라에서는 바다를 건너와 공물을 바쳤으나, 멀리 있는 나라들은 아직 순종하지 않았기에 조정에서는 정화鄭和에게 출정을 명했다. 이에 그 나라 왕은 신하 이즉정已卽丁을 보내 조공을 바쳤다. 그러나 정통 연간(1436-1449) 이후로는 다시 오지 않았다. 그 나라는 서해 끝에 위치해있으나 동남의 여러 오랑캐 나라에서부터 대서양의 무역선, 그리고 서역의 장사치

---

163) 여기에서는 《明史·外國傳》과 《皇明四夷考》 등의 견해를 따라 瑣里와 西洋瑣里를 다른 나라로 취급하고 있다. 《殊域周咨錄》 卷8 〈瑣里·古里條〉에서는 "쇄리는 또 서양쇄리라고도 하는데, 고리 또한 서양고리라고도 하여, 두 나라라고도 하고 네 나라라고도 한다.(瑣里國又曰西洋瑣里國, 古里國又曰西洋古里國, 或爲二國, 或爲四國.)"라고 하였다. 명나라 때 '西洋'이라는 글자를 덧붙이면서 瑣里와 西洋瑣里를 다른 나라로 오해하게 되었다.

164) 忽魯謨斯는 오늘날 이란의 호르무즈(Hormoz) 해협에 있었던 도시로, 《明史·外國傳》에서는 古里에서 서북쪽으로 25일 가면 도착한다고 하였고, 《殊域周咨錄》에서는 古里에서 10일 정도를 가면 도착할 수 있다고 하였다.

165) 西洋이라는 단어는 五代시기 《西山雜記》에서 처음 보이며 宋元代 기록에서도 보이는데 인도 남부의 연해 지역을 가리키고 있다. 元代 《島夷志略》에서도 西洋을 언급하고 있는데 이 시기부터 廣州 이남의 동남해를 東洋, 서남해를 西洋이라고 부르기 시작하였다. 明代에는 廣州와 文萊를 잇는 선을 기준으로 東洋과 西洋을 구별하였다. 인도양을 크게 벗어나지 않던 西洋은 鄭和의 원정이래 호르무즈를 포함하는 아라비아해까지 그 범위가 확대되었다. 16세기에 중국에 온 선교사들은 인도양을 小西洋이라 하고, 유럽 서쪽의 바다를 大西洋이라 불렀으며, 자신들을 '대서양 사람'이라 칭하였다.

들까지 모두 찾아와 무역하기 때문에 보물이 가득 넘쳐난다. 날씨를 보면 추위와 더위가 갈마드는데 서리는 내리지만 눈은 내리지 않고, 이슬은 많이 내리지만 비는 적게 온다. 땅이 척박하여 곡식과 보리의 생산이 적다. 사람들은 살결이 희고 몸집이 크다. 부녀자들은 외출할 적에 얇은 천으로 얼굴을 가린다. 시장에는 점포가 즐비하고 온갖 물건이 다 갖추어져 있으나, 오직 술만은 금지하고 있으며 [이를] 위반한 자는 사형에 처하기까지 한다. 의사나 점장이, 장인 등은 중국과 비슷한 수준이다. 교역할 때는 은전을 사용하고 글은 아라비아 문자를 사용한다. 왕과 신하들은 모두 이슬람교를 믿는다. 돌을 쌓아 집을 만드는데, 3-4층이나 되는 집도 있고, 침실·주방·화장실·응접실은 모두 위층에 있다. 채소와 과일이 풍부하여 호도·아몬드·잣·석류·포도·샤프론·대추야자 등이 난다.

우동의 시 〈홀로모사 죽지사忽魯謨斯竹枝詞〉

붉은 흙과 은주166), 그리고 흰 석회	紅土銀硃白石灰
청록색 아고167)까지 보물이 산더미처럼 쌓였네	鴉姑青綠寶成堆
다투어 디나168)를 가지고 놀러 나가고	爭把底那游戲去
철패169)를 줄줄이 엮어 투양하러 온다네	鐵牌絡索鬬羊來

166) 유황과 수은으로 만든 무기화합물로 안료나 약제로 사용된다.

167) 鴉姑는 페르시아어와 아랍어에서 Yakut라고 하는데, 청록을 띠는 보석과 붉은 빛을 띠는 루비 두 종류로 나뉜다.

168) 底那는 페르시아어와 아랍어의 dinar에 해당하는데 은 동전을 가리킨다. 《瀛涯勝覽》〈忽魯謨斯〉에도 "왕은 은으로 돈을 주조하는데 그 이름이 디나아이다(王以銀鑄, 名底那兒)"라는 말이 나온다.

대모 무늬 찍힌 초상비[170]와 玳瑁斑斑草上飛
얼룩말이 푸른 사자를 좇네 花紋福祿逐青獅
군주가 타조의 춤을 유독 좋아하기에 君主偏愛駝鷄舞
김유자가 부賦 지어 널리 전했네[171] 作賦宣傳金幼孜

의대리아意大里亞는 대서양에 있다. 옛날에는 중국과 왕래한 적이 없다. 명나라 만력 연간에 이 나라 사람 마테오 리치가 도성에 들어와 《만국전도萬國全圖》[172]를 짓고, 세상에는 오대주五大洲가 있다고 이야기했다. 첫 번째는 아세아주亞細亞洲[173]로 거기에는 백여 개의 나라가

---

169) 철패는 겉에 이름을 새긴 철로 만든 패를 말하는데, 여기서는 鐵錢의 의미로 쓰인 듯하다.

170) 草上飛는 산고양이의 일종이다. 《西洋朝貢典錄》〈忽魯謨斯國〉 조에 다음과 같은 기록이 있다. "어떤 짐승이 있는데 모습은 고양이 같고 바탕은 대모 무늬다. 귀가 검고 성질이 온순하다. 이 짐승이 밖으로 나가면 온갖 짐승들이 땅에 엎드린다. 그 이름은 초상비이며, 서양 이름으로는 석아과실이라 한다(有獸焉, 其狀如猫, 質如玳瑁. 黑耳而性仁, 出則百獸伏地, 其名曰草上飛, 番名曰昔雅鍋失.)"

171) 金幼孜(1367-1431)는 명나라 문인이다. 《皇明世法錄》〈忽魯謨斯〉에 보면, "영락 3년에 사자를 보내 내조하고 문물과 타조를 조공했다. 황제는 김유자에게 명해 〈타조부〉를 짓게 했다(永樂三年, 遣使來朝, 貢方物及駝鷄. 上命侍臣金幼孜爲之賦)"라고 하였다. 타조의 형상을 묘사하기를, "타조는 학처럼 생겼고, 키는 3-4척에 발가락이 두 개다. 털은 낙타 같고 걸음걸이도 낙타 같다.(駝鷄如鶴, 長三四尺, 脚二指, 毛如駝, 行亦如之.)"라고 하였다.

172) 마테오 리치가 만든 지도로는 《輿地山海全圖》(1584), 《山海輿地全圖》(1600), 《坤與萬國全圖》(1602, 李之藻 간행), 《坤與萬國全圖》(1606, 李應試 간행) 4종류가 있다. 16세기에 유럽인들은 오세아니아 대륙이 있다는 점을 알지 못했기에 당시의 지도에는 5개 대륙만이 표기되어 있는데, 이러한 특징이 리치가 만든 지도에도 반영되었다.

173) 아시아 대륙을 가리킨다.

있으며, 중국이 그 중 하나이다. 두 번째는 구라파주歐羅巴洲[174]로 거기에는 70여 개 나라가 있으며, 의대리아가 그 중 하나이다. 세 번째는 리미아주利未亞洲[175]로 거기에도 백여 개 나라가 있다. 네 번째는 아묵리가주亞墨利加洲[176]로 그 땅은 훨씬 크지만 남북의 두 주로 나뉘어 연결되어 있다. 마지막으로 묵와렵니가주墨瓦臘泥加洲[177]가 다섯째인데, 여기서 대지는 끝이 난다. 명나라 정화가 일곱 번이나 서양으로 내려가, 가깝게는 고리와 쇄리, 멀게는 홀로모사까지 도합 수십 여 개의 나라를 다녔다. 그러나 의대리아라는 나라는 있지 않았으며, 구라파라는 곳도 있지 않았다. 그러니 그의 말은 요원하기만 하고 고증할 길이 없다. 만력 9년(1581)에 마테오 리치가 처음으로 구만리 바다를 건너와 광주廣州 향산 오문에 도착했는데, 점차 남경으로 진출해 천주교를 퍼뜨리고 다니더니, 29년(1601)에는 도성으로 들어와 토산품을 바치면서 스스로 대서양 사람이라 칭했다. 예부에서 말했다.

"《회전會典》[178]에는 서양쇄리라는 나라만 있지 대서양이라는 나라는 없으니, 진위를 알 길 없습니다. 또 20년간 거주하고 난 뒤에야 진공을

---

174) 유럽 대륙을 가리킨다.

175) 아프리카 대륙을 가리키며, 라틴어 리비아(Libya)의 음역이다. 본래 그리스 사람들이 아프리카 북부의 리비아(Libya)를 가리키는 말로 사용했으나 뒤에 아프리카 전체를 가리키게 되었다.

176) 아메리카 대륙을 가리킨다.

177) 마젤라니카(Magellanica)의 음역으로, 마젤란(Fernao de Magalhaes, 1480-1521)이 발견했다고 생각한 가상의 대륙이다. 15세기부터 18세기까지 유럽의 지도에 등장한다.

178) 《會典》은 《明會典》을 가리키는 것으로, 명나라 때 官에서 수찬한 전장제도에 관한 서적이다. 여러 차례 수찬되었으며 현재 통용되는 것은 申時行 등이 편한 228권 본으로 만력 15년(1587)에 수정하여 간행한 것이다.

하였으니, 의義를 사모하여 먼 나라에서 찾아와 보배를 바친 것과는 경우가 다릅니다. 게다가 그가 바친 천주와 천주모의 그림은 매우 불경합니다. 가져온 물건 가운데 신선의 뼈 등도 있던데, 기왕 신선이라면 당연히 날아갔을 터, 어찌 뼈가 있을 수 있겠습니까? 이는 당나라 한유韓愈가 흉악하고 더러운 잔당이라고 질타했던 부류이니,[179] 궁에 들여서는 아니 될 것입니다. 원컨대 의관과 의대를 하사하고 본국으로 돌아가게 하시어, 북경과 남경에 몰래 머물면서 중국 사람들과 내통하면서 달리 사단을 만들지 못하게 하옵소서."

그러나 윤허 받지 못했다. 8월에도 속히 돌려보낼 것을 주청하였으나 역시 윤허 받지 못했다. 얼마 후 황제께서는 그가 멀리서 찾아온 뜻을 가상히 여기시어 관사를 빌려주고 봉록을 하사하였으며 후한 상까지 내렸다. 마테오 리치는 이렇게 하여 중국에 편히 거하면서 오래도록 떠나지 않다가 만력 38년(1610) 4월에 도성에서 죽었다. 황제께서는 서쪽 교외 밖에 묻어주도록 하셨는데, 지금도 부성문阜城門[180] 밖에 이태서利泰西[181]의 무덤이 있다고 한다.

마테오 리치가 중국에 들어온 이후로 더욱 많은 무리들이 찾아왔다. 알폰소 바뇨니(Alfonso Vagnóni, 王豊肅)[182]라는 자가 남경에 거주하면

179) 당나라 때 韓愈는 憲宗이 서역에서 부처의 사리를 들여와 경배하자, 〈佛骨表〉를 올려 강력하게 배척했다가 헌종이 크게 노하는 바람에 겨우 죽음을 면하고 潮州刺史로 쫓겨났었다. 즉 마테오 리치가 가져온 신선의 뼈라는 것도 한유 당시 부처의 사리처럼 배척되어야 한다는 뜻이다.

180) 阜城門은 지금의 北京 西城區에 위치하며 원 세조 때 축조되었다.

181) 利泰西는 利瑪竇, 즉 마테오 리치를 말한다.

182) 알폰소 바뇨니(Alfonso Vagnóni, 1566-1640)는 1605년에 중국에 온 이탈리아 출신 예수회 선교사이다. 그의 중국 이름은 王豊肅이었으나, 1616년 南京教案으로

서 천주교로 백성을 현혹하는 일에 전념하여, 사대부 및 골목의 어리석은 백성들까지 그에게 현혹되었다. 그는 또 자신들 나라의 풍토와 인물이 중국보다 훨씬 낫다고 자랑했다. 예부 낭중 서여가徐如珂[183])가 두 사람을 불러들여 붓과 종이를 주며 각자 [본국에 대해] 기억하고 있는 내용을 적게 했는데,[184]) [적은 내용이] 전혀 부합하지 않았기에 저들을 쫓아내야 한다며 힘써 의론했다. 상소가 들어가자 알폰소 바뇨니, 디에고 판토하(Diego de Pantoja, 龐迪我),[185]) 엠마뉴엘 디아즈(Emanuel Diaz, 陽瑪諾)[186]) 등을 모두 광동으로 보낸 다음 본국으로 송환하라는 명령이 내려왔다. 그러나 한참 뒤에 알폰소 바뇨니는 이름을 바꾸고 남경으로 잠입해 예전처럼 선교했다.[187]) 숭정 연간(1628-1644)에 역법曆法이 허술

추방되자 다시 高一志로 개명하고 1624년에 중국에 들어와 주로 山西省에서 선교활동을 하였다. 저서로 《聖教解略》·《西學修身》·《西學治平》·《西學齊家》 등이 있다.

183) 徐如珂는 자가 季鳴이고 호는 念陽이다. 吳縣(지금의 蘇州市) 사람이다. 만력 23년 진사가 되었고 左通政을 지냈다. 나중에 魏忠賢의 노여움을 사서 파면 당했으나, 숭정 연간 초에 南京工部侍郎이 되었다.

184) 당시 서여가가 부른 사람은 바뇨니(王豊肅)와 디아즈(陽瑪諾)였다.

185) 디에고 판토하(Diego de Pantoja, 1571-1618)는 스페인 출신 예수회 선교사로 중국이름은 龐迪我이다. 1599년 마카오에 도착한 후 남경으로 갔다가 마테오 리치를 따라 북경으로 갔다. 이탈리아 선교사 사바티노 우르시스(Sabatino de Ursis, 熊三拔, 1575-1620)와 함께 역법을 개정하고 神宗에게 4대주 지도를 그려 바쳤다. 1616년에 南京教案이 일어나고 오문으로 추방되었다. 《七克大全》·《人類原始》·《龐子遺詮》 등의 저술이 있다.

186) 엠마뉴엘 디아즈(Emanuel Diaz, 1574-1659)는 마뉴엘 디아즈(Manuel Dias)라고도 하는 포르투갈 출신 예수회 선교사로 중국이름은 陽瑪諾이다. 그는 1610년에 중국에 와서 1613년에 北京에 도착했다. 1615년에 《天問略》을 써서 당시 유럽의 천문학 지식을 전파하였다.

187) 王豊肅은 나중에 高一志로 이름을 바꾸고 山西省에 들어가 선교를 하였으나,

하고 잘 맞지 않는 것을 보고, 예부 상서 서광계徐光啓[188]가 저들의 무리인 자코모 로(Giacomo Rho, 羅雅谷)[189]와 요한 아담 샬 폰 벨(Johann Adam Schall von Bell, 湯若望)[190] 등으로 하여금 그 나라의 새 역법과 비교하여 역법을 찬수하게 할 것을 청하니, 윤허가 내려왔다. 숭정 원년(1628) 무진년戊辰年을 역원曆元으로 삼았는데, 그 역법이 《대통력》에 비해 훨씬 세밀하여 식자들 중에는 이를 취하는 자도 있었다. 책이 완성되자 《숭정력》[191]이라 이름 하였는데, 미처 반포되기도 전에 명나라가 멸망하고 말았다. 청나라 순치 원년(1644)에 서양 역법을 사용할 것

다시 남경으로 돌아가지는 않았다. 따라서 이는 역사적 사실과는 다르다.

188) 徐光啓(1562-1633)는 명나라 관료이자 과학자로, 자는 子先이며 上海 徐家匯 사람이다. 숭정 연간에 禮部尙書 겸 東閣大學士 등을 지냈으며, 1603년 천주교에 입교해 마테오 리치에게 서방의 천문·역법·수학·측량 등을 배웠고 서양의 과학기술을 중국에 소개하는 데에 힘썼다. 저서로 《農政全書》 등이 있다.

189) 자코모 로(Giacomo Rho, 1593-1638)는 이탈리아 출신 예수회 선교사로, 중국이름은 羅雅穀·羅雅格, 또는 雅克 羅라고 쓰기도 한다. 1622년 마카오가 네델란드의 공격을 받을 때 대포를 사용해서 방어하도록 했다. 1631년에 북경에서 徐光啟·아담 샬·롱고바르디(Nicolò Longobardi, 龍華民, 1565-1654) 등과 함께 《崇禎曆書》를 편찬하였다.

190) 요한 아담 샬 폰 벨(Johann Adam Schall von Bell, 1591-1666)은 명말청초에 중국에 온 예수회 선교사이다. 독일인으로 중국이름은 湯若望이며, 《主敎緣起》와 《古今交食考》 등을 썼다.

191) 明代에 사용된 《大統曆》은 본래 元代의 郭守敬이 만든 《授時曆》으로, 일식계산이 정확하지 않았다. 때문에 《回回曆》으로 그 단점을 보완하여 사용하였다. 1629년 6월 21일의 일식을 欽天監에서 정확히 예측하지 못하자 예부 시랑 徐光啓가 서양 역법에 근거하여 역법을 개정할 것을 주청하였고, 같은 해 7월부터 李之藻·롱고바르디·아담 샬 등과 함께 역서 편찬에 착수하였다. 崇禎 7년(1634)에 《崇禎曆書》가 완성되었으나 명나라에서는 시행되지 못하고, 청나라에서 1645년부터 時憲曆이라는 이름으로 시행되었다.

을 명하니, 오문에 사는 사람 중 역법에 정통한 사람은 종종 격문을 받고 흠천감欽天監[192]에 뽑혀 들어가기도 했다.

강희 연간에 서양[193]에서 처음으로 공물을 보내왔다. 그 나라 왕은 멀리 있어서 직접 대궐까지 올 수 없기에 초상화를 그려 조알하였다.[194]

왕홍서王鴻緖의 시 〈서양국에서 사자를 진상한 것을 삼가 기록하다西洋國進獅子恭紀〉

예물 받들고 서쪽에서 먼 바닷길 건너와[195]	奉贄梯航浴日通
신령스러운 짐승을 바다 구름 동쪽에 바쳤네	貢來神獸海雲東
상림원에 걸린 눈은 천 길 바위에서 내려치는 번개 같고	目懸上苑千巖電
천문에서 포효하는 소리는 만 리에서 불어오는 바람 같구나	聲吼天門萬里風

192) 欽天監은 명청시대 중앙정부에서 천문현상을 관찰하고 절기와 역법을 추산하는 것을 관장하던 부서이다.

193) 여기서 서양은 포르투갈을 가리킨다.

194) 1662년 해금정책에 따라 오문에 무역금지령이 내리자 1667년에 포르투갈 인도총독 주앙 누네스 다쿠냐(João Nunes da Cunha)는 포르투갈 황제 아폰소 6세(Afonso VI)에게 황제 명의의 대사를 보내달라고 요청하였고 이에 마뉴엘 살다냐(Manuel de Saldanha)가 대사로 파견되었다. 그는 1667년 8월에 오문에 도착하여 광주에서 억류되었다가 1670년에야 북경에 들어갔고, 강희제에게 아폰소 6세의 초상화를 바치며 해금의 완화와 교역을 요구하였다. 본문에서 서양이라고 한 것은 1667년 廣東總督이 올린 보고서에서 西洋國이라고 하였기 때문이며 청대의 많은 문헌에서 포르투갈을 서양으로 지칭하는 것을 볼 수 있다.

195) 《淮南子》〈天文訓〉에서 "해는 양곡에서 떠올라, 함지에서 목욕한다.(日出於暘谷, 浴於咸池.)"라고 하였다. 浴日은 해가 지는 서쪽 끝을 의미하는데, 포르투갈이 중국의 오문을 찾아온 것을 이렇게 표현한 것이다.

적을 쳐부수던 당시에는 코끼리 놀라 자빠지게 하더니 破敵當年驚伏象
상림원에 들어온 오늘은 곰 잡는 모습을 보여주네 入林今日見搏熊
신하들은 동물의 왕을 알게 되어 기뻐하며 侍臣喜識毛羣長
금예[196]와 골상이 같음을 비로소 믿네 始信金猊骨相同

이징중[197]李澄中의 시 〈사자가 왔도다獅子來歌〉

사자가 왔네 獅子來
서양에서 自西洋
커다란 입에 갈고리 같은 발톱에 누런 갈기 昏豁[198]爪鉤頭毛黃
리미아주는 어디에 있나 利未亞洲在何方
흐르는 빛을 밟고 躡流光
떠가는 구름도 뛰어넘으니 超浮雲
상림원엔 안개가 가득한데 上林苑囿氣氤氳
곰도 지나치고 호랑이도 엎드리니 너희 무리가 아니로구나 熊經虎伏非爾羣
아! 사자인가 嘻! 獅耶
매일 양을 먹는다는 것이 이놈인가 日啖羊者斯耶
오랑캐 관리 어리석기도 해라 蠻官蚩蚩
물들이지도 않았는데 까매지다니 不涅而緇
장기瘴氣 가득한 바다를 건너 跋涉瘴海

196) 전설에 나오는 용이 낳은 아홉 새끼 중의 하나로, 모습은 사자와 같다. 연기 속에 앉아있기를 좋아하고 연기를 삼키고 안개를 내뿜어서 주로 향로 위에 많이 새긴다.
197) 李澄中은 자가 渭淸으로, 산동성 諸城縣 사람이다. 강희 18년에 庶吉士가 되었고, 29년에 滇鄉正考官이 되었으며 강희 39년에 죽었다.
198) 嘉慶本에는 昏豁 부분이 비어있어서 乾隆本에 의거해 보충하였다.

홀연 남으로	忽以南
홀연 북으로	忽以北
십 년 만에 바치는 진귀한 공물 어찌 이리 늦었는가	十年貢珍來何遲
명당에 조회하고	朝明堂
후토신께 제사 지내네	祠后土
적교가[199] 부르며	赤蛟歌
주로고[200] 울리니	朱鷺鼓
기이한 털의 사자가 웅크리며 춤을 추는구나	奇毛獅子蹲蹲舞
기이한 공물 올리며	享異贄
멀리서 온 자를 신하로 삼으니	臣遠人
해와 달과 별이 비추는 곳마다 복종하지 않음이 없구나	三光所照靡不賓
산에는 봉황이요	山鳳凰
늪에는 기린 있으니	藪麒麟
우리 군왕 즐기시며 만수무강하리라	君王樂胥壽萬春

199) 《史記》〈樂書〉에 따르면 한나라 무제가 즉위하자 19장의 〈郊祀歌〉를 지었다고 하였는데, 그중 제19장의 이름이 〈赤蛟〉다. 주로 산천의 여러 신들에 대한 종교적인 내용이다.

200) 명나라 楊愼은 《升庵詩話》〈朱鷺〉에서 "옛날 악부에 〈주로곡〉이 있었다(古樂府有朱鷺曲)"라고 하며, 다음과 같이 풀이하였다. "북을 해오라기로 장식하였으므로 악곡의 이름으로 삼았다.…해오라기는 본래 흰색인데 한나라 초기에 길하게도 붉은 해오라기를 얻었기에 해오라기 모양으로 북을 장식하고 고취곡의 이름을 삼았다.(因飾鼓以鷺而名曲焉…蓋鷺色本白, 漢初有朱鷺之瑞, 故以鷺形飾鼓, 又以朱鷺名鼓吹曲也.)"

모기령毛奇齡[201]**의 시 〈어명을 받아 서양나라에서 진상한 사자를 구경한 김에 호랑이 우리에 있는 여러 맹수들까지 두루 살펴본 뒤, 삼가 장구長句를 지어 이 일을 기록하여 고양 상공께 화답하다詔觀西洋國所進獅子因獲遍閱 虎圈諸獸敬製長句紀事和高陽相公〉**

옛날 황제께서 신실한 덕으로 사방을 개척하심에	古皇愼德開四譯
안으로는 제후를 밖으로는 오랑캐를 편안히 다스렸네	內被綏侯外蠻貊
공물은 왕회[202]의 글에 나뉘어 오르고	貢物區爲王會文
공구[203]는 빈정의 책에 기록되었네	共球載在賓庭冊
강에서 캔 금도 밭도랑의 꿩도 모두 임금께 바치고	河鏐畎翟獻上方
두리와 금매[204]를 명당에서 연주하니	兜離僸佅陳明堂
삼령[205]께서 응답하심에 백신도 기뻐하고	三靈旣應百神洽
얼룩덜룩 짐승까지 모두 높이 날아오르네	般般之獸皆翱翔
강희 17년 무오년에	康熙戊午十七載
용맹하다는 명성이 바다 멀리까지 퍼져	神武聲名播遙海

201) 毛奇齡(1623-1716)은 청나라의 經學家이자 문학가로, 자는 大可, 호는 初晴이며 절강 蕭山 사람이다. 강희 연간에 翰林院檢討·明史館纂修官 등을 역임하였다. 《西河合集》 등이 전한다.

202) 원문의 王會는 본래 《周書》의 편명으로, 사방의 제후와 이민족들이 천자에게 조회하는 것을 기술한 것이다. 후에 천자에게 조공하기 위하여 제후나 藩國들이 모이는 모임을 이르는 말로 사용되었다.

203) 共은 대소국이 천자에게 바치는 貢物을 말하고, 球는 천자가 諸侯로 봉할 때 대소국의 제후들에게 주는 玉을 가리킨다.

204) 兜離와 僸佅는 고대 중국의 이민족 음악을 가리킨다. 《文選》에 실린 班固의 〈東都賦〉에 "사방 오랑캐들 사이에서 악곡이 연주되니 덕이 널리 미쳐서 그리된 것이다. 〈금매〉와 〈두리〉가 모두 모였도다.(四夷間奏, 德廣所及. 僸佅兜離, 罔不具集.)"라는 구절이 있다.

205) 三靈은 해·달·별, 또는 天·地·人을 가리키며 天神·地祇·人鬼를 말하기도 하는데, 여기에서는 천신·지신·귀신의 뜻으로 해석했다.

오치[206]의 가르침 따라 백택[207]이 찾아온 이래로　五時從教白澤來
궁문에서 정말로 황룡의 광채를 보게 되었네　千門眞見黃龍采
갈가마귀는 잽싸게 화살 맞아 날아가고　鴉翎習習負矢飛
계사[208]는 숲속 나뭇가지 위로 돌아가네　鷄斯之乘歸林支
여러 나라가 공물 받들고 의젓하게 줄 섰나니　諸方執贄儼相列
동쪽으로는 발해요 서쪽로는 유사국이라　東漸溟渤流沙西
그 가운데 고리라는 나라 있어　於中有國名古里
일찍이 난창강을 건너와 해시를 열었는데　曾渡瀾滄作海市
물고기 눈으로 파도를 바라보니 물이 붉게 반사되고　魚眼看波射水紅
교인의 비단[209]으로 물결을 짜니 구름이 자줏빛으로 일렁이네　鮫絲織浪翻雲紫
신미에 해당하는 땅[210]에서 짐승의 왕이 나왔으니　地當申未産獸雄
뭇 짐승 가운데 금의 정기 걸출하도다　金精傑出毛羣中
화려한 재갈 끈으로 묶어 천자께 바치는데　啣絳飾組獻天子

---

206) 五時原이라고도 하는데 지금의 섬서성 鳳翔縣 남쪽에 있으며 秦漢 때 천제에게 제사를 드리던 곳이다. 《史記》〈孝武本紀〉에 "무제가 옹에 이르러 오치에서 교제사를 올렸다(上初至雍, 郊見五時)"라는 기록이 있다. 張守節의 《史記正義》에서는 鄜時·密時·吳陽上時·下時·北時를 五時라 한다고 설명하였다.

207) 白澤은 崑崙山에 사는 신령한 짐승으로, 온몸이 눈처럼 하얗고 사람의 말을 하며 만물의 뜻을 알 수 있다고 한다. 세상에 잘 나타나지 않는데 聖人이 세상을 다스리면 책을 받들고 나타난다고 한다.

208) 鷄斯는 신화에 나오는 神馬다.

209) 鮫人은 전설상의 인어를 말한다. 인어가 오색의 비단실을 짜는데 그것을 鮫綃, 또는 鮫織이라고 한다. 《述異記》에는 "남해에는 교초사가 나오는데, 인어가 물속에서 짠 것으로, 일명 용사라고도 하며 그 값어치는 백여 금이다. 그것으로 옷을 만들어 입고 물에 들어가면 물에 젖지 않는다.(南海出鮫綃紗, 泉先潛織, 一名龍紗, 其價百餘金. 以爲服, 入水不濡.)"라고 하였다.

210) 옛날에는 12支로 방위를 표시했는데, 未申은 서남쪽을 가리킨다.

패엽 잘라 지은 글, 내용도 참 공손하네　裁貝作章辭禮恭
조용히 사웅관[211]에 넣게 한 것은　從容檻致射熊館
진귀한 짐승 때문이 아니라 먼 나라 회유하기 위함이라
不爲珍禽爲懷遠
호랑이 우리는 때때로 상림원 가까이에 두고　虎落時看接上林
매의 방은 가을 되면 남원으로 옮긴다네　鷹房秋到移南苑
조정 신하와 시종들이 시를 짓고 싶어 하자　廷臣侍從欲賦詩
황제께서 조서를 내려 사자를 천천히 살펴보게 하셨네　皇恩有詔徐觀之
둥그런 눈과 우뚝한 코는 강인해 보이고　圓目昂鼻有筋力
별을 달아놓은 듯 번개가 치는 듯한 것은 암수가 따로 없다네
懸星掣電無雄雌
갈기에 자라난 구불구불하지 않은 털이 유독 어여쁘나니　獨憐耏髮未卷曲
치렁치렁 끌리는 털이 마치 실을 풀어놓은 듯하네　曳尾縰縰若散絲
온 몸을 뒤덮은 가죽에서는 황금 국화 빛이 보이고　衣被欲成鞠色見
어금니는 쓰지 않고 발톱만 드러냈을 뿐이네　牙齦不使鉤形施
그때에 여러 우리에 뭇짐승들을 가두어　爾時羣檻柙諸獸
나무 울짱과 창 울타리가 우리 앞에 즐비했는데　木壘槍樊列前囿
곰은 길을 피했기에 맞닥뜨릴 일이 없고　熊羆避路不用當
호랑이와 표범은 우리에 올라가 때때로 울부짖네　虎豹攀欄有時吼
푸른 난새와 붉은 공작은 서로 마주보며 깃들고　青鸞赤雀相對栖
멧돼지와 야생마는 다투며 장난 치네　豪猪野馬爭游嬉
장소[212]도 이를 보고 꿈쩍하지 않았으리　張昭見此不動色

211) 고대에 사냥에 쓸 맹수를 기르기 위해 설치한 곳으로, 한나라 長楊宮에 射熊館이 있었다.

212) 《三國志》〈吳志〉에 孫權이 말을 타고 호랑이를 사냥하자 張昭가 말렸으며, 이에 손권이 射虎車라는 수레를 만들어 호랑이를 사냥했는데 때로는 손으로 공격하기도 했다고 한다.

주해[213]는 옆에서 무슨 생각을 했을까　朱亥在傍何所思
듣자니 양곡[214]에서 곰을 사냥하고　聞之有熊狩暘谷
사자 잡기를 소 잡듯 하였다 하고　獲得狻猊比牛畜
한나라 때 안식국[215]에서도 사자를 바쳤는데　漢時安息亦獻斯
모양은 기린 같았지만 뿔이 없었다 하네　形似麒麟但無角
이때부터 교사에서 악장으로 연주하니　從玆郊祀播樂章
까마귀 쏘고[216] 사슴 잡는 일이 심상치 않게 벌어지고　射烏格鹿非尋常
요취곡사로 〈주로〉도 연주되었으나　鐃吹已陳朱鷺曲
아직 백수의 왕을 노래한 작품 없었네　微歌還及白狼王
여장이 다 꾸려지기 전에　何如儲偫未完緝
현자 구한다는 조서를 내려 모여들게 함은 어떨까　詔遣求賢其來集
동당[217]이 세워지자마자 그물이 완성되었고　東堂甫布網羅成
서역과 만나자마자 여오[218]가 들어왔네　西域剛逢旅獒入
초요[219]가 얼핏 나타나 궁문을 활짝 열었더니　招搖乍啓禁禦開

213) 전국시대 魏나라 사람으로 도살을 생업으로 하였는데 信陵君의 문객으로서 그를 도와 晉鄙를 죽이고 邯鄲을 秦나라의 포위로부터 구해냈다.

214) 전설 속의 태양이 뜨는 곳이다.

215) 安息國(B.C. 247-A.D. 224)은 지금의 이란 고원 일대에 있었던 파르티아(Parthia) 제국을 가리키는데, 아르사케스(Arsakes)가 건국하여 아르사케스 제국이라고도 불렸다.

216) 漢나라 明帝가 동쪽으로 순행을 나갔는데 까마귀가 타고 가는 수레 위에서 울자, 虎賁郞이 활을 쏘아 그 까마귀를 잡고 이 글을 지어 올렸다. 이에 명제가 돈 백만을 하사하고 정자의 벽에다 모두 까마귀를 그리도록 하였다 한다.

217) 동당은 옛날에 활쏘기를 연습하던 곳이다.

218) 옛날 西戎의 旅國에서 기르던 커다란 개를 가리킨다. 《尙書》〈旅獒〉에 "서쪽 여국에서 그들의 큰 개를 진상하였다(西旅厎貢厥獒)"라는 기록이 있는데 孔穎達은 疏에서 "서융의 여국에서 '오'라는 커다란 개를 보내왔다(西戎旅國, 致送其大犬曰獒)"라고 하였다.

쌍쌍의 하얀 기린 모두 기이하구나 白麟有對皆奇才
먼 옛날 조상님이 지으신 〈권아부〉[220]를 한번 보시오 請看太保卷阿賦
마치 문왕의 영유[221]에 온 듯할 터이니 恍見文王靈囿來

옹정 연간(1723-1735) 초에 대서양도 들어와 조공을 바쳤다.[222] 그들 가운데 향산 오문에 거주하던 자들은 만력 연간부터 지금에 이르기까지, 거의 200년 동안 모두 자손을 길러왔다. 그 나라에는 옛날에 '역산왕歷山王'[223]이 있었는데 '고총왕古總王'이라 부르기도 하였다. 지금은 두 명의 왕이 있는데 하나는 교화왕이고 다른 하나는 치세왕이다.[224] 치세왕은 교화왕의 명을 삼가 받들어 행한다. 오문의 사원에 거하는 서양 신부들은 모두 교화왕을 받드는 자들이며, 오랑캐 가운데 무역을 하는 자들은 모두 치세왕을 받드는 자들이다. 서양국에서는 해마다 관리를 파견하여 번갈아가며 다스린다.

219) 초요는 북두칠성 자루의 맨 끝인 제7성의 이름으로, 이 별은 왼쪽으로 계속 회전하여 정월에는 동쪽을 가리키고 가을에는 서쪽을 가리킨다.

220) 〈卷阿賦〉는 《詩經·大雅》의 〈卷阿〉를 말하는데, 召康公이 成王에게 현자를 구하고 吉士를 등용하기를 권하는 내용을 담고 있다.

221) 文王의 靈囿는 《詩經·大雅》의 〈靈臺〉에서 문왕이 靈臺·靈囿·靈沼에서 노니는 모습을 읊은 것에서 따온 것이다.

222) 大西洋은 포르투갈을 가리킨다. 본문중 대서양에 대한 서술은 포르투갈을 이탈리아와 혼동한 결과인데 청대 기록 가운데 종종 이탈리아와 포르투갈을 혼동하여 서술하고 있다

223) 1595년에 펴낸 마테오 리치의 첫 중국어 서적인 《交友論》에서 알렉산더 대왕을 歷山王(大西域古總王)이라고 번역하였다.

224) 교화왕은 교황을 가리키고, 치세왕은 국왕을 가리킨다. 포르투갈은 천주교를 믿었고 종교인들은 바티칸의 관할 아래 있었으므로 그 나라에 두 개의 주권이 있다고 본 것이다.

오문은 본디 부유하였다. 청나라 초에 서양과의 왕래를 엄하게 금지하자 [여러 다른 나라의] 서양인들이 모두 [포르투갈인의] 이름을 빌려 시장에 들어와서는 그들에게 많은 돈으로 사례하였기에 재화가 더욱 넘쳤다. 하지만 지금은 여러 나라에서 온 서양인들은 직접 장사할 수 있고, 선박마저 날로 줄어서 그 부유함이 옛날만 못하다.

대서양은 중국에서 멀리 떨어져 있어서 3년이 걸려서야 겨우 닿는다. 서쪽으로 이보다는 약간 가까운 곳을 소서양小西洋[225]이라고 하는데, 중국 땅에서 만 리나 떨어져 있다. 대서양에서 우두머리인 총독을 파견하여 그곳을 지키게 하고, 오문의 두목 [병두]는 모두 소서양의 명령을 받으며, 1년에 한 번씩 [소서양으로] 배를 보낸다. 큰일이 있을 경우 소서양을 통해 [대서양에] 알려야지, 직접 전할 수 없다.

지만地滿은 남해 가운데 있으며 땅도 물도 좋지 않고 사람들은 까무잡잡하다. 주인이 없어서 대서양과 홍모가 나누어 점령하고 있다.[226] 그곳을 수비하는 군대의 지휘관은 3년에 한 차례 교대하는데, 소서양에서 파견하고 오문을 경유해 지만에 도달한다. 이들도 1년에 한 차례 [소서양으로] 배를 보낸다. 오문의 오랑캐 가운데 죄를 지었으나 사형에 처해질 만큼의 죄는 아닐 경우, 그들을 지만으로 보내 수자리를 살게 하는데, 죽을 때까지 살아 돌아온 자가 없다.

[그들이] 돌아다니며 무역하던 곳 가운데 마서馬西[227]라는 곳이 있는

225) 小西洋은 인도 서남쪽 해안의 고아(Goa)를 가리키는데 당시에는 포르투갈의 식민지로서 포르투갈 인도 총독이 주둔하고 있었다.

226) 대서양은 포르투갈을, 홍모는 네델란드를 가리키는데, 그들은 16세기부터 각각 티모르섬(Timor, 地滿)의 동부와 서부를 분할하여 점령하였다.

227) 馬西는 인도네시아의 술라웨시섬 남부에 위치한 무역항구로, 포르투갈어로 마카

데 그 땅에서 나는 특산물을 다른 나라와 교역하지 않기로 그곳 [국왕]과 약속하였다. 그런데 강희 연간에 마서가 조약을 위반하고 몰래 다른 나라와 교역하자, 오문 오랑캐들이 노하여 배를 몰고 교역한 나라를 찾아가 따졌다. 마서가 이를 골칫거리로 여겨 마침내 양국이 원수처럼 서로 살상하기에 이르니, 결과 죽은 자가 300여 명에 달하였으며 교역은 중단되었다. 지금 그 나라와 교역하는 나라는 가사달哥斯達[228]이라는 곳과 갈라파라는 곳, 그리고 여송이 있다. 오고가는 나라들이 바닷길로 얼마나 떨어져 있는지 리里를 가지고 측량할 수 없어서, 하루 밤낮을 십경十更으로 나누어 어느 곳에서 어느 곳에 도달하려면 몇 경이 걸린다고 계산한다.

우동의 시 〈의대리아 죽지사意大利亞竹枝詞〉

삼학이 전해져 사과가 생기니[229]	三學相傳有四科
역법가를 지금은 작은 희화[230]라 부르네	歷家今號小羲和
만 번 변하는 음성 모두 글자가 되기에	音聲萬變都成字

사르(Macáçar)라고 불렸다. 1511년에 포르투갈인이 최초로 도착한 이래 1665년까지 포르투갈의 향료무역 중심지 역할을 하였으며, 네델란드 동인도회사와의 전쟁에서 고와(Gowa) 술탄국이 패한 1667년 이후 네델란드 동인도회사의 식민지가 되었다. 중국의 역대문헌에서는 茫加薩·茫佳瑟·蚊加颯 등으로 썼다.

228) 哥斯達은 포르투갈어 costa의 음역으로 인도 해안을 가리킨다.

229) 三學은 三藝(trivium)를 지칭하는데 문법·수사학·변증법(논리학)이 그것이다. 플라톤은 이에 기초하여 산술·기하·천문·음악의 四科를 나누었다. 여기서는 그리스를 이탈리아로 착각한 것 같다.

230) 羲和는 중국 신화에 나오는 태양의 여신이며, 후에 천문 역법을 관장하는 관리를 가리키는 말로 사용되었다.

예수의 십자가 노래를 한번 지어보았네 試作耶蘇十字歌

천주교당 문 열리니 바람소리 가지런해지고 天主堂開天籟齊
울리는 종소리 풍금 소리가 절로 높아졌다 낮아졌다 하네 鐘鳴琴響自高低
부성문 밖 장미가 활짝 피어나자 阜城門外玫瑰發
한 잔 술 가져와 이태서에게 뿌려주네 杯酒還澆利泰西

그곳 사람들은 피부가 희고 코는 높으며 움푹 들어간 푸른 눈은 깜빡이지도 않는다. 수염과 머리를 기르지 않고, 검고 하얀 머리털을 따로 땋아서 [만든 가발을] 머리에서 목까지 덮는데, 곱슬곱슬하고 풍성하다. 이는 법왕法王이 하사한 것이라 받는 자는 매우 영광으로 여긴다. 온몸이 옻칠한 듯 검고, 오직 붉은 입술과 흰 이만이 사람처럼 생긴 자들을 일러 귀노鬼奴라고 한다. 명나라 홍무 14년(1381)에 조와국에서 흑인 노예 300명을 바치고, 그 다음 해 또 흑인 노예 남녀 100명을 바쳤다. 당나라 때에는 이들을 곤륜노崑崙奴라고 불렀는데, 물속에서도 눈을 뜨고 볼 수 있어서 귀족들 집안에서 많이 데리고 있었다. 《명사》 기록에도 보면, 화란 사람이 부리는 자들을 오귀烏鬼라고 하는데, 물속에서 가라앉지 않고 바다 위를 평지처럼 걷는다고 하였다.231) 광동의 부호들 중에도 그들을 부리는 자가 있다. 그들은 힘이 무척이나 세어서 수백 근을 짊어질 수 있다. [머나 먼] 바다 밖 섬에서 태어났기에, 처음 이곳에 이르러 익힌 음식을 주면 매일 설사를 했는데, 이를 일러 '환장換腸'이라고 한다. 가끔 죽는 경우도 있지만 만약 죽지 않으면 곧 오래도록 부릴 수 있으며 차츰 중국말도 배워 할 줄 안다. 수염과 머리털은

231) 이는 《明史》〈和蘭傳〉에 근거한 것이다.

모두 곱슬이고 색이 누렇다. 오문에 있는 자들은 수염과 머리를 기르지 않는다. 여자도 백인과 흑인 두 종류가 있어 각각 주인과 노예로 나뉜다. 모두 430여 세대이며 주민은 그것의 열 배이다.

음식은 달고 매운 것을 좋아해서 설탕을 많이 넣고 정향丁香을 섞는다. 매일 아침 식사 때면 반드시 종을 치고, 유리그릇에 담고 하얀 천을 밑에 까는데, 사람마다 그릇 여러 개를 사용하고 장미로薔薇露[232]나 빙편氷片[233]을 그 위에 뿌린다. 상이나 수저는 없으며, 남녀가 한데 섞여 앉는다. 흑인 노예가 음식을 가져오면 은 포크로 구운 고기를 먹는다. 식탁에 앉은 이들은 모두 오른 손을 하얀 천 아래에 두고 쓰지 않는데, 이를 일러 '촉수觸手'라고 한다. [오른손은] 오로지 화장실에서만 사용해야 하고, 음식은 반드시 왼손으로 먹어야 한다. [식사할 때는] 먼저 날계란 여러 개를 깨뜨려 먹은 후 구운 고기를 잘라 먹는다. 하얀 천으로 손을 닦는데 한번 닦은 것은 곧 버리고 새것으로 바꾼다. 캐러멜, 삶은 국수, 유밀과油蜜果 등도 있다. 일주일에 한 번씩 소를 잡는데, 닷새는 육식을 하고 이틀은 채식을 하되, 돼지고기와 소고기만 먹지 않을 뿐 새우 요리는 금지하지 않는다. 먹고 남은 음식을 말구유처럼 생긴 그릇에 다 쏟아 부으면 남녀 흑인 노예가 손으로 뭉쳐 먹는다. 포도로 술을 빚어 기다란 유리잔에 부어 마신다. 빈랑檳榔은 부류扶留 잎사귀로 싸서 붉고 푸른 융단실로 둘둘 감는다. 코담배를 마시기도 하고 연초를 피우기도 하는데, 종이를 말아 붓대처럼 만든 뒤 불을 붙여 들이마신다.

---

232) 薔薇露는 혹은 薔薇水라고 부르며 장미꽃을 증류시켜 얻은 향료이다.

233) 원문은 梅花片腦로, 향료의 일종이며 龍腦香·梅花腦·氷片·腦子 등으로도 불린다. 용뇌수에서 나오는 투명한 결정체이다.

복식을 보면, 남성은 검은색 모직물로 모자를 만드는데 챙을 삼각으로 접고 조각한 꽃이나 금 조각으로 장식했다. 간혹 고리버들 모자를 쓰는데, 삿갓처럼 생겼으나 그보다 작고, 검은 명주를 위에 둘렀다. 복장 규정을 보면, 상의는 배 아래를 넘지 않게 하고 하의는 무릎을 넘지 않게 하며, 주로 새 깃털, 다라哆囉·벽지辟支, 그리고 금실 은실이 들어간 비단 및 [광동성] 불산佛山에서 짠 양단 등으로 만든다. 가장자리에는 아름다운 금은 단추를 달고 가슴팍과 겨드랑이 사이는 하얀 모직 적삼을 받쳐 입는다. 소매는 손목까지 내려오며 연꽃 꽃송이처럼 접어 입는다. 바지 위에 신은 양말은 각반[234]처럼 무늬 비단으로 묶는다. 검은 가죽신을 신고, 금은으로 된 동그란 고리로 잠근다. 상하의 모두 안과 밖의 구분이 있으며, 한여름에도 여러 겹을 껴입는다. 안에는 조그마한 주머니가 있어서 코담배 넣는 통이나 자명종 등의 물건을 넣는다. 여자는 한겨울에도 겨우 허리까지 오는 적삼 하나만 입는다. 치마는 세 겹인데, 하나는 무릎까지 오고, 다른 하나는 정강이를 덮고, 마지막 하나는 발을 덮는다. 모두 오색 양견으로 만든다. 이마 위로 머리를 틀어 올리는데 비녀는 거의 쓰지 않는다. 귀고리는 없지만, 화장을 하고 귓불에 구멍을 뚫어 앞뒤로 장식한다. 손에는 금팔찌를 찬다. 처음에는 맨발에 양말을 신지 않았으나, 근자에는 가죽을 붉게 물들여서 신발을 만들어 신는데 발가락이 튀어나올 정도로 짧다. 외출할 때에는 건만巾縵이라는 비단 보자기로 머리를 덮는다. 남녀 흑인 노예들은 모두 베옷을 입으며, 모자나 신발은 없다. 흰색을 가장 좋아하고, 붉은색과 자주색이 그 다음이며, 검은색[235]이 또 그 다음인데 주로 상복에 쓴다. 사

234) 원문은 行縢으로, 종아리에 묶는 行纏이나 脚絆을 가리킨다.

람들은 모두 칼을 차고 칼끝을 땅에 끌고 다닌다. 신분이 귀한 사람은 채찍이나 가죽 칼집을 가지고 다닌다. 여자는 손에 묵주를 쥐고 있으며, 여름에는 부채를 부치는 사람도 있다.

대부분 이층집에 거주한다. [어떤] 집은 삼층으로 [지형을 활용하여] 높은 산 밑에 지었다. 사방형·원형·삼각형·육각형·팔각형·꽃이나 열매를 닮은 것 등이 있으며, 옥상은 모두 나선형으로 되어 있다. 사람들은 너도나도 집을 교묘하고 아름답게 지으려 애쓴다. 벽돌로 담을 두르지만 간혹 흙으로 [담을] 쌓아 지은 것도 있다. 두께는 4-5척에, 사방에 많은 창을 뚫고 백토로 장식한다. 창은 문짝만큼 큰데 안쪽에는 두 개의 여닫이 문짝이 있고 바깥쪽에는 자그마한 창을 내고 운모 유리를 끼어넣는다. 건물의 문은 모두 옆에서 열리며, 수십 계단을 지나서야 들어갈 수 있다. 깊숙하고 구불구불한데, [주인] 자신은 위에 살고 흑인 노예들은 아래에 산다.

인광임의 시 〈화려한 누각의 봄날 새벽雕樓春曉〉

봄날 경치 유독 좋은 곳 어딜까	何處春偏好
화려한 누대는 새벽이 제일 좋다네	雕樓曉最宜
창 밖 맑은 하늘엔 바다 위로 해 떠오르고	窗晴海日上
따스한 나뭇가지 사이로 섬 가 구름 걷히네	樹暖島雲披
보이는 집집마다 금빛이요 벽옥빛이니	有戶皆金碧
꽃이 없어도 절로 반짝이는구나	無花自陸離

235) 원문은 靑인데 이 책에서 서양인의 복식과 관련해 靑이 검은색을 나타내는 경우가 종종 있다.

파선[236]은 보지 못했겠지만 坡仙應未見
해시를 보고 신기하다 말했으리 海市道神奇

장여림의 시 〈오문 우거하는 누대에서 즉흥으로 읊다澳門寓樓卽事詩〉

부절 나누어 갖고 이역을 안무하러 떠났다가 剖竹綏殊俗
늦가을이 되어서야 정착하였네 行襜駐暮秋
문에 이르러도 빈번히 계단이 이어지고 到門頻拾級
창 사이로 엿보니 굽이져 이층으로 통하네 窺牖曲通樓
책상에서 보는 달은 차면 이지러질 줄 알고 几月能圓缺
주렴에 부는 바람은 절로 일렁이네 簾風自拍浮
사람들 뒤섞여 사는 바닷가 구석진 동네지만 海隅容錯處
한 가족으로 보아야 마땅하리 應視一家猶

홀로 승상[237]에 기대 누우니 獨據繩床臥
산과 시내가 머리맡으로 떨어지네 山川落枕邊
새벽바람에 난간 위로는 맑은 빗방울 떨어지고 曉飃明檻雨
저녁 무렵에 나무 위로는 굴뚝 연기 피어오르네 暝樹納牕烟
나막신은 복도를 따라 울리는 듯하고 屧似隨廊響
달팽이 모양 계단은 둥글게 말려 있네 蝸能狀覆圓
오랑캐 땅에 사는 것 참으로 비루하지 않지만 居夷眞不陋

236) 송나라 蘇軾(1037-1101)을 가리킨다. 號가 東坡居士여서 坡仙이라 불렸다. 소식은 〈登州海市〉라는 시에서 신기루의 형상을 묘사하면서 "이층 누대에 푸른 언덕이 서리 내린 새벽에 나타나니, 이 신기한 일에 백세 노인 놀라 자빠지겠네.(重樓翠阜出霜曉, 異事驚倒百歲翁.)"라고 하였다.

237) 끈을 엮어 만든 의자이다.

사랑하는 마음 바뀌면 하루가 일 년처럼 길 것이네 翻愛日如年

사는 곳이 어쩌면 신선처럼 좋은지 居豈仙人好
집안에는 오귀들이 많구나 家徒烏鬼多
풍속이 바뀌어 농사에 힘쓰지 않고 移風傷佩犢
학문을 배울 때도 올챙이 글자만 좋아하네 授業喜書蝌
부유함은 이미 진랍국만 못하건만 富已輸眞臘
은혜는 여전히 변치 않고 받고 있네 恩還戴不波
천자의 은택 두터움을 알아야 할진대 須知天澤渥
거둬들인 세금이라곤 단지 빈 배뿐이네 榷算止空舸

저 멀리 보이는 가을 산의 경치 極目秋山表
하늘 끝까지 물이 사방을 둘러쌌네 稽天水四圍
물에 떠있는 집들은 고요한데 千家浮宅穩
한 줄기 오솔길은 자욱한 안개에 잠겼네 一徑鎖烟微
식량은 파도가 다다라야만 바랄 수 있고 食仰波能及
처자식은 고국으로 돌아가는 날 남겨둬야 하네 孥留土重歸
야심이 소용돌이치는 곳에는 野心回嚮處
태양조차 사사로이 비춰주지 않는다네 化日不私輝

번듯한 백부장[238] 居然百夫長
지위 높아 권세를 마음대로 부리네 位極以權專
늘어선 대포는 멀리 손으로 가리킬 수 있고 列礮遙堪指
쌓아 놓은 담장은 가까이 어깨까지 닿네 爲垣近及肩

238) 천 명의 병졸을 통솔하는 우두머리를 千夫長, 백 명의 병졸을 통솔하는 우두머리를 百夫長이라 하였다. 여기서는 오문에 사는 서양인의 우두머리를 지칭한다.

창을 휘두르며 활을 대신하고 舞戈當負弩
갑옷 벗고 천으로 다리 감싸는 법 배우네 釋甲學行纏
신중하게 이 한 모퉁이를 지키면 愼爾一隅守
몽구의 집도 견고해질 수 있다네 蒙鳩繫可堅

늦게 태어남을 탄식하면서 豈有嗟生晚
어찌 조화의 공을 주재할 수 있으랴 而能主化工
철 모르는 꽃들이 날마다 다른 자태를 다투지만 狂花爭日異
원인과 결과는 대체로 같다네 因果畧雷同
저 아름다운 산 중턱[239] 彼美山之隰
우리들이 귀먹고 눈 멀었구나 吾徒聵且聾
왜구의 계략 통했던 것 퍼뜩 떠올리자니 翻思倭計得
긴 휘파람에 가을바람 떨어지네 長嘯落秋風

가을 기운[240] 온 세상에 가득하고 金布三千界
종은 열두 시간마다 울리네 鐘鳴十二時
지금까지도 냄새가 나는 듯하여 至今猶有臭
이곳에 이르자 옛 생각이 아련해지네 來此邈焉思
들녘에 제사지내며 처음 머리 풀어 헤쳤을 때 野祭初披髮
집터 얻겠다며 가죽만 한 땅을 구했었지 廛棲但乞皮
서풍이 서리를 몰고 와 풀잎 모두 시들었지만 西風霜殺草
봄이 오면 아마도 다시 돋아나리라 春到恐還滋

239) 《詩經》〈信南山〉에 "참으로 저 남산을 우가 다스렸도다. 개간하고 개간한 언덕과 습지를 증손이 태전으로 받았네.(信彼南山, 維禹甸之, 畇畇原隰, 曾孫田之.)" 라는 말이 보인다. 조상이 잘 가꾸고 개간한 토지를 말한다.

240) 金은 五行 중 서쪽과 가을을 상징한다.

영대[241] 위에 끼어 있으면 厠位靈臺上
희화의 흔적을 찾을 수 있네[242] 羲和跡可尋
오직 재야에서 구하던[243] 뜻과 같이 秖如求野意
역법을 제정하라는 명령 공경히 받들어야 하리 欽此授時心
옥 수레는 울퉁불퉁한 길을 따라가고 玉輦隨坳凸
진주 배는 스스로 알아 기우네 珠船自酌斟
요임금은 벌채한 채로 다듬지 않았다는데[244] 唐堯辭采斲
어찌 감히 기이하고 음란한 것을 공물로 바치랴 安敢貢奇淫

끈을 매단 명왕께서 이르는데 組繫名王至
오는 내내 왕위 이을 아들이 부지런히 모시었네 經陪胄子勤
구슬은 보름달처럼 둥글고 有珠如月滿
비취 같은 빛깔은 연기가 타오르는 듯하네 若翠可烟焚
무역하는 나라는 풍성한 먹거리 달콤하고 市國甘豐餌
선량한 백성들은 정교한 문장 잘짓네 好民搆巧文
무지개 같은 기운에 추장들 모두 두려워 떠니 氣虹酋盡讋

241) 靈臺는 제왕이 천문현상을 관측하기 위해 만든 건축물이다.

242) 《尙書》〈堯典〉에 "羲和에게 명하여, 삼가 하늘의 뜻에 따라 일월성신의 운행을 관측하고 백성에게 농사철을 경건하게 알려주게 하였다.(乃命羲和, 欽若昊天, 曆象日月星辰, 敬授民時.)"라고 한 데서 나온 말로, 천체의 운행을 신중하게 살핀다는 뜻이다.

243) 《漢書》〈藝文志〉에 "예가 사라지면 들에서 구한다.(禮失而求諸野.)"라고 하였는데, 顔師古의 註에 "도읍에서 예가 사라지면 재야에서 구하니, 또한 장차 얻을 수 있다는 말이다.(言都邑失禮, 則於外野求之, 亦將有獲.)"라고 하였다.

244) 《漢書》〈司馬遷傳〉에서 堯舜의 덕행을 말한 가운데 "요순은 당의 높이가 석 자였고, 흙으로 쌓은 섬돌은 세 단이었으며, 지붕을 이은 띠풀은 가지런히 자르지 않았고, 서까래는 벌채한 대로 쓰고 다듬지 않았다.(堂高三尺, 土階三等, 茅茨不翦, 采椽不斲.)"라고 하였다.

실로 일대의 심 장군[245]이로다 一代沈將軍

지극한 계책 견지할 줄 알아 亦知持至計
아름다움과 이로움이 동남에서 으뜸이었건만 美利甲東南
저 술잔이 새는 것을 생각하니 念彼巵成漏
내 고기 맛난 줄도 모르겠네 毋吾腊可甘
술 단지 속 초파리[246]는 좁은 식견에 사로잡히고 甕雞拘眇見
잠방이 안의 이[247]는 명류의 담론 마다하네 褌蝨謝名譚
한 번에 봉쇄할 흙덩이[248]를 어찌 기다리리 那待丸封一
이제는 세 번 바칠 대책[249] 하나 없는데 才空策獻三

오랑캐의 섣달을 쇠고부터 自用夷家臘

245) 심장군은 沈有容(1557-1627)을 가리킨다. 자는 士弘이고 호는 寧海이며, 安徽省 宣城 사람이다. 薊遼·閩浙 등 지역의 海防前哨를 역임했으며 특히 福建 연해 지역에 있으면서 대만에 침입한 왜구를 소탕하고 네덜란드 세력을 몰아냈다.

246) 《莊子》〈田子方〉에서 나온 甕裏醯鷄라는 말이 있는데, 술단지 속 초파리라는 뜻으로 우물 안 개구리처럼 좁은 소견에 사로잡혀 있는 것을 비유한다.

247) 원문은 褌虱으로 부패하고 허위에 가득 찬 위군자를 비유한다. 魏晉 시기 阮籍의 〈大人先生傳〉에서, "세상에 이른바 군자라는 자들은 오로지 법이나 따르고 예절이나 지킬 뿐이다.…군자들이 이 땅에 사는 것이, 저 이가 잠방이 속에 사는 것과 무엇이 다르리오?(世人所謂君子, 惟法是修, 惟禮是克…君子之處域內, 何異夫蝨之處褌中乎?)"라고 한 데서 유래하였다.

248) 《後漢書》〈隗囂傳〉에 "한 덩이 진흙으로 함곡관을 봉쇄해버린다(一丸可封)"라는 말이 있는데 지세가 험하여 소수의 병력으로도 공고히 막을 수 있음을 뜻한다. 여기서는 단번에 문제를 해결할 대책을 말한다.

249) 한나라 武帝 때 董仲舒가 하늘과 사람은 서로 감응한다는 天人感應說을 요지로 한 對策을 세 차례 올렸는데, 이를 〈天人策〉이라고도 한다. 그는 六藝의 科와 孔子의 학술을 배우지 않은 자는 등용하지 말 것을 건의하였다.

정월 초하루가 일양에 가까워졌네[250] 三元近一陽
낮이 길면 밤으로 삼고 晝長俾作夜
데릴사위 얻어오며 낭군에게 시집가지 않네 女贅不歸郎
너를 위로하려 차를 끓이고[251] 藉爾爲鰕目
그를 어여삐 여겨 오징어 내장을 준비하네 憐渠有鰂腸
같은 하늘 아래 살건만 試看同日月
풍물이 얼마나 딴 세상인지 한번 보시게 風物若殊鄕

푸른 담쟁이덩굴이 송백나무에 늘어지고 烟蔦施松柏
바람에 살랑대는 모가 피 패인 곳을 차지했네 風苗宅稗荑
마음으로 전갈의 독을 잊은 것은 아니지만 情非忘蠆毒
이익은 날파리 모이는 식혜에 있으니 利在聚蚊醯
밭두둑 만들어 놓아 넘기 어려운 줄은 알지만 爲畔知難越
모래라도 뭉쳐가며 분명 엿보려 할 것이네 團沙勢必睽
차라리 우리들과 인접한 곳으로 黐如吾偪處
두견새 울음소리나 들으러 가야겠네 去聽杜鵑啼

말을 몰 땐 고삐 움켜쥐는 것이 좋지만 御惟操轡善
다스릴 땐 간혹 벌거벗는 편이 낫다네 治或裸衣宜
옛날의 성인은 그 지방 풍속에 근거하였으니 古聖因其俗
지금 나 또한 너희들을 탓하지 않으리 今吾不汝疵
꺼리는 것은 쥐 잡는 것[252]을 통해 확인하였고 忌曾投鼠驗

250) 원문의 三元은 연월일의 시작인 1월 1일을 말하고, 一陽은 동짓달인 11월을 가리킨다. 위의 구절은 양력으로 1월 1일이 음력 11월에 가깝다는 말이다.

251) 鰕目은 차를 끓일 때 보글보글 올라오는 거품을 가리킨다. 여기서는 차를 끓이는 것을 형용하는 말이다.

252) 《漢書》〈賈誼傳〉에 "쥐를 잡고자 하나 그릇이 깨질까 걱정이다(欲投鼠而忌器)"

기미 감지하는 것은 물새 좋아하는 사람[253]을 통해 배웠다네　　機以好鯖知

이백 년 동안의 일　　二百年間事
따를지 거스를지 누구에게 물어볼 건가　　從違欲問誰

멋진 봉우리들은 소라 상투를 틀고　　好峯螺作髻
깊은 물은 옥팔찌가 되었네　　積水玉爲環
누각 위로는 가려진 햇살이 비추고　　掩映一樓上
석양 사이로 푸른 바다가 보이네　　蒼茫夕照間
성긴 숲 사이론 사찰이 드러나고　　林疏將寺獻
조수가 차오르며 모래를 토해내네　　潮落吐沙還
가을바람 속에 들어간　　收拾秋風裡
긴 하늘이 일만 봉우리 위로 깨끗하구나　　長天淨萬山

〈**우거하는 누대에서 멀리 바라보며**寓樓舒望〉

드문드문 차가운 구름이 그늘 드리우지 못하니　　寒雲葉葉不成陰

라는 구절에서 유래한 것으로 어떤 일을 하려 하나 꺼리는 바가 있어서 감히 진행하지 못하는 것을 의미한다.

253) 《列子》〈黃帝〉와 《呂氏春秋》〈精諭〉에 나오는 물새를 좋아하는 사람 이야기에서 유래한 것으로, 말을 하지 않아도 통하여 알 수 있음을 의미한다. 《여씨춘추》의 내용은 다음과 같다. "바닷가에 사는 사람 가운데 물새를 좋아하는 이가 있어 매번 바다에서 물새를 좇아 노닐었는데 수백 마리가 모여들어, 전후좌우가 온통 물새 떼였다. 새들은 종일토록 그와 놀며 떠나지 않았다. 그 아비가 그에게 이르길, '듣건대 물새가 너를 따라 노닌다고 하니, 내 그것을 가지고 놀게 잡아 오너라' 라고 하였다. 다음날 바닷가에 가자 물새가 한 마리도 다가오지 않았다.(海上之人有好鯖者, 每居海上, 從鯖游, 鯖之至者, 百數而不止, 前後左右盡鯖也. 終日玩之而不去. 其父告之曰, '聞鯖皆從女居, 取而來, 吾將玩之.' 明日之海上, 而鯖無至者矣.)"

탁 트인 난간 성근 격자창에 푸른 산이 앉았네　爽檻疏櫺踞碧岑
자라 등에서 바다가 나뉘자 여러 섬들이 흩어졌고　鰲脊水分諸島去
호랑이 머리에서 산이 갇히자[254] 온갖 이민족[255]이 깊숙이 숨었네
虎頭山鎖百蠻深

모래는 괴이한 빛을 머금고서 여전히 쇳덩어리를 가라앉히고
沙含光怪猶沉鐵
땅은 신령한 소리를 그치게 해 온통 보배를 바치네　地訖聲靈擧獻琛
한나라 황실이 바다 종횡한 공업을 묻는다면　若問漢家橫海烈
누선의 자취 아직도 찾을 수 있을 것이네　樓船踪跡尙堪尋

커다란 신천에 아홉 개의 웅덩이가 있으니　大有神川九點窪
긴 바람은 멀리 간다고 자랑할 것 없네　長風勤遠未須誇
붉은 미꾸라지[256]는 동쪽으로 계롱섬[257]을 평정했고　紅鰍東靖雞籠島
흰 풀옷 입은 오랑캐는 남으로 상군[258] 모래밭을 나눠가졌네
白卉南分象郡沙
조수 가득한 산자락에 파도 다투어 밀려오고　潮滿山趺爭踏浪
해 잠기는 바다는 노을을 삼키려 하네　日沉海口欲餐霞
천연의 험준함이 있으니　天然設有山川險
사방으로부터 응당 덧니 같은 이 땅 지킬 수 있으리라　四裔應能守錯牙

---

254) 虎頭山, 즉 虎頭門의 大虎山을 염두에 두고 쓴 구절이다.

255) 원문 百蠻은 옛날 남방에 살던 이민족의 총칭으로, 나중에는 다른 이민족도 이렇게 불렸다.

256) 원문은 紅鰍인데 紅毛를 말하는 것으로 보인다. 대만 基隆을 차지했던 네덜란드인을 가리킨다.

257) 鷄籠은 지금의 대만 북부 도시 基隆의 옛 이름이다.

258) 象郡은 옛 군명으로, 오늘날 廣西省 서부에서 貴州省 남부에 이르는 지역이다.

문밖에는 뜰이 있다.

장여림의 시 〈우거하는 뜰 안에 핀 꽃寓院花〉

새벽에 창문을 막 열어놓고서	曉窗初挂處
코로 은은한 향기를 더듬어 찾네	鼻觀覓微茫
향기는 황금빛 낱알을 모은 듯하고	馥郁攅金粟
투명함은 옥결에 무늬를 아로새긴 듯하네	晶瑩鏤玉肪
난간에 기대 고개 숙여 절하고	凭欄低作供
밤 들자 고개 들고서 서리를 맞네	入夜仰爲霜
만약 이끼 푸른 바위에 의지했다면	儻託蒼岩老
높은 바람에 멀리까지 향기 뿌렸겠지	高風散遠香

뜰이 끝나는 곳에 바깥 담장이 있으며, 문은 가운데로 나있다. 또 건물 지하에 창고를 지어 갖은 물건들을 쌓아두었다. 가난한 자들은 2층집에서 살 수 없어서 창고 같은 집이나 창문만 덩그러니 뚫린 단층집에서 산다. 중국인에게서 세를 낸 집은 모두 길가에 죽 이어 가게를 차려 놓았다. 사이사이 작은 2층집이 있는데, 모두 성당의 신부에게서 세를 낸 것들이다. 가게마다 한 해에 내는 집세는 서양 돈으로 10여 원에 달한다. 성당의 한 해 세입은 수만 원에 달한다.

오문 성곽은 명말 불랑기에 의해 지어졌다. 만력 연간에 채선계蔡善繼가 향산 현령으로 있다가 영서도嶺西道에 부임했는데, 총독 하사진何士晉은 그의 진언을 받아들여 오문의 성벽과 포대를 허물도록 명하였다.[259] 천계 연간(1621-1627)에 서여가徐如珂가 해도부사海道副使에 임명되었을 때, 오문의 오랑캐가 달려와 홍모[260]가 향산을 침범하려 한다고 고하면서, 병사와 양식을 요청함과 동시에 성벽 보수용으로 목재와 석재까지 요청하였다. 서여가가 양부兩府에 크게 고하기를, "이는 교활한 오랑캐 놈들이 우리를 시험하려는 것뿐입니다."라고 하였다. 얼마 후 오랑캐들의 [홍모에 대한] 경계가 잠잠해졌는데도 오문 성 담장을 매일 쌓아 백 장丈을 늘리자 서여가가 중군中軍[261] 편에 병사를 딸려 보내 오문을 지키게 하면서 말했다. "성벽을 허물지 못하는 것은 오문의 일손이 딸려서이니, 내가 너희들을 도와 성벽을 허물고자 한다." 며칠 지나지 않아 담장이 깨끗이 제거되니, 오랑캐들이 서로 보며 탄식하여 이르길, "이 사람이 바로 전에 남사부랑南祠部郎[262]으로 있으면서 바뇨니를 쫓아낸 자다."라고 하였다. 이때부터 조금씩 경계하기 시작했다.

지금 오문 성벽은 견고하지만 높지 않다. 대문이 하나 있는데 이는 삼파문三巴門이라고 한다. 작은 문이 셋 있는데 각각 소삼파문小三巴門·사리두문沙梨頭門·화왕묘문花王廟門이라고 한다.[263] 포대가 여섯 군데 있는데, 가장 큰 것은 삼파 포대다. 포대는 산꼭대기에 있으며, 대포

259) 양광총독 하사진이 오문의 포르투갈 당국에 명하여 沙梨頭 일대에 쌓은 성벽을 허물도록 한 일을 가리킨다. 이 일은 1624-1625년(明 天啓 4-5년)에 일어났는데 여기에서 '만력 연간'이라고 한 것은 착오로 보인다.

260) 여기서는 네덜란드를 가리킨다.

261) 中軍은 주요 부대의 지휘관을 가리킨다.

262) 祠部는 곧 예부를 가리킨다. 徐如珂(1562-1626)가 南京 禮部郎中으로 있었기에 이렇게 부른 것이다.

263) 三巴門은 성 바오로 문(Porta de S. Paulo)으로 大砲臺, 즉 三巴砲臺 서북쪽에 있었다. 小三巴門은 작은 성 바오로 문(Pequena Porta de S. Paulo), 沙梨頭門은 파타네 문(Porta de Patane), 花王廟門은 성 안토니오 성당 문(Porta do Templo de Santo António)을 말한다.

28문을 늘어놓고 그 위에서 서양 병사들이 숙영한다. 포대의 담장은 사방을 둘러쌌는데 벽돌로 감실을 만들고 밤에 수비병을 두어 지키게 한다. 포대 아래에는 굴집이 있어서 화약을 보관해둔다. 그 다음으로는 동망양東望洋 · 서망양西望洋264)이 있는데, 두 포대는 서로 마주 보고 있다. 동쪽 포대에 7문의 대포가 있고, 서쪽 포대에 5문의 대포가 있으며, 나머지 상황은 삼파 포대와 대체로 같다.

승려 금종今種의 시 〈망양대望洋臺〉

하늘에 떠 있는 것은 물의 힘이 아니요　浮天非水力
가득한 기운이 날마다 허공에 차있기 때문이라　一氣日含空
배 들어오는 항구는 삼파사 밖에 있고　舶口三巴外
조수 들고 나는 문은 십자문 가운데 있네　潮門十字中
물고기가 뛰어 올라 음화는 어지럽고　魚飛陰火亂
무지개 끊기니 장기 낀 구름이 들어오네　虹斷瘴雲通
동에서 서에서 서양 물건 실어오느라　洋貨東西至
돛단배가 만 리 길을 가는구나　帆乘萬里風

인광임의 시 〈망양의 등화望洋燈火〉

망양대 높다란 꼭대기에서 바라다보니　望洋臨絶頂

264) 三巴砲臺는 몬테 요새(Fortaleza de S. Paulo do Monte)를 가리킨다. 東望洋砲臺는 기아 요새(Fortaleza de Nossa Senhora Guia), 혹은 松山砲臺라고도 부른다. 마카오 반도에서 가장 높은 東望洋山에 있다. 西望洋砲臺는 페냐 요새(Forte de Nossa Senhora da Penha da França), 혹은 西望洋山聖母砲臺 · 主教山砲臺라고도 부른다.

천 그루 나무에 등촉이 어지럽네 千樹燭繽紛
바다 비추는 불빛은 번개 치는 듯 흔들리고 照海光搖電
하늘을 불태우는 불꽃은 구름과 엉겨있네 烘天焰結雲
오작교에 새벽이 든 듯하고 鵲橋疑入曉
은하수는 석양과 가깝네 銀漢逼斜曛
만 리 길에서 돌아오는 범선이 다가오니 萬里歸帆近
등화에 붉은 자줏빛 타오르네 燈花艷紫氛

낭마각娘媽角 포대265)는 서망양산 아래쪽에 있으며 대포는 모두 26문이다. 남환南環 포대266)에는 3문의 대포를 설치했다. 갈사란噶斯蘭 포대267)에는 7문의 대포를 두었으며 화약국을 왼편에 두었다. [오문에는] 모두 76문의 대포가 있는데 큰 것이 61문이고, 나머지들은 조금 작다. 구리로 만든 것이 46개이고 나머지는 쇠로 만들었다. 구리로 만든 것 가운데 큰 것은 무게가 3,000근이나 나가고, 지름이 십여 뼘 되며, 길이는 2장丈 남짓이나 되어 화약이 여러 섬 들어간다. 명나라 때 홍모가 이 커다란 대포를 잘 다뤄서 일찍이 향산의 오문을 엿보아 교역의 이문을 빼앗아 가려 했었다. 오문 사람들이 홍모의 것을 모방하여 만들었는데 만듦새가 홍모보다 정교했다.268) 발포할 때 총척銃尺으로 [장전

265) 娘媽角炮臺는 지금 마카오 반도 서남쪽에 있는 媽閣廟에 있던 포대로, 바라 요새(Fortazela de Santiago da Barra)를 가리킨다.

266) 南環炮臺는 성 베드로 요새(Fortim de S. Pedro)이다.

267) 噶斯蘭炮臺는 성 프란치스코 요새(Fortaleza de S. Francisco)이다.

268) 본문에서 언급하고 있는 대포는 紅夷砲로 보인다. 佛狼機砲는 그 길이가 5-6尺의 후장식 대포로 모포와 자포가 따로 있었던 데 비해, 紅夷砲는 2丈 정도의 길이에 전장식이었다. 佛狼機砲는 嘉靖 연간(1522-1566)에 포르투갈을 통해서 중국에 유입되었고, 紅夷砲는 天啓 연간(1621-1627)에 만들어졌다.

할 화약의] 양을 재고, 측원경測遠鏡으로 거리를 계산하면 신기하게도 들어맞지 않는 것이 없었기에 홍모가 감히 범접하지 못했다. 지금 해내가 태평하고 여러 서양 나라가 교화에 귀의하여 이로써 조정이 바다의 관문을 지키면서 변방의 방어를 굳건히 하고 있으니, 실로 도가 흥성하도다.

사원 중의 으뜸인 삼파사는 오문의 동북쪽에 있는데 산비탈에 지어져 있으며 높이가 몇 길[269)]에 달한다. 건물 측면에 문이 있으며 생김새가 좁고 길다. 조각된 돌로 만들어져있고, 금빛과 푸른빛이 휘황하다. 상부는 벽난로 앞장식과 비슷하며, 옆에 난 창은 꽃무늬로 아로새겨놓아서 매우 아름답다. 저들이 숭상하는 이는 천모天母라고 하는데 이름은 마리아이고 소녀의 모습을 하고 있다. 천주 예수라고 부르는 아이 하나를 안고 있다. 옷은 봉제한 것이 아니다. 머리부터 몸 전체를 색채를 입혀 그렸는데, 유약을 덧칠하여 멀리서 보면 조각처럼 보인다. 옆모습은 대략 30세쯤 되어 보이며, 왼손에는 혼천의渾天儀를 쥐고 오른손으로는 어딘가를 가리키며 한창 논설을 늘어놓고 있는 모습이다. 수염과 눈썹이 곤두선 자는 노여워하는 것 같고, 두 손을 치켜든 자는 기뻐하는 것 같다. 귀는 [귓불이 커서] 늘어져 있고 코는 우뚝 솟아 있으며, 눈은 무언가를 자세히 들여다보는 듯하고 입은 마치 무언가를 말하려는 듯하다. 위층에는 여러 악기들을 보관하여 둔다. 시간을 알리는 장치인 정시대定時臺가 있는데 그 아래에 커다란 종이 들어 있고, 대의 귀퉁이에는 날개 달린 천사가 종을 치는 모습을 하고 있다. 태엽을 감

269) 원문 尋은 여덟 자(8尺)로, 1자가 30.3cm에 해당하므로 1심은 약 242cm에 해당한다.

아주면 시간에 맞추어 종소리가 난다.

인광임의 시 〈삼파사의 새벽 종三巴曉鐘〉

드문드문 종소리 먼 사찰에서 들려오니 疎鐘來遠寺
온갖 소리 고요한데 한 줄기 종소리만 한가롭네 籟靜一聲閒
달빛과 함께 바다에 맑게 가라앉고 帶月淸沉海
구름과 어우러져 외로이 산자락을 넘네 和雲冷度山
오경 어두운 새벽녘 五更昏曉際
있는 듯 없는 듯한 삼라만상이여 萬象有無間
서양 신부에게 묻나니 試向蕃僧問
이러한 순간을 능히 알았던가 曾能識此關

신부의 숙소는 100여 채나 되는데, 서양 신부가 그 안에 가득하다.

승려 적산跡刪의 시 〈삼파사三巴寺〉

잠시 다른 나라에 온 듯 풍경도 새로워 暫到殊方物色新
짧은 웃옷 긴 망토를 치장이라 둘렀네 短衣長帔稱文身
사거리에서 만난 행인들은 相逢十字街頭客
모두가 삼파사 사람이라네 盡是三巴寺裏人

대나무 잎 엮어서 조개[270]인 양 과시하고 箬葉編成誇皂蓋
수레를 타고 다니며 주륜[271]에 견주네 檻輿乘出比朱輪

270) 皂蓋는 옛날 관원들이 쓰던 검은색 양산을 가리킨다.
271) 朱輪은 옛날 왕이나 귀족들이 쓰던 마차로, 바퀴에 붉은 색칠을 하여 주륜이라

근자에 우리의 도는 심히 황량해졌건만　　年來吾道荒凉甚
오랑캐들의 예배[272] 빈번함이 오히려 부럽구나　　翻羡侏離禮拜頻

오문의 서쪽에 소삼파사小三巴寺[273]가 있는데 규모는 약간 작지만 더 넓고 탁 트여서 삼파사의 바깥 창고 역할을 하고 있다. 또 판장묘板樟廟가 있는데 전하는 바에 따르면 예전에는 낮고 비좁아서 가난한 서양인들이 녹나무 널빤지를 쪼개다 지었다고 하나, 지금은 매우 웅장하고 아름답다. 용송묘龍鬆廟는 오문의 서북쪽에 있는데 사원이 무너져 내리려 할 때 누군가가 도롱이로 덮었더니 그 모습이 구레나룻처럼 덥수룩하였다고 한다. 그 후에 종을 치지 않아도 저절로 울리자 사람들은 이곳을 신성시하면서 건물을 웅장하게 확장하고 용송묘라고 불렀다.

왕진王軫의 시 〈오문 죽지사澳門竹枝詞〉

마음의 병 깊고 몸마저 지쳤는데　　心病懨懨體倦扶
내일 아침은 또 예배 보는 날이라네　　明朝又是獨名姑
재계하고 용송묘에서 기도 올리려 하나니　　修齋欲禱龍鬆廟
가사[274]로 떠난 내 님이 돌아온단 소식 있으려나　　夫趁哥斯得返無

불리었다.

272) 원문은 侏離로 중국 서부에 살았던 이민족 혹은 그들의 음악을 의미하는데, 여기에서는 오문의 천주교당에서 예배를 올릴 때 연주되던 음악을 가리킨다.

273) 小三巴寺는 三巴仔라고도 하는데 성 요셉교회(Seminário de S. José)로 오늘날 三巴仔街에 있다. 예수회 선교사들이 지은 것으로, 大三巴寺를 지은 후에 지었기에 小三巴寺(S. Paulo Pequeno)라고 불렀다.

274) 哥斯는 哥斯達과 같이 포르투갈어 costa의 음역으로 인도 해안 혹은 인도를 가리킨다.

【독명고獨名姑[275]는 중국어로는 예배일이다.】

대묘大廟는 오랑캐들이 처음 오문에 도착하여 지은 곳으로, 오문의 동남쪽에 있다. 이밖에 서남쪽에 풍신묘風信廟[276]가 있는데 서양 선박이 출항하면 부녀자들이 날마다 발돋움하며 돌아오기를 기다리면서 이곳에서 소식 오기를 기원한다. 조금 동쪽으로 가면 또 망인묘望人廟[277]라고 하는 곳이 있다. 동쪽 구석에 갈사란묘噶斯蘭廟[278]가 있다.

인광임의 시 〈난사의 파도 빛蘭寺濤光〉[279]

스님 말씀이 바닷가에 이르렀더니　僧言臨海岸
보이는 것이라곤 끝도 없는 푸르른 바다였는데　縱目極蒼茫
자욱한 구름이 시원하게 열리고　爽闢烟雲界
일월의 광채가 날아오를 듯하였다 하네　飛騰日月光
맑게 갠 하늘은 신기루 엎어 놓은 것 같아　晴空如蜃伏
드넓은 바다를 보면서 하늘이 가없음 깨닫겠네　浩蕩覺天長
바람 너머로 종소리 아득한데　風外鐘聲杳
차가운 만경창파에 서리가 내리누나　冷冷萬頃霜

275) 獨名姑는 스페인어와 포르투갈어로 일요일을 뜻하는 Domingo를 가리킨다.

276) 風信廟는 風順廟로 발음이 와전되었다. 지금 마카오의 風順堂, 즉 성 로렌초 성당을 가리킨다.

277) 祝淮의 《香山縣志》 권4 〈海防〉에, "대묘는 오문의 동남쪽에 있는데 이것이 바로 망인사이다(大廟在澳東南, 卽望人寺)"라는 기록이 있다. 이에 의하면 여기에서 望人廟와 大廟를 다른 것으로 보고 서술한 것은 착오로 보인다.

278) 噶斯蘭廟는 咖斯蘭廟이다.

279) 蘭寺는 바로 앞에서 언급한 噶斯蘭廟를 가리킨다.

북쪽 모퉁이에 사원이 있는데, 서양 남녀가 서로 좋아지면 신께 나아가 맹서하고, 서약이 끝나 사제가 점을 쳐서 길일을 잡으면 혼례를 주재한다. 이 사원의 이름은 화왕묘花王廟이다. 남쪽에 있는 사원은 지량묘支糧廟라고 한다. 내지의 육영당育嬰堂과 마찬가지로 문 한쪽에 구멍을 내고, 회전 바구니를 놓고 그 위에 종을 매달아 놓았다. [사원에] 아기를 맡기고 싶은 사람은 끈을 당겨 종을 울리고 바구니에 아기를 둔다. 신부는 종소리를 들으면 나와서 아이를 거두어 기른다. 이밖에 의인묘醫人廟[280]가 오문의 동쪽에 있으며 의사 여럿이 근무한다. 오랑캐들 가운데 과부나 홀아비, 고아나 자식 없는 자들처럼 병이 나도 고칠 길 없는 자들은 사원의 의사를 찾아갈 수 있으며, 비용은 지량묘에서 댄다. 수녀원[281]은 오문의 동북쪽에 있는데, 빗장과 자물쇠를 굳게 걸어 잠가놓았다. 10세 이하 여자만 수녀원에 들어갈 수 있으며, 일단 들어가면 죽을 때까지 다시 나올 수 없고, 혈육도 그 안에 들어가 만날 수 없다. 동남쪽 성 바깥에 있는 발풍사發瘋寺[282] 안에는 서양인 나병 환자들이 머물고 있으며, 병사들이 그 밖을 지키고 있다. 다달이 보수를 지급한다.

모든 사원에서 천주天主를 모시며, 탄생도·수난도·승천도를 걸어두고 있다. 그들이 하는 말에 따르면, 예수가 설교하다 한 나라에 이르렀

280) 醫人廟는 바로 白馬行貧民醫院(Hospital de S. Rafael)인데, 仁慈堂 소속의 자선기구로 지금의 마카오 白馬行에 있다.

281) 성 클라라 수녀원(Convento de Santa Clara)을 가리키며, 聖嘉辣堂, 聖嘉辣靜修院이라고도 한다.

282) 發瘋寺는 교당 뒤쪽에 일찍이 痲瘋院이 있었기에 痲瘋寺라고도 하는데, 성 라자로 성당(Igreja de S. Lázaro)을 가리킨다. 지금의 마카오 瘋堂新街에 있으며 聖母望德堂이라고도 한다.

을 때, 그 나라 사람들이 예수를 벌거벗긴 후 십자가에 묶고 머리와 사지를 못 박았으나, 사흘 만에 다시 살아나 본국으로 날아 돌아갔고 다시 40일이 지나 하늘로 올라가니, 그때 예수의 나이 서른셋이었다고 한다. 그러므로 [기독교를] 믿는 자는 반드시 십자가를 받들며 일주일에 한 번 예배를 올린다. 때가 되면 남녀가 각각 성당을 찾아가 무릎 꿇고 신부의 연설을 듣는다. 해마다 천주상이 성당 밖으로 나가 행진하는 날이 있는데, 삼파사는 10월에, 판장묘는 3월과 9월에, 지량묘는 3월에, 대묘는 2월·5월·6월에 세 차례 진행한다. 행진할 때에는 모두 그 전날 저녁에 용송묘에 가서 성상을 받아서 행진하는 본 사원으로 모셔다 놓고 새벽까지 등불을 밝혀 둔다. 오문의 서양인들이 모두 모이면, 흑인 노예가 예수 수난상을 들고 앞에서 행진하고, 서양 아이들이 주문을 외며 그 뒤를 따른다. 또 천사 복장을 한 서양 아이가 날개를 달고 머리를 푼 채 이리저리 뛰어다니면 신부들이 손에 촛불을 들고 그 뒤를 따른다. 연로한 신부가 예수상을 안고 가는데 그 위에는 천개天蓋를 드리우고 행렬의 뒤에 군중이 뒤따른다. 매년 3월 15일은 천주 수난일이라 모든 사원에서는 종을 울리지 않으며 [3월] 17일이 지난 후에야 다시 종을 친다. 서양인들은 술과 고기를 사흘 동안 먹지 않고, 과실과 빵도 배불리 먹지는 않는다.

서양 신부는 한 가지가 아니다. 삼파사의 신부들은 삭발을 하고 검은 망토를 걸치고 높이 솟은 모자를 쓴다. 종교를 관장하는 이를 법왕이라 부르는데, 대서양에서 파견해오며 오문의 우두머리들 가운데 그와 대적할 만한 자는 아무도 없다. 큰일이나 판단이 어려운 사건, 병두兵頭[283]나 서양인 우두머리[284]가 결정할 수 없는 일이 생기면 처분에 대한 명을 청하고, 명이 내려오면 오직 삼가 받들 뿐이다. 들고 날 때에는 커다란 양산을 받치며 깃발을 앞세우고 젊은 신부들이 옹위한다. 남녀를 불문하고 법왕을 보면 곧바로 앞에 나아가 무릎 꿇고 그 발아래 입을 맞추며, 그가 지나가기를 기다렸다가 몸을 일으킨다. 법왕이 혹여 그 정수리를 쓰다듬으면 커다란 행운으로 여기는데, 부녀자들이 더욱 깊이 법왕을 믿고 따른다. 가지국柯枝國에서는 상류층을 세 등급으로 나눈다. 남곤南昆이라고 부르는 이들은 왕족에 해당하며, 회회回回라고 부르는 이들과 철지哲地라고 부르는 이들이 있다. 하류층에는 두 등급이 있는데, 혁전革全[285]이라 칭하는 자들은 모두 상인이며, 목과木瓜라고 칭하는 자들은 가장 빈천하여 남곤이나 철지를 만나면 곧바로 땅에 엎드린다. 서양의 여러 나라들의 풍습도 대체로 이와 비슷하다.

용송묘의 신부도 삭발을 하고 털모자를 덮어쓰며, 안에는 하얗고 긴 옷을 입고 겉에는 검은색 옷을 걸쳐 입는다. 판장묘의 신부는 모자를 쓰지 않고 긴 옷을 끌고 다니는데, 겉옷은 검고 속옷은 희며, 거기 다시 하얀 천으로 양 어깨를 덮는다. 갈사란묘의 신부는 거친 베옷에 허리를 매고 짚신을 신으며, 모자나 양말은 신지 않으나 다만 들고 날 때에 양산을 지닌다. 이 두 성당의 신부들을 보면 어떤 이는 완전히 삭발을 하였고, 또 어떤 이는 정수리만 삭발을 하였다. 대묘·풍신묘·화왕묘·지량묘 등[의 신부들]은 오문에 본거지를 두고 [본국 수도회와 관

283) 마카오 총독을 가리킨다. 1623년에 고아(Goa)의 포르투갈 인도 총독에 의해 처음 지명되었는데, 처음에는 군대의 지휘관이었으나 나중에는 행정까지 맡게 되었다.

284) 원문의 蕃目은 夷目과 같다

285) 革全은《明史·外國傳》에서도 쓰고 있으나, 馬歡의《瀛涯勝覽》과 黃省曾의《西洋朝貢典錄》등에서는 모두 革令이라고 썼다.

계없이] 자유롭게 종교활동을 하고 수도하는 자들로, 정수리만 삭발하고 둥그런 모자를 쓰며 검은색 긴 옷을 걸친다. 부인은 두지 않는다. 그러나 좌우에 늘어서서 시중드는 서양 여인들을 성당에서건 집에서건 마음대로 부리니, 부인을 둔 승려의 부류라고 볼 수 있다. 그들 가운데 천문에 밝아서 도성에 들어갔던 자들은 모두 수염을 기르고 중국어를 할 줄 아는데, 이들은 각 성당에 나누어 거주하고 있다. 신부들은 서양인들의 집을 왕래하며, 집주인이 외출하였을 경우에도 곧바로 방에 들어가 그 집 부인을 만날 수 있다. 들고 다니는 등나무나 우산을 집밖에 두는데, 집주인이 돌아와서 그것을 보면 피해준다. 그러나 삼파사만은 계율이 엄격해서, 서양 부인네들이 성당에 들어가는 것은 예배를 올리거나 고해하기 위해서 뿐이다. 신부의 출입은 엄격히 통제되는데, 나가고자 할 때는 반드시 다른 사람과 동행하며, 그 이름을 판에 적어 기록해야 한다. 수녀는 성모聖母라고 부르는데, 떠받들기가 법왕보다 더하다. 딸 하나가 수녀가 되면 그 집안은 성모의 가족이 되므로 가족들이 극형을 당하게 되더라도 딸의 편지 하나로 곧바로 사함을 받을 수 있다. 그러나 반드시 천금을 여러 장로에게 바쳐야 수녀가 될 수 있기에 실제로 수녀원에 들어가는 자는 드물었다. 성당의 수녀는 대략 40여 명 정도이다.

서양인 우두머리 가운데 병두는 소서양에서 파견하며 삼년에 한차례 교대한다. 서양 병사 150명을 거느리며 여러 포대와 삼파문 등을 나누어 수비한다. 서양인이 법을 어기면 병두가 여러 서양인 우두머리들을 의사정에 모이게 하는데, 간혹 법왕에게 왕림을 청해 모여서 심문하여 죄의 경중을 정한 다음 그 집안의 재산을 몰수하고 그 가족은 본국으로 송환한다. 소서양에 송사에 관한 안건을 올리고, 그 사람의 형에 대한 선고는 소서양의 통보를 기다렸다가 법을 집행한다. 형벌은 참수하거나 화형에 처하거나 혹은 대포 앞에 묶어서 쏘아 죽이는 것이다. 서양인 우두머리 가운데 직책을 다하지 아니한 자에 대해서도 병두가 조사하여 다스릴 수 있다. 사소한 일은 판사관[286]이 경중을 헤아려 채찍질하여 처벌한다. 판사관은 사법을 관장한다. 법원과 검찰청이 있는데, 매달 초하루와 보름, 그리고 일요일에 소송을 받는다. 소송하려는 자는 먼저 검찰청에 가서 등록을 하고, 법원에 가서 [소장을] 넣는다. 소장이 접수되면 쌍방을 불러 사정 이야기를 듣는데, 잘못이 있는 자에게 채찍질을 하지만 50대를 넘기지는 않는다.

판사관도 소서양에서 파견한다. 이사관[287]은 고관庫官이라고도 하는데, 오문에 있는 서양 선박의 과세·군량·재화의 출입 수량을 관장하고, 성루와 누대 및 거리를 수리한다. 매년 오문 전체에서 가장 성실하고 부유한 사람을 천거하여 이사관 직을 맡긴다. 번서蕃書[288]는 두 명으로 모두 중국인이다. 지방정부에서 공문서를 이사관에게 하달하고, 이사관은 위에 있는 지방정부에 품고한다. 모두 한문을 사용하고 서양 글자는 조그맣게 인쇄하며 밀랍을 녹여 날짜 아래에 낙인을 찍고 문서

286) 判事官은 오문에 있는 포르투갈 왕실 법관인 Ouvidor를 가리킨다. 明淸 시대 문서에서 委離多 혹은 嘍嚟哆로 표기하였다.

287) 理事官은 오문에 있는 포르투갈 議事廳의 민정장관을 가리킨다. 金國平은 명청 시대 문서에 등장하는 委離多(嘍嚟哆)가 시의원인 Vereador의 음역이라고 주장하였다. 당시 중국어공문의 포르투갈어본에서 嘍嚟哆는 '시 대리인(Procurador da Cidade)'이나 '의회 대리인(Procurador do Senado)'의 의미로 쓰였는데, 이는 시의원인 Vereador만이 시나 의회의 대리인 역할을 할 수 있었기 때문이다. 金國平, 〈夷目嘍嚟哆考正〉, 《西力東漸》, 澳門基金會, 2000, 108-113쪽 참고.

288) 蕃書는 서양말을 아는 중국인 비서를 가리킨다.

의 봉인 또한 이와 같이 한다. 법왕·병두·판사관 등은 해마다 1-2천금 가량의 봉록을 차등 있게 받는다. 이사관은 자신이 번 돈으로 살아갈 뿐, 따로 봉록을 받지 않는다. 그밖에 두 등급의 홍곤관紅棍官[289]이 있는데 바로 대홍곤大紅棍과 이홍곤二紅棍이다. 대홍곤은 서양인 임종 시에 재물을 살펴 기록한 다음, 그 사람의 의견을 물어 일부는 성당에 보내고 일부는 자녀에게 주고 일부는 친척들에게 나눠주고 장부에 상세히 기록함으로써 나중에 분쟁이 없도록 한다. 이홍곤은 서양인이 이미 죽었으나 자녀들이 어려서 성인이 아닐 경우, 대홍곤이 기록하여 마땅히 지급해야 한다고 작성한 수치에 근거하여 그 자녀를 후견하고, 남은 재산을 관리하다가 그들이 장성하여 혼인할 나이가 되면 모두 지급한다. 만약 자녀가 없으면 재산은 모두 성당에 귀속시킨다. 저녁과 새벽녘에 순찰하는 내지의 보갑保甲과 같은 자를 소홍곤小紅棍이라고 하는데 감옥의 간수를 겸한다.

감옥은 용송묘 오른쪽에 있다. 삼층 건물로, 서양인 가운데 죄가 가벼운 이들은 위층에 두고 조금 무거운 이들은 가운데층에 묶어 두며 중죄인은 수갑을 채워 아래층에 둔다. 토굴에 말린 소똥과 말똥을 가져다가 놓고 불을 피우는 곳이 있는데, 이곳을 시뢰矢牢라고 부른다. 이들은 모두 봉록을 받지 않는다. 우리나라의 관리가 오문에 가면 판사관 이하 관리들이 모두 삼파문 밖까지 나와 영접한다. 삼파 포대에서는 축포를 쏘고 서양 병사들이 사열을 하는데, 한 명은 북을 치고 한 명은 기를 든다. 대장은 머리에 터번을 두르고 바지 위에 장화를 신은 채

289) 오문에 있는 포르투갈의 경찰과 감옥의 간수들이 붉은 곤봉을 들고 다녔기에 중국인들이 그들과 사법부 사람들을 모두 紅棍官이라고 불렀다. 또 신분에 따라 大紅棍·二紅棍·小紅棍의 세 등급으로 나누었다.

총 춤을 추며 앞에서 인도한다. 전송할 때에도 이와 같이 한다. [중국 관리를] 알현할 때는 좌우에 줄지어 앉는다. 포대에 올라가면 서양 병사들이 모두 줄 맞추어 서서 뿔피리를 불며 전투대형으로 나열하는데, 나중에는 소고기와 술로 그들을 위로한다. 축포는 대체로 세 발, 다섯 발, 혹은 일곱 발을 발사하니, 이는 경의를 표하기 위함이다.

그들은 장사를 업으로 삼는다. 부유한 남녀는 [특별한] 일을 하지 않고 생활하며 가난한 남자는 군인이 되거나 배의 키잡이가 되거나 남을 위해 선박을 관리한다. [가난한] 부녀자는 수건과 허리띠에 수를 놓거나, 빵과 과자를 굽고 사탕을 만들어 입에 풀칠을 한다. 배 한 척으로 버는 돈이 수만금이나 되기에 집안에 재산이 좀 있다 하면 곧 자기 소유의 배를 샀다. 재산이 얼마나 되냐고 물으면 선박 수량으로 대답했다. 재산 없는 자들은 서로 돈을 합쳐 배를 샀기 때문에 어떤 배는 한 척에 주인이 수십 명이 되기도 했다. 매년 한 차례씩 출항했는데, 거기에 수십 가구 혹은 수백 가구의 목숨이 달려있었다. 겨울철에 출항하였는데, 겨울철에 주로 북풍이 불기 때문이다. 돌아오는 것은 사오월이었는데, 사오월에는 주로 남풍이 불기 때문이다. 돌아올 때가 된 것 같으면 부인과 아이들은 집안을 돌아다니며 남풍 불기를 기원하였다. 만일 끝내 돌아오지 않으면 서로 손잡고 시내를 돌아다니며 구걸하는데, 구걸하는 이가 항상 천 명을 헤아렸다. 그러나 천성이 사치스러워 조금만 재물이 생기면 겨루기라도 하듯이 집과 음식에 돈을 썼다. 외출할 때에는 반드시 덮개 달린 가마를 탔으며 서로 만나면 모자를 벗는 것으로 예를 표했다.

동지로부터 7일 후를 새해 첫날로 삼으며[290] 야자나무 잎을 문에 꽂아 놓고 서로서로 새해를 축하한다. 365일을 열둘로 나눈다. 1월은 사섭록沙聶祿(January)이라고 하며, 31일이 있다. 2월은 물백륵록勿伯勒祿(February)이라고 하며 28일이 있다. 삼월은 마이소馬爾所(March)라고 하며 31일이 있다. 사월은 아백리亞伯理(April)라고 하며 30일이 있다. 오월은 마약馬約(May)이라고 하며 31일이 있다. 유월은 여학如虐(June)이라고 하며 30일이 있다. 7월은 여략如略(July)이라고 하며 31일이 있다. 8월은 아아사독亞我斯篤(August)이라고 하며 31일이 있다. 9월은 사등백록斯等伯祿(September)이라고 하며 30일이 있다. 10월은 가다백록呵多伯祿(October)이라고 하며 31일이 있다. 11월은 낙문백록諾文伯祿(November)이라고 하며 30일이다. 12월은 특생백록特生伯祿(December)이라고 하며 31일이 있다. 예수가 태어난 해를 원년으로 삼는데 현재 1,400여 년 되었다고 한다.

사계절에 절기가 없으며, 봄가을에도 선조에게 제사 드리는 예법이 없다. 축하하고 조문하는 데에도 희생이나 폐백 따위를 드리는 의식이 없으며, 잔치에도 손님과 주인의 읍양의 예를 갖추지 않고, 마시고 즐거우면 유리잔 부딪히는 것을 좋아한다. 새벽에 일어나고 식사를 마치면 모두 누웠다가 [12시에 치는] 양점종兩點鐘을 듣고서야 일어난다. 저녁에는 등불을 켜놓고 일을 하고 밤이 되면 쉰다. 양점종은 낮 12시, 밤 12시에 울린다.

여자를 중시하고 남자를 경시하여서, 집안일은 모두 여자가 좌지우지하고 부모가 죽으면 딸이 가업을 계승한다. 남자는 처가로 장가들고, 첩을 두거나 바람을 피울 수 없다. 이것을 어길 시 여자가 법왕에게

290) 동지가 양력으로 12월 22일 정도이므로, 동지 후 7일이면 대략 양력 1월 1일에 가깝다.

고소하여 즉시 사형에 처한다. 혹시 회개할 것을 허락받더라도 쇠갈고리로 손과 발을 꿰어 온몸이 피범벅 된 후라야 형을 면할 수 있다. 여자가 바람피우는 것은 금하지 않는다. 중국인을 사위로 삼으면 모두 축하해준다.

혼인은 매파를 거치지 않고 남녀가 서로 좋아하면 곧 짝이 된다. 혼인날, 부모가 [자식을] 사원으로 데리고 가서 무릎을 꿇은 채 신부의 성경 암송을 듣는다. 다 듣고 나면 신부가 두 사람에게 서로의 뜻이 맞는지를 묻고 양손으로 두 사람의 손을 잡고 성당 밖으로 나가 전송하는데, 이를 일러 '교인交印'이라고 한다. 성당으로는 화왕묘·대묘·풍신묘만이 서양인들을 셋으로 나누어 혼인을 관장하며, 나머지는 모두 관장하지 않는다.

장례는 매우 소박하다. 집안에 상이 나도 곡소리가 이레를 넘기지 않으며, 불을 때지 않아서 친척과 벗들이 음식을 보내준다. 관곽이 따로 없어, 지랑묘 공용 관곽으로 시신을 옮긴 다음 염할 때 천을 덮어씌운다. 신부가 종을 울리며 앞에서 인도하고, 망자가 평상시 예배드리던 성당으로 가서 묻어준다. [성당에] 도착하면 공용 관곽에서 시체를 꺼내는데, 부유한 자는 재물을 많이 냈으므로 천주상 앞 묘혈에 적당히 매장하고 돌에 이름을 새겨주는 반면, 가난한 자는 성당 바깥에 매장한다. 부유한 자는 재산을 나누어 여러 성당에 바쳤으므로 장례식 날 [각 성당에서] 다투어 종을 울린다. 그러나 처자에게는 하나도 돌아가는 바가 없어 신부만 날로 부유해진다. 장사 지내고 해를 넘기면 뼈를 꺼내어 다른 곳에 묻는다. 아직 살이 남아 있으면 죄를 지어 승천하지 못했다고 여겨, 신부가 시체에 채찍질한 다음 덮어놓고, 반드시 살이 썩어야만 다시 묻는다. 상복 입는 기간은 1년 혹은 몇 개월이지만 좋은 일이 생기면 기한이 되기 전이라도 상복을 벗는다. 아이가 태어나 채 한 달이 안 되어 죽으면 친척과 친구들에게 널리 알려서 한데 모여 향을 사른다. [아이의 시신을] 쟁반에 담아 꽃을 꽂고 오색 끈으로 장식한 뒤 성당으로 보내 장사지낸다. 신부는 돈 꾸러미를 주며 그 부모를 위로하며 아이가 이미 천사가 되었다고 말한다. 못된 흑인노예는 평생토록 짝을 지어주지 않음으로써 그와 같은 부류는 번식할 수 없고 친척도 없게 됨을 보여준다. 토마스 오르티스(Thomas Ortiz, 白多瑪)[291]가 지은 《성교절요聖教切要》[292]는 슬그머니 중원의 〈오복도五服圖〉[293]를 가져다가 〈동성외친사대지도同姓外親四代之圖〉를 그렸는데, 오문에 사는 서양인에게 물어보았으나 전혀 알지 못했다.

문에 십자 모양의 나무로 된 틀을 걸어놓고 '성스러운 십자가(聖架, Santa Cruz)'라고 부른다. 성당마다 매일 새벽 6시에 종을 쳐서 신을 맞이하고 저녁 6시에 종을 쳐서 신을 전송하는데 이를 일러 삼점종三點鐘[294]이라고 한다. 종소리를 들은 자는 반드시 엎드려서 기도를 올려야 하며, 길에 있더라도 반드시 해야 한다. 매년 10월이면 종이로 [네델란

291) 토마스 오르티스(Thomas Ortiz, 1668-1742)는 康熙 34년(1695)에 중국에 온 스페인 선교사로, 중국 이름은 白多瑪이다. 《聖教切要》와 《四終略意》를 지었다.

292) 《聖教切要》는 아우구스티노 수도회의 토마스 오르티스 신부가 1705년에 간행한 천주교의 주요 기도문과 七聖事 등 주요 교리를 설명한 책이다. 마지막 편은 본가와 외가의 4대를 설명한 도표이다. 우리나라에는 1784년 이승훈이 북경에서 가져온 것으로 추측되며 그 일부가 언해본으로 유포되었다.

293) 〈五服圖〉는 斬衰·齊衰·大功·小功·緦麻 등 죽은 자와의 관계에 따라 입는 상복의 종류와 입는 기간 등 服制를 알기 쉽게 그림으로 그리고 설명을 붙인 도해를 가리킨다.

294) 오늘날 천주교 성당에서 종 치는 시각은 아침 6시, 낮 12시, 저녁 6시이며 이때 올리는 기도를 삼종기도(三鐘祈禱, Angelus)라고 한다.

드 사람인] 홍모 오랑캐의 모습을 만들어 끈에 묶어 거리에서 끌고 다닌다. 그러면 서양인들이 손에 몽둥이를 들고 따라다니며 때리는데, 욕을 하며 나갔다가 노래하며 들어온다. 저녁이 되면 들녘에서 불사른다. 명나라 말기에 홍모가 오문의 시장을 빼앗으려 하였기에 오문 오랑캐들의 원한이 깊었으므로, 그것을 기억하고자 매년 이러한 행사를 치른다.

[오문에 있는] 서양 선박은 먼 바다를 항해하는 오랑캐들의 선박보다 조금 작다. 두께가 2-3촌 정도 되는 철력목鐵力木[295]으로 만들어 역청瀝青과 석뇌유石腦油[296]로 땜한다. 닻은 독록목獨鹿木[297]으로 만드는데, 등나무 밧줄로 감아 묶고 야자열매 껍질로 만든 밧줄로 동여매어 보강한다. 용골은 철력목과 수사목水桫木[298]으로 만들며, 배의 바닥은 이중으로 한다. 어떤 것은 돛대가 둘이고 또 어떤 것은 셋이며 수백 명을 수용할 수 있다. 항해는 반드시 나침반을 보면서 하기 때문에 나침반을 관장하는 이가 곧 한 선박의 책임자가 된다. 모든 선박에는 나침반이 세 개가 있는데, 하나는 선수루船首樓에, 다른 하나는 선미에, 다른 하나는 돛대 사이에 두고 세 나침반이 모두 맞아야만 항해한다. 옛날에 향자호香字號[299]를 매기고, 해관감독海關監督에서 항해허가증을 발급했는데, 그때 모두 25호가 있었다. 인광임이 지킬 때는 16호,

295) 鐵力木은 학명이 Mesua ferrea인 실론 무쇠나무(Ceylon ironwood)를 가리킨다.

296) 瀝青은 석유를 정제할 때 잔류물로 얻어지는 고체나 반고체의 검은색, 흑갈색 탄화수소 화합물이다. 石腦油는 땅속에서 뽑아낸, 정제하지 않은 원유를 가리킨다.

297) 獨鹿木은 소나무과 개잎갈나무속(Cedrus)의 상록 침엽 교목을 가리키며, 흔히 삼나무로 불린다.

298) 水桫木은 수삼나무 혹은 메타세쿼이아라고 불리며, 학명은 Metasequoia glyptostroboides이다.

299) 香字號는 香山 소재 선박에 대해 매긴 번호를 가리킨다.

장여림의 임기 내에는 겨우 13호에 그쳤다. 20여년 사이에 태반이 침몰하여 오문 서양인들의 생계가 날로 궁핍해졌다. 오랑캐 두목이 냈던 선박세를 보면, 상등품 화물은 추분抽分에 두 배를 더하여 20%의 세를 추징하였으며, 그 다음 화물에는 15%를, 또 그 다음 화물에는 10%를 추징하였다. 삼판三板[300]과 같은 작은 배는 길이가 1장 남짓으로, 홍유紅油 바른 가죽 휘장을 펴고 두 흑인 노예가 모는데, 출항하여도 오문 밖을 나가지 않았다.

오랑캐 두목도 가마를 탄다. 가마는 장방형으로 궤짝처럼 생겼으며, 꼭대기의 덮개로 들고 난다. 다 들어가고 나면 덮개를 덮고 네 명이 같이 들어 올리며, 멈추면 덮개를 열고 사람이 나온다. 댓잎을 엮어 양산을 만들고, 하얀 대나무로 손잡이를 만든다. 한 사람이 앞에서 우산을 들고 인도하고, 다른 한 사람이 나무 상자를 짊어지고 따르며, 두 사람이 긴 창을 메고 뒤따른다. 최근에는 누런 기름칠한 커다란 양산을 쓰는데 손잡이는 빨갛고, 오색 비단 술을 늘어뜨렸다. 또 [부드러운 가마인] 연교軟轎와 [딱딱한 가마인] 경교硬轎가 있다. 연교는 밧줄을 묶어 만든 것으로 모습이 커다란 키 같다. 딱딱한 것은 나무로 만들었다. 둘 다 휘장이나 덮개가 없다. [사람이 타서] 위를 쳐다보고 누우면 [앞뒤에서] 어깨에 메고 가는데, 어깨에 멘 나무는 활처럼 굽었고 채색과 조각으로 장식하였다. 여자는 앞에서 언급한 궤짝같이 생긴 것을 사용하는데 옆에 난 문으로 드나든다. 법왕의 가마는 내지의 것과 비슷하다. 유리로 창을 내고 진주와 조개로 장식하여, 그 아름다움은 견줄 만한 것이 없다.

300) 三板은 곧 舢舨으로, 상앗대와 노 등으로 저어 나아가는, 나무로 만든 작은 배이다.

풀 종류로는 창포 · 필발蓽茇[301] · 노회盧薈[302] · 포도 · 백두구白荳蔻[303] · 육두구肉荳蔻[304] · 도미荼蘼[305] · 연蓮 · 모란牡丹 · 말리화末利華 등이 있다. 【강희 61년 섬라에서 커다란 서양창포 10줄기를 바쳤다.】

도미는 날씨가 추워져야 비로소 개화하고 향이 특히 진하다.

승려 금종의 시 〈도미화荼蘼花〉

남녘 바닷가에 이슬 젖은 도미　南海荼蘼露
온갖 꽃병마다 이 꽃이 꽂혀있네　千瓶出此花
대낮의 해에 얼굴 붉어지고　酡顔因白日
붉은 노을에 얼굴을 씻네　醺面即紅霞
꽃 빛깔은 축축한 손님 옷에 물들고　色著濡衣客
꽃 향기는 술 빚는 집으로 돌아가네　香歸釀酒家
꽃송이 따다가 섬섬옥수 다칠라　摘防纖手損
송이송이 가시가 돋아났네　朶朶刺交加

301) 蓽茇은 후춧과의 다년생 등본식물로서, 잎은 심장 모양이며 꽃은 작고 열매는 달걀 모양으로, 원산지는 인도네시아 · 베트남 · 필리핀 등지이다.

302) 盧薈는 알로에를 말한다.

303) 白荳蔻는 생강과의 다년생 상록 초본식물이며, 전체 형태는 파초와 비슷하다. 잎은 가늘고 긴 형태이며 씨앗은 어두운 갈색으로 약에 쓰인다. 산지는 아시아 동남부이다.

304) 肉荳蔻는 肉荳蔻科 상록 교목으로 잎은 긴 타원형이고 과실은 구형에 가깝다. 원산지는 인도네시아 말루쿠(Maluku) 군도이며 열대지역에서는 모두 재배하고 있다.

305) 荼蘼는 酴醾로, 장미과의 낙엽 관목이다. 가시가 있고 꽃은 커다랗고 흰색이며 중국에서 난다.

장미와 같은 명문가 출신이라	玫瑰同名族
남쪽 사람들 이 꽃을 따다가 사탕을 만드네	南人取曬糖
전부 넣으면 붉은 과자 빛이 돌고	全添紅餠色
절반만 넣으면 술 향기가 더하네	半入綠尊香
이슬은 꽃잎 머리를 무겁게 하고	露使花頭重
노을은 발그레해진 볼과 그 빛을 다투네	霞爭酒暈光
처녀들 이것으로 분과[306]도 만들어	女兒兼粉果
봄날 서로에게 선물로 보내네	相餽及春陽

연은 울타리 사이에 덩굴로 자라나는데, 꽃이 처음 필 때면 노랗고 흰 연꽃 같은 것이 십여 송이 피어난다.

진공윤陳恭尹의 시 〈서양 나라의 연꽃 노래西蕃蓮花歌〉

서방의 부처 가운데 청련안[307]이 있다더니	西方佛有靑蓮眼
서양의 꽃 가운데 청련이 생겨났구나	西蕃花有靑蓮産
붉은 실 넝쿨에 벽옥 꽃이 맺혀	朱絲作蔓碧玉英
듬성듬성 울타리 휘감으니 어여쁘기 그지없어라	繚繞疏籬意何限
세간에서는 자색과 황색만 숭상하지만	世間只尙紫與黃
이 꽃은 색이 곱지 않아 오래 간다네	此花無色能久長
향기로운 온갖 꽃들 높은 값을 다투지만	百花香者爭高價
이 꽃은 팔리지 않은 덕에 홀로 피었다 지네	此花不售自開謝
오로지 그윽한 사람만이 가장 흡족해하며	唯有幽人最愜懷
종일 배회하며 신부 집에 기대있네	竟日盤桓倚僧舍

306) 粉果는 광동에서 먹던 전통 떡의 일종이다.
307) 如來佛의 청련화 꽃잎처럼 생긴 눈을 형용하는 말로, 靑蓮花目이라고도 한다.

오래되면 십여 송이 피어난 꽃이 모두 지는데, 꽃술이 다시 변하여 국화처럼 되므로 일명 서양 국화라고도 한다.

승려 금종의 시 〈서양 국화西洋菊〉

가지마다 꽃 위에 꽃	枝枝花上花
연꽃에서 국화로 변하였네	蓮菊互相變
오로지 서양 사람만이	惟有西洋人
아침마다 바닷가에서 볼 수 있다네	朝朝海頭見

모란은 잎이 곧 꽃이다.

나천척羅天尺의 시 〈꽃노래에 취해 시를 지어서 이숭박의 '유사군이 서양 모란을 주었기에 화답하다' 시의 원운에 화운하다醉花歌走筆和李崇璞答劉使君贈西洋牡丹原韻〉

영남 땅 시월은 매화가 눈 같아	嶺南十月梅如雪
매화꽃 피면 온갖 나무들 푸른 싹을 틔웠지	梅開萬木俱少茁
내가 붉은 꽃 가득 핀 섬에 놀러 와서	我來赤花洲上遊
꽃에 취해서 잠들었다 깨어보니 하현달이 떴는데	醉花醒見下弦月
주인이 꽃은 시들지 않는다는 노래를 부르기에	主人有歌花不老
꽃을 보며 노래 지어 회포를 적어보네	因花作歌寫懷抱
오령 너머 남쪽 가지 꽃이라 스스로 말하지만	自言嶺外南枝花
서양 풀 모란과 비교함은 왜일까	何似牡丹西洋艸
서양 모란은 잎이 곧 꽃이라	西洋牡丹葉作花
사군으로부터 받으니 기분 더욱 좋구나	贈自使君情尤好
금 띠 두른 작약[308]도 말할 만하지 못할진대	金帶芍藥不足言

옥당에 핀 연꽃을 누가 다시 언급할까 玉堂蓮花誰更道
잎 있지만 심지 쓰디 쓴 연꽃 비웃을 만하고 有葉苦心堪笑荷
잎 없이 가시만 돋은 대추 오히려 가련하구나 無葉生棘却憐棗
꽃 피면 술 마시며 사람들 모두 즐거워하고 花開飮酒人盡歡
꽃 지면 시든 잎에 사람들 마음 아파하건만 花落殘紅人盡惱
잎이 곧 꽃이라 何如此花葉卽花
천연의 오색 물들이지 않은 이 꽃이야말로 어떠한가 五色天成非涅皀
향으로써 향을 찾으려면 어디에서 구할까 以香尋香何處求
맛 이외의 맛을 얻으려면 사람에게서 찾아야지 味外得味從人討
내 그대 노래 읽고서 사군이 그리워져 我讀君歌憶使君
마치 이 몸이 봉래산에 있는 것 같았네 儼然身在蓬萊島
난 곳이 중국인지 외국인지 따질 게 무엇이랴 生材何必論中外
빼어난 자는 아름다움을 자랑할 필요 없다네 超羣未許誇文藻
꽃 때문에 자꾸 술을 마셔 취기 더하는데 因花添酒飮復醉
왜 이 꽃을 진작 보지 못했을까 한스러울 뿐이니 自恨見花苦不早
부잣집의 요황과 위자[309]도 姚黃魏紫富貴家
술 취하면 그저 붓 휘둘러 쓸어버리기 좋을 뿐 醉後直供一筆掃
관아에 있던 십년을 떠올려보니 十年重憶在官衙
월계화[310]만 찾고 뭇 꽃들만 자랑했네 祇尋月貴誇繽葩
장안 길에 다시 오를지 어찌 알았겠는가 焉知再上長安道

---

308) 작약 중에 廣陵에서 나는 것은 붉은 꽃잎에 황금빛 테두리를 둘러 일명 金帶圍라 불린다.

309) 姚黃과 魏紫는 가장 아름답고 기이한 꽃을 이른다. 요황은 노란색 모란으로, 姚氏네에서 자랐고 위자는 꽃잎이 무성한 붉은 모란으로, 魏仁溥의 집에서 자라 그렇게 이름을 붙였다고 한다. 송나라 때 낙양에서 유행하던 두 품종의 모란으로, 모란 중에서도 으뜸으로 쳤다.

310) 月貴는 곧 月季花이다. 四季花라고도 하며, 장미과의 상록 관목이다.

강가의 아침 구름은 저녁노을로 변하는데 江上朝雲變暮霞
그 어떤 귀한 것인들 천하지 않으리 何貴非賤
그 어떤 잎인들 꽃이 아니리 何葉非花
깨어나면 곧 객이요 但醒卽客
취하면 곧 내 집이라 但醉卽家
이 꽃을 가지고 가 천제에게 부탁하리니 我欲將花問天帝
모든 꽃을 이 꽃처럼 만들어주시오 百花皆作此花例
또 고래처럼 술 마실 수 있게 해주시고 更開酒量如長鯨
하루가 마치 백 년 같게 해주시오 一日可當一百歲

말리화茉莉花는 일명 야실명耶悉茗[311]으로, 꽃이 피면 천여 송이가 피며 향이 매우 강하다. 봄이 되면 잎을 따는데, 잎이 적어야 꽃이 많아지기 때문이다. 그러나 메꽃굴나방의 먹이가 되어 골치가 아프다.

승려 금종의 시 〈말리茉莉〉

피기도 전에 먼저 꽃술을 파먹다니 未開先食蕾
날리는 비단실처럼 자그마한 벌레 蟲細若飛絲
잎 아래는 눈처럼 뽀얗고 葉底紛如雪
향기는 달 떠오를 때 그윽하네 香宜月上時
꽃을 원하거든 먼저 잎을 따야 하나니 欲花先摘葉
잎이 적어야 비로소 꽃이 많아진다네 葉少始花多
저물 무렵 사람들 향해 꽃 내음 풍기니 向夕沾人氣

311) 嘉慶本 원문은 耶悉若으로 되어 있고, 하버드대학교 소장본은 耶悉茗으로 쓰고 있다. 耶悉茗은 페르시아어 yāsamīn에서 유래한 아랍어 yās(a)mīn의 음역이다. 劉正埮, 《漢語外來詞詞典》, 上海辭書出版社, 1984, 384쪽 참고.

그 향기 머릿기름에 비해 어떠한가 香如膏沐何

육가陸賈는 "남월南越 땅의 모든 풀은 향기롭지 않다."라고 하였는데, 이 꽃은 다른 나라에서 가져왔음에도 환경으로 인해 [그 향이] 변하지 않았으니, 어쩌면 서양 품종이 더 뛰어난지도 모르겠다.

양파는 외톨마늘같이 생겼으나 살이 없고, 실처럼 가느다랗게 채 썬 다음 쟁반 가득 담아서 손님 접대에 사용하는데, 맛이 달고 맵다. 고구마는 박과 식물처럼 덩굴로 자라나며, 뿌리는 마 비슷하고 껍질은 얇고 불그스름하다. 껍질을 벗기고 날로 먹을 수도 있으며, 익히면 꿀과 같은 색을 띤다. 술을 빚을 수도 있다. 복건 사람들이 덩굴을 잘라와서 [접붙이기를 한] 이래로 오늘날 복건성 전역과 오령五嶺 일대에 두루 퍼졌다. '서양 마(蕃薯)'라고 한 것은 그 원산지명을 따른 것이다.

나무의 종류로는 자단목紫檀木 · 오목烏木 · 자유목紫楡木 · 영목影木[312] · 포목泡木[313] · 바라수(波羅樹)[314] · 대풍자大楓子[315] · 목별자木鱉子[316] ·

312) 影木에 대해서는 東晉 王嘉의 《拾遺記》에 다음과 같은 기록이 보인다. "영주에 영목이라는 나무가 있는데 낮에는 뭇별처럼 보인다. 만년에 한번 열매를 맺는데 열매는 오이처럼 생겼으며 껍질은 푸르고 속은 검다. 그것을 먹으면 뼈가 가벼워진다.(瀛洲有樹, 名影木, 日中視之如列星. 萬歲一實, 實如瓜, 青皮黑瓤. 食之骨輕.)"

313) 泡木에 대해서는 屈大均의 《廣東新語》〈木語〉에서 다음과 같이 말하고 있다. "포목은 몇 백 그루가 줄 지어 자라는데 강과 바다의 모래밭과 물 사이에 자라며, 아주 먼 옛날의 나무이다. 재질은 썩지 않고 태워도 타지 않는다. 어부들이 깎아서 그물에 매어놓는데 그 성질이 물에 매우 잘 뜨기 때문이다.(泡木, 千百成行, 出於江海堧沙水間, 乃無始以前之木. 質不朽爛, 火之不燃, 漁人斲之以繫罟網, 尙其性甚浮故也.)"

치자화梔子花[317] · 후추 · 양도羊桃[318] · 감람나무 · 단 여지荔枝 · 신 여지 · 패다라貝多羅[319] · 정향丁香[320] · 동백이 있다.

오목은 일명 차오茶烏라고 하는데 견고하여 쉽게 부서지지 않으며 물에 넣으면 가라앉는다.

포목은 목질이 물러 보이지만 질기고 닥나무처럼 가벼워서, 유리 그릇 안에 물건을 담고 그것으로 뚜껑을 만들어 닫으면 공기가 밖으로 새지 않는다.

바라수는 지금 남해신묘南海神廟 앞에 있는 것이 가장 오래된 것으로, 남북조시대 양梁나라 때 서역의 달해사공達奚司空[321]이 씨앗을 중

314) 波羅樹는 木波羅 또는 波羅蜜이라고도 하며 뽕나무과 상록 교목이다. 원산지는 인도와 말레이시아이며 과실은 달아서 먹을 수 있다.

315) 大楓子는 大風子라고도 하며 大風子科의 교목이다.

316) 木鱉子는 西洋木鱉子를 가리킨다. 즉 馬錢子라고 불리는 것으로서, 馬錢科의 상록교목이다.

317) 서양 梔子에 대해 周去非의 《嶺外代答》 권7에서는 다음과 같이 말하고 있다. "서양 치자는 대식국에서 나며 불경에서 첨포화라고 부르는 것이 바로 이것이다. 바닷가의 서양인들은 이것을 말리는데, 염색하는 집의 홍화와 같은 것이다.(蕃梔子出大食國, 佛書所謂薝蔔花是也. 海蕃乾之, 如染家之紅花也)"

318) 시큼하면서 달콤한 카람볼라(carambola), 혹은 스타프루트(starfruit)라고 불리는 과일을 가리킨다.

319) 貝多羅는 범어 Pattra의 음역이며 종려나무과 수목 가운데 하나로, 산지는 인도이다. 그 잎은 종이를 대신할 수 있어서 고대 인도인들이 불경을 쓰는 데 많이 사용하였으며 이를 貝葉經이라고 불렀다.

320) 丁香은 桃金娘科의 상록 교목으로 원산지는 인도네시아 말루쿠(Maluku) 군도이다. 꽃봉오리는 방향성 조미료나 약으로 쓰이며, 꽃술을 증류하여 얻는 丁香油는 중요한 향료이다.

321) 남송 이후로 대외무역이 활발해져 廣州가 번영하기 시작했고 이에 南海神의 保佑하심에 보답하기 위해 高宗 紹興 15년(1145)에 南海神殿 동서 양측에 여섯

국에 들여왔다. 일명 우발담優鉢曇이라고 하며, 꽃 없이 과실을 맺는다.

후추 중 오문에서 난 것은 토초土椒라 부른다. 양후추는 진한 검은 색으로 주름이 더 많고 맵다. 중국에서 이를 귀히 여겨 선박 화물 중에 유독 많다.

양도는 농가의 궁글대[322] 모양이며, 일명 오릉자五稜子라고 한다. 오문에서 나는 양도는 맛이 시다. 오문에 있는 것 중 높이가 6-7장에 이르는 몇 그루가 서양에서 온 품종인데 꽃은 붉고 꽃받침 하나에 여럿을 맺으며 크고 달다.

단 여지, 신 여지. 【강희 61년(1722), 섬라에서 대서양 청과青果[323] 15그루, 단 여지 30그루, 신 여지 20그루를 공물로 바쳤다.】 또 서양 여지가 있는데, 크기는 복숭아만 하고 색은 푸르며 껍질이 있는 것 같지만 실은 껍질이 없고, 손으로 쪼개면 가운데 자그마한 하얀 씨방에 검은 씨가 있다. 맛은 바라밀波羅蜜[324]과 비슷하다. 【강희 38년(1699), 황제께서 항주에 행차하시자, 총병摠兵 남리藍理[325]가 그것을 진상하였다.】

輔臣의 상을 세웠다. 그 중 하나가 助利侯 達奚司空인데 원래 波羅國의 사신으로 왔다가 신묘의 아름다움에 빠져 돌아가지 못했다는 전설이 있다. 달해사공상이 검은 얼굴에 왼손을 이마에 얹고 바라국으로 돌아가는 배를 기다리는 모습을 하고 있어 사람들이 "서양 귀신이 바라(국)를 바라본다.(番鬼望波羅.)"라고 했다고 한다. 후에 남해신묘를 바라묘라고도 부르게 되었는데, 달해사공이 가져온 바라수 때문에 바라묘라고 부른다는 설도 있다.

322) 궁글대는 밭을 다지거나 탈곡하는 데 쓰는 원주형의 돌로 된 농기구로, 굴레나 돌태라고도 부른다.

323) 올리브를 말한다.

324) 波羅蜜은 잭프루트((jackfruit)로, 두리안과 비슷하게 생긴 과일이다.

325) 藍理(1647-1719)는 字가 義山으로, 福建 漳浦縣 赤嶺 출신의 畲族(주로 복건·절강성 지역에 거주하는 소수민족)이었다. 淸나라 초기에 지방 반란을 평정해

패다라는 잎이 크고 두꺼워 서역 승려들이 일찍이 여기다 불경을 썼다. 당나라 시에 "패엽에 경문을 손으로 직접 쓰네(貝葉經文手自書)"[326] 라고 한 것이 바로 이것이다. 꽃은 크기가 작은 술잔 같고, 꽃잎은 여섯 개로 모두 왼쪽 돌림이며, 흰색이지만 꽃술 주변은 황색이며 향이 매우 진하여 땅에 떨어진 지 며칠이 지나도 선명한 향기가 사라지지 않는다.

정향은 나무의 크기가 한 장丈 남짓이며 잎은 상수리 나뭇잎 같다. 꽃은 둥글고 작으며 황색이다. 열매는 자주빛으로 암컷과 수컷이 있다. 수컷은 크기가 작고 공정향公丁香이라고 부르며, 암컷은 크고 향 또한 강하며 모정향母丁香이라 부른다. 서양인들은 늘 입에 넣고 씹으면서 빈랑 대신 사용하며, 소고기나 양고기에 넣어 찌거나 삶아 먹는다.

동백은 [꽃잎 색이] 붉은색과 흰색 두 종류가 있는데, 천 층으로 가지가 [갈라져서] 중첩된다. 성질이 추위를 싫어하지만 빛깔은 매우 아름답다.

송락宋犖의 시 〈서양 동백洋山茶〉

연홍빛 꽃 송이 송이가 작은 쟁반에 가득한데	淺紅朶朶小盤盂
그 빛깔이 아름다워 보석을 뛰어 넘는구나	顔色翻憐過寶珠
아계의 비단[327] 가져다 이 특이한 품종 그려보고 싶으나	欲把鵝溪圖異種
서희[328] 같은 솜씨가 지금 세상엔 없다네	徐熙手筆此時無

破肚總兵·定海總兵·菩薩將軍 등으로 불렸다.

326) 당나라 시인 王維가 지은 〈苑舍人能書梵字兼達梵音, 皆曲盡其妙, 戲爲之贈〉이라는 시에서 따온 구절이다.

327) 鵝溪絹은 四川省 鹽亭縣의 鵝溪라는 곳에서 생산되는 비단으로, 당나라 때에는 진상품이었고 송나라 때에는 화가들이 이 비단에 그림 그리기를 좋아했다고 한다.

328) 徐熙는 五代 南唐의 화가로, 꽃나무·채소·과실·새·곤충·물고기 등을 잘 그렸다.

봄바람 타고 바다 배가 막 도착할 제 海舶春風初到時
주렴 밖 가랑비 젖은 고운 모습이 손에 쥐일 듯하네 空簾微雨挹芳姿
형邢 부인과 윤尹 부인[329]은 시기심이 많으니 從來邢尹多相妬
명하노니 모란이여 조금 늦게 피어라 吩咐牡丹開小遲

날짐승의 종류로는 앵무鸚鵡·도괘조倒掛鳥[330]·닭·오리·다리 없는 새·액마厄馬[331]·낙타조駱駝鳥가 있다.

앵무 중에서 크고 붉은 것은 깃털 안쪽이 황색이며, 크고 초록인 것은 깃털 안쪽이 붉은 빛이다. 깃털을 털 때마다 찬란한 빛이 어지럽다. 순백의 것도 있고, 오색의 것도 있고, 날개는 비취색 속은 청색과 황색, 배는 흰색인 것도 있다. 오색 앵무는 늘 정향나무에 살면서 덜 익은 정향을 먹이로 삼는데, 정향 열매를 수확하고 나면 그 껍질을 쪼아 먹는다. 서양말과 중국말을 모두 할 수 있으며 성질이 추위를 싫어한다.

---

329) 邢尹은 漢나라 武帝 때의 邢夫人과 尹夫人을 가리킨다. 두 사람은 동시에 무제의 총애를 입어 서로 투기했다고 한다.

330) 蘇軾은 "봉래궁의 화조사, 푸른 옷 입고 거꾸로 매달려 부상의 아침 햇살을 향하네.(蓬萊宮中花鳥使, 綠衣倒挂扶桑暾.)"라는 시구에 대한 자신의 주에서 "영남에 도괘자라는 진귀한 새가 있는데, 푸른 털에 붉은 부리를 지녔고 앵무새와 같은데 작다. 동해에서 왔으니 세속의 동물이 아니다.(嶺南珍禽有倒挂子, 綠毛紅喙, 如鸚鵡而小. 自東海來, 非塵埃中物也.)"라고 설명하였다. 또 費信의 《星槎勝覽》〈爪哇國〉條에는 "도괘조는 참새만한 몸에 오색 깃털이 덮여있다. 낮에 그 옆에서 향을 사르면 밤에 날개를 편 채 거꾸로 매달려서 꼬리를 펼치며 향을 내뿜는다.(其倒掛鳥身如雀大, 被五色羽, 日間焚香於其旁, 夜則張羽翼而倒掛, 張尾翅而放香.)"라고 설명하고 있다.

331) 厄馬는 말루쿠어의 emeu 혹은 eme를 음역한 것으로 추정되며, 에뮤(Emu)를 가리키는 것으로 보인다. 에뮤는 날지 못하는 새로 화식조과이며 새 가운데 타조 다음으로 크다.

등을 어루만지면 말을 하지 않는다.

도괘조는 몸이 연두색이며 이마는 청색이다. 가슴 앞쪽에 빨간 점이 있고 정수리에 노란 뿔이 있다. 춤을 추면 뿔이 벌어진다. 늘 날개 속에 향을 거두어들였다가 한 번씩 향을 뿜어내면 향기가 온 방안에 가득해진다. 갑자기 머리와 다리를 고리처럼 둥글게 말아 빙글빙글 돌면서 장난을 치기도 한다.

승려 금종의 시 〈무제無題〉

침수향332)의 연기 먹고	已食沉水烟
그 향을 다시 양 날개에 숨겼네	復藏雙翅內
때때로 연기를 뿜어내면	時放烟氤氳
휘장 속에 향이 오래도록 남는다네	幃中香久在

닭은 그 종류가 다양하다. 머리가 높고 꼬리가 치켜 올라갔으며 흑백이 섞인 닭이 있다. 다리가 짧고 머리는 높으며, 털이 마치 비늘 같아 공작을 방불케 하는 닭이 있다. 타계駝雞333)라는 것이 있는데, 크기는 3척 남짓에 꽃처럼 생긴 관이 있고 깃털은 비취색이다. 등에 낙타처

332) 침수향은 沈香의 별칭으로 침향나무(Aquilaria)에서 나오는 樹脂 덩어리를 말한다. 물에 가라앉고 향이 진해 침향이라고 했다. 나무의 상처 부위에 모인 수지가 수년에서 수천 년에 걸쳐 응결된 것으로 기를 소통시키고 통증을 완화하는 효과가 있다.

333) 조선 朴趾源의 《熱河日記》〈萬國進貢記〉에 보면, "훨씬 큰 닭이 있는데, 모양은 낙타와 같고 크기는 서너 자나 되고 발은 낙타 발 같으며 날개를 치면서 하루 3백 리를 간다고 하는데, 그 이름을 타계라 한다.(有大鷄形類橐駝, 高三四尺, 足如駝蹄, 鼓翅日行三百里云, 名駝鷄.)"라는 기록이 있다.

럼 쌍봉이 있어서 올라탈 수 있으며, 쇠와 돌도 먹을 수 있다.

무명씨의 시

광동 남쪽의 기이한 물건으로 타계를 진상해왔는데 廣南異物進駝雞
비단처럼 알록달록한 등에 한 치 쌍봉이 나란히 솟았네 錦背雙峯一寸齊
자줏빛 타조가 먼 변방에서 왔다고들 말하지만 只道紫駝來絶塞
계림은 원래 대황 서쪽에 있다네 雞林元在大荒西

또 화계火雞[334]라는 것이 있는데, 온통 검은 색 털이 아래로 축축 늘어져 있으며, 키는 2-3척쯤 된다. 불을 먹고 연기를 내뿜을 수 있다. 거위만큼 큰 닭도 있는데, 깃털이 화려하고, 부리 위에 코끼리의 코처럼 생긴 것이 자라나 위로 볏에 이어져 있으며, 늘였다 줄였다 할 수 있어서 줄이면 한 치 남짓, 늘리면 다섯 치 남짓이 된다. 모이주머니 있는 곳에는 털이 없고 혹처럼 생긴 것이 있는데 평상시에는 모이주머니와 볏의 색이 모두 옅은 남색이지만, 화가 나면 혹이 튀어나오고 볏이 붉게 변한다. 피가 코에 모여서 축축 늘어져 있으며, 공작처럼 꼬리를 펼칠 수 있다. 암컷은 보통 닭과 비슷하지만 조금 더 크며 이계異鷄라고

334) 火鷄는 일명 食火鷄라고도 하지만 오늘날의 칠면조와는 조금 다르다. 원산지는 동남아 열대우림 지역 및 오스트레일리아 등지이다. 《西洋朝貢典錄》〈三佛齊國〉條에 다음과 같은 설명이 있다. "화계라는 새가 있는데 생김새는 학과 같고 부리가 길며 깃털은 양털처럼 생겼고 몸통은 둥글다. 볏은 붉고 날개는 푸른빛이며, 발은 검고 발톱이 날카롭다. 숯을 즐겨 먹으며 때려도 죽지 않는다.(有鳥焉, 其名曰火鷄, 其狀如鶴, 長喙, 羊毫而圓身. 紅冠而青翼, 黑足利爪, 喜食炔炭, 擊之不死.)"

부르니, 수계綬鷄와는 다른 것이다. 수계는 지역旨鷊이라고 하는데 폐슬처럼 생긴 늘어진 살을 목구멍 아래 작은 주머니에 감추어 두었다가 다시금 토해내면 그 무늬가 오색찬연하다 하여 금공조錦功曹라고 부르기도 한다. 서양에도 간혹 있다.

오리는 작은 거위와 비슷하고, 볏이 있으며 깃털이 알록달록하다.

다리 없는 새는 배 아래에 근육 같은 기다란 살갗이 있어서 그것을 나뭇가지에 감고서 서며, 깃털은 오색빛깔이다. 이 새를 일러 무대조無對鳥라고 한다.

액마는 몸집이 가장 크다. 목도 길고 다리도 길고, 날개며 깃털 모두 아름답지만 날지 못한다. 발이 소 발굽처럼 생겨서 매우 잘 달리기 때문에 말도 따라잡지 못할 정도이며, 알로는 술잔이나 그릇을 만들 수 있는데 오늘날 서양 선박들이 시장에서 파는 용란龍卵이라는 것이 바로 이 새의 알이다. 또 거조가 있는데 그것의 부리는 모든 독을 해독할 수 있어서 부리 하나에 금전 50의 값이 나간다.

낙타조는 키가 말 탄 사람보다 크며 걸어갈 때 날개를 펴면 그 크기가 천막만 하다. 쇠를 녹일 만큼 배가 뜨겁다.

들짐승의 종류로는 코끼리·무소·사자·흑곰, 검은 원숭이, 흰 노루, 흰 수달, 작은 흰 소, 작은 사슴, 개·몽귀獴猜[335]·아이가리아亞爾加里

335) 獴猜는 몽구스(mongoose)를 가리킨다. 고양이족제비라고도 하며 남아시아·남유럽·아프리카·인도 등지에 산다. 《廣東新語》〈獸語〉에서는 다음과 같이 설명하고 있다. “몽귀는 삵 비슷한데 다리가 길고 꼬리가 말려있으며 누런 것, 흰 것, 검은 것 세 종류가 있다. 그 가운데 태국에서 나는 놈이 특히 쥐를 잘 잡는데 오문에 사는 서양인들은 그것을 알아볼 줄 알아 광동의 물품과 바꾸곤 한다.

亞[336]·유양乳羊·이양異羊·독각수獨角獸[337]·파잡이把雜爾[338]·해마海馬 등이 있다.

코끼리 가운데에는 사람의 말을 알아듣는 것들이 있는데, 어느 장소까지 물건을 실어 나르라고 명령하면 잘못 가는 적이 없다. 또 코끼리 가운데 가장 큰 것은 상아 하나가 2백 근에 달하기도 한다. 무소 뿔

서양인들은 가축을 귀히 여기고 사람을 천히 여겨서 몽귀를 자식 이상으로 여기며 눕거나 일어나거나 늘 안고 다닌다. 우리 중국인들이 그들이 귀히 여긴다고 따라서 귀히 여긴다면, 이 대체 무슨 생각에서인가!(獴獚, 似狸, 高足而結尾, 有黃白黑三種. 其產於暹羅者尤善捕鼠. 澳門蕃人能辨之, 常以易廣中貨物. 蕃人貴畜而賤人, 視獴獚不啻子女, 臥起必抱持不置. 吾唐人因其所貴而貴之, 亦何心哉!)"

336) 亞爾加里亞는 포르투갈어 알미스카레이로(Almiscareiro)의 음역으로 사향고양이(civet)를 가리킨다.

337) 《坤輿圖說》 卷下의 〈異物圖〉에서 다음과 같이 쓰고 있다. "아시아주의 인도국에서 독각수가 나는데, 그 모습과 크기가 말과 같으며 몸놀림이 매우 경쾌하다. 털은 황색이고 머리에 뿔이 있는데, 길이는 4-5척이고 밝은 빛을 띤다. 그 뿔로 물 마시는 그릇을 만들면 해독할 수 있다. 뿔이 날카로워서 커다란 사자도 들이받을 수 있다. 사자가 독각수와 싸울 때면 나무 뒤에 몸을 숨기는데, 독각수가 잘못하여 나무를 들이받으면 사자가 되레 물어뜯는다.(亞細亞州印度國產獨角獸, 形大如馬, 極輕快, 毛色黃. 頭有角, 長四五尺, 其色明, 作飲器, 能解毒. 角銳, 能觸大獅. 獅與之鬥, 避身樹後, 若誤觸樹木, 獅反齧之.)"

338) 把雜爾는 페르시아어 pad-zahr, 혹은 포르투갈어 베조아(bezoar)의 음역으로, 모두 해독제를 의미한다. 반추동물의 위장 결석인 베조아는 8세기부터 아라비아에서 해독제로 쓰였고 12세기 이후 서양에서 만병통치약으로 쓰였다. 장식용으로 두거나 긁어서 차나 물과 함께 섭취하였는데, 서양에서는 그 가치가 금의 10배까지 달했다. 본문에서는 라마를 가리키는 것으로 보인다. 《職方外紀》에서도 이에 관한 기록이 보인다. "발니 섬에는...양이나 사슴과 닮은 짐승이 있는데, 파잡이라고 한다. 그 배에서 돌이 생겨나는데 모든 병을 낫게 할 수 있어서, 서양 사람들은 그것을 매우 귀하게 여긴다.(渤泥島…有獸似羊似鹿, 名把雜爾. 其腹中生一石, 能療百病, 西客極貴重之.)

가운데 햇빛에 비추어 둥그런 핏줄이 있고 사방이 둥글고 가지런한 것은 뜨거운 술을 부으면 향이 난다. 서양 사람들은 상아를 백암白暗이라고 하고, 무소뿔을 흑암黑暗이라고 한다.

자그마한 흰 소는 크기가 개만 하고 반점이 있으며, 낙타와 같이 혹이 있다.

작은 사슴은 크기가 겨우 두 치 남짓이지만 머리 위에 두 뿔이 우뚝 솟아 있다.

개 중에서는 작은 것을 귀하게 여기며, 흑구와 황구 두 종류가 있다. 서양 사람들은 개와 함께 먹고 잔다. 몸집이 조금 크고 긴 털이 약간 뭉쳐있으며 사자처럼 눈이 움푹하고 주둥이가 짧은 놈이 있는데, 매우 흉측하다. 또 반제구般第狗[339]라는 개는 낮에 물속에 있다가 밤에 땅에서 자는데 검은 놈을 귀하게 친다. 나무도 물어뜯을 수 있을 정도로 이빨이 날카롭다.

몽귀는 고양이 비슷하지만 그보다 크고, 다리가 길고 꼬리가 말려 있다. 누런 것, 흰 것, 검은 것 세 종류가 있으며 쥐를 잘 잡는다. 바닷가 쥐 중 큰 것은 백 근에 달하는데, 몽구가 그 눈을 물어 죽일 수 있으므로 서양인 자녀들은 자나 깨나 늘 끼고 지낸다. 또 날개가 돋친 고양이는 박쥐처럼 날아다닐 수 있다.[340] 송나라 태종太宗에게 도화견桃花

339) 般第狗는 페르디난트 페르비스트(Ferdinand Verbiest, 南懷仁, 1623-1688)의 《坤輿圖說》 卷下에 그 설명이 보이는데 개가 아니라 비버를 가리킨다. “유럽의 의대리아국에 파탁이라는 강이 있는데, 바다로 들어가는 하구에 반제구가 있다. 낮에는 물에서 잠수하고 밤에는 뭍에서 누워 지내는데, 털빛이 다양하며, 검은 것을 귀하게 친다. 나무를 씹을 수 있는데 칼처럼 날카롭다.(歐邏巴州意大理亞國有河名巴鐸, 入海河口產般第狗. 晝潛身於水, 夜臥旱地, 毛色不一, 以黑為貴. 能嚙樹木, 其利如刀.)”

犬[341]이 있었고, 명나라 때는 황실의 고양이나 개에게까지 모두 관명과 식봉을 하사했다고 하는데, 이런 것들이 대개 이와 비슷하다.

고양이 비슷한 짐승으로 아이가리아라는 것이 있는데, 꼬리에서 땀이 나고 데리고 있으면 기이한 향이 난다.[342]

유양이라는 것이 있는데, 정수리에 두 개의 젖이 나 아래로 늘어져 있다.[343]

또 산에서 나는 이양이라는 것은 한 마리가 열 근이나 나간다.

독각수라는 것은 크기가 말만 하고 털이 황색이며 머리에 4-5치쯤 되는 날카로운 뿔이 나 있어서 능히 커다란 사자도 찌를 수 있다. 그러나 만약 잘못하다 나무를 건드리면 뿔을 빼지 못해 도리어 사자에게 죽임을 당한다. 뿔의 색은 매우 선명해서 술잔으로 만드는데, 모든 독

340) 고양이 원숭이를 가리킨다. 날원숭이라고도 부르며, 말레이시아·필리핀·인도네시아 등지에 분포한다.

341) 桃花犬은 宋 太宗의 애견이다. 宋 李頎의 《古今詩話》에 "순화 연간에 합주에서 공물로 도화견을 바쳤는데, 매우 작고 성질이 사나웠으나, 어탑 옆에서는 늘 온순하게 지냈다. 매번 [태종이] 앉아서 조회를 할 때면 개가 꼬리를 휘저으며 먼저 짖었는데 사람들이 곧 숙연해졌다. 태종이 아파 병석에 누우면 밥도 먹지 않았다. [태종이] 죽자 울부짖고 눈물을 흘리면서 수척해졌다. 진종이 조서를 내려 태종의 능을 받들어 모시게 하자, 꼬리를 흔들며 예전처럼 밥을 먹었다.(淳化中, 合州貢桃花犬, 甚小而性急, 常馴擾於禦榻之側. 每坐朝, 犬必掉尾先吠, 人乃肅然. 太宗不豫, 此犬不食. 及上仙, 號呼涕泗, 瘦瘠. 章聖令謚以奉陵, 即搖尾飲食如故.)"라는 기록이 보인다.

342) 사향(musk) 냄새를 가리킨다. 사향은 원래 수컷 사향노루의 복부에 있는 향낭에서 얻은 분비물을 건조해서 얻은 향료인데, 사향고양이에게서도 같은 분비물이 나와 향수의 재료로 사용된다.

343) 乳羊은 capra mambrina 혹은 시리아 염소(syrian goat)를 가리키는 것으로 추측된다. 본문에서 정수리에 두 개의 젖이 나 있다는 묘사는 크고 축 늘어진 귀를 오해한 것으로 보인다.

을 해독할 수 있다고 한다.

양과 비슷한 짐승이 있다. 이 짐승의 뱃속에서 자라는 돌은 온갖 병을 치료할 수 있는데, 그 이름은 파잡이이다.

해마는 이빨이 단단하고 희고 깨끗하며 머리카락 같은 가느다란 무늬가 있어서 [그 이빨로] 염주 등을 만들 수 있다.

곤충과 파충류의 종류에는 거미·뱀·바다 두꺼비가 있다

대나독랄大懶毒辣[344]이라 부르는 거미가 있다. 이 거미에게 쏘여 독이 퍼지면 금세 미쳐버리고, 기혈에 독이 들어가면 매년 재발한다. 그 병을 치료하려면 그 사람이 본디 좋아하던 음악으로 풀어주어야 한다.

커다랗고 눈이 없는 뱀이 있다. 나무 사이에 똬리를 틀고 있다가 짐승이 그 옆을 지나가면 냄새를 맡고 나무 사이에서 그것을 몸으로 감아 묶은 다음 잡아먹는다.

바다 두꺼비는 몸 빛깔이 바위와 같은데, 배가 고프면 바위 사이로 몸을 숨기고 코에서 작은 지렁이 같은 붉은 실을 토해내어 [그것으로] 작은 물고기를 유인한다.

물고기와 조개의 종류에는 인어仁魚[345]·날와이다어剌瓦而多魚[346]·을구만乙荀滿[347]·파륵아어把勒亞魚[348]·날치(飛魚)·구어狗魚[349]·풍어

344) 독거미의 일종인 타란툴라(tarantula)를 가리킨다.

345) 仁魚가 어떤 물고기인지는 명확치 않다. 본문의 내용은 《坤輿圖說》 卷下의 〈海族〉에서 인용한 것으로 보인다.

346) 剌瓦而多魚는 도마뱀을 뜻하는 포르투갈어 lagarto의 음역으로, 실제로는 악어를 가리키는 것으로 보인다. 《坤輿圖說》 卷下의 〈海族〉에서 거의 같은 내용을 언급하고 있다.

347) 乙荀滿에 대해 《五洲衍文長箋散稿》에 본문과 같은 내용이 있는데 쥐의 일종으

風魚 · 선어船魚 · 게 등이 있다.

인어는 새끼를 등에 업고 물 언덕을 오르다가 지느러미로 새끼를 다치게 해 그만 새끼가 죽어버리자 돌에 머리를 찧어 죽었다. 돌고래를 잡을 때는 항시 인어로 유인한다. 인어를 부르면 인어가 곧장 그물 안으로 들어가고, 그러면 또 돌고래가 따라 들어간다. 돌고래가 다 들어가고 나면 다시 인어를 불러내고 돌고래만 그물 속에 가두어 잡는다.

날와이다어는 비늘이 단단하고 꼬리가 길며 날카로운 발톱과 톱날 같은 이를 가졌다. 행동이 매우 느리다. 작은 물고기 수백 종이 그 뒤를 따라다니며 다른 물고기에게 잡아먹히는 것을 피한다. 새끼를 낳으면 처음엔 거위알만 하지만 점차 2장丈 남짓까지 자란다. 침을 땅에 토해놓는데, 사람이나 가축이 그것을 밟고 바로 죽으면 곧 다가가서 먹는다. 모든 동물이 입을 벌릴 때 아래턱을 움직이는 데 반해 이 물고기는 위턱만 움직인다. 사람이 멀리 있을 때는 웃는 것 같다가 가까이 오면 물어 버리므로 서양에서는 '가짜 자비'350)라 칭한다. 악어의 일종이다. 그러나 배 아래에 부드러운 부분이 있어 인어의 날카로운 지느러미에 찔려 죽을 수도 있다.

을구만이라는 것이 있는데 크기는 고양이만 하고 온몸에 진흙을 발

로 기재했다.

348) 把勒亞魚는 포르투갈어 발레이야(baleia)의 음역으로 고래를 가리킨다.

349) 狗魚는 상어를 가리키는 것으로 보인다. 《坤輿圖說》에서 본문과 비슷한 내용으로 두 차례 언급하고 있다.

350) 가짜 자비에 대해서 《坤輿圖說》 卷下의 〈海族〉에 "사람이 멀리 있는 것을 보면 울고, 가까이 다가가면 무는 까닭에 서양에서는 가짜 자비를 베푸는 것을 일러 '악어의 눈물'이라고 한다.(見人遠則哭, 近則噬, 故西國稱假慈悲者爲剌瓦而多哭.)"라고 기재되어 있다.

라 미끄럽게 하는 것을 좋아한다. 이 물고기 [날와이다어]가 입을 벌릴 때를 기다려 뱃속으로 쑥 들어가 오장을 물어 나올 수도 있으며, 그 알을 깨뜨리기도 한다.351)

파륵아어는 길이가 수십 장이고 머리에 두 개의 큰 구멍이 있어 위로 물을 뿜어낸다. 물 밖으로 나왔다가 선박을 보면 머리를 치켜들고 배 안에 물을 쏟아붓는데, 그러면 순식간에 [배에] 물이 차서 배가 가라앉는다. 그놈을 만나면 술 채운 커다란 나무통을 던져주는데 연이어 몇 통을 삼킨 뒤에 머리를 숙이고 물러간다. 얕은 곳에서도 잡을 수 있으며 삶아서 졸이면 기름을 수천 근이나 얻을 수 있다.

날치는 길이가 겨우 한 척 남짓이지만 수면에 붙어서 날 수 있다.

구어는 날치의 그림자를 잘 알아채서 늘 기다렸다가 잡아먹는데, 날치는 급한 나머지 배에 튀어 올랐다가 사람에게 잡히곤 한다. 뱃사람들이 닭 깃털이나 흰 비단을 날카로운 갈고리에 묶은 뒤 수면 위로 날려 날치 모양을 만들면 구어는 수면 위로 뛰어올라 덥석 물다가 잡히고 만다.

풍어라는 것도 있는데, 폭풍을 점칠 수 있다. 풍어를 잘 말려 방에

351) 《坤輿圖說》에서는 *剌瓦而多魚*에 대해 다음과 같이 설명하고 있다. “오로지 세 가지만이 이것을 제압할 수 있는데, 첫째는 인어로, 이 물고기 [날와이다어]는 온 몸이 비늘 갑옷이지만 아랫배에는 부드러운 곳이 있다. 인어는 지느러미가 매우 날카로워 그것을 찔러 죽일 수 있다. 또 하나는 을구만으로,…이 물고기가 입을 벌리기를 기다려 그 뱃속으로 들어가서 오장을 물고 나오며, 또 그 알을 깨뜨릴 수도 있다. 또 다른 하나는 샤프란 향초이다. 이 물고기는 꿀을 먹는 것을 제일 좋아하는데, 양봉하는 사람들이 주위에 샤프란을 심어 놓으면 감히 들어오지 못한다.(獨有三物能制之. 一為仁魚, 蓋此魚通身鱗甲, 惟腹下有軟處, 仁魚鬐甚利, 能刺殺之. 一為乙苟滿,…俟此魚開口, 輒入腹, 嚙其五髒而出, 又能破壞其卵. 一為雜腹蘭香草也, 此魚最喜食蜜, 養蜂家四周種雜腹蘭, 即弗敢入.)”

걸어 놓으면 머리가 향하는 곳이 바람이 이는 방향이다.

또 어떤 고기는 크기가 1장 남짓에 단단한 껍질이 있고 발이 여섯이며 발에는 가죽이 있다. 다른 곳으로 옮기고자 할 때는 껍데기의 반을 곧추세워 배를 만들고, 발의 가죽을 펼쳐 돛으로 삼아 바람을 타고 가므로 선어라고 부른다.

게가 있는데, 지름이 한 장도 넘고, 집게발로 사람 머리를 집으면 절단할 수도 있다. 껍데기를 땅에 엎어 놓으면 작은 집 같아 사람이 그 안에 누울 수도 있다.

식품으로는 후복수厚福水와 약수藥水가 있다. 화로수花露水는 곧 장미수薔薇水다. 유리병에 담아 시험하는데, 네 번을 흔들었을 때 거품이 아래위로 두루 퍼지는 것이 진짜이다. 도미로荼蘼露는 음식에 넣으며, 서양 여인들은 옷에 뿌리기도 한다.

고계高啓[352]의 시 〈장미이슬에 손을 씻으며薔薇露盥手〉

남만 상인의 배가 돌아오니 蠻估海帆廻
은병에서 옥 같은 물이 나오네 銀甖玉汞開
씻고 나니 손에 향이 가득하여 盥餘香滿手
흡사 꽃을 꺾어 온 듯하구나 恰似折花來

약로藥露에는 소합유蘇合油·정향유丁香油·단향유檀香油·계화유桂花

352) 高啓(1336-1374)는 字가 季迪, 호가 槎軒으로 江蘇省 長洲(지금의 蘇州市) 사람이다. 洪武 연간 초에 編修가 되어 《元史》 편수에 참여했고 戶部侍郎을 역임했다. 《大全集》·《梟藻集》·《缶鳴集》 등을 남겼다.

油가 있는데 모두 병으로 계산하며, 빙편유冰片油는 바가지로 계산한다.

서양 소금과 매운 차가 있다. 차는 매枚[353]로 계산한다.

술은 백포도주를 상급으로 치며 적포도주를 그 다음으로 친다. 이른바 색은 호박 같고 냄새는 담비와 비슷하다는 것이 바로 이것이다. 포도홍로주葡萄紅露酒와 포도황로주葡萄黃露酒[354]는 모두 병으로 계산하며 상자에 저장해 둔다.

서양 쌀은 색이 자줏빛으로, 부드럽고 매끈하며 위와 비장에 좋다. 위조업자들이 칡가루를 가져다가 비슷하게 만들지만 익히면 금세 색이 변한다.

제비집에는 흑색과 백색 두 가지가 있으며, 붉은 것이 [구하기 어렵지만] 가장 좋다.

오위업吳偉業[355]의 시 〈제비집燕窩〉

바다 제비는 집 없는 게 서러워서	海燕無家苦
작고 흰 물고기를 다투어 물어 오네	争銜白小魚
하지만 오히려 사람들 입에 빼앗겨 버리니	却供人采食
네가 편히 거할 곳 찾지 못하는구나	未卜汝安居

353) 여기서 枚는 용량 단위로, 약 300g, 또는 500g을 1매로 계산한다.

354) 葡萄紅露酒는 포르투 포도주(Vinho do Porto), 즉 포트 와인을 가리키고, 葡萄黃露酒는 마데이라 와인(Vinho da Madeira)을 가리킨다. 모두 주정강화 와인이다.

355) 吳偉業(1609-1672)은 자가 駿公, 호가 梅村으로, 江蘇省 太倉 사람이다. 崇禎 연간에 진사가 되었고 청나라에서 祕書院侍講·國子祭酒 등을 지냈다. 시에 능해 梅村体를 창시했으며 《梅村家藏藁》 등을 남겼다.

맛이 금제[356]처럼 훌륭하여 味入金虀美
둥지로 엮은 옥 보루 텅 비었나니 巢營玉壘虛
고관들이 먼 곳 물건을 구하여 大官求遠物
일찌감치 상림원에 바쳤기 때문이지 早獻上林書

해삼이 있는데, 가시가 없다.

온갖 과실을 설탕에 절인 것도 있다.【강희 59년(1720) 서양에서 당두糖豆 한 상자를 바쳤는데 모두 여섯 관罐이었다.】

서양 찹쌀전병이 있는데, 위에 금박이 붙어 있고 마치 종이를 깔아서 내오는 것 같다.

코담배가 있다. 그중 상등품은 비연飛烟이라 하고, 그 다음 것은 오리 머리 녹색을 띤 것(鴨頭綠)이고, 약간 신맛이 나는 것을 두연豆烟이라 하며, 붉은 것을 하등품으로 친다.

아편연鴉片烟이라는 것이 있는데 처음엔 진흙 같지만 태워 가공하면 담배로 피울 수 있다. 판매가 금지되어 있다.

진주는 의란意蘭[357] 것을 상등품으로 친다. 원주민들은 큰 조개를 햇볕에 말리다가 입이 저절로 벌어질 때를 기다려 진주를 채취하는데, 새하얗게 빛이 나며 계란만큼 큰 것은 빛이 몇 리를 비출 정도이고, 콩알

356) 金虀玉鱠는 옛날 吳郡에서 만들어 먹던 美食으로, 가늘게 썬 농어와 菰菜를 말려 만든 음식인데 농어가 옥같이 하얗고 고채가 황금빛이어서 붙은 이름이다.

357) 페르디난트 페르비스트(Ferdinand Verbiest, 南懷仁)의 《坤輿外紀》에 "바다에서 나는 것으로는 진주를 귀하게 치는데, 칙의란의 것을 최상으로 친다.(海産以明珠爲貴, 則意蘭最上.)"라는 내용이 보인다. 則意蘭은 포르투갈어 세일랑(Ceilão)의 음역으로, 곧 錫蘭인 스리랑카를 가리킨다. 본문의 意蘭 역시 스리랑카를 가리킨다.

만 한 것은 밤에 빛을 내는 듯하다. 가운데가 비어 부서지기 쉬운 것은 유리주라고 부르는데 바다 진주 중에 하품에 속한다.

산호섬 밑에는 산호가 많다. 바다 속에 있을 때는 녹색이고 말랑하던 것이 물 밖으로 나오면 딱딱해진다. 붉은 색, 흑색, 백색의 세 종류가 있는데 붉은 것이 단단하여 밀도가 높고. 흑색과 백색은 성글고 쉬이 부서진다.

파라니아波羅尼亞[358]에는 호박이 많은데 금박金珀이라 부르는 것과 수박水珀이라 부르는 것이 있다. 밤송이만큼 커다란 보석은 홍말갈紅靺鞨[359]이라 부른다.

금강석은 맹금류의 배설물에서 나오는데, 이것으로 조각하면 아무리 단단한 것이라도 뚫지 못하는 것이 없다.

오색 아골석鴉鶻石[360]이라는 것도 있다.

유리(玻璃)는 옛날에 색유리(琉璃)라 칭하던 것으로, 대진국大秦國에서 나는 적색·백색·흑색·황색·청색·녹색·감색·옥색·홍색·자주색 등 열 가지의 색유리가 그것이다. 천 년 동안 쌓인 얼음으로 만든다고도 하고 천연의 재와 돌로 만든다고도 하지만, 대개는 약으로 구워 만든다. 반니潘尼[361]가 "엉긴 서리도 그 깨끗함에 비할 수 없고, 맑은 물

---

358) 波羅尼亞는 포르투갈어 Polónia의 음역으로, 폴란드를 뜻한다.

359) 紅靺鞨은 원래 말갈에서 생산되는 붉은 보석을 가리킨다. 《舊唐書·肅宗紀》에 다음과 같은 기록이 있다. "상원2년 임자일에 초주자사 최선이 나라를 안정시키는 보석 13개를 바쳤다.…그중 일곱 번째는 홍말갈이라고 하는데, 큰 밤 크기에 앵두처럼 붉은 빛이었다.(上元二年壬子, 楚州刺史崔侁獻定國寶玉十三枚…七曰紅靺鞨, 大如巨栗, 赤如櫻桃.)"

360) 鴉鶻石은 고대에 장식용으로 사용한 파란색 보석을 가리킨다.

361) 潘泥(250?-311?)는 자가 正叔으로 滎陽 中牟 사람이다. 西晉의 문학가로 숙부

도 그 맑음에 견줄 수 없다."라고 한 것은 바로 유리를 두고 한 말이다.

마노瑪瑙는 속에 측백나무 가지와 오색의 실 모양이 있는 것을 상등품으로 치며 흰 것을 하등으로 친다.

수정은 흰색이다. 옛날 대식국大食國[362] 사람들은 이 서양 수정으로 집의 기둥을 삼았다.

가석륜咖石崙[363]은 갈색이며 별처럼 반짝인다. 처음엔 이 보석을 숭상하며 서로 자랑하였으나 근자에는 사는 사람이 드물다.

흡독석吸毒石[364]은 서쪽 바다 섬에서 나는데, 독사의 머릿속에 들어 있는 돌로서 크기는 납작콩만 하며 독을 치료할 수 있다.

부싯돌은 홍모의 것이 가장 좋다.

이밖에 밀랍蜜蠟·대모玳瑁·법랑法瑯이 있고 또 귀통龜筒[365]·묘정貓睛·학정鶴頂[366]·기린갈騏驎竭[367] 등이 있다.

인 潘岳과 더불어 兩潘으로 이름을 날렸다.

362) 大食國은 唐나라 이후 중국 역사서에서 아랍제국을 일컫는 말로, 페르시아어 Tazi나 Taziks의 음역이다.

363) 咖石崙은 石英의 일종이다.

364) 吸毒石은 독을 빨아들인다는 신비한 돌로, 清 郝玉麟의《廣東通志》〈輿地略12〉에도 서양 섬에 있는 독사 뇌 속의 돌로, 모든 고름독을 빨아들이는 효능이 있는 것으로 기록하고 있으며 기둥만 한 크기의 뱀의 뿔에서 취했다는 설도 있다. 서양에서는 슬랑헨스테인(slangensteen), 일명 snake stone으로 부르던 것으로, 베조아처럼 독을 치유하는 효능이 뛰어난 것으로 알려졌다. 조선의 김순협이 1729년 연경의 성당을 방문해 쾨글러(戴進賢)신부로부터 흡독석을 받았다는 기록이 있고, 홍대용도 1765년 연경을 다녀오며 흡독석 두 개를 서양인에게서 선물로 받았다는 기록이 있다.

365) 龜筒은 龜板, 龜甲이라고도 하며 거북이, 또는 남생이의 배딱지로, 암황색 반점이 있다. 말려서 약재나 장식으로 쓴다.

366) 鶴頂은 鶴頂鳥의 두개골로 장식에 쓰인다. 馬歡의《瀛涯勝覽》〈舊港〉條에서

훼복卉服[368]은 베로 만들고 조복鳥服[369]은 융絨이나 두터운 비단[370], 얇은 비단[371]으로 만든다. 베는 홍색·백색·남색·꽃무늬·금실 자수·바둑판 무늬·줄무늬 등이 있다. 고운 것을 유幼라 한다. 넓은 것은 너비가 4척이나 되어, 이불·요·장막, 그리고 크고 작은 만천漫天을 만든다. 만천이란 천막을 말하며, 큰 것은 세로가 몇 장丈, 가로가 한 장 남짓이나 되는데 모두 한 폭으로 되어있다.

융은 붉은 것을 상급으로 치며 황색·남색·흑색, 그리고 남색 바탕에 자주색 꽃이 있는 것도 있는데, 천아융天鵝絨[372]과 거친 모직품(大呢), 고운 모직품(小呢)을 만든다. 비단은 금사·은사·금은사로 만든 것이 있는데 모두 금은에서 실을 뽑아 명주실을 섞어 짠다.

금화단金花緞이 있다. 우단羽緞은 겨울에 입는다. 우사羽紗는 봄가을

"학정조는 크기가 오리만 하며 털은 까만색이고 목은 길고 입은 뾰족하다. 두개골은 두께가 1촌 남짓인데 겉은 붉고 속은 黃蠟처럼 예쁘며 아주 사랑스럽다. 이를 학정이라 하는데 허리에 차는 칼이나 칼집 혹은 찌르는 물건을 만들 수 있다.(鶴頂鳥大如鴨, 毛黑, 頸長, 嘴尖. 其腦蓋骨厚寸餘, 外紅, 裡如黃蠟之嬌, 甚可愛, 謂之鶴頂, 堪作腰刀·靶鞘·捎機之類.)"라고 하였다.

367) 騏驎竭은 麒麟竭 혹은 血竭이라고도 부르는 덩굴성 식물로 그 열매에서 붉은 樹脂가 나오는데 지혈제 등 약재로 쓰인다.

368) 풀이나 칡덩굴 등의 재료로 만든 옷이다.

369) 짐승의 털이나 새 깃털으로 만든 의복을 가리킨다.

370) 원문은 緞인데, 嘉慶本에서 緞을 모두 緞로 쓰고 있다. 金花緞·羽緞·嗶吱緞 등도 마찬가지이다.

371) 원문은 紗인데, 生絲로 성기게 짠 옷감을 가리키며 얇고 가벼워서 여름 옷감으로 많이 쓰인다.

372) 원래 고니의 가는 깃을 잘라 거기에 실을 엮어 만든 옷감을 가리켰다. 일반적으로는 비단이나 모직을 섬세하게 짜고 염색한 것으로 표면에 짧고 고운 털이 촘촘히 심어져 무늬가 생긴 옷감을 말한다.

에 입으며, 여러 가지 색이 갖추어져 있고 비를 막을 수 있다.

당나라 안락공주安樂公主[373]가 상방尙方[374]에 시켜 온갖 새털을 모아 치마를 만들게 했는데, 앞에서 볼 때와 옆에서 볼 때 각기 색이 달랐고 햇빛에서 볼 때와 응달에서 볼 때 각기 색이 달랐으며, 온갖 새들의 형상이 다 나타났다고 한다. 제齊나라 문혜태자文惠太子[375]는 공작 깃털을 짜 갖옷을 만들었는데, 그 화려함이 비할 바 없었다.

만랄가에서 쇄복瑣袱[376]이라 부르는 것은 새의 솜털로 만드는데, 무늬는 환기紈綺 비단과 같다.

필지단嗶吱緞이라는 것이 있는데, 역시 온갖 색을 갖추고 있다. 《광동신어廣東新語》에서 서북쪽에는 짐승 털옷이 많고 동남쪽에는 새털옷이 많다고 하였다. 《이물지異物志》[377]에서 말하기를, 대진국에서는 야생 누에고치의 실을 짐승의 오색 털과 섞어 모직 양탄자를 짜는데 조수·인물·초목·구름 등의 형상이 기이하고 다채롭다고 하였다. 또 《명일통지明一統志》에서 말하기를, 쇄리국의 살합랄포撒哈剌布[378]는 양털로 짜는데, 모직 양탄자처럼 보송보송하고 붉은색과 녹색의 두 가지

373) 安樂公主(684-710)는 당나라 中宗의 딸이다.

374) 尙方은 帝王이 사용하는 기물을 만드는 관서명으로 秦代부터 있었다.

375) 文惠太子(458-493)는 南齊 때 蕭長懋를 말한다.

376) 瑣袱은 鎖袱 혹은 梭服이라고도 하며 일종의 모직물이다. 陳誠의 《西域番國志》〈哈烈〉條에서 "옷감 중 쇄복이라는 것이 있는데 고운 비단 같지만 실제로는 양털로 짠다.(布帛中有名鎖伏者, 一如紈綺, 實以羊毛織成.)"라고 하였다.

377) 《異物志》로 명명된 저서는 漢代 이래 약 22종이 있는데 여기서는 당나라 沈如筠이 지은 것을 말하는 듯하다. 《新唐書》〈藝文志〉에는 3권으로 기록하고 있는데 현재는 전하지 않으나 小說類에 속해 있는 것으로 보아 특이한 일들을 기록한 것으로 추정된다.

378) 撒哈剌布에서 撒哈剌은 말레이어 sakhlat의 음역으로 넓은 폭의 양탄자를 가리킨다.

가 있다고 하였다. 그런즉, 서남쪽 역시 짐승 털옷을 높이 쳤으며 직물로 만들기도 하였음을 알 수 있다. 지금 하란에는 커다란 양탄자가 있고, 서양에는 커다란 꽃무늬를 넣은 융단 양탄자가 있다. 오늘날 양탄자(氈)를 옛날에는 계罽라고 불렀다.

또 화완포火浣布[379]라는 것이 있는데 지금은 거의 팔지 않는다.

왕후래汪後來의 시 〈화완포火浣布〉

초나라 사람[380]의 횃불 하나에 아방궁 사라졌으나　楚人一炬失秦宮
남방 오랑캐에겐 미치지 않아 옷감 짜는 솜씨 남았네　不及蠻夷剩女紅
바다 섬 다 뒤지며 화서[381]를 귀히 여기고　海島窮搜憐火鼠
뱃길로 공물을 바치느라 꿩[382]을 다투네　梯航入貢鬪華蟲
옥을 시험하다[383] 차가운 재만 남는다 해도　將同試玉殘灰冷
어찌 치장한 옷에 티끌 묻는 것 꺼릴까　何憚章身外垢蒙

379) 火浣布는 불에 견딜 수 있는 石棉布의 일종으로, 火鼠의 털로 지은 옷감이라 전한다.

380) 초나라 사람은 바로 아방궁을 불태운 項羽를 말한다.

381) 《神異經》에 의하면, 화서는 남해 끝 火山에 산다는 전설상의 기이한 쥐다. 불 속에 살며 무게는 백 근, 털은 2척 남짓이다. 그 털로 짠 옷감은 더러워져도 불로 태우면 다시 깨끗해지는데 이를 화완포라 한다. 晉나라 崔豹의 《古今注》에 "화서는 불에 들어가도 타지 않는다. 털 길이가 1촌 남짓인데 이것으로 천을 만들 수 있으니, 이른바 화완포라는 것이 바로 그것이다.(火鼠入火不焚. 毛長寸許, 可爲布, 所謂火浣布者是也.)"라고 하였다.

382) 원문은 華蟲인데 붉은 몸을 한 장끼를 가리킨다. 옛날 冕服에는 붉은 꿩을 수놓았다.

383) 白居易의 〈放言五首幷序〉에 "옥을 시험하려면 3일을 태워봐야 하고 재목을 가리려면 7년을 기다려야 한다(試玉要燒三日滿, 辨材須待七年期)"라는 말이 있다.

우스워라, 옷 빠는 여인의 소식 아득히 멀어지고　　却笑浣沙消息渺
축융[384]이 대신 기이한 공을 세우는구나　　祝融方代建奇功

향의 품목 중에는 용연龍涎[385]이 최고로 비싸서 한 냥에 십만 금 이상은 나가고, 그 다음가는 것도 오륙만 금은 나간다. 대식국에서 나는 것을 상급으로 친다. 서양에서는 백서아해伯西兒海[386]에서 나는데, 태우면 푸른 연기가 공중에 뜬 채 흩어지지 않기 때문에 좌중이 가위로 연기를 자를 수도 있다.

용뇌龍腦와 매화편뇌梅花片腦[387]는 모두 수액樹液이 응결되어 만들어진 것이다.

파이수마향巴爾酥痲香이라는 것이 있는데 곧 안식향安息香[388]이다.

---

384) 祝融은 전설 속의 古帝로, 火神으로 받들어진다. 옷 빠는 여인이 아니라 축융이 공을 세운다는 것은 화완포는 물에 빨 필요가 없이 불에 태우면 더러움이 없어지기 때문에 그렇게 말한 것이다.

385) 龍涎은 阿抹香 혹은 俺八兒香이라고도 하는데, 아랍어 ambar의 음역이다. 용연향은 향유고래의 장과 소화기관에서 만들어지는 일종의 분비물로, 오래 가는 향기를 지니고 있어 귀한 향료로 취급되었다.

386) 伯西兒海는 페르시아해를 가리킨다.

387) 龍腦는 용뇌향을 말하며 용뇌수의 나무줄기를 쪼개면 나오는 백색의 결정이다. 당나라 玄奘의 《大唐西域記》〈秣羅矩吒國〉에 "갈포라향 나무는 몸체는 소나무인데 잎이 다르며 꽃과 열매가 구별되고 처음 따면 습해서 향이 나지 않는다. 나무가 마른 후에 결을 따라 쪼개면 그 속에 향이 있는데 운모처럼 생겼고 눈처럼 하얗다. 이것이 용뇌향이라는 것이다(羯布羅香樹, 松身異葉, 花果斯別, 初采旣濕, 尙未有香. 木乾之後, 循理而析, 其中有香, 狀若雲母, 色如冰雪, 此所謂龍腦香也)"라고 하였다. 그 결정의 모양에 따라 梅花片腦·氷片이라고도 한다.

388) 安息香은 안식향나무, 백화수의 수지로 만드는데 맛은 맵고 쓰며 향기가 짙어 나쁜 기운을 쫓고 유행병을 예방하는 효과가 있다. 방향제·방부제·소독제로 사용하며 安息國·龜茲國·漕國·아라비아반도 등에서 난다. 巴爾酥痲는

가남향伽楠香[389]은 쪼개보면 향이 매우 옅지만 오래도록 사라지지 않는다.

그 밖에 단향檀香·강향降香·속향速香·유향乳香·의향衣香[390] 등, 종류가 매우 다양하다.

주석이 있는데, 단단하고도 희어 그릇을 만들면 은처럼 보이고 오래도록 변색되지 않는다.

납은 내지에서 사서 그쪽으로 가져가는데, 납 백 근 당 은 십여 냥을 추출한 다음 [그 은을] 다시 내지로 싣고 와서 판다.

금 역시 내지에서 가져오지만, 금도금·상감세공·칠보·금은세공을 한 것들 모두가 매우 정교하다.

은으로는 모두 동전을 주조한다. 은전에는 여러 등급이 있는데 큰 것은 마전馬錢[391]이라 하며 해마가 새겨져 있다. 그 다음 것은 화변전

---

balsam의 음역이다.

389) 말레이어 Kelambak의 음역으로, 迦蘭香 또는 奇楠香이라고도 하며 沈香을 말한다. 침향은 열대지방에서 자라는 아퀼라리아(Aquilaria)의 수지로 재질이 무거워 물에 가라앉고 향기가 짙으며 기를 내리고 신장을 따뜻하게 하는 효능이 있다.

390) 檀香은 단향목 심부에서 채취한 것으로 색에 따라 백단·황단·자단 등이 있으며 열을 내리고 복통을 다스리는 효능이 있다. 降香은 降眞香이라고도 하며 강향단나무의 줄기와 뿌리에서 채취한 것으로 나쁜 기운을 다스린다고 한다. 速香은 黃熟香이라고도 하며 침향나무의 뿌리로 만든 것으로, 물에 가라앉는 沉香, 반만 가라앉는 棧香에 비해, 가볍고 비어 있는 것을 일컫는다. 乳香은 유향나무 수지로 우윳빛 결정체이며 쓴 맛을 지닌다. 풍수와 독종을 치료하며 나쁜 기운을 없애고 설사를 다스린다. 衣香은 여러 향제를 섞은 것으로, 방향·항균의 작용을 한다.

391) 馬錢은 당시 네델란드 화폐 휠던(gulden)을 가리키는 것으로, 한쪽 면에 기마상이 새겨져 있었다.

花邊錢[392]이라 하며 그 다음 것은 십자전十字錢[393]이다. 화변전에는 또 대·중·소의 세 등급이 있다. 큰 것은 7전 남짓, 가운데 것은 3전 남짓, 작은 것은 1전 남짓 나간다. 어떤 이는 말하길, 중국에서 전이 통용되듯 여송[394]에서는 은이 통용되었기에 다른 여러 나라에까지 보급되었다고 한다. 하지만 《명사》에 기재된 바를 보면 서양 홀로모사에서는 은전을 사용해 교역하고, 패남국貝喃國[395]에서는 파남巴南[396]이라는 이름의 작은 금전을 사용한다고 하니, [금과 은이] 일찌감치 동서양에서 두루 사용되었음을 알 수 있다. 다만 위조하기 쉬웠으며 십자전이 특히 심했다. 구리는 정해진 때 없이 가지고 왔다. 장삿배들은 대부분 유황을 실어서 배를 안정시키는 용도로 사용하였는데, 거래는 엄격하게 금지하였다.

양홍洋紅과 양청洋靑[397]이 있다. 양홍이 특히 비싸서 백은白銀 1금으로 1냥을 바꾼다.【4냥이 1금이다】 색이 특히 곱고 아름다우며 오래가서 해마다 황실 창고에 바친다.

칠漆이 있는데, 그릇을 장식할 수 있다.

---

392) 花邊錢은 스페인 화폐 레알 데 아 오초(real-de-a-ocho)를 가리킨다.

393) 十字錢은 포르투갈 화폐 크루자도(cruzado)를 가리킨다. 한쪽 면에 십자가가 새겨져 있다. 본래 금화로 주조되었으나 17세기부터 19세기까지는 은화로 바뀌었다.

394) 여기서 여송은 스페인을 가리키며, 당시 동아시아를 포함한 국제무역에서 스페인 은화가 기축 통화로 널리 통용되었다.

395) 인도 오디샤(Odisha)주의 동해안에 위치한 베르함푸르(Berhampur)를 가리킨다. 브라흐마푸르(Brahmapur)라고도 한다.

396) 巴南은 돈을 뜻하는 타밀어 panam에서 온 것이다.

397) 모두 서양에서 수입한 염료이다.

화칠火漆[398]이란 것이 있는데, 손가락같이 둥글고 길다. 【옹정 3년(1725) 대서양에서 화칠 여덟 포를 바쳤다】 그것으로 도장을 찍고 봉한다.

기기器機로는 천문관측기구·병기·악기가 있다.

삼파사에는 시간이 표시된 둥근 판을 시간을 알리는 장치인 정시대定時臺 앞에 걸어놓았는데, 몇 시각이 되어 종이 울리면 두꺼비가 움직여 방향을 가리킨다.

자명종에는 몇 가지 종류가 있다. 탁상시계와 괘종시계가 있고, 가장 작은 것은 은괴처럼 둥글게 생겼다. 모두가 시간에 맞춰 소리를 낸다. 자시의 끝 [오전 1시]에 한 번 울리고, 오시의 시작 [정오 12시]에 열두 번 울리고, 다시 오시의 끝 [오후 1시]에 한 번 울리고, 자시의 시작 [자정 12시]에 열두 번 울린다. 울릴 때 8음을 한꺼번에 연주하는 것을 음악시계라 한다. 시계가 달린 끈을 당겨서 시간을 알아보는데, 이것을 일러 회중시계라고 하며 작은 시계에 속한다. 자동시계·구리로 만든 크고 작은 해시계·달시계 및 혼천의 등을 통해서도 시간을 알 수 있다.

또 거위알처럼 생긴 것이 있는데 그 속에 모래를 채워 넣고 거꾸로 뒤집어 새어나가게 함으로써 시간을 재는데, 아란사루鵝卵沙漏[399]라고 부른다.

대포에 관한 사항은 포대 부분에 모두 나와 있다.

---

398) 송진·파라핀·안료 등으로 만들어 가열하여 녹이는 점성 물질로, 편지·포장물·병 등을 봉하여 붙이는 데에 사용한다. 封蠟(seal wax)이라고도 한다.

399) 모래시계를 가리킨다.

조총鳥銃은 장총·권총·자동 화승총이 있다.[400] 작은 것은 옷자락 속에 숨겼다가 지척 거리에서 순식간에 쏠 수 있다. 모두 정밀한 쇠로 만든 부품을 조합하여 만드는데, 분해하면 20여 개 부분이 되고 합하면 암수 부품이 서로 부드럽게 맞물린다. 바깥쪽은 쇠고리 대여섯 개로 감싸고 있다. 둘레는 4촌, 길이는 6-7촌이다. 콩만 한 작은 돌을 총부리에 끼우고 몸통 바깥의 쇠 방아쇠를 건드리면 불꽃이 튀면서 총이 발사된다. 총에는 반드시 메는 끈이 있는데 가죽으로 만들며 간혹 수놓은 것도 있다. 띠 하나를 차면 작은 총 20정을 꽂을 수 있는데, 이것들을 기총機銃이라고 하며 일명 [만나서 웃는 가운데 쏜다는 뜻의] 적면소覿面笑라고도 한다.

구회서區懷瑞[401] 〈**기총명**機銃銘〉

지척의 작은 기계가	有械咫尺
섬나라 배에서 나왔는데	出自島船
총의 틀을 갖추었으나	具銃之型
불꽃 연기는 미약하네	燄烟小弱
자질구레한 부속들은	支緖瑣陳
쇠를 제련해 만들었고	煉鋼而作

400) 장총은 15세기부터 17세기까지 사용한 전장식 화승총인 아퀴버스(arquebus)를 가리킨다. 권총은 머스킷(musket) 가운데 총신이 짧은 것을 가리킨다. 자동화승총도 부싯돌로 점화하는 화승총을 가리킨다.

401) 區懷瑞는 명대 廣東 高明縣 사람으로 字는 啓圖이며 當陽縣 知縣, 直隸平山 슈 등을 지냈다. 지현 시절, 義倉을 설치하고 교육사업을 진작시키는 등 선정을 베풀었으며 《趨庭稿》·《游燕草》 등을 지었다.

바퀴살은 구불구불	輻輳委蛇
속은 풀무처럼 비어있네	洞空橐籥
마디는 짧아도 기세는 오래가서	節短勢長
나사 모양의 쇠줄이 줄었다 펴졌다 하고	旋螺屈蠖
물고기 뼈402)처럼 나뉜 경계는	魚乙畛分
개 이빨처럼 들쑥날쑥하네	犬牙鏽錯
장치가 딱 맞물려	關鍵相須
금석이 튀어오르면	石金噴薄
자연스럽게 하나가 되어	渾合自然
태우지 않아도 불꽃이 튀네	不焚而灼
쏘아 맞혀 꺾고 부수는 모습	激射摧殘
마치 가지고 노는 듯하구나	等於戲謔
갑자기 몇 길 높이로 치고 올라도	迅擊尋丈
조금의 오차가 없으니	不爽錙銖
둔중한 기기에서 환골탈태한 것이	蛻胎重器
정교하고 민첩하기가 이와 같구나	巧捷于玆
부딪혀 실 같은 섬광이 튀면	觸光毫末
창끝과 살촉은 무시무시하나니	鋒鏑爲威
변고란 본디 잠자리에서 생기는 법403)	變生袵席
익숙해지면 알지 못하기 때문이라네	狃而不知
분명히 믿을 것은 이 몸뿐이고	明信在躬
입어야 할 것은 성철404) 뿐이니	聖鐵是衣

402) 魚乙은 물고기 눈 옆으로 튀어나온 뼈를 가리킨다.

403) 《莊子》〈達生〉에 나오는 "사람이 두려워해야 할 것은 잠자리와 음식을 먹는 때이니, 이를 경계할 줄 모르면 그르치게 된다.(人之所取畏者, 袵席之上, 飮食之間. 而不知爲之戒者, 過也.)"라는 공자의 말에서 유래했다.

404) 聖鐵은 辟珠라고도 하며 사람의 두개골, 또는 椰子나 檳榔 열매속의 딱딱한

군자는 이를 경계하여　君子警斯
작은 것에 당하지 말라　毋中于微

은꽃을 상감해 넣은 총기도 있다.

칼은 좁고 긴 것이 어장검魚腸劍[405])처럼 생겼고 띠처럼 감아 구부릴 수 있는 것도 있다. 《검협전劍俠傳》[406])을 보면, 충악种諤[407])이 검 한 자루를 가지고 있는데 구부려 상자 속에 넣을 수 있으며 꺼내면 다시 곧게 펴진다는 기록이 있다. 장경양張景陽의 〈칠명七命〉[408])에서 검을 논하며 "영험한 보검이라면 자유자재로 폈다 구부렸다 할 수 있다."라고 하였는데, 이른바 요지繞指·울도鬱刀[409])라는 것이 바로 이것이다. 칼의 손잡이는 두 층으로 되어 있어 한쪽에는 나침반을 놓고 또 한쪽에

부분을 말한다. 몸에 차고 다니면 兵器가 뚫고 들어오지 못한다고 믿어 호신용으로 썼다.

405) 魚腸劍은 《史記》〈刺客列傳〉에서 춘추시기 吳의 專諸가 王僚를 암살할 때 물고기 뱃속에 숨겼다고 하는 보검의 이름이다.

406) 《劍俠傳》 4권은 唐宋 시기에 전하던 劍俠 소설 33편을 집록한 소설집이다. 명대 王世貞의 작으로 알려져 있다.

407) 种諤(1027-1083)은 北宋 시대 명장 种世衡의 아들로, 西夏와의 싸움에서 공을 세웠고 延州 知州를 지냈다. 본문에 있는 种諤의 이야기는 《劍俠傳》에는 보이지 않고, 沈括의 《夢溪筆談》과 王士禛의 《池北偶談》에 유사한 이야기가 전한다.

408) 張景陽은 張協(?-307)으로 西晉의 문학가이다. 河北省 安平 사람으로 中書侍郎·河間內史 등을 지냈으며 형 張載, 아우 張亢과 더불어 문학으로 이름이 나 '三張'으로 칭해졌다. 〈七命〉은 그의 작품이다.

409) 繞指는 백번 제련해 낸 쇠로 만든 칼로, 손가락에 감을 수 있을 정도로 탄력이 뛰어난 칼을 말한다. 鬱刀는 雲南 일대에 있었던 고대 南詔國에서 만든 칼이다. 만들 때 독약·벌레·물고기 등을 더하고 백마의 피로 담금질하며 수십 년 지나야 사용할 수 있는데, 예리해서 살에 닿기만 해도 죽는다고 한다.

는 망원경을 놓는다.

장검과 단검이 있다.

손잡이가 은으로 된 무기도 있다.

음식을 썰 때 쓰는 소도小刀는 종이처럼 가볍고 얇으며, 금·진주·산호·호박으로 손잡이를 장식하였다.

삼파사 건물에는 풍금이 있는데 가죽으로 짠 궤 속에 들어 있다. [그 안에] 백여 개의 관管이 수직으로 배열되어 있는데, 늘어뜨린 비단 줄이 나란히 연결되어 있는 것 같다. 밖에서 자루를 눌러 바람을 약간 불어넣으면 우웅 하는 소리가 궤 속에서 울리면서 8음이 한데 어우러지는데, 성가 부를 때 반주하면 매우 듣기 좋다.

양적梁迪410)의 시 〈서양풍금西洋風琴〉

서양풍금은 봉황 생황 같아　西洋風琴似鳳笙
양 날개 들쭉날쭉한 것이 봉황 모양일세　兩翼參差作鳳形
파란 동관으로 편죽을 대신하고　靑金鑄筒當編竹
길고 짧고 크고 작은 것이 서로 이어져 있네　短長大小遞相承
박匏 대신 나무 쓰고 가죽으로 자루 만들어　以木代匏囊用革
한번 올렸다 눌렀다 하니 금세 바람이 일어나네　一提一壓風旋生
바람 일어 조각을 건드리니 온갖 구멍이 소리 내고　風生簧動衆竅發
상아 조각으로 긁고 두드리니 굉음이 울리네　牙籤戞擊音砰訇
삼파사 위층에서 연주하면　奏之三巴層樓上
그 소리 십리 안팎에 다 들리네　十里內外咸聞聲

410) 淸代 廣東 新會 사람으로 字는 道始이며, 康熙 48년에 진사가 되었고 山西平陸·屯留知縣 등을 지냈다. 《茂山堂集》이 전한다.

그 소리는 현악기도 나무 악기도 아닌 바로 금석의 소리 聲非絲桐乃金石
작게 시작해 웅장해지더니 이내 하늘을 가득 채우네 入微出壯盈太淸
섬의 오랑캐들 좋은 재주 많다더니 傳聞島夷多工巧
풍금 만든 것도 그 증거일세 風琴之作亦其徵
내 벗은 오늘날의 유장[411] 我友今世之儒將
변방을 순찰하러 오문에 왔는데 巡邊昨向澳門行
추장이 환영하며 이 음악 연주하니 酋長歡迎奏此樂
악사는 금세 흉내 내느라 정신이 없네 師旋倣作神專精
악기 만들어지면 오문 오랑캐보다 훨씬 뛰어나리니 器成更出澳蠻上
촉박한 음정을 온화하게 만들 수 있으리라 能令焦殺歸和平
구령과 진루[412]는 점차 자질구레해지지만 緱嶺秦樓漸細碎
난새와 봉황만은 큰 울음으로 어우러지기 좋아하네 鸞鳳偏喜交洪鳴
수컷은 황종음, 암놈은 중려음 雄中黃鐘雌仲呂
그 드넓은 소리는 함영[413]에 견주어도 될 듯 洋洋直欲齊咸韺
나중에 천자께 바쳐 악부에 들어가게 되면 他日朝天進樂府
틀림없이 신령한 새가 조정에 날아들 것이네 定有神鳥來儀庭

동현금銅絃琴은 대나무를 깎아 만든 것으로 두드리면 쟁쟁 맑은 소리가 나는데, 제루鞮鞻[414]에는 없는 것으로 두리兜離[415]의 일종이라고

411) 儒將은 문인의 풍모가 있는 장수를 의미한다. 여기에서는 시의 작자 梁迪의 친구인 副將 郎亦傅를 가리킨다. 章文欽, 〈淸代澳門詩中關於天主教的描述〉 참고.

412) 緱嶺은 緱氏山으로 도를 닦아 신선이 된다는 곳이며, 秦樓는 秦 穆公의 딸 弄玉이 퉁소를 부는 簫史와 봉황을 타고 신선이 되어 날아갔다는 전설이 있는 곳이다.

413) 堯임금의 음악 〈咸池〉와 帝嚳의 음악 〈六英〉을 병칭한 말로, 상고시대의 아름다운 음악을 뜻한다.

생각할 수 있다.

은루사銀壘絲416)로 병이나 병의 꽃나무 장식을 만든다. 네 개의 바퀴가 있는 배를 만들고, 꽃 접시를 만들어 산호와 수정을 박아넣기도 한다. 또 상자와 염주를 만든다.

꽃이 새겨진 철제 상자와 베개용 향주머니가 있다.

흑단黑檀에 푸른 돌·누런 돌·무늬 있는 돌을 상감하여 만든 탁자도 있다.

색색의 염주와 색색의 코담배병(鼻烟壺)이 있다.

유리로는 병풍·등·거울을 만든다.

승려 금종의 시 〈유리거울玻璃鏡〉

누가 칠보 달을 가져다	誰將七寶月
부수어 유리를 만들었나	擊碎作玻璃
능화경417)보다 훨씬 나으니	絶勝菱花鏡
바다 서쪽에서 온 것이라	來從洋以西
돌로 주조한들 어찌 이만 하랴	鑄石那能似

414) 鞮鞻는 周나라 때부터 있던 관직명으로, 사방 이민족의 음악을 관장하는 樂官을 말한다. 이민족의 음악을 가리키기도 한다.

415) 兜離는 중국 고대 四夷의 음악을 일컬으며 나아가 전아하지 못한, 알아들을 수 없는 음악을 말한다.

416) 壘絲는 중국 고대 공예 기법 중의 하나로, 일명 花作 또는 花紋이라고도 불린다. 금속 공예에서 가장 정교한 것으로, 금은을 잡아당겨 실로 만든 다음 땋거나 하여 여러 가지 그물 모양의 조직을 만들고 기물 위에 용접하여 붙여 완성한다.

417) 菱花鏡은 뒤에 능화가 새겨진 거울을 가리킨다. 거울이 햇빛을 받으면 빛을 발하는 것이 능화 같다고 하여 거울 뒤에 이 꽃을 많이 새겼다고 한다.

유리는 천연의 것이라네　　玻瓈出自然
빛은 가을 물그림자를 머금은 듯하니　　光含秋水影
조그마한 거울이지만 하늘과도 같구나　　尺寸亦空天

전신을 비추는 큰 거울도 있다.

천인경千人鏡[418]이라는 것도 있는데 걸어놓으면 모든 물건이 그 속에 다 보인다.

다보경多寶鏡은 여러 개의 작은 거울을 합해 만든 것으로, 멀리서 한 사람을 비추면 거울 속에서 천 명이 된다.

천리경千里鏡[419]은 수십 리 밖을 내다볼 수 있다.

현미경이 있는데, 꽃술 속의 노래기가 새끼 서넛을 등에 진 모습까지 볼 수 있고, 파리나 이가 털이 까맣고 길이는 1촌 남짓인 것까지 자세히 볼 수 있다.

화자경火字鏡[420]이 있다.

조자경照字鏡[421]도 있는데, 받침대에 걸어놓고 비춰본다.

안경이 있다. 서양 아이들은 태어나 열 살이 되면 안경을 써서 눈을 보호하는데, 명나라 말에 중국에 전해졌다.

418) 각을 이루어 결합된 거울 조각과 색유리 조각이 다양한 무늬를 보여주는 만화경의 일종을 가리키는 것으로 보인다. 아래의 다보경 또한 비슷한 것으로 추측된다.
419) 千里鏡은 망원경을 가리킨다.
420) 오목거울을 가리키는 것으로 보인다.
421) 돋보기를 가리킨다.

이불李紱[422]의 시 〈안경〉

서역에서 전해진 기이한 물건 西域傳奇製
흐릿한 눈이 잠시 맑아졌네 昏眸得暫淸
이것이 생긴 이래로 세상이 환해지고 自他而有耀
보이지 않던 것 밝아졌으니 相隱以爲明
한가한 날에 시흥을 읊고 暇日吟詩興
노년에 《주역》을 배우겠네 衰年學易情
그대여, 수고스럽지만 나의 눈 계속 비쳐주오 煩君繼吾照
여생 동안 감히 저버리지 않으리니 未敢負餘生

또 주전자·술잔·바둑판·바둑돌 등이 있다.

초는 밀랍을 녹여 만들며, 큰 것은 십여 근이나 나간다.

또 젓가락같이 가늘게 생긴 초도 있는데, 무명실로 심지를 만들어 꽈배기처럼 구불구불 감아두었다가 태우고 싶으면 잡아 길게 늘이고 끄고 싶으면 그대로 감아둔다. 작은 상자에 넣을 수 있으며, 밝으면서도 오래 간다.

아갈달阿噶達[423] 촛대가 있는데 이를 취요대聚耀臺라 부른다.

등나무 자리가 있고, 교문석茭文席[424]이 있다. [교문석은] 홑으로 된

422) 李紱(1675-1750)의 字는 巨來, 號는 穆堂으로 江西 臨川 사람이다. 청대의 정치가·이학가로, 康熙·雍正·乾隆시기에 걸쳐 翰林院編修·內閣學士·廣西巡撫·直隸總督·戶部侍郎·禮部侍郎 등을 지냈다. 《穆堂类稿》·《陸子學譜》·《陽明學錄》 등의 저서가 있다.

423) 阿噶達은 瑪瑙를 뜻하는 포르투갈어 ágata의 음역이다. 마노는 石英광물류로 녹색·붉은 색·황색·갈색·백색 등이 있으며 七寶 중 하나로 재앙을 예방하는 의미가 있어 관상용이나 장신구로 많이 쓰였다.

424) 茭文席은 바닷가에서 자라는 수초의 일종인 茭葦葉으로 짠 자리를 말한다. 屈大

것과 겹으로 된 것이 있는데, 홑으로 된 것이 아름답다.

종이 이불이라는 것은 한 장丈 남짓인데, 고치처럼 속이 비어 있어 추위를 막을 수 있다.

종이 중 상등품은 나무껍질로 만드는데 미인 피부처럼 얇아서 만지면 미끄러질 정도다. 다음 것은 또 닥나무를 찧어 만드는데 두텁고 하얗다. 가는 줄무늬 종이도 있는데 가운데에 서양인의 화상이 그려져 있고 표면은 명반으로 적셔져 있다. 큰 것은 번番으로 세고 작은 것은 엽葉으로 센다. 필기구는 나무로 만드는데 꼭 비녀처럼 생겼다.

또 번은필蕃銀筆이라는 [몸통이 은으로 된] 것도 있는데, 그것의 받침대는 갖은 보석으로 만든다.

승려 금종의 시 〈서양사람 곽 어르신[425]께서 산호 붓걸이 주신 것에 감사하며謝西洋郭丈惠珊瑚筆架〉

어느 해에 가라앉은 쇠줄인가　何年沉鐵網
바다 밑에서 가지가지 건졌네　海底得枝枝

均의 《廣東新語》〈器語〉에서는 "광동 지역에서는 서양의 교문석으로 만든 자리를 상등품으로 친다. 그 풀은 장삿배를 따라 들어오는데 오문 사람들도 이를 얻어 자리를 짤 수 있으나 모두 이중이고 홑겹이 아니다. 홑겹은 가늘고 반듯한 것이 사선 무늬 있는 것보다 나은데 오직 서양 사람들만이 짤 수 있다.(粤之席, 以西洋茭文者爲上. 其草隨舶而至, 澳人得之亦能織, 然皆複而不單. 單者作細方勝斜紋, 惟西洋國人能織)"라고 설명하고 있다.

425) 포르투갈 출신 예수회 선교사 이나시오 다 코스타(Inácio da Costa, 1603?~1666)를 가리키는 것으로 보인다. 중국이름이 郭納爵으로, 1662년에 《中國智慧(*Sapientia Sinica*)》를 출간하였는데, 공자에 대해 소개하고 《大學》 일부를 번역하여 실었다.

이것으로 고리를 만들어도 좋겠고	以此爲鈎好
거울을 걸어놓으면 특히 어울리겠네	偏於挂鏡宜
직접 여의[426]로 두드려서	親勞如意擊
다시금 옥대에 바쳤네	重向玉臺貽
나의 재주는 서릉[427]에 비해 한참 부끄러워	才愧徐陵甚
붓걸이 되기에 어려움 있다네	難爲筆架時

봉화백[428]을 나누어다가	分來烽火柏
그걸로 우선 붓걸이를 만드셨네	持作筆牀先
작은 걸이엔 얼룩무늬 붓을 걸면 좋으리니	小架宜斑管
비단 편지지 얻어다가 긴 편지를 써야지	長書得錦箋
매끈한 섬섬옥수에 쥐어지면	歸憑纖手潤
붉은 색 더욱 선명해지리라	益使大紅鮮
아직 아름다운 시문으로 보답 못하고	未有瓊瑤報
정성스레 짧은 글을 올리네	殷勤奏短篇

기물 가운데 규구規矩[429]라는 것이 있는데, 속에 검은 먹과 송곳이

426) 如意는 대나무나 옥 등으로 만든 등 긁개 혹은 감상용 기물을 가리킨다.

427) 徐陵(507-583)은 남조 陳나라의 문학가로 자는 孝穆이며 동해 郯縣(산동성 郯城) 사람이다. 시가집 《玉臺新詠》을 편찬했다. 그가 편찬한 시집이 《玉臺新詠》이기에 위 구절에서 옥대를 언급한 것이고, 서릉이 사용하던 붓걸이가 산호로 만들어졌다고 전하므로 이에 필가를 언급한 것이다.

428) 산호를 가리킨다. 屈大均은 그의 시 〈賦得山大丹花爲大司馬留村吳公壽〉의 주석에서 "산호는 물에 있을 때는 부드러우나 바람을 맞으면 딱딱해진다. 남월왕 조타는 일찍이 산호수를 일러 봉화백이라고 하였다.(珊瑚在水而柔, 見風則勁. 趙佗嘗稱珊瑚樹爲烽火柏.)"라고 하였다.

429) 規矩는 원을 그리는 그림쇠인 規와 네모를 그리는 곱자 矩를 가리킨다.

들어 있다. 그것을 작은 가죽 주머니에 담아 차고 다닐 수도 있다. 책을 장정하는 법은 송나라 판법과 같아서, 칠한 가죽으로 싸고 금은을 구부려 갈고리처럼 만들어 잡아맨다. 《곤여외기坤輿外紀》430)에 기재된 바에 따르면, 열이마니국熱爾馬尼國431) 사람들은 반지 속에 자명종을 넣을 수 있고, 2각刻 동안 40번 연속해 쏠 수 있는 대포가 있다고 한다. 《광원잡지曠園雜志》432)에서 서양인들이 가죽과 비단으로 나체 여인을 만들어 작은 상자 속에 감추어 두는데, 상자에서 빼어 공기를 불어 넣으면 갑자기 온몸이 통통해진다고 한다. [이것은] 《비신秘辛》433)에서 말한 이불 속에서 매끈한 목을 끌어안는다는 것과 같은 것으로, '출로미인出路美人'이라고 부르는데 은 1류流【8냥이 1류이다】면 한 구軀를 살 수 있다고 하니, 음란한 기교 가운데 특히 심한 것이다.

기예로는 역법보다 앞선 것이 없으니, 이것이 바로 오늘날 이른바 서법西法이라 부르는 것이다. 마테오 리치는 오문에서 여러 곳을 거쳐 팔민八閩434)으로 들어왔다가 금릉金陵에 이르렀는데, 혼천의渾天儀435)

---

430) 청나라 초에 중국에 온 벨기에의 전도사 페르비스트(Ferdinand Verbiest, 南懷仁)가 지은 책이다. 세계 각지의 奇聞을 기록했다.

431) 《坤輿外紀》에 熱爾馬尼亞國으로 되어 있으며, 독일을 뜻하는 포르투갈어 Germânia의 음역이다. 그러나 여기서는 스위스를 가리키는 것으로 보인다.

432) 淸나라 吳陳琰이 지은 것으로, 모두 2권이며 보고 들은 雜事들을 기록했다. 본문의 '出路美人'에 대한 서술은 《曠園雜志》 卷下의 〈西洋美人〉에서 기술한 내용을 인용하고 있는데, 거기서는 1流를 12兩이라고 했다.

433) 《雜事秘辛》을 가리킨다. 漢나라 때 책으로 작자 미상이나 명나라 楊愼의 위작으로 보기도 한다. 내용은 大將軍 梁商의 딸을 後漢 桓帝의 皇后로 입궁시키는 과정을 서술하고 있다. 미인에 대한 표현 때문에 언급한 것으로 보인다.

434) 복건성을 가리킨다. 송대에 이 지역에 福建路를 두고 福·建·泉·漳·汀·南劍

· 양천척量天尺[436] · 구고거중산법勾股擧重算法[437]을 선보였다. 유도留都[438]의 대성臺省에서 의논해 그의 무리인 판토하 등과 함께 도성으로 들여보냈으나 결국 등용되지 못하고 죽었다. 마테오 리치는 광동에 20여 년 살면서 중국의 언어와 문자에 능통했다. 자줏빛 수염에 푸른 눈, 얼굴은 복사꽃 같아서 쉰 살이 넘었어도 이삼십 대처럼 보였다. 사람을 만나면 예법에 따라 엎드려 절하였기에 사람들은 그와 즐겨 교류했다.

이일화李日華[439]의 시 〈마테오 리치에게 주다贈利瑪竇〉

구름바다에 아침 해 일렁이는데	雲海盪朝日
물결 타고 오색 노을에 몸 맡겼네	乘流信采霞
구만 리 서쪽에서 와	西來九萬用
동쪽에 뗏목 하나 띄웠네	東汎一孤槎
뜬 구름 같은 세상은 잠시 깃들어 사는 곳	浮世常如寄
으슥한 거처가 곧 집이라	幽棲即是家

의 6州와 邵武·興化 2軍으로 나누었으므로 8민이라 불렀다.

435) 渾天儀(armillary sphere)는 渾儀器 혹은 璇璣玉衡이라고도 불리는 천체 운행을 모방한 기구이다. 태양과 달, 그리고 수성·금성·화성·목성·토성의 위치를 측정하는 데 사용되었다.

436) 量天尺은 六分儀(sextant)를 가리킨다. 수평선 위에 있는 천체의 고도를 측정하는 도구로, 항해하는 사람이 이 도구를 이용해 정오에 태양의 고도를 측정함으로써 자신이 있는 위도를 알 수 있다.

437) 피타고라스 정리를 가리킨다.

438) 留都는 遷都 이전의 수도로 여기서는 金陵, 즉 南京을 말한다.

439) 李日華(1565-1635)는 명대의 서화가·문인으로, 字가 君实, 號가 竹懶·九疑이며 浙江 嘉興 사람이다. 太仆少卿을 지냈으며 산수·墨竹을 잘 그리는 것으로 유명했고, 《致堂集》 40권 등 풍부한 저작을 남겼다.

돌아갈 꿈 어찌 꿀 수 있으랴 那堪作歸夢
봄기운만 하늘 끝에 가득하구나 春色任天涯

그는 "하늘은 32중으로 되어 있고 땅의 사방은 공중에 걸려있으며 해는 지구보다 크고 지구는 달보다 크다. 지구의 최고점에는 구멍이 있고 해와 달의 운행 각도는 그 구멍에 맞추어져 있어서, 빛이 그림자에 가려져 일식, 월식이 일어난다. 오성의 고저가 일정치 않아 화성이 가장 위이고 수성이 가장 밑이며 금성·목성·토성은 그 가운데 들쭉날쭉 위치하고 있으므로, 운행하며 하늘을 도는 데에 빠르고 늦은 차이가 생긴다"라고 하면서 모두 그림을 작성해 학설을 주장했다. 만력 38년(1610) 11월 임인일壬寅日 초하루[440]에 일식이 일어났는데, 감관監官의 추산에 오류가 많아 조정에서 수정할 것을 의논했다. 이듬해, 오관정五官正[441] 주자우周子愚[442]가 말하길, "대서양 사람 판토하와 우르시스(Sabatino de Ursis, 熊三拔)[443] 등은 역법에 매우 밝으며, 그들이 지닌 책에 중국 서적이 미치지 못하는 점이 있으니 마땅히 번역해 내어 가려 쓰는 자료로 삼도록 해야 합니다. 한림원翰林院 검토檢討 서광계徐光啓,

440) 이날은 庚戌年 戊子月 壬寅日(1610. 11. 1.)이며 그레고리력으로 1610년 12월 15일이다.

441) 五官正은 천문 역법에 관한 일을 하는 欽天監 내의 관직으로, 오관정은 春官正·夏官正·秋官正·冬官正·中官正을 말한다.

442) 명나라 후기 흠천감의 監正으로, 서양인들을 추천하고 역법서를 번역해 참조할 것을 주장했다.

443) 사바티노 우르시스(Sabatino de Ursis, 熊三拔, 1575-1620)는 이탈리아 출신 예수회 선교사로, 1606년 중국에 와서 북경에서 활동하였다. 마테오 리치와 함께 欽天監에서 역법 수정 작업을 하다 1617년 南京教案으로 인해 澳門으로 추방되어 1620년 澳門에서 죽었다.

남경 공부원외랑工部員外郎 이지조李之藻[444] 역시 역법 원리에 정통하니 판토하 등과 함께 번역할 수 있을 것입니다."라고 하였는데, 그가 쓴 글은 올라갔으나 보류되었다. [만력] 41년(1613)에 이지조가 다시 이를 언급하였다.

숭정 2년(1629) 5월 기유일己酉日 초하루[445]에 일식이 있었다. 예부시랑 서광계가 서양 역법에 따라 예측하였는데 그 분수分數가 대통력大統曆이나 회회력回回曆에서 추산한 것과 달랐다. 서광계의 예측이 증험되자 나머지는 모두 세밀하지 못한 것으로 여겨졌다. 예부 시랑 옹정춘翁正春이 홍무 연간 초에 회회력과回回曆科[446]를 설치한 예를 모방해 판토하 등으로 하여금 함께 측량하고 검측하도록 했다. 이에 따라 수선서원首善書院에 역국曆局을 열고 서광계가 감독을 맡았다. 서광계는 이에 이지조, 서양인 롱고바르디(Nicolò Longobardi, 龍華民)[447]

444) 李之藻(1565-1630)는 字가 振之·我存이며 號가 涼庵居士로 浙江 仁和(杭州) 사람이다. 만력 26년 진사가 되고 太僕寺少卿을 지냈으며 1610년에 천주교에 입교했다. 《新法算學》·《天學初函》·《圜容較義》 등을 지었다.

445) 원문은 己酉일로 되어 있으나 일식이 있던 날은 乙酉일인 5월 1일 초하루였으며, 己酉는 乙酉의 오기로 보인다. 따라서 이날은 己巳年 庚午月 乙酉日(1629. 5. 1.)이며, 그레고리력으로 1629년 6월 21일이다.

446) 명대 欽天監의 四科 가운데 하나이다. 洪武 元年(1368)에 원나라 제도를 모방하여 南京에 司天監과 回回司天監을 설치하였다. 洪武 3년에 司天監을 欽天監으로 개칭하고, 天文·漏刻·大統曆·回回曆의 四科를 두었다. 回回曆科는 단독으로 回回曆書를 편찬하였고, 그 추산 결과는 大統曆의 부족한 부분을 보충하는 데 쓰였다. 回回司天監은 回回欽天監으로 불렸고, 洪武 31년에 없어졌지만 回回曆科는 보존되었다. 청대에도 四科를 두었으나 康熙 14년에 回回科의 추산이 그릇되다 하여 다시는 쓰지 않았다.

447) 니콜로 롱고바르디(Nicolò Longobardi, 龍華民, 1565-1654)는 시칠리아(Sicilia) 태생 예수회 선교사로, 1597년 중국에 와서 마테오 리치 사후 그의 역할을 대신하

와 슈렉(Johann Schreck, 鄧玉函)[448]을 추천했다. 슈렉이 죽자 다시 서양인 아담 샬과 자코모 로를 불러 책을 번역하고 연산하게 했다. [숭정] 6년 10월 서광계가 병이 나자 산동참정山東參政 이천경李天經[449]이 그를 대신하였다. 얼마 후 서광계가 죽자 이듬해 만성滿城의 위문괴魏文魁에게 도성에 들어와 관측하여 검사할 것을 명했는데,[450] 서양을 서국西局으로, 문괴를 동국東局으로 세워 대통·회회와 더불어 모두 4가家를 두었다.

이천경이 서광계가 감독 편찬한 역법서 29권과 더불어 일구日晷·성구星晷·성병星屛·성구星球·규통闚筩[451] 등의 기기를 바쳤다. 또한 오

여 예수회 중국지부장을 맡았다. 전통 중국 종교와 전례에 대해 마테오 리치와 입장을 달리하여, 이후 바티칸과 청나라 정부 간의 갈등을 초래하였다.

448) 요한 슈렉(Johann Schreck, 鄧玉函, 1576-1630)은 테렌츠(Terrenz)로도 불리는 독일인 예수회 선교사이다. 마테오 리치가 니콜라스 트리고(Nicolas Trigault, 金尼閣, 1577-1628)에게 천문학에 밝은 선교사를 파견해줄 것을 요구했고, 슈렉이 뽑혀 1619년에 아담 샬·자코모 로 등과 함께 澳門에 도착하였다. 1623년에 북경에 도착하였으며 1629년에 徐光啟의 추천으로 曆局에서 일하다가 1630년에 북경에서 병사하였다.

449) 李天經(1579-1659)은 명대의 역법가로 字가 長德이고 河北 吳橋 사람이다. 崇禎 연간에 光祿寺卿이 되었고 曆局을 관장했으며 《崇禎曆法》 137권을 지었다. 서광계, 마테오 리치 등과 함께 서양 천문학을 번역, 소개했다.

450) 당시 河北 滿城의 평민 魏文魁가 《曆元》과 《曆測》을 지어 그 아들 魏象乾에게 《曆元》을 조정에 바치도록 했다. 通政司에서 이를 曆局에 보내어 검증하게 하였고 徐光啟는 7개의 문제를 들어 반박하였다. 나중에 魏文魁가 다시 반박하자 徐光啟가 재반박하고 《學曆小辨》을 지었다. 徐光啟 사후 崇禎 7년에 魏文魁가 다시 역관이 추산한 일식과 절기 등이 틀렸다고 진언하자 魏文魁에게 北京에 올라와 검증할 것을 명하였다. 《明史》 卷31 志17 〈曆一〉 참조.

451) 日晷는 해시계를 가리키고, 星晷는 별의 운행 시각을 관찰하는 기물이다. 星屛은 별자리를 그린 지도이고, 星球는 천체의 구형 모형을 가리킨다. 闚筩은 窺筒

성五星이 침범하고 회합하는 운행도수(行度)를 예측하였는데, 그 도수와 시간이 모두 증험되면서 위문괴의 주장이 내쳐졌다. 8년 이천경이 또 〈역법조의曆法條議〉[452] 26칙則을 올렸다. 이때에는 서양 역법서와 기기가 모두 구비되어 누차 일식·월식과 오성의 침범을 예측하여 모두 세밀하게 들어맞았으나, 위문괴 등이 여러 방면으로 방해하였고 내관들이 실상 좌지우지하여 황제가 결정을 내릴 수 없었다.

[숭정] 9년 정월 15일 신유일辛酉日 보름[453]에 월식이 있었다. 이천경 및 대통·회회·동국에서 각기 이지러졌다 둥글어지며 식심食甚[454]이 진행되는 [각 단계의] 분초 시각을 예측했는데, 이천경은 [월식의] 때가 되었을 때 구름이 가릴까 걱정되어 거리의 차이에 근거해 하남河南과 산서山西에서 나타날 시각을 추산하고, 관리를 보내 각각 나누어 측량하도록 상주했다. 그날 이천경과 자코모 로와 아담 샬, 대리평사大理評事 왕응린王應遴[455], 예부의 관리 이창李焻[456] 및 감국監局 장수등張守登[457]과 위문괴 등이 대에 가서 관측하고 검사하였는데 이천경의 예측

이라고도 쓰며 천체망원경을 가리킨다.

452) 李天經이 지은 〈參訂曆法條議〉을 말한다. 《明史》〈志〉 卷7에 이천경이 《曆書》 32권과 日晷·星晷·窺筒 등의 儀器를 바쳤고 [숭정] 8년 4월에 《乙亥丙子七政行度曆》 및 〈參訂曆法條議〉 26則을 올렸다고 기록되어 있다.

453) 이 날은 丙子年 庚寅月 辛酉日(1636. 1. 15.)이며, 그레고리력으로 1636년 2월 21일이다.

454) 태양이나 달의 모습과 위치로 분류한 일식 또는 월식의 단계 중 하나이다. 개기식 때는 初虧·食旣·食甚·生光·復圓, 부분식 때는 초휴·식심·복원의 단계가 있다.

455) 王應遴(?-1645)은 字가 堇父, 號가 雲來로 山陰(浙江 紹興) 사람이다. 大理寺評事·禮部員外郎을 지냈고 《眞西山大學衍義》를 찬집했으며 숭정 초에 徐光啟와 함께 《志曆》·《會典》 등을 지었다.

456) 李焻은 字가 洪圖로, 福建 晋江 사람이며 崇禎 연간에 禮部祠祭司主事를 지냈다.

만이 들어맞았다. 그 뒤 하남에서 보고한 것은 다 들어맞았고, 산서는 구름이 드리워 조사하고 증험할 방도가 없었다.

[숭정] 10년 정월 신축일辛丑日 초하루[458]에 일식이 일어났으며 각 역국이 예전처럼 추산하였는데, 일식 시간은 이천경만이 세밀하게 예측했다. 이듬해 조칙을 내려 《대통력》을 그대로 시행하되, 서양 역법을 두루 참고하고 회회과와 나란히 두도록 하였다. [숭정] 16년 3월 을축일乙丑日 초하루[459]에 일식이 있었는데 그 예측이 또 [이천경] 혼자 것만 증험되었다. 8월에 서양의 역법이 과연 세밀하니 [그 이름을] 《대통력법大統曆法》으로 바꾸고 천하에 널리 시행하라는 조칙이 내려졌다. 그러나 얼마 안 있어 나라에 변고가 생겼다.[460]

숭정 14년(1641) 예부의 〈역법을 의논한 소議曆法疏〉

고금의 역법가는 매우 많습니다. 그중 가장 정밀한 것은 한나라 때 낙하굉雒下閎[461]의 《태초력太初曆》으로 종률鐘律로써 정한 것입니다. 당나

---

457) 崇禎 연간 欽天監 監正으로, 서양의 신법이 하늘의 운행에 부합하므로 배워야 한다고 주장했다.

458) 이 날은 丁丑年 壬寅月 辛丑日(1637. 1. 1.)이며, 그레고리력으로 1637년 1월 26일이다.

459) 원문은 3월로 되어 있으나 일식이 있었던 乙丑日은 2월 1일이어서 본문의 3월은 오기로 보인다. 이날은 癸未年 乙卯月 乙丑日(1643. 2. 1.)이며, 그레고리력으로 1643년 3월 20일이다.

460) 변고는 명나라의 멸망(1644)을 가리킨다. 결국 이 역법은 청나라에 들어와 《時憲曆》으로 이름을 바꿔 시행된다.

461) 雒下閎(B.C. 156-B.C. 87)은 落下閎을 말한다. 字는 長公이며 서한 시기 巴郡 閬中 사람으로, 천문과 曆算에 정통했다. 鄧平 등과 함께 《太初曆》을 지었고

라 일행一行의 《대연력大衍曆》[462]은 시초(蓍策)로 정한 것이고, 원나라 곽수경郭守敬의 《수시력授時曆》[463]은 해 그림자로 정한 것입니다. 모두가 추산과 측정한 바가 정밀하다고 일컬어졌으나, 그중 해 그림자가 가장 근접했습니다. 그러나 사용한 지 오래되다 보면 오차가 없을 수 없습니다. 하늘과 해·달·별은 모두 움직이는 것이며, 그것의 움직임을 예측하기 어려운 까닭은 늘 지극히 미세한 것에 있습니다. 시간에 따른 경과와 가득 찼다 줄어드는 현상은 성인의 지혜로도 다 헤아릴 수 없습니다. 따라서 시時를 각刻으로 나누고 각을 초秒로 나누는 등 지극히 세밀하게 한다고 해도, 반 초의 차이라도 나게 되면 세월이 쌓임에 따라 해와 달의 운행이 궤도에서 벗어나 원래 추산과는 맞지 않게 됩니다. 이 점이 바로 역법 계산의 어려움입니다.

우리 황상께서 관상감의 역법에 작은 오차가 있다 여기시어 특별히 서법이라는 국局을 설치하신 뒤 예부의 서광계로 하여금 그 일을 책임지게 하셨는데, 시신寺臣 이천경, 배신陪臣 아담 샬 등은 흠천감의 장수등張守登 등 여러 신하들과 머리를 맞대고 연구하고 한 해 한 해씩 추산과 비교

渾天說을 주장해 중국천문학 발전에 큰 영향을 끼쳤다. 《태초력》은 중국역사상 최초의 완정한 역법으로, 武帝 太初 원년(B.C. 104)부터 東漢 章帝 元和 2년(85) 사이에 실시되었다.

462) 一行(683-727)은 당나라의 고승으로 천문학자이다. 속명은 張遂이며 魏州 昌樂(河南省 濮阳市 南樂縣) 사람으로 《大衍玄圖》·《大日經疏》 등을 지었고 《大衍曆》을 제정했다. 《大衍曆》은 開元 17년(729)부터 29년간 시행되었다.

463) 郭守敬(1231-1316)은 원나라 천문학자·수리학자로, 字는 若思이고, 邢州 邢台縣(河北省 邢台市 信都區) 사람이다. 太史令·昭文館大學士·知太史院事 등을 지냈고 《推步》·《立成》 등 14종의 천문 역법서를 지었으며 簡儀·高表 등 12종의 儀器를 만들었다. 都水監으로 대도에서 통주까지의 운하(通惠河)를 완성시켰다. 일찍이 王恂·許衡 등과 함께 《授時曆》을 제정하였는데 그 명칭은 '敬授人時'에서 따온 것이다. 이는 원나라 至正 18년(1281)부터 360여 년간 통용된, 중국 역사상 가장 오래 시행된 역법이다.

를 진행했습니다. 10여 년 동안 일식과 월식, 오성의 동시 출현 같은 것은 신 등이 여러 차례 회동하여 관성대觀星臺에 가 계산하고 관측하였으며, 어전에서도 적의기赤儀器[464]를 이용해 친히 증험하셨습니다. 서양 역법이 관상감의 역법에 비해 세밀하고도 실제에 가깝다는 사실은 더 이상 변론할 필요조차 없습니다. 하지만 곽수경은 역법을 완성한 뒤 천체는 예측하기 어려운지라 매년 새롭게 증험하고 수정해야 사용 가능하다고 말했고, 삼대三代의 일관日官[465]은 대대로 그 직을 세습했지만 스스로 만족한 적이 없었습니다. 고황제[466]께서는 천문에 정통하시어, 곽수경의 역법을 사용하면서도 특별히 유기劉基[467]에게 명하여 천하의 이름난 율력가들을 소집해 도성으로 올라와 상세히 논의하게 하셨고, 직접 관성반觀星盤[468]과 천문 분야의 여러 책을 짓기도 하였으며 회회과를 따로 세우셨으니, 이 역시 곽수경의 역법이 만족할만하지 않다고 여기시어 신중을 기했던 것입니다. 당시의 박사 원통元統, 성화 연간의 구준邱濬, 정덕 연간의 정선부鄭善夫, 가정 연간의 화상華湘, 만력 연간의 형운로邢雲路[469] 등은 모두

464) 赤儀器는 equatorial armillary sphere로 渾天儀(天球儀)의 일종이다

465) 三代는 夏·商·周이고, 日官은 천문을 맡아 보던 관직이다.

466) 명나라 太祖 朱元璋(1328-1398, 1368-1398 재위)을 가리킨다.

467) 劉基(1311-1375)는 명나라의 개국공신으로 字는 伯溫이며 浙江 青田(浙江省 文成) 사람이다. 御史中丞 겸 太史令을 지냈고 천문에 정통해 《戊申大统曆》을 바쳤다고 한다. 명나라 초기 시문 3대가 중 한 사람으로 《誠意伯文集》이 전한다.

468) 觀星盤은 朱元璋이 洪武 17년(1384)에 만들었다고 전해지는 별자리 지도를 가리킨다.

469) 元統은 명나라 洪武 연간에 欽天監 漏刻博士·欽天監令을 지냈고 《大統曆》의 추산방법을 설명한 《大統曆法通軌》 4권을 지었다. 邱濬(1421-1495)은 字가 仲深이고 廣東 瓊山 사람이며 명나라의 사상가·정치가이다. 國子監祭酒·禮部尙書·文淵閣大學士·戶部尙書 등을 지냈다. 鄭善夫(1485-1523)는 字가 繼之, 號는 少谷으로 福建 閩縣 사람이며 명대의 유학가이다. 南京吏部郎中을 지냈으며 서화에 능했다. 華湘은 명나라 嘉靖 연간에 欽天監監事·光祿寺少卿을 지냈다. 邢雲路는 字가 士登이고 安肅(河北 徐水縣) 사람으로, 명나라의

역법의 오차를 바로잡아 줄 것을 주청하였습니다. 지금 서양의 역법을 가지고 비교 검증해 보아도 옛 역법에 오차가 없을 수 없는데, 이는 곽수경이 이미 스스로 언급했던 바이기도 합니다.

신 예부상서 임욕즙林欲楫[470]은 예전에 신 등과 더불어 경위를 상세히 살핀 적이 있는데 새 역법은 정말로 그가 말한 것처럼 일식·월식·절기는 새것을 쓰고, 명리나 월령 등은 옛것을 따르고 있어서 실행해도 안 될 것 없을 것이나, 재삼 논의하고 상고해 볼 때 신중을 기하지 않을 수 없습니다. 옛 역법은 일도日度를 써 해로 계산해 비율을 정하고, 서법은 천도天度[471]를 써 하늘에 맞추어 차이를 둡니다. 옛 역법은 황도黃道[472]의 단도短度를 쓰고 서법은 황도의 위도緯度를 쓰니 약간 차이가 있긴 하지만, 그 황적의기黃赤儀器라는 것은 곽수경의 간의簡儀·앙의仰儀·후극候極·경부景符·영롱玲瓏·입운立運 등 의기와 모두 흡사합니다. 다만 곽수경의 무리들이 그대로 따라서 쓰면서 살피지 못했을 따름입니다. 옛날의 역법은 수십 년에 한 번 번번이 고쳐왔지만 곽수경의 역법만은 행해진 지 이미 3-4백 년이나 되었습니다. 조금 차이가 난다고 해야 일식·월식과 같은 것인데 시時는 같고 각刻만 다르니 큰 차이라고는 할 수 없습니다. 윤일과 윤달을 설정하는 것은 춘분·추분이 이틀 차이가 나는 것에서 비롯되는데, 서양 역법에서 춘분·추분으로 정한 날짜는 곧 옛 역법에서 밤과 낮이

천문학자이다. 《古今律曆考》 72권을 지었으며 두 차례의 改曆(1595, 1610)에 참여했다.

470) 林欲楫(1576-1662)은 字가 仕濟, 號가 季翀·平庵으로 福建 泉州 晋江 사람이며 《易經勻解》·《道德經注》·《友清堂文集》 등을 지었다.

471) 天度는 經緯의 도수로, 하루 밤낮에 하늘이 움직이는 단위를 하늘의 1도로 하고 달력의 하루로 정한 것이다.

472) 黃道(ecliptic)는 지구에서 보았을 때 태양이 1년 동안 운행하는 노선, 즉 천구상의 큰 원을 말한다. 적도와는 23도 27분 각도 차이로 경사지며 적도와 만나는 점이 춘분점, 추분점이 된다.

각각 50각이라 밝힌 날입니다. 지금은 서법이 정밀해 보이지만 때가 지나면 오차가 없으리라고 장담할 수도 없으니, 한 차례 바꾸어 개정한다는 것은 진실로 쉽게 말할 수 있는 일이 아닙니다. 이천경은 상소에서 국局에 있는 유생들을 모두 흠천감에 모아 수시로 관측할 수 있도록 해주고, 신법은 잠시 《대통》에 붙여 공동으로 고증할 수 있게 해달라고 청하였습니다. 그리고 지난번 받은 어지에서도 감관 장수등 등에게 명해, 일식과 월식, 경도와 위도, 그믐과 초하루, 달이 차고 기우는 것 중 시간이 오래되어 차이가 심하게 나는 것이 있으면 널리 물어 참고하라 하셨습니다. 또한 신법의 추산과 측정이 거듭 근접해가니, 회회과의 예에 비추어 흠천감에서 거두어 배우고 익히게 하면 실로 얻는 바가 있을 것이라 하셨습니다. 칙령을 내려 신법이라는 과科를 따로 세우고 일식과 월식 및 절기에 차이가 생기거든, 신법에 의거해 관측하고 검사해 본 뒤 서서히 개정할지 여부를 논의하는 것이 온당하지 않겠습니까?

시신 이천경 및 배신 아담 샬, 중서中書 왕응린, 신국新局의 관생官生 황굉헌黃宏憲[473] 등은 여러 해 동안 새로운 역법서 140여 권 및 일구·성구星晷·성구星球·성병星屛·규통闚筩과 같은 여러 기기 등, 역법가들이 하지 못했던 것들을 만들었으며 여러 해 동안 전념하고 수고했으니, 그 공을 헤아려 품계를 올려주는 것이 마땅할 듯합니다. 흠천감의 관생들이 학습하는 것은 《명회전明會典》으로, 달마다 또 계절마다 시험을 치르고 상벌의 예를 엄격히 시행하고 있으니, 더욱 엄중을 기해야 마땅할 것입니다.

신 등은 어리석은 생각이나마 아뢰지 않을 수 없습니다. 역법은 하늘을 공경하고 백성을 가르치기 위해 만들어진 것입니다. 하늘을 공경함이란

473) 黃宏憲은 字가 文甫이고 仁和(杭州) 사람으로, 명나라 崇禎 연간에 曆局에 들어가 徐光啟와 역법을 바로잡았고 博士가 되었다. 역서가 완성된 후 光祿寺署正이 되었다.

곧 때에 따라 영을 반포하고, 변화를 관측하여 민심을 경계하는 것이니, 그 중함이 상벌보다 더한 것은 없습니다. 백성을 가르침이란 봄 농사와 가을 추수, 여름에 변화하는 일과 겨울에 소생하는 일이니,[474] 그 중함이 농사와 양잠업보다 더한 것은 없습니다. 그래서 요순 임금의 역법은 백공百工의 업무를 다스려 만사를 흥성케 함으로써 하늘을 공경하였고,[475] 또한 해의 역법을 이룸에 있어 〈무일無逸〉·〈빈풍豳風〉[476]으로 월령을 삼았으니, 보장씨保章氏나 설호씨挈壺氏[477]처럼 시각 분초와 같은 말단의 것만 따지지 않았습니다. 역수曆數라는 것은 55개의 하도河圖[478]에서 시작된 것으로, 그 열 배는 550, 다섯 배는 275가 됩니다. 홍무 원년 무신년戊申年(1368)으로부터 현재 임오년壬午年(1642)까지는 대략 275년이니, 실로 하도의 숫자와 들어맞습니다. 예악을 다듬어 밝히고, 덕을 앞세우고 형벌을 뒤로 하시며, 백성에게 농잠을 권면하고, 어짊과 후덕함에 힘쓰심으로써 국맥을 창대히 받들고 만세토록 도가 길이 이어질 터전을 닦아야

474) 원문은 東作·西成·南訛·朔易으로, 《書經·堯典》에서 인용한 구절이다. 요임금이 羲씨와 和씨에게 명해 천문을 살피고 역법을 제정하게 해 절기에 따라 생산활동을 하도록 했다는 내용 중 사계절에 따른 농경을 말한 것이다.

475) 《書經·堯典》에서 인용한 구절이다. "천제께서 말씀하시길, '아! 너희 희씨와 화씨는 1년에 366일이 있으니 윤달로써 사시를 정하여 한 해를 만들도록 하라. 이로써 백공의 업무를 다스리면 만사가 흥성하리로다'라고 하셨다.(帝曰, '咨! 汝羲暨和, 期三百有六旬有六日, 以閏月定四時成歲, 允釐百工, 庶績咸熙.)"

476) 〈無逸〉은 《書經》〈周書〉의 편명이기도 하며, "군자는 편안함과 즐거움을 추구해서는 안 되고 농사의 어려움을 알아야 한다.(君子所, 其無逸, 先知稼穡之艱難.)"라는 주공의 가르침에서 나온 말이다. 《詩經》〈豳風·七月〉에서는 농경·양잠·수렵 등 농민들의 1년간의 노동과 일상생활을 읊었다.

477) 保章氏는 고대에 천문을 관장하는 관리이고, 挈壺氏는 물시계 관측을 맡은 관리이다.

478) 伏羲氏 때에 龍馬가 황하에서 河圖를 지고 나오고, 神龜가 洛水에서 洛書를 지고 나왔다고 한다. 복희씨는 하도와 낙서에 근거해 八卦를 만들었고 이것이 《周易》의 근원이 되었다고 한다.

할 것입니다. 이것이야말로 역법을 다스리는 근본 임무일 것입니다! 한나라의 유가가 말하기를 "성명한 왕은 하늘을 받드는 것에 공경스럽고 사람을 기르는 데에 신중하다."[479]라고 했습니다. 그래서 희화羲和라는 관리[480]를 두어 절기에 따라 백성에게 때를 알려주고 음양을 받들어 따랐던 것이니, 이에 일월이 밝게 빛나고 비바람이 때 맞춰 이르렀으며 재해가 생기지 않았습니다. 우리 황상께서 하늘을 공경하고 백성을 걱정하시는 마음은 이조二祖[481]와 다르지 않으니, 하늘을 받들어 백성을 기르시는[482] 그 세심한 뜻을 신 등의 우매함으로는 만분의 일도 예측할 길 없사옵니다.

청나라 순치 원년(1644)에 서양 신법의 추산이 정밀하니 이를 사용하라는 조서가 내렸다. 순치 2년(1645)에 역서가 완성되자 태종太宗 문황제文皇帝 천총天聰 2년(1628) 무진년戊辰年에 천정天正[483]을 실시하고 동짓날 자정부터 계산하였다. 천체의 궤도를 360도로 나누고 도는 다시 60분으로 나누었으며, 하루는 96각刻으로 나누고 각은 다시 15분으로 나누었다. 초하루와 보름 및 절기의 시각, 태양의 출몰, 밤낮의 길이는 도성과 지방에서 각각의 위도와 경도에 따라 계산하였다. 강희 3년

479) 《漢書》〈魏相傳〉에 나오는 말이다.

480) 羲和는 신화전설상의 태양 여신으로, 후에 역법을 관장하는 천문학자를 일컫게 되었다. 《漢書》〈王莽傳〉에서 "대사농의 이름을 바꿔 희화라고 불렀으며, 나중에 다시 납언으로 바꾸었다.(更名大司農曰羲和, 後更爲納言.)"라고 하였으므로, 농업을 관장하는 大司農을 가리키기도 한다.

481) 二祖는 漢 高祖 劉邦과 漢 世祖 光武帝 劉秀를 가리킨다.

482) 원문은 敬授로, 敬授人時의 뜻이다. 백성에게 역법을 반포해 때의 변화를 알게 함으로써 농사의 시기를 놓치지 않게 한다는 것이다.

483) 天正은 周曆을 가리키며, 음력인 夏曆 11월(子月)을 한 해의 시작으로 보는 역법이다.

(1664)에 다시 구법을 사용했다. 얼마 후에는 구법이 정밀치 못하다 하여 회회법을 사용했다. 강희 7년(1668), 대신에게 명해 서양인과 감관들을 불러 모아 질의응답하게 하고, 정오의 해 그림자를 관측했다. 이듬해 대신을 파견해 관상대에 직접 가서 측량하게 한 뒤, 마침내 서양인들에게 역법을 담당하게 하였다. 애초에는 역서의 표지에 흠천감에서 "서양의 신법에 의거하여(依西洋新法)" 제작하였다는 글자가 있었으나, 이때에 이르러 없애버렸다. [강희] 13년(1674), 새로운 기기 여섯 개가 완성되었으니, 황도경위의黃道經緯儀·적도경위의赤道經緯儀·지평경의地平經儀·지평위의地平緯儀·기한의紀限儀·천체의天體儀가 그것이다. 옹정 3년(1725)에 《율력연원律曆淵源》[484]이 완성되었는데, 흠천감에는 이를 담당할 곳이 없었기에 역법을 담당할 [관직의] 직함을 감정監正으로 바꾸었다. 만주족과 한족 감정이 각각 있었으며, 만주족 감정은 인장을 관리하고 한족 감정은 서양인을 임용하는 일을 맡았다. 작위를 받아 시랑까지 오른 자로는 페르비스트가 공부 시랑을 겸했고, 쾨글러(Ignaz Kögler, 戴進賢)[485]가 예부 시랑을 겸했으며, 나머지 감정 및 감속監屬이 된 자는 셀 수 없이 많다. 현재의 감정 할러슈타인(Ferdinand Avguštin Hallerstein, 劉松齡)[486], 감부 고가이슬(Anton Gogeisl, 鮑友管)[487]

484) 《律曆淵源》은 康熙 51년(1712)에 何國宗·明安圖 등이 모아 편찬한 天文·曆法·曆算·律呂에 관한 총서이다. 《崇禎曆書》를 수정 보완한 《曆象考成》 42권, 서양의 5선보와 악률에 대해 소개한 《律呂正義》 5권, 수학지식을 서술한 《數理精蘊》 53권의 세 부분으로 되어 있으며 특히 《數理精蘊》은 강희제의 직접 지도하에 편찬되었다고 한다.

485) 이그나츠 쾨글러(Ignaz Kögler, 戴進賢, 1680-1746)는 독일 예수회 선교사로, 1717년 중국에 와서 欽天監 監正이 되었으며 1731년 禮部侍郎이 되었다. 《黃道總星圖》·《曆象考成後編》 등을 지었다.

은 모두 서양인이다.488) 삼파사의 신부가 그 업을 대대로 익혔다. 학업을 마치기를 기다렸다가 예부에서 공문을 보내 불러들이면 향산현에서 성도 [광주]로 호송하고 독무督撫가 비용을 대어 흠천감으로 들여보냈다.

희화의 관직이 폐지된 이후로 고대 전적 중 [천문학에 관해] 찾아볼 수 있는 것은 《주비周髀》489)뿐이다. 그런데 서양인들의 천문관측기구에 등장하는 기기, 한대·열대 등 다섯 가지 기후대가 있다는 설, 지구가 둥글다는 주장, 방위를 바로잡는 법 등은 모두 《주비》에서 다루는 범위를 벗어나지 않는다. 사서에서 칭하는 널리 수집해 천 년 동안 끊어진 실마리를 잇는다는 것 역시 예법이 실종되면 들에서라도 구해야 한다는 뜻이니, 정말로 그러하구나!

서양나라에는 소학·중학·대학이 있고, 의학(醫)·행정(治)·신학(教)·

486) 할러슈타인(Ferdinand Avguštin Hallerstein, 劉松齡, 1703-1774)은 슬로베니아 출신 예수회 선교사로, 1739년 북경에 와서 1743년 欽天監 監副가 되었고 1746년 쾨글러가 죽자 監正이 되었다. 역산에 밝았고 天球儀·璣衡撫辰儀 등 천문측량기구를 제작했으며 《靈臺儀象志》 등을 지었다. 지도제작과 인구통계추산에도 기여했다.

487) 고가이슬(Anton Gogeisl, 鮑友管, 1701-1771)은 독일인 예수회 선교사로, 1739년 북경에 도착하여 흠천감 감부로 쾨글러와 할러슈타인을 도와 역법 수정에 참여했고 쾨글러과 함께 《儀象考成》을 지었다. 洪大容은 1766년 燕行使로 北京에 가 欽天監 監正 劉松齡과 監副 鮑友管을 만나 천주교와 천문학에 대해 필담으로 이야기를 나누었다고 하는데, 그의 《燕記》 중 〈劉鮑問答〉에 그 기록이 보인다.

488) 乾隆本에는 監正 劉松齡과 監副 鮑友管 사이에 '右監副 郎顯'라는 말이 있는데 嘉慶本과 光緒本에는 없다.

489) 《周髀》는 《周髀算經》을 말하며, 대략 기원전 1세기에 나온 천문역산 저서이다. 盖天說과 四分曆法說이 기술되어 있으며 唐나라 때 國子監의 산술교재로 쓰였다.

천문(道)의 네 과科가 있다. 천문이란 곧 역법을 가리킨다. 문자는 23개의 성모가 배합되어 이루어지는데, 만국의 언어와 비바람과 조수의 모든 소리를 다 글자로 적어낼 수 있다. 글은 [산스크리트어 문자인] 범서梵書와 마찬가지로 오른쪽으로 써나간다. 정초鄭樵[490]가 "범어梵語[491]는 입으로 전해지므로 무궁한 음이 있고, 중국어는 눈으로 전해지므로 무궁한 글자가 있다"라고 한 것은 실로 이를 두고 한 말이다.

오문에 사는 서양인 의사 중 안토니오(António, 安哆呢)라는 자가 있는데 외과의사로 명성을 날린 지 오래되었다. 기타 기예로 서양화를 들 수 있다. 삼파사에 〈해양전도海洋全圖〉가 있다. 종이에 그린 것, 가죽에 그린 것, 가죽 부채 위에 그린 것, 유리 같은 기물에 그린 것 등이 있다. 누대·궁실·사람이 그려져 있는데, 10보 밖에서 봐도 겹겹의 열린 문에 계단까지 일일이 셀 수 있다. 저택은 그윽하면서 깊고, 사람은 눈과 눈썹까지 명확히 보인다. 또한 법랑에 그려진 인물산수화, 직조한 각종 이야기 그림, 수놓은 꽃 그림 등도 있다.

천주교라는 것은 서양 선비의 말에 따르면, 천주 예수는 한나라 애제哀帝 원수元壽 2년(B.C. 1) 경신년庚申年에 여덕아국如德亞國[492]에서 태어났고, 여덕아국은 천주가 인류를 탄생시킨 나라이며, 서쪽으로 가르침을 전파하여 자기 나라에 이르렀기에 지금까지 받들고 있다고 한

490) 鄭樵(1104-1162)는 남송의 학자로 字는 漁仲이며 福建 莆田 사람이다. 경학·문자학·천문지리·동식물학을 연구해 천여 권의 저서가 있었다고 하나, 《通志》·《爾雅注》·《夾漈遺稿》 등 몇 가지만 전한다.

491) 산스크리트어를 말한다.

492) 옛 유대 왕국을 가리킨다. 지금의 시나이반도, 팔레스타인, 시리아 등지를 포함하는 지역이다.

다. 심지어는 중국을 물들이고 중국인을 유혹하여 명대에는 위로는 공경公卿, 아래로는 선비와 일반인에까지 미쳤다. 근자에 조칙을 받들어 금하였으나 박사·제자들 중에는 아직도 믿고 따르는 자가 있다. 그들 무리가 책을 지어 그들의 종교를 천명한 것이 백여 종에 이른다. 게다가 사대부라는 자들이 그 문사를 그럴 듯하게 꾸며 하늘을 논하고 명을 말하니, 총명한 자들조차 혼란한 지경에 이르렀다. 지금 오문에서 그들의 책을 구해 보니, 오경십계五經十誡라는 것들은 모두 천당과 지옥의 이야기에서 벗어나지 못하였으며, 그 언사는 불교 서적보다도 훨씬 비루하고 조악하다.

가만히 그 원인을 탐구해 본 적이 있다. 서양 여러 나라들은 원래 모두 불교와 이슬람교를 숭상하였고 글자는 범서를 사용했으며 역법 역시 이슬람교도와 같은 연원을 가지고 있으니, 의대리아의 종교 역시 여러 나라에서 불교를 받들고 이슬람교를 받드는 것과 다를 바 없다. 다만 그 나라 풍속이 기이한 것을 좋아하고 새것을 즐기며 서로 이기려 기를 쓰는 터라, 총명한 자들이 마침내 이슬람교에서 하늘을 섬기는 명분을 내치고 석가여래의 천당과 지옥 이야기를 근거삼아 그들의 교설을 행한 것이다. 그러고도 부족할까 염려되어 덧붙이기를, 존귀한 것은 하늘보다 더한 것이 없는데 하늘에 주인이 있다면 더 이상 존귀한 것은 없을 것이라 하였으니, 이는 이기기 좋아하는 풍속으로 인해 그리된 것이며, 사서에서 말한 역법만 그런 것이 아니다. 서양 선비들은 이렇게 말한다. "불교에서는 세존世尊, 도교에서는 원시천존原始天尊이라 한다. 부처는 소서천축小西天竺 사람이고 주周나라 말에 태어났다. 석가모니가 태어나기 전에 이미 천지가 있었고, 천지가 있은 후에 석가모니가 나왔다는 것은 누구나 아는 사실이니, 그가 어찌 천지 신인神人의 주인이 되고 상하에 홀로 존귀한 자가 될 수 있는가? 노자老子의 경우, 결국 인류 가운데 한 사람일 뿐인데 어찌 그만을 원시천존이라 칭할 수 있는가?" 또 말한다. "반고盤古[493]는 천지 가운데 있는 한 사람에 불과한데 어찌 천지만물을 창조할 수 있는가?" 참 훌륭한 변론이라 이를 만하다. 반고는 상고시대에 태어났고 노자는 상商나라 때, 석가모니는 주나라 때 태어났으며, 모두 사람이기 때문에 천지 만물을 생육할 수 없다. 그렇다면 예수는 [그보다 더 늦은] 한나라 말에 태어났는데도 그 혼자만 천지가 생겨난 이후에 생겨난 인류 중의 한 사람이 아니란 말인가? 석가모니·노자·반고를 치려다가 스스로를 치고 말았구나. 오호라, 망령되다! 하물며 하늘을 속이고 인륜을 멸시한 행동조차 훈계할 수 없으니, 커다란 미끼로 사람을 모으는 행동이야 물어 무엇하랴.

장백행張伯行[494] **〈천주교당의 폐지를 청하는 소를 작성해 올리며**擬請廢天主教堂疏〉

천주교당을 폐지하여 인심을 바로잡고 풍속을 지킬 것을 주청하옵니다. 삼가 생각해보건대, 우리 황상께서 성명함과 신령함을 타고 나시어 유가를 숭상하고 도교를 중시하시니, 수십 년 동안 해내에서 그 명성을 흠모해 옴이 당우唐虞 삼대三代의 융성함도 이보다 더할 수는 없을 것입

493) 중국고대 창세신화 속 천지를 열었다는 盤古氏를 말한다. 혼돈 상태의 알에서 생겨나 깊은 잠에서 깨어난 뒤 맑은 기운과 혼탁한 기운을 갈라 천지를 생기게 하였다. 죽어서는 그 눈이 해와 달, 피가 강, 살이 흙이 되는 등 신체가 만물로 변화했다고 한다.

494) 張伯行(1651-1725)은 字가 孝先이고 號가 恕齋로, 河南 儀封(河南 蘭考) 사람으로 청대의 理學家이다. 禮部尙書를 지냈다.

니다. 서양인들을 자세히 보건대 그들의 역법은 실로 정묘하니, 조정이 그들을 등용해 역법을 수정하고 도성에 관館을 설치해 특별히 우대한 것은 이치상 마땅한 처사였습니다. 그러나 뜻밖에도 각 성省에서 천주교당 건립이 극성인데, 절강·광동·복건 같은 연해 지역이 특히 심합니다. 신이 부임한 이래 꼼꼼히 조사하고 정확히 탐문하였더니 그 무리가 날로 증가하는지라, 진실로 불안한 마음에 감히 어리석은 생각을 모조리 고하고자 합니다.

사람은 부모로부터 태어나고 조상에게 근본을 두며 그 본원은 모두 하늘에서 나왔으니, 부모와 조상을 버리고 달리 하늘로 삼을 것을 구한다는 소리는 들어보지 못하였거니와 하늘 외에 또 다른 주인이 있다는 소리 역시 들어보지 못하였습니다. 천주교에 일단 입교했다 하면 부모도 조상도 모두 제쳐두고 제사지내지 않으며, 교설을 하늘 위까지 몰고 가 '천주'라는 말을 지어내니, 이는 하늘에 위배되고 인륜을 멸하는 짓입니다. 요임금·순임금·우임금·탕임금·문왕·무왕과 여러 성인들로 이어지다가 공자에 이르러 그 도가 크게 드러났고, 도성에서 각 군현에 이르기까지 사당을 세우고 제사를 받드는 등, 수천 년 동안 극히 존귀하고 영예로운 경전을 다 갖추어 왔습니다. 그런데 일단 입교했다 하면 공자도 멸시하고 경배하지 않으며, 하늘도 거스르고 성인도 업신여깁니다. 황상께서는 효로써 천하를 다스리시나 천주교는 부모와 조상의 제사를 모시지 않고, 황상께서는 석전釋奠[495]의 예를 행하시나 천주교는 옛 성인과 스승들을 존경하지 않습니다. 가지고 있는 많은 돈으로 사람을 선동하고 유인하여, 모든 입교자들마다 신사紳士와 평민에게 은 약간을 차등 있게 나누어 줍니다. 신은 어리석지만, 이를 더 이상 자라나게 해서는 안 된다고 생각합니다.

495) 釋奠은 학교에서 옛 성현, 先師에게 제물을 바치고 제사를 올리는 것을 말한다. 봄·여름·겨울 세 계절에 행했으며 천자가 친히 순시하기도 했다. 한나라 이후로는 孔子가 주 대상이었다.

더구나 입교한 자들은 남녀 구별 없이 뒤섞여 지내니, 실로 풍속을 해치는 바입니다. 복건성의 복주福州·천주泉州·흥화興化·장주漳州·복녕주福寧州 등 연해의 각 군현에는 이들이 특히나 많이 깔려 있습니다. 교당마다 서양인이 주인을 맡고서 향을 피우고 강연을 개최하고 무리를 거두고 대중을 모으니, 그 수가 날로 많아지고 달로 더해져 금할 수조차 없게 되었는데 혹여 예측할 길 없는 의도를 품고 있지나 않은지 두렵습니다.

신 보잘 것 없는 재주로 과분하게도 특별 임명 지사의 직을 받아 변경 수비의 중책을 맡았기에, 밤낮으로 공경하고 삼가며 오로지 황상의 알아주심에 보답할 것이 없을까 걱정하였습니다. 이 일은 특히 신이 [복건 지역에서] 직접 목도한 것으로, 말하지 않을 수 없기에 감히 어리석은 생각을 다 고하였습니다. 엎드려 바라옵건대, 성명한 조서를 특별히 내리시어 각 성의 서양인들을 모두 본국으로 돌아가게 하고, 나머지 교도들은 모두 내쫓아 해산시키도록 하며, 천주당을 의학義學으로 바꾸어 학생들이 학업을 익히는 곳으로 만드심으로써 풍속을 강화하고 뜻밖의 일을 방비하소서. 만약 때에 맞추지 않고 조공을 들여오거든, 연해의 지방관으로 하여금 객사를 설치하여 숙식을 제공토록 하면 그만일 것입니다. 신 황송하기 그지없나이다.

예전에 서양인 중 안남에서 선교한 자가 있었는데, 온 나라가 그에게 미혹되자 왕이 이를 걱정하여 그를 쫓아낸 뒤 교외에 두 개의 깃발을 세우고 다음과 같이 명을 내렸다. "나를 따르는 자는 용서할 것이니 적기 밑에 서고, 아닌 자는 백기 밑에 서라. 즉시 죽이겠다." 그러나 끝내 적기 밑에 서는 자가 하나도 없자 분노한 왕은 포를 쏘아 모두를 죽였으며 지금까지도 서양과 교역하지 않고 있다. 서양인이 교역하고자 그 나라에 이르면 대포를 쏘았기 때문에 서양인 역시 감히 찾아가지 못했다. 왜국도 마찬가지로 감히 가지 못했다. 갈라파 항구에서는 길 입구의 돌바닥에 십자가를 새겨놓고, 무사가 칼을 뽑은 채 길을 지키고 서서 그 나라에 장사하러 오는 자로 하여금 반드시 길에 새겨진 십자가를 밟고 들어오게 한다. 그렇게 하지 않으면 칼로 찌르기 때문에 서양인이라 하여도 감히 어기지 못한다. 또 예수 석상을 성문 앞에 묻고 발로 밟게 한다. 대개 [동남아의] 오랑캐 나라에서 서양을 극심히 혐오함이 이와 같은데, 중국의 인사들은 행여 미치지 못할세라 믿고 떠받든다. 명나라의 신하 장덕경蔣德璟이 《파사집破邪集》에 서문을 써서 그들 사이에 중재를 하려고 했다. 양주楊朱[496]에서 도망쳐 유가에 귀의하는 자를 받아준다면 그래도 말이 되지만, 유가를 묵가墨家로 끌고 들어가서 그들에게 붙게 한다면 말이 안 된다. 반드시 성스러운 조정에서 그들의 역법을 쓰면서도 사교를 내쳤듯 해야 할 것이니, 멀고도 아득하구나, 시대를 뛰어 넘은 [숭고한] 이유가 있도다.

서양 말은 비록 통하지는 않지만, 중국에 거주한 지 오래이다 보니 중국인이 그들과 함께 살며 익혀서 제법 잘하는 자가 많다. 따라서 중국어로 그들의 말을 해석할 수 있기 때문에 양자揚子[497]가 멀리 지방관리[498]를 찾아다니며 수고한 것처럼 항상 필기도구를 지니고 다닐 필요는 없다. 정주定州의 설준薛俊이 지은 《일본기어日本寄語》[499]에서 서

496) 원문은 楊으로만 되어 있으나 楊朱를 가리키는 것으로 보인다. 그는 戰國時代 魏나라의 사상가로, "털 한 올을 뽑아 온 천하가 이롭게 된다 하더라도 하지 않겠다.(拔一毛而利天下, 不爲也.)"라고 하였다.

497) 揚子는 서한 시대 문학가이자 학자로 각지의 방언을 수집해 《方言》을 지은 揚雄(B.C. 53-A.D. 18)을 가리킨다. 《방언》은 양웅이 27년에 걸쳐 완성한 저작으로 원명은 《輶軒使者絶代語釋別國方言》이며 '유헌사자'는 가벼운 수레를 타고 다니며 방언을 수집하는 관리를 말한다.

498) 원문은 計吏로 州郡에서 회계를 담당하고 중앙에 보고하는 관리를 말한다.

북쪽 언어의 통역은 역譯이라 하고 동남쪽 언어의 통역은 기寄라고 하였다.[500] 〈전傳〉에서 "거듭 아홉 번 통역을 거쳤다"라고 한 것[501]은 아홉 번을 함께 통틀어 말한 것이므로 동남쪽 언어의 통역도 역譯이라 칭했음을 알 수 있다. 예부터 경기 지역은 서북쪽에 있었으므로, 기寄라 칭하지 않은 것은 제왕의 땅을 높이기 위함이다. [오문에서 쓰는 말을 번역한 것을] 오역澳譯이라고 제목을 붙여서 편의 끝에 부록한다.

499) 《日本寄語》는 명나라 薛俊의 《日本考略》 중 〈寄語略〉을 말한다. 한자로 3백여 개의 일본어휘의 발음을 기록했다. 薛俊은 字가 梓山이고 常州司訓을 지냈다. 浙江省 定海 사람으로, 본문에서 그를 定州(河北省 定縣) 사람이라 한 것은 잘못된 서술이다.

500) 《禮記·王制》에 다음과 같은 기록이 있다. "중국과 사방의 백성은 언어가 다르고 욕구가 같지 않다. 그 뜻을 헤아리고 그 바라는 바를 통하게 하는 이를, 동방은 기, 남방은 상, 서방은 적제, 북방은 역이라고 하였다.(五方之民, 言語不通, 嗜欲不同. 達其志, 通其欲, 東方曰寄, 南方曰象, 西方曰狄鞮, 北方曰譯.)"

501) 원문은 重九譯으로, 《史記》〈大宛傳〉의 "아홉 번의 통역을 거쳐 다른 나라의 풍속을 알게 된다(重九譯, 致殊俗)"라는 기록에서 처음 보인다. 《漢書》〈賈捐之傳〉에도 "월상씨는 아홉 번의 통역을 거치며 헌상하였다(越裳氏重九譯而獻)"라는 기록이 있다.

오문에서 쓰는 말의 번역澳譯502)

자연·시공간류[天地類]

하늘(天)[消吾: céu]

해(日)[梭爐: sol]

달(月)[龍呀: lua]

별(星)[意事爹利喇: estrela]

바람(風)[挽度: vento]

구름(雲)[奴皮: nuvem]

비(雨)[租華: chuva]

맑다(晴)[幇顚布: bom tempo]

이르다(早)[賒圖: cedo]

정오(午)[妙的呀: meio-dia]

밤(夜)[亞內的: à noite]

한밤중(半夜)[猫亞內的: meia-noite]

춥다(冷)[非了: frio]

덥다(熱)[堅的: quente]

동(東)[爹時離: leste]503)

남(南)[蘇盧: sul]

---

502) 이하 제시되는 포르투갈어는 Instituto Cultural do Governo da R. A. E. de Macau(澳門特別行政區政府文化局)에서 2009년 출간한 Jin Guo Ping(金國平)의 포르투갈어 역주본 *Breve Monografia de Macau*를 참조하였다. 다만 마카오에서 쓰이던 포르투갈 방언으로 옮겼으므로 오늘날 쓰이는 포르투갈어와는 의미상 차이가 있는 것들이 있다.

503) 음가상 爹는 爺의 오기로 보인다. 같은 이유로 정월燕爹爐의 爹 또한 爺의 오기로 보인다. 周振鶴, 〈五桂堂印本《澳門番語雜字全本》初探 一 兼及與《澳譯》的比較〉, 《或問》, 21號, 近代東西言語文化接觸研究會, 2011, 1-12쪽 참고.

서(西)[賀核時: oeste]

북(北)[諾的: norte]

폭풍이 불다(發風颶)[度方: tufão]

바람이 없다(無風)[噥叮挽度: não tem vento]

바람이 있다(有風)[叮挽度: tem vento]

바람이 세다(風大)[挽度架蘭地: vento grande]

가랑비(細雨)[庇記呢奴租華: pequeno chuva]

장대비(大雨)[租華架蘭地: chuva grande]

정월(正月)[燕爹爐: Janeiro]

이월(二月)[非比列爐: Fevereiro]

삼월(三月)[孖爐嗦: Março]

사월(四月)[亞比列爐: Abril]

오월(五月)[孖爐: Maio]

유월(六月)[欲欲: Junho]

칠월(七月)[欲爐: Julho]

팔월(八月)[亞歌數: Agosto]

구월(九月)[雪添補爐: Setembro]

시월(十月)[愛都補爐: Outubro]

십일월(十一月)[糯占補爐: Novembro]

십이월(十二月)[利占補爐: Dezembro]

작년(去年)[晏奴罷沙圖: ano passado]

금년(今年)[依時晏爐: este ano]

이번 달(今月)[依時羊士: este mês]

오늘(今日)[依時里亞: este dia]

지금(今時)[依時可喇: esta hora]

일 년(一年)[悞晏奴: um ano]

한 시간(一時)[悞可喇: uma hora]

한 달(一月)[悞尾時: um mês]

흐리다(天陰)[以土果力些: escurece][504]

땅(地)[争: chão]

산(山)[孖度: monte]

바다(海)[孖喇: mar]

물굽이(澳)[可古完度: abrigo (de) vento]

섬(島)[以里丫: ilha]

돌(石)[畢打喇: pedra]

물(水)[了古: água][505]

길(路)[監尾蘆: caminho]

담(墻)[覇利地: parede]

우물(井)[波酥: poço]

집(屋)[家自: casa]

가게(舖)[布的架: botica]

거리(街)[蘆呀: rua]

건물(樓)[所巳拉度: (as)soalhado][506]

창고(庫房)[哥肥里: cafre]

문을 열다(開門)[亞悲哩波打: abrir porta]

빗장을 걸다(閂門)[非渣波打: fechar porta]

성문(城門)[波打氏打的: porta (da) cidade]

관갑(關閘)[波打些蘆古: Porta (do) Cerco]

세관(稅舘)[芋浦: hopo]

전산채(前山寨)[家自罷令古: Casa Branco]

청주(青洲)[伊立灣列地: Ilha Verde]

---

504) 음가상 土는 士의 오기로 보인다.

505) 음가상 了는 丫의 오기로 보인다. 周振鶴, 위의 글 참고.

506) 음가사 巳는 巴의 오기로 보인다. 周振鶴, 위의 글 참고.

촌마을(村鄕)[亞喇的呀 : aldeia]

멀다(遠)[喻于: longe]

가깝다(近)[必度: perto]

해변(海邊)[罷蘊呀: praia]

산에 오르다(上山)[數畢孖度: subir mato]

물이 떨어지다(落水)[歪哪了古: vai na água][507]

길을 가다(行路)[晏打: andar]

물이 붇다(水長)[孖哩燕占地: maré enchente]

물이 빠지다(水退)[孖哩化贊地: maré vazante]

파도(波浪)[嗎利時: marés]

오문(澳門)[馬交: Macau]

의사정(議事亭)[事打的: cidade]

여송(呂宋)[萬尼立: Manila]

대서양(大西洋)[嗹奴: reino][508]

소서양(小西洋)[我呀: Goa]

갈라파(噶喇巴)[滅打比: Kelapa]

사람·생물·물품류[人物類]

황제(皇帝)[燕罷喇多盧: imperador]

관리(老爺)[蠻的哩: mandarim]

어르신(相公)[雍: ancião]

병사(兵)[疏打古: soldado]

하급관리(書辦)[意士記利橫: escrivão]

---

507) 음가상 了는 丫의 오기로 보인다.

508) 포르투갈을 가리킨다. reino는 왕국을 의미하는 포르투갈어로, 포르투갈의 식민지에서 포르투갈 본국을 부르던 호칭이다. 周振鶴, 위의 글 참고.

할아버지(亞公)[擺亞波: pai-avô]

할머니(亞婆)[自茶: chacha]

아버지(父)[擺: pai]

어머니(母)[買: mãe]

아들(子)[非盧: filho]

딸(女)[非喇: filha]

손주(孫)[列度: neto]

형(兄)[意利猛架蘭的: irmão grande]

동생(弟)[意利孟庇記呢奴: irmão pequeno]

언니(姊)[萬那: mana]

누이(妹)[意利孟: irmã]

삼촌(叔伯)[卽是挑: tio][509)]

형수(嫂)[冠也打: cunhada]

아내(妻)[共辦惹盧: companheiro]

며느리(媳婦)[懦喇: nora]

장인(外父)[疎古盧: sogro]

장모(外母)[疎架喇: sogra]

외삼촌(舅)[冠也度: cunhado]

사촌형제(表兄)[備僉無: primo]

사람(人)[因的: gente]

남자(男人)[可微: homem]

여자(女人)[務惹盧: mulher]

병두(兵頭)[個患多盧: governador]

시민들(四頭人)[事達丁: cidadão]

창고 감독관(管庫)[備喇故路多盧: procurador]

---

509) 원문은 "卽是挑"인데, 앞 두 글자 卽是는 설명하는 말이 잘못 들어간 것으로 보인다. 음가상 挑 하나만 쓰는 것이 맞다. 周振鶴, 위의 글 참고.

스님, 신부(和尙)[巴的梨: padre]
비구니, 수녀(尼姑)[非利也立: freira]
통역관(通事)[做路巴沙: jurubaça]
보장(保長)[架比沙奴牙: cabeça (de) rua]
중국인(唐人)[之那: china]
짐꾼(挑夫)[姑利: cule]
취사병(火頭)[故知也立: cozinheiro]
선원(水手)[罵利也路: marinheiro]
도선사(引水)[英加米央地: encaminhante (piloto)]
서양인(番人)[記利生: cristão]
도둑(賊)[喇打令: ladrão]
부자(富貴)[利古: rico]
가난한 사람(貧)[波比梨: pobre]
목수(木匠)[架變爹盧: carpinteiro]
미장이(坭水匠)[必的哩盧: pedreiro]
은세공인(銀匠)[芋哩比: ourives]
대장장이(鐵匠)[非列盧: ferreiro]
재단사(裁縫)[亞利非呀的: alfaiate]
동기제작자(銅匠)[個卑哩盧: cobreiro]
주석세공인(錫匠)[鬧卑哩盧: chapeiro]
노인(老人)[因的威盧: gente velho]
젊은이(後生人)[萬賒補: mancebo]
아이(孩子)[拉巴氏: rapaz]
남자 종(奴)[麼嗦: moço]
계집 종(婢)[麼沙: moça]
악인(惡人)[罷喇補: bravo]
호인(好人)[捧因的: bom gente]

머리(頭)[架比沙: cabeça]

머리카락(髮)[架威盧: cabelo]

눈(眼)[呵盧: olho]

눈썹(眉)[甚未賒剌: sobrancelha]

코(鼻)[那哩時: nariz]

입(口)[波家: boca]

이(牙)[顛的: dente]

혀(舌)[連古: língua]

수염(鬚)[巴喇罷: barba]

귀(耳)[芋非嘜: ouvido]

입술(唇)[卑嗉: beiço]

유방(乳)[孖痲: mama]

손(手)[孟: mão]

심장(心)[個囉生: coração]

배(肚)[馬哩家: barriga]

장(腸)[地利把: tripa]

간(肝)[非古嘜: fígado]

폐(肺)[波肥: bofe]

발(脚)[比: pé]

손가락(指)[爹度: dedo]

손톱(指甲)[官呀: unha]

호흡(氣)[巴符: bafo]

맥박(脈)[甫盧嗉: pulso]

힘줄(筋)[爹剌把: nervos, tendão]

뼈(骨)[可嗉: osso]

피부(皮)[卑梨: pele]

목(頸)[未氏哥做: pescoço]

용(龍)[寫利邊地: serpente]

호랑이(虎)[的忌利: tigre]

사자(獅)[霧: leão]

코끼리(象)[晏離蕃地: elefante]

사슴(鹿)[偉也度: veado]

소(牛)[瓦假: vaca]

양(羊)[甲必列度: cabrito]

토끼(兎)[灰蘆: coelho]

개(狗)[革佐路: cachorro]

고양이(貓)[迄度: gato]

돼지(猪)[波盧古: porco]

새끼돼지(小猪)[離當: leitão]

앵무새(鸚鵡)[架架都呀: catatua]

멧비둘기(斑鳩)[羅立: rola]

거위(鵞)[八打: pata]

비둘기(白鴿)[付罷: pomba]

참새(雀鳥)[巴蘇: pássaro][510)]

닭(雞)[架連呀: galinha]

물고기(魚)[卑時: peixe]

새우(蝦)[監巴朗: cambrám]

대합조개(蛤)[蠻都古: manduco]

소라(螺)[時砵: sipute]

나무(木)[包: pau]

대나무(竹)[麻無: bambu]

등자나무(橙)[喇蘭茶: laranja]

510) 乾隆本에는 "巴蘇路"로 되어 있고, 《澳門番語雜字全本》에는 "巴蘇咯"로 되어 있다.

소방목(蘇木)[沙朋: sapão]

밤(栗)[架沙呀: castanha]

후추(胡椒)[備免打: pimenta]

감(柿)[非古加其: figo caque ou figo cáqui]

대추(棗)[馬生: maçāo]

복숭아(桃)[卑時古: pêssego]

잭프루트(波羅密)[呀架: jaca]

자몽(柚)[任無也: jamboa]

석류(石榴)[路盲: romã]

정향(丁香)[諫拿立: canela]

목향(木香)[敎打: costo, pucho]

파파야(萬壽果)[覇拜也: papaia]

포도(葡萄)[任無朗: jambolão]

레몬(檸檬)[利盲: limão]

파(葱)[沙波喇: cebola]

마늘(蒜)[了盧: alho][511)]

오이(黃瓜)[備邊度: pepino]

가지(茄)[呀喇: terong]

참깨(芝麻)[戰之哩: gergelim]

호박(蕃瓜)[麽把喇見尔: bobra-guiné]

수박(西瓜)[罷爹架: pateca]

여주(苦瓜)[麻立哥胙: margoso]

생강(薑)[燕知波离: gengibre]

배추(白菜)[無刷打巴朗古: mostarda branca]

옹채(甕菜)[逕公: cancom]

---

511) 음가상 了는 丫의 오기로 보인다.

비름(莧)[麻養: baião]

겨자(芥)[無刷打: mostarda]

미나리(芹)[拉巴沙: rabaça]

중국 케일(芥蘭)[哥皮: couve]

바나나(蕉子)[非古: figo]

사탕수수(蔗)[奸那: cana]

고구마(蕃藷)[蔑打打: batata]

토란 (芋頭)[巖眉: inhame]

등나무(藤)[聿打: rota]

호박(琥珀)[藍比利牙: âmbar]

산호(珊瑚)[過喇盧: coral]

진주(珍珠)[亞佐肥嘀: aljôfar]

금(金)[阿嚧: ouro]

상아(象牙)[麻立分: marfim]

소뿔(牛角)[般打地無化立: ponta de búfalo]

납(鉛)[針步: chumbo]

주석(錫)[架領: calaim]

유황(硫磺)[燕仙蘇: incenso]

초석(硝)[耍列地利: salitre]

사프란(紅花)[富利布路羊路: açafrão]

침향(沉香)[也打: garro]

백단(檀香)[山度路: sândalo]

유향(乳香)[燕先嗉: incenso]

송진(松香)[鼻了: breu]

약재(藥材)[未知呀: mezinha]

유동나무 기름(桐油)[亞一地包: azeite de pau]

백반(白礬)[必都路眉: pedrume]

의복·음식류[衣食類]

모자(帽)[箚包: chapéu]

옷(衣裳)[架歪若: cabaia nuno][512]

장화(靴)[砵的: bota]

구두(鞋)[八度: sapato]

양말(襪)[麻牙: meia]

나막신(屐)[知獵步: chiripo]

짧은 바지(袴)[架喇生: calção]

띠, 끈, 실(帶)[非: fio]

치마(裙)[班奴: pano]

이불(被)[哥而揸: colcha]

모기장(帳)[架了: caia][513]

요(褥)[哥而争: colchão]

자리(席)[以士爹拉: esteira]

베개(枕)[租馬沙: chumaço]

허리띠(袴帶)[弗打: fita]

치마(裯)[西也: saia]

비단(緞)[悲沙: peça][514]

천, 무명(布)[耕架: ganga]

줄, 선, 실(線)[里惹: linha]

융단(絨)[些打: seda]

생사(絲)[些大機拿: seda queimã, seda china]

면화(棉花)[亞里古當: algodão]

---

512) 특히 얇고 투명한 면직의 중국식 짧은 외투를 가리킨다.

513) 음가상 了는 丫의 오기로 보인다.

514) 앞에서 段을 叚로 잘못 쓰고 있는 것과 같이 緞으로 보는 것이 맞다.

능직물(嗶吱)[彼被都了拿: sarja]

거친 나사(大呢)[巴奴: pano]

고운 나사(小呢)[西而非拏: seda fina]

우단(羽緞)[家羊羅以: chamalote][515]

우사(羽紗)[家羊浪: camelão][516]

먹다(食)[故未: comer]

마시다(飮)[比卑: beber]

쌀(米)[亞羅時: arroz]

밥을 먹다(食飯)[故未亞羅時: comer arroz]

죽(粥)[間治: canji][517]

아침식사(早飯)[亞路無沙: almoça]

점심식사(午飯)[數: ceia]

보리(麥)[也里古: trigo][518]

우유(牛乳)[幾胙: queijo]

소금(鹽)[沙蘆: sal]

기름(油)[阿熱地: azeite]

장(醬)[未疎: miçó]

초(醋)[而那己梨: vinagre]

설탕(糖)[亞家喇: jagra]

술(酒)[尾虐: vinho]

담배(烟)[大孖古: tabaco]

코담배(鼻烟)[布露輝盧: rapé]

515) 羽緞 또한 마찬가지로 羽緞으로 보는 것이 맞다.

516) 嘉慶本에는 비어 있으나, 乾隆本에는 "家羊浪"으로 되어 있어 이를 따랐다.

517) 《澳門番語雜字全本》에서는 "間治"으로 되어 있다. 포르투갈어 canja의 음역어로 보면 間治으로 보는 것이 맞다. 周振鶴, 위의 글 참고.

518) 음가상 "地里古"의 오기로 보인다. 周振鶴, 위의 글 참고.

아편(鴉片)[亞榮: anfião]

말린 찻잎(茶葉)[渣些古: chá seco]

빈랑(檳榔)[亞力家: areca]

떡(餅)[麼蘆: bolo]

야채(菜)[比列度: bredo]

제비집(燕窩)[連奴巴素蘆: ninho de pássaro]

해삼(海參)[未胙孖立: bicho mar]

상어지느러미(魚翅)[鴦渣地庇時: asa de peixe]

기물·숫자류[器數類]

식탁(桌)[務弗的: bufete]

의자(椅)[架爹喇: cadeira]

침대(床)[監麻: cama]

장농(櫃)[亞喇孖度: armário]

상자(盒)[務賒打: boceta]

저울(秤)[大爭: dachém]

말(斗)[雁打: ganta]

되(升)[租罷: chupa]

척(尺)[哥步度: côvado]

붓(筆)[變些立: pincel]

종이(紙)[覇悲立: papel]

먹(墨)[顛打: tinta]

젓가락(箸)[亞知己: faichi]

도자기, 접시(碗)[布素蘭奴: porcelana]

부엌, 부뚜막(竈)[富耕: fogão]

솥(鑊)[達租: tacho]

우산, 양산(傘)[岑悲利路: sombrelo]

북(鼓)[擔摩盧: tambor]

종(鐘)[仙奴: sino]

포(砲)[崩巴而大: bombarda]

총(鎗)[租沙: chuça]

칼(刀)[化加: faca]

안경(眼鏡)[惡古路: óculo]

망원경(千里鏡)[諫尼渣: canóculo]

자명종(自鳴鐘)[列羅西吾: relógio]

시간표(時辰表)[列那西了: relógio que dá horas]

모래시계(沙漏)[英波列達: ampulheta]

배(船)[英巴家生: embarcação]

일(一)[吾牙: uma]

이(二)[羅蘇: dois]

삼(三)[地里時: três]

사(四)[瓜度: quatro]

오(五)[星姑: cinco]

육(六)[些時: seis]

칠(七)[膝地: sete]

팔(八)[哀度: oito]

구(九)[那皮: nove]

십(十)[利時: dez]

백(一百)[吾山度: um cento]

천(一千)[吾味爐: um milhar]

만(一萬)[利時味爐: dez mil]

량(兩)[達耶兒: tael]

전(錢)[孖土: maz][519]

분(分)[公地鎖: condorim][520]

리(釐)[加以沙: caixa][521]

장(丈)[瓦拉: vara]

척(尺)[哥無度: côvado]

촌(寸)[崩度: ponto]

통용류[通用類]

너(爾)[窩些: você]

가다(去)[歪: vai]

사다(買)[公巴喇: compra]

팔다(賣)[灣爹: vende]

오다(來)[要永: sai]

앉다(坐)[散打: senta]

서다(企)[宴悲: em pé]

있다(有)[丁: tem]

없다(無)[噥丁: não tem]

울다(哭)[做刺: chora]

웃다(笑)[哩: ri]

떠나다(走開)[西的亞里: sai dali]

편지(書信)[吉打: carta]

보이다(看見)[也可刺: yá olhou]

---

519) 錢은 무게의 단위로 1兩의 10분의 1이다. 음가상 土는 士의 오기로 보인다.

520) 分은 무게의 단위로 1兩의 100분의 1이다.

521) 길이의 단위로는 1000분의 1尺이며, 무게의 단위는 1000분의 1兩이고, 넓이의 단위로는 100분의 1畝이다.

안 보이다(無看見)[嚨可剌: não olhou]

집에 돌아가다(回家)[歪加乍: vai a casa]

부탁하다(請)[啞了蘇: adeus][522)]

감사하다(多謝)[了蘸吧忌: lhe sou obrigado]

고소하다(告狀)[化知別地立: fazer pedido]

무역하다(貿易)[幹打剌度: contrato]

선량하다(良善)[馬素: manso]

까만색(黑)[必列度: preto]

하얀색(白)[覇郎古: branco]

충실하고 온후하다(忠厚)[共仙時: consciência]

고생하다(辛苦)[逕沙度: cansado]

강력하다(有力)[丁火沙: tem força]

병나다(病)[奴嚧: nulo]

아프다(痛)[堆: dói]

동전(馬錢)[膩故當][523)]

놀다(耍)[覇些也: passear]

밖(外)[科立: fora]

---

522) 헤어질 때 쓰는 인사인 adeus를 請으로 번역한 까닭은, 당시 중국 관리들이 찻잔을 들며 말로는 "請! 請!" 하지만 실상 그 속뜻은 가라는 뜻이었음을 반영한 것이다. 周振鶴, 위의 글 참고.

523) 馬錢은 보통 의사의 왕진료를 일컫는 말이지만, 膩故當이라는 발음에 상응하는 포르투갈어를 *Breve Monografia de Macau*에서 제시하지 않고 있다. 또 왕진료라는 설에 대해서도 의문을 표하고 있다. 즉, 膩故當은 네덜란드어 guilders나 gulden을 가리키는 것으로, 그것을 중국어로 馬錢이라고 부른 것은 gulden의 한쪽 면에 기마상이 새겨져 있었기 때문으로 추정하고 있다. *Breve Monografia de Macau*, 289쪽, 각주 840 참고. 한편 胡慧明은 고대 포르투갈 화폐를 reis라고 불렀으며 말을 가리키는 말레이어가 kuda라는 것에서 膩故當이라는 말이 나온 것으로 추정하였다. 周振鶴, 위의 글 참고.

안(內)[連度爐: dentro]
이야기하다(講)[法刺: fala]
외상값을 받다/빚을 독촉하다(討賬)[立架打里巴打: reclama dívida]
기쁘다(歡喜)[貢顚地: contente]
가르치다(敎)[燕線那因地: ensina gente]
배우다(學)[庇連爹: aprende]
잊다(忘記)[意氏記西: esquece]
축하하다(恭喜)[沒度掃煨打地: muita saudade]
마르다(乾)[錫故: seco]
젖다(濕)[無剌度: molhado]
게으르다(懶)[庇哩機蘇素: preguiçoso]
익다(熟)[故知度: cozido]
곧 도착하다(就到)[亞哥立這加: agora chega]
이자(利錢)[于欲: ganho][524]
살다(生)[偉步: vivo]
죽다(死)[磨利: morre]
추하다(醜)[貓: mau]
지금(如今)[亞哥立: agora]
살찌다(肥)[噶度: gordo]
마르다(瘦)[孖古度: magro]

524) 음가상 于는 干의 오기로 보인다.

권말

후서後序

오문은 향읍香邑의 한 귀퉁이로, 바다 저 끝에 홀로 매달려 있으며 외양外洋과 바로 맞닿아 있다. 월粵 땅으로 들어오는 외국의 선박들은 반드시 이곳을 거쳐야 도달할 수 있고 게다가 외국 오랑캐가 붙어 사는 곳도 있으니, 어찌 경계를 느슨히 할 수 있겠는가? 이에 옹정雍正 8년(1730)에는 향산 현승縣丞을 두고 전산채前山寨에 나누어 주둔하게 하면서 우리 백성과 외국 오랑캐들 간에 얽히고설킨 업무를 전적으로 담당케 하였고, 건륭乾隆 8년(1743)에는 대부大府에서 또 동지同知 한 명을 둘 것을 건의하여 변병弁兵을 나누어 다스리며 진압하게 하였는데, 내가 그 일의 책임자로 발탁되었다.

재주도 없는 나는 이 직무가 전에 없었던 것임을 생각하여 바닷가 섬들을 두루 돌아다니면서 우리 백성과 외국 사람들을 방문하고, 책들을 수집한 다음 보고 들은 바를 기록으로 남겼다. 그렇게 함으로써 지방지地方志의 빠진 부분에 만에 하나라도 보완이 될 수 있기를 바랐으나, 고찰이 완벽하지 못하고 문장이 매끄럽지 못하여 여러 박식한 군자들이 나타나기를 기다려야만 한다. 이것이 《기략》을 쓰게 된 유래이다.

건륭 11년(1746) 봄에, 나는 조서를 받들고 황제를 알현하게 되었는데, 나를 대신해 오게 된 장여림이 실로 문재文才가 실로 뛰어나기에 원고를 그에게 부탁하면서 함께 완성하기를 기대했다. 그러나 장여림은 이렇게 말했다.

"저는 문서를 정리하느라 몹시 지쳐서 이 일은 할 수 없을 것 같습니다. 월수산장粵秀山長 서홍천徐鴻泉[1]은 저와 같은 해에 과거에 급제한 사람인데, 그대와도 뜻이 잘 맞을 듯하니, 그에게 교정을 부탁해보시는 것이 어떻겠습니까?"

나는 "좋습니다!" 하고는 원고를 서홍천에게 맡기고 떠나왔다.

황제를 알현한 후 나는 그만 병이 나서 잠시 고향으로 돌아갔다가 사람을 보내 일전에 보낸 원고를 찾아오게 했는데, 서홍천은 이미 몸져누워 있었고, 얼마 지나지 않아 세상을 떠나는 바람에 원고의 원본이 사라지고 말았다. 그때 나는 다시 월 땅으로 들어가 신미년(1751) 4월에 조주潮洲의 관직을 대행하게 되었는데, 장여림 또한 섭차사攝鹺司[2]로 그곳에 오게 되었다. 우리는 공무를 마친 여가에 함께 앉아 이야기하다가 원고 잃어버린 일에 이야기가 미칠 때면 매번 오래도록 탄식하였다. 이에 나는 여기저기 흩어져 있는 남은 종이를 수습하기 시작했는데, 한 열흘 주워 모았더니 열에 여덟아홉이 갖추어졌다. 장여림이 체제를 정하고 대대적으로 증감하였더니, 원래 원고의 거친 상태에 비해 전혀 다른 것이 되었다.

아! 이 책은 겨우 두 질帙에 지나지 않으며, 편장篇章도 전혀 번다

1) 徐鴻泉이 건륭 연간 초에 粵秀書院의 山長을 역임했으므로 그렇게 부른 것이다.
2) 攝鹺司는 지방에서 소금관련 업무를 관장하던 鹽運使를 말한다.

하지 않다. 그런데도 기어이 오랜 세월을 끌었던 것은, 건륭 10년(1745)에 쓰기 시작하여 거칠게 완성한 원고를 서홍천의 손에서 잃어버렸기 때문이다. 그러나 5-6년의 세월이 지나도록 온전치 못한 종이와 남겨진 먹물 자국을 대나무 상자 안에 처박아 두었음에도 좀이 슬지 않고 있다가 지금에 이르러 이렇게 다시 모아 책으로 엮을 수 있게 되었으니, 장여림이 아니었다면 완성될 수 없었을 것이고, 봉성鳳城[3)]에서 함께 관직 생활을 하지 않았다면 더더욱 완성될 수 없었을 것이다. 많지도 않은 권질卷帙이 여러 차례 모였다 흩어졌다 하였으나 끝내 완성을 막을 수 없었으니, 그 사이에 아마도 운이라는 것이 있는가 보다. 이에 적어 기록해 놓는다.

건륭 16년(1751) 신미년 초가을
보산寶山 사람 인광임

3) 廣東 潮州를 가리킨다. 조주 북쪽에 鳳凰山이 있어 봉성이라 불렸다.

新廟
縣丞衙門
三巴門
田
花王廟
唐人廟
青洲山

오문기략 원문

澳門記畧

二卷

嘉慶庚申重刊於江寧藩署

序

《澳門記略》一書, 印子僝之而屬張子蕆乃事者也. 其云'略'何也? 牘削兩手, 而需成者七八年. 今書凡三篇, 擧其一以麗其餘, 以言乎體例則不備, 以言乎羣類則弗該, 故曰'略'也. 分守之職, 率爲冗閒, 而澳儗專閫, 隷四望縣, 事云賾已. 今涉於澳者厘著之, 否悉舍之, 上不偪郡乘, 下不陵一邑之書. 然則'略'者, 昭其共也. 且西蕃逿矣. 九州之大, 騶衍有言, 而亥步或未之歷. 其《職方外紀》諸書, 復囿於聽睹, 而力不能致. 君子曰, 惟其蕃也, 以'略'之者外之, 於其所不知, 以'略'之者闕之也.

間嘗取《大一統輿圖》而覽之, 意大里亞在西海之極, 與陸處之俄羅斯直. 澳門, 南交一黑子耳, 一枝遠寄, 等於蒙鳩. 顧自濠鏡開市以還, 一百餘歲間. 大事修戎, 小事修刑. 而余與印子值紅毛·弗郎西·呂宋之轇轕, 兵頭若些之愎盭, 念予手之拮据, 尋已事之龜鑑. 篇中尤三致意焉, 抑亦將籍爲吾補過之書而已.

客有難之者曰, "古人書以'略'名, 惟漢劉子駿總羣籍爲書, 謂之《七略》. 今子之意將毋同?" 張子曰, "歆書曰'略', 遜其名也. 余書曰'略', 章其實也, 何必同? 雖然, 有說焉. 子輿氏曰, '嘗聞其略.' 又曰, '此其大略.' 政莫大乎官制·田制, 而數數云爾者, 一以咎諸候[1], 一以望滕子. 是書成, 前乎吾之君子, 書缺有間, 所不敢尤, 若踵事而潤色之, 則惡能亾? 慨然長望於後之君子也." 印子聞之曰, "是吾志也. 請并書之以爲序."

乾隆十六年 歲在重光協洽之七夕

宣城 張汝霖 書

1) 乾隆本에는 "侯"로 되어 있다.

香山縣志列傳

印光任, 江南寶山人, 由保擧孝廉奉命來粤, 所至有政績. 乾隆八年六月, 夷人暎咭唎於外海仇劫呂宋船, 併其貲貨, 復擄其人口, 風急飄至內洋. 任時蒞東莞, 上憲檄委盤詰. 任航海, 反覆諭以王章. 諸彝畏服, 將所擄俘酋五百餘人送出, 委員交澳夷遞回本國, 數百生靈籍以全活. 上憲廉其才, 題授肇慶府同知. 尋以澳門海口要地, 亟資彈壓, 改爲廣州府海防軍民同知, 駐劄前山寨.

前山距澳門三里許, 築城鑿池, 屹然重鎭. 甫下車, 偵知呂宋哨船泊十字門外, 圖復前仇, 任以外夷互相搆兵, 恐爲海濱患, 傳夷目申明恩義, 動其天良. 踰數日, 揚帆去. 十年六月, 暎咭唎復糾合嗊嘓夷, 駛六巨艦, 伺刦呂宋商船, 沿海居民驚詫. 時秋哨舟師雲集澳門, 任會同移師海口, 分佈防範. 適呿啷哂商舶鼓浪南來, 呿啷哂者, 呂宋姻黨也. 暎咭唎殺機頓起, 各船一時掛帆起椗, 將往截刦. 任忿甚, 帶領弁員坐駕哨船, 督率各營舟師, 放至海面, 橫截中流. 遣澳門夷目先駕小舟, 諭曉天朝法律嚴明, 難容內地猖獗. 憤厲激切, 蝟鬚魋結之徒始惕息卸帆, 而呿啷哂得從老萬山乘風駛進虎門. 越日, 諸番船亦次第遠遁, 洋海敉寧, 商民安枕. 上憲據事兩經奏聞, 俱極稱旨.

居恒撫馭澳夷, 開誠布公, 示以恩信, 民夷洽和. 故當艸創之始, 遺大投艱, 得以從容擘畫, 切中機宜, 絶無掣肘之患. 性復豁達, 簡閱士卒, 寓恩于威. 尤加意人才義學, 課藝手訂甲乙, 多士每籍其裁成. 而於單寒者頻爲資助, 士人至今德之. 生平無書不讀, 制義揣摩深邃, 刊刻流傳, 海內奉爲拱璧. 古今體詩溫厚和平, 深得唐人三昧. 公餘輒問佳山水，偕人士酌酒擘箋．唱酬成帙．

嗣以東莞稅事造冊遲延，部議鐫級，奉旨引見．就道日，各屬士民買舟送至數百里外，旗幟掩映，紅蘸江流，至今傳爲盛事．十一年秋，入覲彤廷，承溫旨回粵補用，尋擢粵閩南澳軍民同知．香人借冦未能，每讀《銕城唱和集》，輒思江州司馬不置也．

張汝霖，江南宣城人，由選拔知縣事．廉介公愼．有經世才．甫下車，卽以釐奸剔弊爲己任，凡不便於民者悉去之．邑故繁劇，且承廢弛後，積案紛叢．霖晝則坐堂皇讞獄，摘發如神，夜則秉燭治文書，雙眸炯炯．漏下十餘刻始隱几假寐，嚴寒盛暑率以爲常．

有阮亞珠者，病羸，被宄誘致湖洲山，叱探其膽．珠方不知所爲，俄藤勒喉間，悶幾死．乃割其腹，以足蹈之，腸肺迸出，宄驚逸．逾時珠轉甦，兩手兜其腸肺，且行且跌．有見之山下者，告其母往視．珠具述所以，且曰，"刃我者，龍眼都高姓也．" 語訖而瞑．告官勘驗後，高姓人人自危．而事頗新異，喧傳省下．時方大索太湖採生奸徒亟，上官疑其餘黨，且事非一人可爲，嚴檄責捕．一邑驚愕．霖五日得其主名，一訊卽伏，乃劉而嫁高者．或詰其從犯，以珠母爲左證，得免株累．法凡採生，括犯者家產給其屬，珠叔涎之．霖召珠母而告之曰，"而鏹乎而子也，子在倚子，子亾倚鏹，可勿念乎？" 爲畀之質庫，月食其息．今珠母子亾不失養，子絶得繼孫者，霖擘畫之惠也．

霖念海濱積淤成田，爲吾民利，經畫既已盡善．而山坳陁冏，畸零磽确之區，猶可蓺植雜糧．因力請於上，十畝下聽民自墾，免其陞科，給爲業．縣南舊有羅婆陂，久爲豪强改築，遏水自利，民多苦之．霖詣勘得實，詳允修復故道，藉灌民田數百頃．城內豐山麓爲書院故址，霖拓而新之，前建講堂，後列齋舍．進諸生肄業其中，置鹵田四頃爲膏火資．課蓺經其指授者，爲文咸有矩矱，先後咸獲雋．善養善敎，百餘年僅一見也．他如築長堤以護河渠，改南橋以利行旅，悉次第舉行．而於表忠式墓之典，三致意焉. 宋末張太傅越國公藁葬赤坎村, 數百年來榛莽翳如, 幾爲狐兎穴, 霖行部至止, 捐貲伐石封碑, 華表煥然. 仍設祀田, 遣官春秋祭.

旋擢澳門海防同知. 地彝人雜處, 叵測靡常, 霖撫以恩威. 番僧以天主教惑衆, 於三巴諸番寺外專立一廟, 煽誘內地民人, 名曰'唐人廟'. 近如南·順, 遠至江·楚, 戒期麕集, 男女翕從, 君子病之, 百年而無如何也. 會閩省西教姦淫事發, 上詔諸道察治, 公密白兩府入告. 廟乃得封, 有私入其教者, 罪之如律. 先是, 封廟之令下, 夷人憪然不伏. 有兵頭者, 尤桀驁, 議以武抗. 霖手疏數百言, 反覆諭其是非, 而利害之形亦具. 計檄且至, 霖單騎赴之. 夷大感悟, 環抱霖足而泣, 誓永扃其廟不復犯. 其膽識濟變類如此.

霖以他族之逼處也, 蒿目憂之, 時時見諸吟咏. 著論四首, 備言其病與所以藥之之方, 而積重難返. 適夷人夜斃簡亞二·李廷富, 雖獻兇身, 中國憲, 心力幾瘁, 卒以兵頭擅遣之故, 鐫級去. 然且傳諭西洋王, 遣使就勘, 囚執兵頭以歸. 因條陳善後十餘事, 憲府下其議, 勒諸石.

性嗜學, 凡兵刑·錢穀·律歷[2]諸書, 靡不淹貫, 故敷政張弛盡善. 尤工詩文, 能於漢·魏·六朝·唐·宋·元·明外別闢堂奧, 自成一家言, 海內名流翕然宗仰. 著有《辛辛草》·《吳越吟》·《耳鳴集》若干卷. 去任之日, 士民謳思不置.

2) 乾隆本과 嘉慶本 모두 乾隆帝의 이름 弘曆을 避諱하여 曆을 歷으로 쓰고 있다. 萬歷도 그 예이다.

廣西太平府知府印公傳

雍正四年, 世宗憲皇帝詔天下督撫各擧孝廉方正之士, 江蘇布政使張公坦麟以寶山廩生印公應詔. 制府尹文端公一見大奇之, 具疏特薦, 奉旨發廣東, 以知縣用. 初署高州石城縣, 實授廣寧, 調高要, 再調東莞. 所到之地, 捕盜殺虎, 去其害民者, 修學校, 設書院, 拔其俊秀. 不逾年, 民間外戶不閉, 人文蔚興.

新興民誣其仇謀逆, 公鞠得其情, 抵誣告者罪, 釋纍係者四十餘人.

乙卯四月, 黔省古州苗叛, 公趨告制府鄂公曰, "黔省軍興, 東南兩粤宜爲聲援. 但用兵須神速, 如雷霆震駭之, 可不戰而服." 鄂公以爲然, 卽命參將楊某發所部介士, 鳴鼓張旗而往, 羣苗果潰. 鄂公歎曰, "印令不止循吏, 竟是將才!"

東莞臨大海, 兩戒之守, 以虎門爲限. 癸亥六月, 海大風, 有二巨舶進虎門, 泊獅子洋, 鬈髮猙獰, 兵械森列, 莞城大驚. 制府策楞欲興兵彈壓, 布政使富察託公庸笑曰, "無須也, 但委印令料理, 抵精兵十萬矣." 制府召公謀, 公曰, "彼夷酋也, 見中國兵興, 恐激生他變, 某願親往說降之." 卽乘小舟, 從譯者一人, 登舟詰問. 方知暎夷與呂宋仇殺, 俘其人五百以歸, 遇風飄入內地, 篷碎糧竭, 下碇修船. 五百人者, 向公呼號乞命. 公知暎酋將有乞糧之請, 而修船必需內地工匠, 略捉搦之可制其死命, 乃歸告制府及託公, 先遏糴以飢之, 再匿船匠以難之. 暎酋果大窘, 不得已命其頭目叩關求見. 公直曉之曰, "天朝柔遠, 一視同仁, 惡人爭鬪. 汝能獻所浮五百人, 聽中國處分, 則米禁立開, 當喚造船者替修篷桅, 送汝歸國." 暎酋初意遲疑, 旣而商之羣酋, 無可奈何, 伏地唯唯. 所俘五百人焚香懽呼, 其聲殷天. 制府命交還呂宋, 而一面奏聞. 天子大悅, 以爲馭遠人深得大體, 卽命海門添設同知一員, 而遷公駐劄焉.

居亾何, 番部呿嘟哂入澳貿易, 嘆咭唎貪其貨, 先後發六艘, 詭言來市, 陰謀簒取. 公察其姦, 探呿酋將至, 命熟海道者導其船, 繞過十字門, 取道老萬山外, 進虎門以避之. 嘆夷六船果起碇揚帆, 將尾其後. 公駕戰艦, 督水師營兵出海, 召嘆酋, 厲聲叱之曰, "若來何爲? 利人貨物, 將作賊耶? 我奉制府令, 若傷呿嘟人, 卽將爾國人之在黃浦者抵償. 若奪其貨, 卽將汝貨之在牙行者抵償." 言訖, 揮健兒千餘, 披甲張炮, 環其舶而守之. 嘆酋禁聲, 登時六船搖艣去, 而呿嘟船早已安渡虎頭門矣. 當是時, 微公逆折之, 俾其奪氣, 則二國兵交, 而中華亦受其跆籍. 賴公任海疆久, 于諸夷種類支派, 某弱某强, 某狡某愚, 其地之山川形勢, 靡不部居别白於胸中. 以故先事預謀, 當機立斷, 終公之任, 海面肅然.

丙寅夏, 因公落職, 引見奉旨仍發廣東補用. 順道還家省親先塋, 泣別昆季, 悽愴傷懷, 有林泉終老之思. 適粵督策公過吳, 强起之, 曰, "汝神明不衰, 尙宜出而報國." 公感知己恩, 重到粵東, 補南澳同知, 陞廣西慶遠府知府, 再調太平.

粵西與黔滇接界, 民苗羼襍, 有劫奪一案, 傷數十口, 五年未獲主名. 公到不踰月, 眞凶盡獲, 三省稱神. 會太平鹽引不銷, 又被議解. 任篆已卸矣, 聞所屬都結州有宼獄, 公奮曰, "我舊官長, 不忍赤子覆盆下." 卽往其地, 廉得巨姦某, 向充土司頭目, 竊其印文作祟, 乃突詣其家, 搜得舞文底稿, 袖呈大府, 一訊而宼雪. 公歎曰, "吾臨去, 猶能活數十百姓, 勝賜卓茂三公之服矣!" 出城時, 一路老幼攀車轅嗅靴鼻者, 不絶于道.

公名光任, 字黼昌, 號炳巖. 籍隷寶山. 生而孝于親, 信于友. 與高要舊令顧某交代, 知其賢, 代爲還課. 屢解大紛, 建奇績, 而絶不自矜. 同官有忌才尼公者, 公付之浮雲, 不以介意. 歸後囊橐蕭然, 散步田野, 閒話桑廠, 人不知其官二千石也. 卒年六十有八. 所著有《炳巖詩文集》·《翊蘄編》·《澳門紀略》·《補亭集話》·《雨吟碎琴草》·《鐵城唱和》等書.

舊史氏曰, 三十年前, 余書富察託公四事, 卽深知印公之賢, 心儀之久矣. 今秋其孫鴻經·鴻緯等, 乞爲乃祖立傳, 讀狀方知公才流經通, 具絶大器識. 雖受知聖明, 官太守, 而終未竟其用, 殊爲可惋. 然其長子憲曾觀察吾鄕, 仁心仁聞, 聲施爛然. 太史鴻經, 于余爲詞館後輩, 鴻緯應孝廉方正之擧, 克纘先緖, 追述祖德. 通書往來, 仁孝可風. 昔人云, "文章有神". 又曰, "善人有後." 嗚呼, 吾觀印氏三世, 斯言信矣!

賜進士出身, 翰林院庶吉士, 改知江寧縣事, 甲子科江南同考官,
丙辰薦擧博學鴻詞, 錢塘袁枚頓首拜譔.

廣州府澳門海防同知贈中憲大夫翰林院侍讀張君墓誌銘幷序

君諱汝霖, 字芸墅, 宣城張氏. 大父諱宿, 父諱中聖, 皆爲縣學生, 皆贈中憲大夫. 君自縣學生, 雍正十三年爲拔貢生. 旋以人才保舉, 乾隆元年引見, 命爲知縣分發廣東, 任河源·香山·陽春知縣. 其至香山者再, 而攝署之縣又三四焉.

君初在香山, 遭母汪太恭人喪憂居, 新任令未至, 姦民賴姓乘隙爲亂. 君卽起, 捕倡亂者寘之法, 而杖校其和從者. 逮新令至, 而邑已寧. 其後至香山, 免荒埔報升之稅, 修城南羅婆陂, 成灌漑之利, 而禁豪家爲隄堰之厲民者. 海南徐聞縣, 民惰窳, 布種後不知糞耨槔車之事, 而婚姻尤無禮式, 君攝其令, 乃敎之如內民. 時廣東有開鑛採銅者七縣, 地方盡而役未止. 君攝英德縣, 知其病, 請于巡撫, 爲奏停焉.

澳門者, 香山南境, 斗入海, 西洋夷民居之, 以與中國爲市. 時設同知官甫二年, 上吏以君賢, 俾攝其職. 君尤能得夷民情而柔調之, 故卒授君爲澳門同知. 値事, 吏議降一級. 上官惜君去, 奏請留粵, 而部議不許, 君遂返宣城, 不復出矣.

君博學多聞, 尤工騈體文及詩. 嘗爲《澳門記畧》, 輯《宛雅》四十六卷詩約若干卷, 自爲詩文集三十卷·政牘五十卷. 乾隆三十四年七月八日卒於家, 年六十一. 夫人袁太恭人, 生君長子燾, 乾隆癸未科進士, 爲翰林院侍讀, 得贈君如其官. 一女, 適附監生梅學. 側室梁太安人, 生二子, 廣西布政司經歷煦, 嘉慶丙辰薦舉孝廉方正科 · 給六品頂帶炯. 二女, 一適廩生劉辛, 一字丁酉拔貢生丁有基, 未嫁死. 孫曾孫若干人. 乾隆〼〼年〼〼月〼〼日, 葬君于寧國縣花塢山村之原.

桐城姚鼐與燾爲進士同年，又與炯相知，於君葬後，爲君補爲墓銘. 銘曰，“懿維君，吏海瀆，安內民，外夷馴. 爲國勤，著有勳，未上聞，乘歸輪. 聚典墳，閎厥文，子繼振，蔚以彬，昭億春. 吾銘云，瘞泯泯.”

賜進士出身，刑部郎中，候補監察御史，山東湖南主考官，
翰林院庶吉士，年愚侄姚鼐撰.

欽定四庫全書總目提要
史部地理志

【《澳門記畧》二卷 安徽巡撫採進本】

國朝印光任·張汝霖同撰. 光任字黻昌, 寶山人, 官至太平府知府. 汝霖字芸墅, 宣城人, 由拔貢生官至澳門同知. 考濠鏡澳之名, 見於《明史》. 其南有四山離立, 海水交貫成十字, 曰“十字門”, 今稱“澳門”, 屬香山懸. 乾隆九年, 始置澳門同知, 光任·汝霖相繼爲此職. 光任初作是書未竟, 至汝霖乃踵成之. 凡爲三篇, 首〈形勢〉, 次〈官守〉, 次〈澳番〉. 〈形勢篇〉爲圖十二, 〈澳番篇〉爲圖六. 考《明史 · 地理志》, 祇載南頭 · 屯門 · 鷄棲 · 佛堂門 · 十字門 · 冷水角 · 老萬山 · 零丁洋澳諸名, 與虎頭山關之類, 其他皆未記其詳. 此書於山海之險要, 防禦之得失, 言之最悉. 蓋史擧大綱, 志詳細目, 載筆者各有體裁耳.

江寧布政使 臣 孫日秉
日講起居注官翰林院侍讀 臣 張燾
翰林院庶吉士 臣 印鴻經
廣西布政司經歷 臣 張煦
舉孝廉方正六品頂帶 臣 印鴻緯
原授江南鹽法道 臣 孫燕翼
舉孝廉方正六品頂帶 臣 張炯
奉天府承德縣學生員 臣 孫馮翼 恭刊

重雕澳門記畧題辭依用二宋全韻

兩公有才凌沈宋, 家守遺編盡珍重. 文瀾直與海潮爭, 安邊緯畧爲國用. 形勢官守及澳蕃, 善紀民風媲雅頌. 搜羅錄入四庫書, 海內詞人反覆誦. 當其搦管開軍門, 古里占城尊一統. 炎波能令大鵬飛, 怒濤得遂巨鱗縱. 嘆咭唎退西洋來, 天遣文人解忿訟.【事載列傳】江河終古同流傳, 蓺圃書田自耕種.

馮也蠡測望洋驚, 小儒何足矜博綜. 願書萬本示後來, 重付雕鐫分鶴俸. 但恨生已廿年遲, 不及升堂笑語共. 東坡曾作海外文, 龍宮應遣名花供. 今年我跨東海東, 只有圖書壓騎從. 長風萬頃堆琉璃, 月車碾浪照巖縫. 遙指南澳隔重雲, 茫茫但見凌波葑. 伸看開卷如臥遊, 懋績奇文達所壅. 老屋燈爲校書青, 如讀西京賦汧雍. 肯堂肯構子若孫, 芸香不被蛛網封. 蓬山價重鶴書求, 珥筆詞曹掃雰霧. 栝棬手澤什襲藏, 程門我愧才愚惷. 鄭箋郭注力未能, 偶誤偏旁不覺恐. 晴窗高讀日取柔,【《四庫全書》以此種列之史部】莫哂嗜痂爲人瘲.

承德 孫馮翼

澳門記畧總目

澳門記畧上卷

目錄

海防属總圖

前山寨圖

青洲山圖

縣丞衙署圖

正面澳門圖

側面澳門圖

關部行臺圖

稅館圖

議事亭圖

娘媽角圖

虎門圖

澳門記畧 上卷

寶山 印光任, 宣城 張汝霖 篹

形勢篇 [潮汐風侯附]

濠鏡澳之名著於《明史》. 其曰澳門, 則以澳南有四山離立, 海水縱橫貫其中, 成十字, 曰十字門, 故合稱澳門. 或曰澳有南臺·北臺兩山相對如門云.

澳今西洋意大里亞夷人僦居, 環以海, 惟一逕達前山. 故前山爲拊背扼吭地. 北距香山縣一百二十里而遙, 南至澳門十有五里而近. 其有寨, 自明天啓元年始, 立叅將府. 前爲轅門, 置鼓吹亭二, 中爲正衙·後衙, 左鐘樓, 右書齋. 後爲燕室, 爲庖·湢·井·厠, 規制宏備. 國初因之, 康熙三年, 改爲副將府. 未幾, 以左營都司代.

何準道曰, "康熙七年秋, 海賊從寨右登岸, 攻刦果福園村. 副鎭遂請移駐縣城, 坐令扼塞之地武備損威."

相仍至今.

五十六年, 建土城, 周圍四百七十五丈, 崇九尺, 厚三之一. 每城二十丈, 增築子城一丈, 凡二十四丈. 爲門三, 北偪於山, 故不門. 起礮臺·兵房於西南二門之上, 臺各置礮四, 分置城上者六. 二門外復建臺, 列礮各十. 皆知縣陳應吉經理之. 雍正八年, 設縣丞署. 乾隆九年, 建廣州府海防同知署於副將府地, 悉如舊制. 旁增兵舍百間, 以縣丞署爲海防營把總署, 而前山之勢益重. 東門外有八株松, 是爲敎場.

出南門不數里爲蓮花莖, 卽所謂一徑可達者. 前山·澳山對峙於海南北, 莖以一沙隄亘其間. 徑十里, 廣五六丈. 莖盡處有山拔起, 跗蕚連蜷, 曰蓮花山. 莖從山而名也. 萬歷二年, 莖半設閘, 官司啓閉. 上爲樓三間, 歲久圮. 康熙十二年, 知縣申良翰修, 增建官廳於旁, 以資戍守.

出閘經蓮花山, 下有天妃廟.

印光任〈蓮峯夕照〉詩:
蓮峯來夕照, 光散落霞紅. 樓閣歸余界,[3] 烟林入錦韸.
文章天自富, 烘染晚尤工. 只恐將軍畵, 難分造化工.

北麓有馬蛟石, 擶而磽, 無趾, 三小石承之. 相傳浮浪至. 稍南爲望厦村, 有縣丞新署. 村前二石, 每於烟月迷離之際, 望若男女比肩立, 卽之仍石也. 夷人反目於室, 出則詣石禳解之, 名'公婆石'.

過村折而西南, 一山靑巉, 中嵌白屋數十百間. 形繚而曲, 東西五六里, 南北半之. 有南北二灣, 可以泊船. 或曰南環.

印光任〈南環浴日〉詩:
海岸如環抱, 新潮浴渴烏. 鎔金看躍冶, 丹藥走洪爐.
舟泛桃花浪, 龍盤赤水珠. 蠻烟頓淸廓, 萬象盡昭蘇.

二灣規圜如鏡, 故曰濠鏡.

印光任〈濠鏡夜月〉詩:
月出濠開鏡, 淸光一海天. 島深驚雪積, 珠湧咤龍旋.
傑閣都淩漢, 低星欲盪船. 纖塵飛不到, 誰是廣寒仙.

3) 乾隆本(西阪艸堂藏版)에서는 "金界"로 되어 있다.

是稱澳焉.

前明故有提調·備倭·巡緝行署三, 今惟議事亭不廢. 國朝設有海關監督行臺及稅館. 其商儈·傳譯·買辦諸雜色人多閩産, 若工匠, 若販夫·店戶, 則多粵人. 賃夷屋以居, 烟火簇簇成聚落.

其舟楫有高尾艇, 有西瓜扁, 又有省渡·石岐渡·新會江門渡. 有竒石三. 一, 洋船石. 相傳明萬歷時, 閩賈巨舶被颶殆甚, 俄見神女立於山側, 一舟遂安. 立廟祠天妃, 名其地曰娘媽角. '娘媽'者, 閩語天妃也. 於廟前石上鐫舟形及'利涉大川'四字, 以昭神異. 一, 海覺石, 在娘媽角左. 壁立數十尋, 有墨書'海覺'二字, 字徑逾丈. 一, 蝦蟇石. 其形圓, 其色青潤. 每風雨當夕, 海潮初上, 則閣閣有聲.

雍正七年觀風整俗使焦祈年, 乾隆十年分巡廣南韶連道薛韞, 先後巡視有記.

【焦記見諸志不載.】

薛韞《澳門記》:

自香山縣鳳棲嶺迤南, 凡一百二十里至前山. 又二十里爲濠鏡澳. 不至澳六七里, 山嶄然斷, 亘沙隄如長橋, 曰蓮花莖. 莖末山又特起, 名蓮花山. 又伏又起, 中曲坳. 長五六里, 廣半之, 直坤艮, 是稱'澳'焉. 澳惟一莖繫于陸, 餽糧食. 餘盡海也, 以故內洋舟達澳尤便捷. 遵澳而南, 放洋十里許, 右舵尾, 左鷄鵐. 又十里許, 右橫琴, 左九澳. 灣峯表裏四立, 象箕宿. 縱橫成十字, 曰'十字門'. 又稱'澳門'云. 其東南百里間爲老萬山, 孤島具營壘. 山東北注虎門, 屬蕃舶入中國道. 此山外則天水混同, 無復山矣. 而澳夷出入洋則不於虎門, 於十字門. 二門俱斜直老萬山, 十字門特近澳也.

澳彝西洋族, 自嘉靖三十年來此, 歲輸廛緡五百一十有五. 孳育蕃息, 汔今二百有餘年矣. 其戶四百二十有奇, 其丁口三千四百有奇. 白主黑奴, 內剌兵一百五十名. 其渠目, 兵頭一, 掌兵. 理事官一, 司庫. 判事官一, 司獄. 而總領於蕃僧一人. 其敎號天主. 其業惟市舶, 慧者肄天官術. 爲廟者八, 曰三巴, 曰咖斯闌, 曰大廟, 曰板障, 曰龍鬆, 曰風信, 曰支糧, 曰花王. 附廟置獄, 獄三重. 薄罪圈拘, 聽禮拜廟卽釋, 重則縛至礮口擊入海. 爲礮臺者六, 曰東望洋, 曰咖斯闌, 曰三巴, 曰南灣, 曰西望洋, 曰娘媽角. 礮銅具四十六, 鐵具三十, 大者六十一, 小者十有五. 凡廟若礮臺, 獨三巴爲崇閎焉.

乾隆十年乙丑二月十四日, 予以巡海至止, 偕海防印同知光任, 香山江令日暄登乃臺. 譯人次理事官前導, 而兵目領蕃卒. 手布繡旗, 肩鳥銃, 一十二人排右. 臺方廣可百畝, 中有堂. 西南指十字門, 東望則九洲洋, 如列星羅几硏間. 下卽宋文天祥勤王經由之伶仃洋也. 西望則三竈·黃楊諸山而北, 折而上爲崖山也. 轉而內矚, 洲嶼參互, 水有艨艟哨槳之次比, 陸有亭障壁壘之相望. 前山寨拊其背, 虎門扼其吭, 國家御內控外, 大一統豈不偉哉!

《易》〈坎傳〉曰, "王公設險以守其國." '坎, 水也.' 水之大者惟海. 嗚乎, 聖人慮變之情, 玆深切矣! 是故中外之坊, 《春秋》所謹. 況於重溟連天, 港渚紛岐, 其爲鎻鑰也亦僅耳. 蠻人越洋市利, 頑黠難馴. 而 寇攘奸宄之戶牖闚竊者, 亦且出沒如魚鳥, 則其所以絛政敎而隄防之具, 可一日而弛與?

釋今種〈澳門〉詩:

廣州諸舶口, 最是澳門雄. 外國頻挑釁, 西洋久伏戎.
兵愁蠻器巧, 食望鬼方空. 肘腋敎無事, 前山一將功.
南北雙環內, 諸蕃盡住樓. 薔薇蠻婦手, 茉莉漢人頭.
香火歸天主, 錢刀在女流. 築城形勢固, 全粵有餘憂.
路自香山下, 蓮莖一道長. 水高將出舶, 風順欲開洋.
魚眼雙輪日, 鰌身十里墻. 蠻王孤島裏, 交易首諸香.
禮拜三巴寺, 蕃官是法王. 花襔紅鬼子, 寶鬘白蠻娘.
鸚鵡含春思, 鯨鯢吐夜光. 銀錢么鳳買, 十字備圓方.
山頭銅銃大, 海畔鐵墻高. 一日蕃商據, 千年漢將勞.
人惟眞白氎, 國是大紅毛. 來往風帆便, 如山踔海濤.

五月飄洋候, 辭沙肉米沉. 窺船千里鏡, 定路一盤針.
鬼哭三沙慘, 魚飛十里陰. 夜來鹹火滿, 朶朶上衣襟.

汪後來〈澳門卽事〉詩:
大磨刀接小磨刀, 岸濶帆輕秋氣高. 極目正愁飛鳥墮, 罾棚人立浪心牢.
赤烏已映三巴寺, 白露猶涵老萬山. 七日一回看禮拜, 蕃姬盈路錦斕斑.
金距雄鷄鬪碧陰, 華夷分隊立森森. 輪贏亦是尋常事, 老大難忘左袒心.

李珠光〈澳門〉詩:
無多蓮瓣地, 錯雜漢蠻居. 版籍南天盡, 江山五嶺餘.
一邦同父母, 萬國此車書. 舶趠浮靑至, 微茫極太虛.
孤城天設險, 遠近勢全呑. 寶聚三巴寺, 泉通十字門.
持家蠻婦貴, 主教法王尊. 聖世多良策, 前山鎖鑰存.

印光任〈濠鏡新秋晩眺〉詩:
玲瓏孤島挿靑蓮, 掌上金莖玉露天. 傑閣凌波人在鏡, 高帆落檻屋疑船.
飛殘踈柳誰家燕, 叫冷斜陽幾樹蟬. 好景關情動秋思, 故山如畵白雲邊.

張汝霖〈澳門喜晴〉詩:
海腹餘秋鬱, 天心放午晴. 澳雲開鏡匣, 沙圃出碁枰.
水罄深聽響, 林花遠見明. 蕉牕新展綠, 搖曳向人淸.

〈偶成〉詩:
一拳海外作寰中, 睹聽都緣與世通. 簫鼓帆墻開黿穴, 樓臺燈火落蛟宮.
山經秋拭朝橫几, 月共潮生夜掛弓. 閑處秖看忙處笑, 棠西方了又桑東.
花鬚簾幙碧毶毶, 遠望知爲澤氣涵. 土濕林梢樓得爽, 泉鹹石罅井分甘.
莊生南徙風搏萬, 徐福東遊島宅三. 不是寓言兼幻境, 擬呼赤鯶駕天驂.

舊有普濟禪院.

釋跡刪〈丁丑夏客澳門普濟禪院贈劍平師〉詩:

避暑眞宜地軸偏, 領將生計在林泉. 弟兄聚會惟今日, 松竹陰森異昔年.
坐老青山添白髮, 吸乾滄海種紅蓮. 落伽此去無多路, 門外何須問釣船.

〈寓普濟禪院寄東林諸子〉詩:

但得安居便死心, 寫將人物報東林. 蕃童久住諳華語, 嬰母初丁4)學鴂音.5)
兩岸山光涵海鏡, 六時鐘韻雜風琴. 祇愁關禁年年密, 未得閒身縱步吟.

其澳夷顚末, 詳著別篇, 玆不具. 澳東爲東澳山, 又東爲九星洲山. 九峯分峙, 多巖穴, 奇葩異草. 泉尤甘, 商舶往來必汲之, 曰'天塘水'. 其下爲九洲洋, 旁連雞拍山, 多暗礁. 又東爲零丁山, 東莞·香山·新安三邑晝界處. 下爲零丁洋.

文天祥〈過零丁洋〉詩:

辛苦遭逢起一經, 干戈落落四周星. 山河破碎水飄絮, 身世浮沉風打萍.
惶恐灘頭說惶恐, 零丁洋裏歎零丁. 人生自古誰無死, 留取丹心照汗青.

又東至於旗纛澳. 或曰, 澳形如蟛蜞, 故名蜞澳.

又東北不二百里, 有二門, 曰虎門·蕉門. 蕉門南瞰大洋, 有暗礁, 不能寄椗. 與東洲門·金星門可泊艚艍艚船, 洋船不由之. 金星門之旁有雞籠洲·小茅山. 虎門卽虎頭門. 大虎山峙其東, 小虎峙其西, 雙扉砉然, 海水出入其中. 橫檔山限之. 所謂粵東山有三路, 分三門, 而以大庾爲大門, 海有三路, 亦分三門, 而以虎頭爲大門. 東西二洋之所往來, 以此爲咽喉者也.

橫檔山有東西礮臺, 與南山·三門礮臺聲勢相應, 虎門協副將領之.

---

4) 乾隆本(西阪艸堂藏版)에는 "來"로 되어 있다.

5) 乾隆本(西阪艸堂藏版)에는 "鴂音"으로 되어 있다.

上有虎門寨, 明萬歷十六年建武山前, 旋徙山後, 國初毁于冦. 康熙二十六年, 建今寨于石旗嶺, 築土爲之, 周圍一百八十六丈. 久之圮. 五十七年改建磚城, 官兵自邑還駐之.

薛韞《虎門記》:

虎頭門以虎山得名. 山有二, 西曰小虎山, 東曰大虎山. 如連珠巨浸. 中稍折而東南, 右横檔山, 左南山, 相距五六里. 巋然雙闢, 而海出入其間, 界中外, 故曰'門'. 横檔山首尾樹礮臺二, 高水面約五十仞. 南山礮臺一, 可三仞及水. 俱宿目兵焉. 循南山下十餘里, 三門礮臺一. '三門'者, 山前突二石, 插波劃水爲三也. 目兵如各礮臺數. 横檔南三十里許, 爲龍穴山, 先置汛哨, 今廢. 南山東南三四十里, 爲校椅灣, 畧如郊關形, 而已曠廓, 外絶涯涘矣. 虎山內外重洋, 而門當其最深流處. 蕃舶及內郡巨艚必由以入, 絶獅子洋, 達廣州, 海函谷關也. 而門左右率淺洋, 惟不任艚舶行, 他舟縱所如. 寥乎! 閉外夷之門一, 而開內攘之門且千矣! 夫陸有岡, 海有港, 此勝敗得失之地也. 虎頭門旣城石旗麓, 聚兵一千八百八十八人, 領於副總兵官, 而偏師亦往往守港口. 但使聲援罔有不及, 邏訶罔有不謹, 重門擊柝, 以禦暴客, 庶其懲而毖後患哉! 雖然, 海門以閑內外也. 外因於內, 變生於常, 道必又有制治於兵防之先者.

釋今種〈望虎門諸山〉詩:

海門山滅沒, 蒼翠似空天. 暮去惟餘影, 秋來不是烟.
瀑高難作響, 峯小易成妍. 悵望蘿衣客, 攀松何處邊.

方殿元〈登虎頭山〉詩:

朝發扶胥口, 暮宿虎頭山. 不見落霞明, 安知水與天.
須臾明月吐, 雲浪何爛斑. 萬里盪明鏡, 縹緲來神仙.
夜深長鯨伏, 天末靜無瀾. 紅日中夜生, 星宿不足觀.
顧視人世間, 萬象猶漫漫. 欲乘大鵬翼, 高擧凌雲端.
南遊建德國, 去去莫可攀. 誰爲送我者, 回首失崖間.

又名秀山. 宋張世傑奉帝昺退保秀山, 卽此.

今日僧〈候汐〉詩:
乘流趨海門, 溯洄挽孤舶. 山共客舟橫, 月兼湍瀨惡.
漭沆汨無垠, 瀰漫亘廖廓. 洶湧怯崖巔, 要眇疑天落.
蛟沫滾餘腥, 鵬雲灑空澤. 星漢夾人語, 夜氣以磅礴.
企西緬汐遲, 詫東謂風虐. 蒼壁聞悲狖, 霧裏知坼壑.
失所耐風波, 抱病思棲託. 孤嶼大洋東, 零丁感今昨.
撫迹愧文山, 浩歎將焉作.

由是踰獅子洋.[6]

釋今種〈出獅子洋作〉:
忽爾乾坤大, 浮沉黑浪中. 火螭銜夜日, 金蜃噴天風.
洗甲心徒切, 乘桴道欲窮. 朝宗餘一島, 尙見百川東.

〈望海〉詩:
虎門東浩淼, 水與白雲平. 海蜃春多氣, 天雞夜有聲.
燒鹽農力暇, 種草子田成. 十畝茭塘曲, 吾躬欲往耕.

入黃埔, 是爲今諸蕃舶口. 虎門天啓, 海濶而多礁, 舟觸之立碎. 蕃舶至, 必官給引水人, 導之入, 固天設之險也.

又虎門下有合蘭海, 每歲正月初三·四·五日, 現城闕·樓臺·車騎·人物, 倏忽萬狀. 康熙丙辰見戈甲之形, 粤有兵變, 蓋海市也.[7]

6) 乾隆本(西阪艸堂藏版)에서는 바로 이어서 印光任<獅子洋歌并序>가 나오는데, 嘉慶本에는 없다.

7) 乾隆本(西阪艸堂藏版)에서는 뒤에 梁佩蘭〈海市歌〉가 나오지 않고 본문이 이어진다.

梁佩蘭〈海市歌〉:

驀空無人忽成市. 上不在天, 下不在地. 月烟黃黃日烟紫. 日之升, 氣之凝.
瑇瑁蓋, 珊瑚釘. 大吹龍笙, 細擊鼉鼓. 海童緩歌, 海女急舞.
海水開, 龍王來. 龍王來, 龍王[8]並. 駕車如雷, 龍女後至何遲哉.
市人市中設龍座, 聚寶換寶市在左. 蕃奴來市騎水犀, 上寶負在大尾犛.
老蛟人身目魚目, 手執大禹治水玉. 魚兒無寶雜市中, 笑指海上天虹紅.
市東賈人好走馬, 寶光射馬馬不下. 龍王厭寶空掉頭, 身擁五色龍鱗裘.
龍母見寶不開口, 定海魚鬚尺持手. 龍女戲擲紅珍珠, 盛飾雉尾新羅襦.
世人眼睛不識寶, 海中有寶偏不顧. 海市寶多, 世人奈何.
扶桑花落東北角, 海水成冰要人鑿. 海水吹風, 吹動龍王宮.
水生一片, 海市不見.

北則青洲山. 前山·澳山盈盈隔一海, 玆山浸其中. 厥壤砠, 厥木樛, 巑岏薈蔚, 石氣凝青, 與波光相上下, 境殊幽勝. 明嘉靖中, 佛郎機旣入澳, 三十四年復建寺於玆山, 高六七丈, 閎敞奇閟. 知縣張大猷請毀其高墉, 不果. 天啓元年, 守臣慮其終爲患, 遣監司馮從龍毀其所築城, 蕃不敢拒. 今西洋蕃僧搆樓榭, 雜植卉果, 爲澳夷遊眺地.

釋跡删〈青洲島〉詩:

突兀中流亂石隈, 青洲咫尺擬蓬萊. 潮頭撼岸晴還雨, 屋角驚濤晝起雷.
猘犬吠花人跡斷, 饑鳶占樹鳥聲哀. 憑誰爲向馮夷道, 還與華亭作釣臺.

印光任〈青洲烟雨〉詩:

海天多氣象, 烟雨得青洲. 蓊鬱冬疑夏, 蒼凉春亦秋.
鐘聲沉斷岸, 帆影亂浮鷗. 景比瀟湘勝, 何人遠倚樓.

8) 嘉慶本과 光緖本에서는 "龍王"으로 쓰고 있으나, 하버드대학교 소장본에서는 "龍母"로 되어 있다.

張汝霖〈寄椗青洲飯罷抵澳〉詩:

樓船鼓角曉風催, 載到廚烟翠一堆. 山勢不根浮樹出, 鐘聲微濁帶潮來. 已同納秸孥西至, 猶見傾葵戶北開. 一叚[9]海霞紅蘸處, 粉墻高下簇蓮臺. 有田如舶以風畊, 路問烟波什伯更. 望斷海山人不返, 重來樓閣草無情. 耶蘇不怪生衰漢, 瑪竇何心納故明. 聖代卽今殷未雨, 百年溜蔓一時淸.

【時奉勅查禁天主邪教, 故落句云爾.】

又北爲秋風角, 爲娘媽角. 一山嵖然, 斜揷於海. 磨刀犄其西, 北接蛇埒, 南直澳門, 險要稱最. 上有天妃宮. 其前山迤北, 由陸道雍陌【明萬歷中設雍陌營】, 踰逕頂, 達鳳棲嶺, 以至於縣. 諸山之見於志者甚夥, 特不繫于澳, 取其一二要者著於篇.

澳西不十里有北山. 下爲北山村·沙尾村, 西爲燈籠洲. 其與秋風角對峙者, 曰'南埜角'. 旁爲掛椗山, 船可寄椗. 他如鷄籠·鷄洲·橫洲·白藤·大淋·小淋·三板洲, 皆孤絶無寄泊處.

又西爲大托山·小托山·大磨刀·小磨刀山. 有砲臺. 上下二門, 曰馬騮, 曰黃麖. 過此爲虎跳門. 崇禎十年, 紅毛駕四舶由此門人廣州求市. 外有島, 廣百餘里, 是爲浪白滘. 明初諸蕃互市於此, 嘉靖中始移濠鏡. 萬歷三十五年, 番禺舉人盧廷龍計偕入都, 請盡逐澳中諸蕃出居浪白外海, 當事不能用. 又有泥灣門·雞啼門. 兩門之間有桅夾石·蕃鬼岩. 然惟大小托·大小磨刀有港可泊船云.

又西爲黃楊山, 上有張世傑墓.

張汝霖〈修宋太傅樞密副使越國張公墓碑〉:

9) 嘉慶本과 乾隆本(西阪艸堂藏版)에서 段을 叚로 잘못 쓰고 있다. 綴을 綴로 쓴 것 또한 같은 예이다.

太傅自兵沮皐亭, 與文 · 陸二公决計航海, 文公旋陷五坡, 陸以儒臣流離進講. 獨公艱難搘柱, 卒之君死國, 臣死君, 孤忠大節, 扶宇宙而植綱常. 今其遺聞往蹟, 若滅若沒於溟山杳靄間, 令人憑弔低回不能去. 其祠在厓山者, 曰大忠, 並祀文 · 陸. 廣州小南門外亦然. 陽江則專祀太傅. 其墓一在平章山, 一在香邑之黃楊山, 卽今所修者. 考《宋史》載公溺死平章山下, 《元史》謂死海陵港口. 平章卽海陵東峯, 隷陽江境, 公之瓣香祝天, 覆舟於此無疑. 而故《一統志》卽据是以定公墓. 何也黃淳《志》載, 公死, 諸將得其屍焚之, 函骨塟潮居里赤坎村. 柯令封平章山墓, 陳公甫以詩弔之曰, 大封赤坎墓, 昭昭衆所聞. 至黃才伯則曰, 陽江不見潮居里, 此地眞傳[10] 太傅墳. 若是者果孰信而孰疑耶? 余謂, 陸公於厓門負帝赴海, 今其墓乃在潮州嶼中. 蓋太傅兵敗, 張弘範乘勝追躡, 二公雖已授命, 殘卒故部勢不獲, 卽於死所從容封窆, 須携之稍遠而後克塟. 亦固其所. 况赤坎村近在黃楊山麓, 實故潮居里地. 而平章所屬曰壽文都, 此其尤較著者. 史書其所死, 而不詳其所塟, 後人遂以死所當之. 要不越才伯所稱祀在陽江, 墓在潮居者近是, 公甫之詩亦偶未深考耳.

邑南里許曰天王橋, 沙涌有宋行宮, 端宗駐蹕馬南寶宅所經也. 全后陵在梅花水間, 遺民故多爲疑以疑人者. 當是時, 宋事已無可爲, 太傅屯井澳, 駐厓門, 衆二十萬. 經七閱月, 瀕海之邦, 其君子贊策而宣猷, 其小人執殳而饋餉, 雖至於敗亡誅滅, 而有所不悔. 其公之精誠義烈俾犯難而忘死歟? 抑斯民忠義之性激發而自效歟? 都人士生忠義之鄕, 千載而下, 流風不泯. 過公墓者, 東睇零丁, 西眺慈元, 感歎之餘, 吾知必有油然興者矣.

先是, 將表公阡, 風勵士庶, 冀得考證圖籍, 衷於一是. 會張生沛景等來請, 卽割俸以倡. 并置西坑逕田三十餘畝, 畀景等掌之, 以黃梁都司廵檢察覈而尸其祀. 擘畫甫定, 墓亦竣工, 乃詳爲之辯, 而著其關於風敎者, 昭示來許. 公諱世傑, 范陽人, 宋太傅樞密副使越國公. 事具《宋史》. 旣紀於碑, 又爲之歌以侑神. 其辭曰:

10) 乾隆本(西阪艸堂藏版)에서는 "存"으로 쓰고 있다.

我公之勇，莫扶天傾．我公之忠，炳於日星．
臣力竭矣，海陵之舟．臣鬼厲兮，雲中之矛．
嗚呼！臣宜葬於魚腹兮，胡諸將函骨於此邱？
黃楊之山，赤坎之原．雲爲扃兮烟爲垣，月爲輪兮霓爲旛．
雨紛紛兮靈其來，風颯颯以歸潮兮，神其陟乎天．
闔君蒿而悽愴兮，式如聞而如見．天壤一抔霜露一毛兮，庶我享而我鑒．

羅天尺〈張司馬修復張太傅墓寄示碑文因感成歌〉：

陡爾窗間叫白鷴，黑雲片片來厓山．澳門司馬昨書至，投我墓碑一紙，碧血何斑斑！

司馬重修越國墓，鬼雄執役國殤護．正氣增培赤坎村，忠魂不用天閽訴．
表忠原是男兒心，天綱共挽無古今．況爾航海三君子，太傅所値尤艱辛．
廣運已終沈塊肉，焚香籲天向天哭．乾坤氣被腥羶熏，盲風掀播舟竟覆．
海陵之海大如天，公忠豈待精衛塡．肉香烏鳥不敢啄，藁葬墓道人爭傳．
遺民不忍言其處，恐爲射鵰人所妬．平章山又黃楊山，兩處俱種冬青樹．
樹種黃楊冬愈青，白虹氣吐忠魂停．司馬精誠默相接，伐石表墓書忠貞．
我讀墓文拜復泣，怳如越國空中立．文山手携玉帶生，陸公淩波衣帶濕．
同時騎鯨賢張傅，雲旗風來去時雨．我擊如意作長歌，勒在碑陰同一處．

郭植〈張太傅墓爲柏園司馬新修因賦長歌奉寄〉：

北風勁烈吹大地，山河破碎白雁字．魯戈揮日日無光，赤坎峯沉大將氣．
禍首當年開者誰，蟋蟀堂安襄陽危．貔貅百萬流星散，大事去矣不可爲．
淮南力竭鼓聲死，扼吭歌殘調變徵．長蛇辟揄[11]捲地來，白骨如山燐火起．
是時九廟神不靈，趙家一髮引千鈞．戰士眥裂爲飲血，江濤悲嘯天晦暝．
太傅龍驤衆中出，勤王義奮走健卒．雙手敢將華嶽移，此志文山共奇崛．
茫茫滄海雲垂波，鯨鯢窟宅黿鼉窠．四顧中原無片壤，扶君島上劍橫磨．

11) 乾隆本(西阪艸堂藏版)에서는 “猰貐”라고 쓰고 있으며, 嘉慶本의 오기로 보인다.

一戰再戰力如虎, 千軍萬軍視金鼓. 時乎不利舟飛翻, 坐使馮夷擲一怒.
銕骨慘得遺民埋, 銕膽難令焚作灰. 黃楊山暗白楊雨, 滿腔孤憤激風雷.
歲久若堂非復故, 贔屭穹碑豐草仆. 野狐夜夜穴荒屯, 樵子朝朝伐昏霧.
英雄湮沒已堪嗟, 況乃精忠貫雲霞. 古光弗爲重拂拭, 天壤名教恐沉汙.
柏園司馬文章伯, 神晤前良感魂魄. 一來濠鏡政優優, 尙向空山理往蹟.
斬新華表鶴來歸, 鐫珉蝌蚪蹲靈龜. 荔碧蕉黃再拜薦, 陰颷閃忽雲旗揮.
嗚呼! 祥興去今五百年, 厓門已事銷風烟. 潮居猶隕騷人淚, 悲詞放作瓊琚篇.

我讀悲詞重太息, 霧鎖疑陵壽星黑. 梅花永福總凄然, 父老誰爲奠寒食.
太傅心留一片丹, 不墊波魚墊名轡. 夜臺應率田橫輩, 生前擁戴死盤桓.
獨惜易名典祀乏, 何時朱甍廂雨夾. 飛陟峯頭擊鼓唱, 大招神馬重騰顯金甲.

李卓揆〈和張司馬修張太傅墓成示張劉諸子之作〉:
正氣乾坤萃, 丹心宇宙懸. 艱難取義日, 慷慨致身年.
濁浪能傾國, 精魂欲化烟. 一棺封馬鬣, 諸將哭牛眠.
夜夜流燐火, 山山啼杜鵑. 荒村雲杳漠, 寒食草綿芊.
麥飯無人薦, 漆燈何處然. 憫忠勞郡伯, 襄事屬羣賢.
俯問潮居里, 重尋赤坎阡. 鳩工宿草薙, 嵌石舊銘鐫.
巀嶪廻孤島, 渟弘[12]面大川. 龍吟淸澗月, 猿嘯曉風天.
闡顯扶名敎, 經營置祭田. 春秋將盛典, 俎豆肅芳荃.
髣髴雲旗降, 依稀金甲旋. 鶴歸丹巘頂, 烏集化臺邊.
永福陵遙接, 紹興墳播遷. 早時金盌見, 昨日玉魚傳.
白骨終難合, 冬靑亦可憐. 人間徒有恨, 地下久無權.
太傅留封域, 巋然慰九泉.

何邵〈讀張司馬宋越公張世傑墓碑歌〉:

12) 乾隆本(西阪艸堂藏版)에서는 "泓"으로 쓰고 있다.

刼運迍邅當四廣, 終古厓門留一掌. 端宗太后兩荒陵, 狐兎蕭條穴榛莽.
陸相蹈海文相俘, 空有越公陪槀葬. 槀葬遺踪幾銷歇, 海陵崩浪魚龍揭.
三尺誰封赤坎墳, 一抔莫記黃梁碣. 年年麥飯薦遺民, 點點棠梨過冷節.
香山司馬才無比, 懷古悲秋長劍倚. 行部時時弔夕陽, 辨疑縷縷從青史.
移文一旦禁樵蘇, 五百年來廢墜起. 大書特書神道旁, 豊碑贔屭凌穹蒼.
豈緣異代感興廢, 直爲千古扶綱常. 我來展讀剔幽翳, 行間字裏雷霆衛.
雲旗風馬倏往事, 爲鬼雄兮魂魄厲. 昔年行殿表慈元, 東山芳躅白沙記.
鴻筆翩翩映後先, 一徑氤氳團正氣. 蕭山陵寢恨羊[13]年, 玉匣珠襦散似烟.
憑君更譜冬青引, 吟向風前拜杜鵑.

下爲黃梁都, 有廵檢司. 城方一里, 都司戍之. 稍南爲鹹湯門, 外爲三竈. 山產鹽, 有大使領之. 高瀾山, 多鹿, 元海冦劉進據之, 明初平. 有腴田三百頃, 居民烟火與三竈相望. 又有牛角山 · 雞心洲 · 馬鬃洲.

其南有四山曰蠔田, 曰馬騮, 曰上滘, 曰芒洲, 爲內十字門. 又二十里有四山, 曰舵尾, 曰雞頸, 曰橫琹, 曰九澳, 爲外十字門. 澳夷商舶出入必由之.

印光任〈雞頸風帆〉詩:
浩淼帆檣出, 銀濤擁一痕. 排雲鵬鼓翅, 掛日海分門.
四宇空無着, 千山勢欲奔. 飛騰何迅疾, 疑是發崑崙.

橫琹山下有仙女澳. 相傳有樵者見二姝殊麗, 就視之化雙鯉. 今有雙鯉石. 宋益王昰南遷泊此, 丞相陳宜中欲奉昰犇占城, 颶作, 昰殂, 宜中遁. 殿帥蘇劉義追之不及, 夜有火, 燒舟艫幾盡. 一名深井山, 澳曰井澳.

13) 하버드대학교 소장본에서는 "年"으로 쓰고 있으나, 西阪艸堂藏版은 嘉慶本과 같다.

黃瑜〈悲井澳〉詩:

白鴈過, 江南破. 更無一寸土可坐, 自閩入廣隨波流.
氛塵暗天天亦愁, 黃蘆霾岸風颼颼. 上有深井, 下有仙女澳.
漁舟不往御舟到, 風吹御舟力排奡. 嗟嗟悲哉誰與告? 誰與告兮悲復悲.
逢厓則止會有時, 星星之火奚滅爲. 君不見. 青苗行時不敢語, 大事已逐黃龍去.
又不見. 金牌出時不可回, 殺氣先傳白鴈來. 舒王生, 鄂王死.
宋家刑賞乃如此, 嗟嗟井澳徒悲爾.

橫琹二山相連, 爲大小橫琹, 元末海寇王一據之.

印光任〈橫琹秋靄〉詩:

憑高秋極目, 孤嶼一琹橫. 有曲仙應譜, 無絃籟自鳴.
烟開萬頃碧, 木落九霄淸. 冷冷瀟湘意, 平沙鴈數聲.

旁一山曰銀坑, 水最甘冽. 又南五十里曰蒲臺石.

又東南爲老萬山, 自澳門望之, 隱隱一髮, 至則有東西二山, 相距三四十里. 東澳可泊西南風船, 西澳則東北風船泊之. 山外天水混茫, 雖有章·亥不能步, 鰲足鵬翼之所訖已. 歲五六月, 西南風至, 洋船爭望之而趨, 至則相慶. 山有人魋結, 見人輒入水. 蓋盧亭也. 晉賊盧循兵敗入廣, 其黨泛舟以逃, 居海島久之. 無所得衣食, 生子孫皆裸體, 謂之'盧亭'. 嘗下海捕魚充食, 能於水中伏三四日不死. 事見《月山叢談》. 多伏莽.

釋今種〈盧亭〉詩:

老萬山中多盧亭, 雌雄一一皆人形. 綠毛徧身秪留面, 半遮下體松皮靑.
攀船三兩不肯去, 投以酒食聲咿嚶. 紛紛將魚來獻客, 穿腮紫藤花無名.
生食諸魚不烟火, 一大鱸魚持向我. 殷勤更欲求香醪, 雌者腰身時嫋娜.
在山知不是人魚, 乃是魚人山上居. 編茅作屋數千百, 海上漁村多不如.

盧循苗裔毋乃是, 化爲異類關天理. 或有衣裳卽古人, 避秦留得多孫子. 我亦秦時古丈夫, 手携綠毛三兩姝. 秖因誤餐穀與肉, 遂令肥重非仙癯. 盧亭羡爾無拘束, 裸國之人如可畜. 猩猩能言雖不如, 彼却未離禽獸族. 魚人自是洪荒人, 茹腥飮血何狉獉. 我欲衣裳易鱗介, 盡教黿鼉皆吾民. 自古越人象龍子, 入江繡面兼文身. 靦然人面能雪恥, 差勝中州冠帶倫. 觴酒豆肉且分與, 期爾血氣知尊親.

山故名大奚山, 有三十六嶼, 周三百餘里. 居民不隸征徭, 以魚鹽爲生. 宋紹興間招降之, 刺其少壯者充水軍, 老弱者放歸立寨. 有水軍使臣及彈壓官. 慶元三年, 鹽禁方厲, 復嘯聚爲亂. 遣兵討捕, 墟其地, 以兵戍之, 未幾罷. 後有萬姓者爲酋長, 因呼今名. 山產雀, 狀如鴝鵒而大, 戴青被翠. 自呼其名曰兆兆, 其出則風. 雍正七年, 兩山各設砲臺, 分兵戍之, 及瓜而代. 與大嶼山屯哨爲犄角, 則澳門·虎門之外蔽也.

粤之風, 以言乎方位, 朱鳥所直, 是故南風爲正, 而北爲逆也. 以言乎時令, 春夏多南風, 而秋冬多北也, 是蕃舶之所視爲去來者也. 山曰息風, 曰風穴, 從乎地也. 寒而爲飄, 爲颶, 暑而爲青東, 爲赤游, 爲狂龍, 從乎時也. 失其位與時, 則風之變也. 厥名颶. 起自東北者, 必自北而西, 自西北者, 必自北而東, 而皆至南乃息. 謂之‘廻南’. 故曰‘颶’者具也, 具四方之風也. 又懼也, 始懼其來, 終懼其復作也. 或曰, “〈陸肩傳〉云, ‘南海歲有舊風. 颶者舊之訛也.’ 故《說文》無颶.” 或曰, “楊愼曰, ‘颶當作颶, 音貝.’ 故俗曰風報, 報者貝之轉也.” 颶必有兆, 蘇子所云, “非祲非祥, 斷霓飮海而北指, 赤雲夾日以南翔”者. 或曰牛虹, 亦曰破篷, 則颶母也. 瀕海之民設爲占候之法, 以定趨避. 長年三老尤所諳悉. 雖蕃人亦按節序辨雲日, 察草木鳥獸而驗之. 今詳其已驗者於篇.

▲ 正月初四日接神颶, 初九日玉皇颶.【此日有颶則一年之颶皆驗, 否則各颶有不驗者】 十五日三官颶, 二十九日龍神會颶. 又初一·初八·初

十·十三·二十·二十一·二十六日午時有風, 無風則雨.

▲ 二月初二日白鬚颶, 初七日春期颶. 二十一日觀音颶. 二十九日龍神颶. 又初二·初九·十二·十七·二十四·三十日酉時有風.

▲ 三月初三日眞武颶, 初七日閻王颶, 十五日眞君颶, 二十三日天后颶. 又淸明日忌北風. 又初二·初三·初十·十七·二十七日午時有陰雨.

▲ 四月初一日白龍颶, 初八日佛子颶, 二十三日太保颶, 二十五日太白颶. 又初八·初九·十九·二十三·二十七日午時有陰雨.

▲ 五月初五日屈原颶, 十三日關帝颶, 二十一日龍母颶. 又忌雪至風, 距正月雪日一百二十日則其候也. 又初五·初十·十三·十九·二十九日酉時有惡風.

▲ 六月十二日彭祖颶, 十八日彭婆颶, 二十日洗炊籠颶. 又初九·十二·十八·十九·二十七日卯時有大風.

▲ 七月十五日鬼颶, 十八日神煞颶. 又初七·初九·十五·念五·念七[14]日卯時有大風.

▲ 八月初一日竈君颶, 初五日大颶, 旬十四日伽藍颶, 十五日魁星颶, 二十一日龍神颶. 又初二·初三·初八·十五·十七·二十七日主大風.

▲ 九月初九日重陽颶, 十六日張良颶, 十九日觀音颶, 二十七日冷風颶. 又十一·十五·十七·十九主大風雨.

▲ 十月初五日風信颶, 十一日水仙颶, 二十日東岳颶, 二十六日翁爹颶. 又初十·十五·十八·十九·二十二·二十七日卯時有大風雨.

▲ 十一月十四日水仙颶, 二十七日普菴颶, 二十九日西岳颶. 又初一·初三·十三·十九·二十六日主大風雨. 又有冬至風.

14) 乾隆本(西阪艸堂藏版)에는 “念五·念七”가 “二十五·二十七”로 되어 있다.

▲ 十二月二十四日掃塵颶, 二十九日火盆颶. 又初一·初二·初五·初六·初八·十一·十八·二十二·二十六·二十八日有大風雨.【右各風信, 較《嶺南雜記》·《香祖筆記》所載尤詳. 或欲存日而去名, 然爲梢師舶夷示趨避, 雖俚庸何傷?】

潮之爲說, 紛矣. 葛洪謂天河激湧, 《洞眞正一經》云地機翕張. 盧肇以日激水而潮生, 封演云月周天而潮應. 惟姚寬以“日者重陽之母, 陰生於陽, 故潮附之於日也, 月者太陰之精, 水者陰屬, 故潮依之於月也. 是故隨日而應月, 依陰而附陽, 盈於朔望, 消於朏魄. 隨於上下弦, 息於輝朒, 故潮有大小焉.”

徐叔明曰, “天包水, 水承天, 而一元之氣升降於太虛之中. 地乘水力以自持, 且與元氣升降互爲抑揚, 而人不覺. 方其氣升而地沉, 則海水溢上而爲潮. 及其氣降而地浮, 則海水縮而爲汐.” 是二說者, 君子有取焉.

粵諺曰, “初一·十五, 水上日午. 初九·二十三, 水大牛歸欄.” 蓋候潮之驗也. 而瓊海潮晝夜惟一汛, 半月潮長西流, 半月消則東流, 則又何說耶? 澳門春潮大於寅·卯·辰, 夏潮大於巳·午·未, 秋大於申·酉·戌, 冬則大於亥·子·丑. 是亦四氣五行之可據者. 澳以外多礁, 下椗者必逐潮而徙, 方無撞閣患, 則潮汐日時之不可以弗審也.

余靖〈海潮序〉:

古之言潮者多矣. 或言如橐籥翕張, 或言如人氣呼吸, 或云海鰌出入, 皆無經據. 唐盧肇著〈海潮賦〉, 以謂日入海而潮生, 月離日而潮大, 自謂極天人之論, 世莫敢非. 予嘗東至海門, 南至武山, 旦夕候潮之進退, 弦望視潮之消息, 乃知盧氏之說出於胸臆, 所謂蓋有不知而作者也. 夫陽燧取火於日, 陰鑑取水於月, 從其類也. 潮之漲退, 海非增減, 蓋月之所臨則水往從之. 日月右轉而天左旋, 一日一周, 臨於四極. 故月臨卯酉, 則水漲乎東西, 月臨子午則潮平乎南北. 彼竭此盈, 往來不絕. 皆繫於月不繫於日.

何以知其然乎? 夫晝夜之運, 日東行一度, 月行十三度有奇, 故太陰西沒之期常緩於日三刻有奇. 潮之日緩其期率亦如是. 自朔至望, 常緩一夜潮, 自望至晦, 復緩一晝潮. 若因日之入海激而爲潮, 則何故緩不及期常三刻有奇乎? 肇又謂月去日遠其潮乃大, 合朔之際潮殆微絶, 此固不知潮之準也. 夫朔望前後月行差疾, 故晦前三日潮勢長, 朔後三日潮勢極大, 望亦如之, 非謂遠於日也. 月弦之際其行差遲, 故潮之來去亦合沓不盡, 非謂近於日也. 盈虛消息一之於月, 陰陽之所以分也. 夫春夏晝潮常大, 秋冬夜潮常大. 蓋春爲陽中, 秋爲陰中, 歲之有春秋, 猶月之有朔望也. 故潮之極漲常在春秋之中, 潮之極大常在朔望之後, 此又天地之常數也.

昔竇氏爲記, 以謂潮虛於午, 此候於東海者也. 近燕公著論, 以謂生於子, 此測於南海者也. 又嘗聞於海賈云, 潮生東南, 此乘舟候潮而進退者爾. 古今之說, 以爲地缺東南水歸之, 海賈云潮生東南, 亦近之矣. 今通二海之盈縮以誌其期. 西北二海所未嘗見, 故闕而不紀云. 嘗候於海門, 月加卯而潮平者, 日月合朔則旦, 而平緩三刻有奇, 上弦則午而平, 望以前爲晝潮, 望以後爲夜潮. 此皆臨海之候也. 遠海之處則各有遠近之期. 月加酉而潮平者, 日月合朔則日入而潮平, 上弦則夜半而平, 望則明日之旦而平. 望已前爲夜潮, 以後爲晝潮. 此東海之潮候也. 又嘗候於武山, 月加午而潮平者, 日月合朔則午而潮平, 弦則日入而平, 望則夜半而平. 上弦已前爲晝潮, 上弦已後爲夜潮. 日加子而潮平者, 日月合朔則夜半而潮平, 上弦則日出而平, 望則午而平. 上弦已前爲夜潮, 上弦已後爲晝潮. 此南海之潮候也.

羅寧默〈咏潮詩〉:

滄海杳無極, 潮來忽自平. 六鰲秋見影, 八月夜聞聲.
岸葦蕭蕭泣, 江鷗泛泛輕. 應知消息理, 不必定長盈.

初一日寅末長, 巳末消, 申末長, 亥末消. 初二日卯初長, 午初消, 酉初長, 子初消. 初三日卯末長, 午末消, 酉末長, 子末消. 初四日辰正長, 未正消, 戌初長, 丑正消. 初五日辰末長, 未末消, 戌末長, 丑末消. 初六日巳初長, 申初消, 亥初長, 寅初消. 初七日巳正長, 申正消, 亥正長, 寅正消. 初八日巳末長, 申末消, 亥末長, 寅末消. 初九日午初長, 酉初消, 子初長, 卯初消. 初十日午正長, 酉正消, 子正長, 卯正消. 十一日未初長, 戌初消, 丑初長, 辰初消. 十二日未正長, 戌正消, 丑末長, 辰末消. 十三日申初長, 亥初消, 寅初長, 巳初消. 十四日申正長, 亥正消, 至十五日寅正長, 巳正消. 其十六日至於三十日, 與初二日至十四日略同.

澳門記畧 上卷

寶山 印光任, 宣城 張汝霖 篹

官守篇 [政令附]

唐宋以來, 諸蕃貢市領之市舶提擧司, 澳門無專官也. 正德末, 懲佛郎機頻歲侵擾, 絶不與通. 嘉靖初, 有言粤文武官俸多以蕃貨, 代請復通市, 給事中王希文力争之.

王希文〈重邊方以甦民命疏〉:

臣竊惟天下之務, 莫急於邊防, 邊防之害, 莫甚於海徼. 天下之民, 莫困於力役, 而力役之竭, 莫甚於東南. 臣謹以耳目所見聞者, 披瀝言之. 且如蕃舶一節, 東南地控夷邦, 而暹羅·占城·琉球·爪哇[15]·浡泥五國貢獻, 道經於東莞. 我祖宗一統無外, 萬邦來庭, 不過因而羈縻之而已, 非利其有也. 故來有定期, 舟有定數, 比對符驗相同, 乃爲伴送, 附搭貨物, 官給鈔買. 其載在祖訓, 謂自占城以下諸國來朝貢時, 多帶行商, 陰行詭詐, 故阻之. 自洪武八年阻, 至洪武十二年方且得止, 諄諄然垂戒也. 正德間, 佛郎機匿名混進, 突至省城, 擅違則例, 不服抽分. 烹食嬰兒, 擄掠男婦, 設柵自固, 火銃横行, 犬羊之勢莫當, 虎狼之心叵測. 賴有前海道副使汪鋐併力驅逐, 肆我皇上臨御, 威振絶域, 邊境輯寧. 凡俘獲敵酋, 悉正極典, 民間稽顙稱慶, 以爲蕃舶之害可永絶, 而疆圉之防可永固也.

何不踰十年, 而折俸有缺貨之歎矣, 撫按上開復之章矣? 雖一時廷臣集議, 不爲無見, 然以祖宗數年難沮之敵, 幸爾掃除, 守臣百戰克成之功, 一

15) 爪哇의 오기로 보인다. 이하 동일.

朝盡棄, 不無可惜. 若使果皆傾誠奉貢, 則誰不開心懷柔, 以布朝廷威德? 設有如佛郎機者, 冒進爲患, 則將何以處之乎? 其間守巡按視頻煩, 官軍搜索, 居民騷擾, 耕樵俱廢, 束手無爲. 魚鹽不通, 生理日困, 皆不足論, 以堂堂天朝, 而納此輕瀆之貢, 治之不武, 不治損威, 誠無一可者.

臣竊仰陛下控馭西北諸夷, 恩威並用, 誠若知其跋扈之狀, 必不輕從此議也. 幸今蕃舶雖未報至, 然守備已先戒嚴. 刷擄民船, 海島生變, 邊釁重大, 誠爲可憂. 如蒙皇上重威守信, 杜漸防微, 乞勅部院轉行巡按, 除約束備倭不致侵擾外, 仍乞申明祖宗舊制, 凡進貢必有金葉表文, 來者不過一舟, 舟不過百人. 附搭貨物不必抽分, 官給鈔買, 頑民不許私相接濟. 如有人貨兼獲者, 全家發遣, 則夷貨無售其私, 不待沮之而自止矣. 蕃舶一絕, 則備倭可以不設, 而民以聊生. 鹽課可通, 而瓊·儋之利皆集矣.

蕃舶禁絶. 已而巡撫林富言互市有四利.

祖宗朝諸蕃朝貢外, 原有抽分之法, 稍取其餘, 足供御用, 利一. 兩粤比年用兵, 庫藏耗竭, 籍以充兵餉, 備不虞, 利二. 粤西素仰給粤東, 小有徵發, 卽措辦不前, 若蕃舶流通, 則上下交濟, 利三. 小民以懋遷爲生, 持一錢之貨卽得展轉貿易, 衣食其中, 利四.

詔從之. 諸蕃之復通市, 自林富始.

十四年, 都指揮黃慶納賄, 請於上官, 移舶口于濠鏡, 歲輸課二萬金. 澳之有蕃市, 自黃慶始.

三十二年, 蕃舶託言舟觸風濤, 願借濠鏡地暴諸水漬貢物, 海道副使汪柏許之. 初僅茇舍, 商人牟奸利者漸運瓴甓榱桷爲屋, 佛郎機遂得混入, 高棟飛甍, 櫛比相望. 久之遂專爲所據. 蕃人之入居澳, 自汪柏始.

佛郎機旣據澳, 至萬歷二年建閘於蓮花莖, 設官守之. 而蕃夷之來日益衆.

龐尙鵬〈區畫濠鏡保安海隅疏〉:

竊惟廣東一省, 西北聯絡五嶺, 東南大海在焉. 蠻夷雜居, 禁網疎闊, 海倭山冦, 出沒擾攘. 見有經畧, 臣不敢煩瀆外, 謹摘其禍切門庭者, 著爲論列, 惟陛下試垂聽焉.

廣州南有香山縣, 地當瀕海, 由雍陌至濠鏡澳, 計一日之程. 外環大海, 乃蕃夷市舶交易之所. 往年夷人入貢, 附近貨物, 照例抽盤, 其餘蕃商私齎貨物至者, 守澳官驗實申海道, 聞於撫按衙門, 始放入澳. 候委官封籍, 抽其十之二, 乃聽貿易. 其通事多漳·泉·寧·紹及東莞·新會人爲之, 椎髻環耳, 效蕃衣服聲音. 每年夏秋間, 夷舶乘風而至, 祇二三艘而止, 近增至二十餘艘, 或又倍焉. 往年俱泊浪白等澳, 限隔海洋, 水土甚惡, 難於久駐, 守澳官權令搭篷棲息, 殆舶出洋卽撤去之. 近數年來, 始入濠鏡澳築室居住, 不踰年多至數百區, 今殆千區以上. 日與華人相接, 歲規厚利, 所獲不貲. 故擧國而來, 負老携幼, 更相接踵, 今夷衆殆萬人矣. 詭形異服, 劍芒火炮, 瀰滿山海. 喜則人而怒則獸, 其素性然也. 姦人且導之凌轢居民, 蔑視澳官. 若一旦豺狼改慮, 擁衆入據香山, 分布部落, 控制要害, 鼓噪直趨會城, 俄頃而至, 其禍誠有不忍言者, 可不逆爲之慮耶!

議者或欲縱火焚其居室, 散其徒黨. 然往年嘗試之矣, 事未及濟, 幾陷不測, 自是夷人常露刃相隨, 伺我動靜, 疑忌之隙已開其端. 議者又欲將濠鏡澳以上, 雍陌村以下山徑險要處設一關城, 添設府佐臣一員駐劄其間, 委以重權, 時加譏察. 使華人不得擅出, 夷人不得擅入, 惟抽盤之後, 驗執官票者聽其交易而取平焉. 是亦一道也. 然關城之設, 勢孤而援寡, 或變起不測, 適足以爲觿驁之資.

臣愚欲將巡視海道副使移駐香山, 彈壓近地, 明諭以朝廷德威, 使之撤屋而隨舶往來. 其灣泊各有定所, 悉遵往年舊例. 如或徘徊顧望, 卽呈督撫軍門陳兵境上, 慰諭而譬曉之, 必欲早爲萬全之慮而後已. 若以啓釁爲憂, 則禍蘖之萌亦當早見而預待之. 故蕃舶抽盤雖一時近利, 而竊據內地實將來隱憂, 黨類旣繁, 根株難拔.

或謂彼利中國通關市, 豈忍爲變? 孰知非我族類, 其心必異? 明者覩未萌, 況已著乎! 惟督撫軍門加意調停, 毋逆其嚮慕中國之心, 而亦有以陰折其驕悍之氣. 自後使蕃舶入境, 仍泊往年舊澳, 照常交易, 無失其關市歲利. 復嚴布通蕃之令, 凡姦人之私買蕃貨, 畔民之投入蕃船, 及畧賣人口, 擅賣兵器者, 悉按正其罪, 俾人習知有法之可畏, 而不敢爲射利之圖. 區畫旣定, 威信潛孚, 則諸夷自將馴服, 而默奪其邪心, 潛消禍本矣.

吏玆土者, 皆畏懼莫敢詰, 甚有利其寶貨, 佯禁而陰許之者. 總督戴燿在事十三年, 養成其患.

香山知縣蔡善繼甫履任, 卽條議制澳十則上之. 未幾, 澳弁以法繩夷目, 夷譁將爲變. 善繼單車馳往, 片言解, 縛悍夷至堂皇下, 痛笞之. 故事夷人無受笞者, 善繼素廉介, 夷人慴之, 故帖息.

然蕃又潛匿倭賊. 四十二年, 總督張鳴岡檄令駈倭出海, 因上言, “粤之有澳夷, 猶疽之在背也. 澳之有倭賊, 猶虎之傅翼也. 今一旦駈斥, 不費一矢, 此聖天子威德所致. 惟是倭去而蕃尙存, 有謂宜勦除者, 有謂宜移之浪白外洋, 就船貿易者. 顧兵難輕動, 而濠鏡在香山內地, 官軍環海而守, 彼日食所需咸仰於我, 一懷異志, 我卽制其死命. 若移之外洋, 則巨海茫茫, 奸宄安詰? 制禦安施? 似不如申明約束, 內不許一奸闌出, 外不許一倭闌入, 無啓衅, 無弛防, 相安無患之爲愈.”

部議從之. 因設叅將於中路雍陌營, 調千人戍之. 又奏請就其聚廬中大街, 中貫四維, 各樹高柵, 榜以‘畏威懷德’, 分左右, 定其門籍, 以《旅獒》“明王愼德, 四譯咸賓, 無有遠邇, 畢獻方物, 服食器用”二十字, 分東西各十號, 使互相維繫譏察, 毋得容奸, 一聽約束. 皆用海道俞安性之議也.

海道副使, 其屬有海防同知. 安性復條具五事, 勒石永禁, 與澳夷約, 惟海防同知命.

一, 禁畜養倭奴. 凡新舊澳商敢有仍前畜養倭奴順搭洋船貿易者, 許當年歷事之人前報嚴拿, 處以軍法. 若不擧, 一併重治.

一, 禁買人口. 凡新舊夷商不許收買唐人子女. 倘有故違, 舉覺而占悋不法者, 按名究追, 仍治以罪.

一, 禁兵船編餉. 凡蕃船到澳, 許卽進港, 聽候丈抽. 如有抛泊大調環 ·馬騮洲等處外洋, 卽係奸刁, 定將本船人貨焚戮.

一, 禁接買私貨. 凡夷趂貿貨物, 俱赴省城公賣輸餉. 如有奸徒潛運到澳與夷, 執送提調司報道, 將所獲之貨盡行給賞首報者, 船器沒官. 敢有違禁接買, 一併究治.

一, 禁擅自興作. 凡澳中夷寮, 除前已落成遇有壞爛准照舊式修葺, 此後敢有新建房屋, 添造亭舍, 擅興一土一木, 定行拆毁焚燒, 仍加重罪.

天啓元年, 改設參將於前山寨, 陸兵七百名, 把總二員, 哨官四員. 水兵一千二百餘名, 把總三員, 哨官四員, 哨船大小五十號. 分戍石龜潭·秋風角·茅灣口·掛椗角·橫洲·深井·九洲洋·老萬山·狐狸洲·金星門. 防制漸密, 終明之世無他虞.

先是, 有利瑪竇者, 自稱大西洋人, 居澳門二十年. 其徒來者日衆, 至國初已盡易西洋人, 無復所爲佛郎機者.

順治四年, 設前山寨, 官兵五百名, 參將領之如故. 兩王入粤, 增設至一千名, 轄左右營千總二, 把總四. 康熙元年, 以撫標汰兵五百名增入寨額, 分戍縣城. 三年, 改設副將, 增置左右營都司僉書·守備, 其千總·把總如故. 共官兵二千名. 時嚴洋禁, 寨宿重兵, 而蓮花莖一閘歲放米若干石. 每月六啓, 文武官會同驗放畢, 由廣肇南韶道馳符封閉之. 七年, 副將以海氛故, 請移保香山, 留左營都司及千總守寨, 分把總一哨戍閘.

二十三年, 海宇大寧, 弛洋禁. 五十六年, 禁商船出貿南洋. 明年, 復以澳夷及紅毛諸國非華商可比, 聽其自往呂宋·噶囉吧, 但不得夾帶華人, 違者治罪. 碣石總兵陳昴言, 夷船入廣貿易, 宜起其礮火, 另設關束, 以嚴防範. 凡夷船入口, 起礮封舵, 扃之一舍, 故閩例也, 昴故以爲言,不果用.

方是時, 國家威德無遠弗屆, 臺灣旣入版圖, 南澳復建重鎭, 申巡海之令. 總督楊琳因上防海六議, 分全省爲三路, 以大鵬而西, 廣海寨而東爲中路, 虎門·香山二水師裨將爲統巡, 餘爲分巡. 占靑雲之干呂, 測海水以不波, 重九譯者麕至, 走百貨於龍庭, 伊古未有若斯之隆者.

雍正三年, 定澳門夷船額數, 從總督孔毓珣之請也.

孔毓珣〈酌陳澳門等事疏畧〉:

查西洋人附居廣東之澳門, 歷有年所. 聖朝嘉其嚮風慕義之誠, 所以包容覆育, 俾得安居樂業. 但種類日繁, 惟資出洋貿易, 若無以防範, 恐逐利無厭, 必致內誘奸滑, 外引蕃夷, 混淆錯雜, 漸滋多事. 查澳門夷船, 舊有一十八隻, 又從外國買回七隻, 大小共二十五隻.

請將現在船隻令地方官編列字號, 刊刻印烙, 各給驗票一張. 將船戶·舵工·水手及商販夷人·該管頭目姓名, 俱逐一塡註票內, 出口之時, 於沿海該管營汛驗明掛號, 申報督撫存案. 如有夾帶違禁貨物, 併將中國人偸載出洋者, 一經查出, 將該管頭目·商販夷人并船戶舵水人等, 俱照通賊之例治罪. 若地方官不實力盤査, 狥情疎縱, 事發之日, 俱照諱盜例題叅革職. 此夷船二十五隻題定之後, 如有實在朽壞, 不堪修補者, 報明該地方官查驗明白, 出具印甘各結, 申報督撫, 准其補造. 仍用原編字號. 倘有敢偸造船隻者, 將頭目·工匠, 亦俱照通賊例治罪. 地方官失於覺察者, 亦俱照諱盜例革職.

其西洋人頭目遇有事故, 由該國發來更換者, 應聽其更換. 其無故前來之西洋人, 一槩不許容留居住. 每年於夷船出口·入口之時, 守口各官俱照票將各船人數姓名逐一驗明通報. 倘有將無故前來之人夾帶入口及容留居住者, 將守口各官并該管之地方文武各官照失察例議處, 舵工·水手及頭目人等, 俱照窩盜例治罪.

八年, 禁西洋海舶毋得販黃金出洋. 九年, 移香山縣丞於前山寨. 議者以澳門民蕃日衆, 而距縣遼遙, 爰改爲分防澳門縣丞, 察理民夷, 以專責成.

今上御寓之八年, 始以肇慶府同知改設前山寨海防軍民同知, 以縣丞屬之, 移駐望厦村. 用理猺南澳同知故事, 增設左右哨把總, 馬步兵凡一百名, 槳櫓哨船四舵, 馬十騎, 於香·虎二協改撥, 别爲海防營, 直隸督標. 轄首邑一, 曰番禺, 支邑三, 曰東莞, 曰順德, 曰香山. 一切香·虎各營春秋巡洋, 及輪防老萬山官兵沿海汛守機宜, 皆得關白辦理. 其體貌崇而厥任綦鉅焉.

廣東按察使司潘思榘<爲敬陳撫輯澳夷之宜以昭柔遠以重海疆事>:

竊查廣州府屬香山縣, 有澳門一區, 袤延一十餘里, 三面環海, 直接大洋. 惟前山寨一綫陸路通達縣治, 實海疆之要地, 洋舶之襟喉也. 前明有西洋蕃船來廣貿易, 暫聽就外島搭寮棲息, 回帆撤去. 迨後准令歲納地租, 始於澳門建造屋宇樓房, 携眷居住, 并招民人賃居樓下, 歲收租息, 又製造洋船, 往來貿易, 沿以爲常. 我朝懷柔遠人, 仍准依棲澳地. 現在澳夷計男婦三千五百有奇, 內地傭工藝業之民雜居澳土者二千餘人, 均得樂業安居, 誠聖天子覆幬無外之盛治也.

伏思外夷托處內地, 祇圖市易通商, 規取歲利, 原可毋庸禁絕. 若如前明御史龐尙鵬疑其竊據窺伺, 疏請仍令撤房居舶, 灣泊舊澳, 使海壖棲附之夷紛然失所, 殊屬過當. 第夷性類多貪黠, 其役使之黑鬼奴尤爲兇悍. 又有內地奸民竄匿其中, 爲之敎誘唆使, 往往冒禁觸法, 桀驁不馴, 凌轢居民, 玩視官法. 更或招誘愚民入敎, 販買子女爲奴僕, 及夾帶違禁貨物出洋, 種種違犯. 雖經督撫臣嚴行示禁, 臣亦力爲整飭, 究以越在海隅, 未得妥員耑理, 勢難周察.

臣愚以爲, 外夷內附, 雖不必與編氓一例約束, 失之繁苛, 亦宜明示繩尺, 使之遵守. 查前明曾設有澳官, 後改歸縣屬, 至雍正八年前督臣郝玉麟因縣務紛繁, 離澳窵遠, 不能兼顧, 奏請添設香山縣縣丞一員, 駐箚前山寨, 就近稽查. 第縣丞職分卑微, 不足以資彈壓, 仍於澳地無益, 似宜仿照理猺撫黎同知之例, 移駐府佐一員, 專理澳夷事務, 兼管督捕海防, 宣布朝廷之德意, 申明國家之典章, 凡駐澳民夷, 編査有法, 洋船出入, 盤驗以時, 遇有奸匪竄匿唆誘, 民夷鬪爭盜竊, 及販買人口, 私運禁物等事, 悉歸査察辦理, 通報査核, 庶防微杜漸. 住澳夷人不致蹈於匪彝, 長享天朝樂利之休, 而海疆亦永荷敉寧之福矣. 臣愚昧之見, 是否可採, 伏乞皇上睿鑒施行. 謹奏.

奉硃批: 告之督撫, 聽其議奏.

吏部會議:

得署兩廣總督印務策楞等奏, 廣州一府, 省會要區, 東南緊接大洋, 遠國商販絡繹, 所屬香山之澳門, 尤夷人聚居之地, 海洋出入, 防範不可不周. 現駐縣丞一員, 實不足以資彈壓. 査澳門之前山寨, 現有城池衙署, 但添設官吏, 未免又增經費, 似應於通省同知·通判內酌爲裁并. 査肇慶府同知移駐前山寨, 令其專司海防. 査驗出口進口海船, 兼管在澳民蕃. 其所遺捕務, 歸并肇慶府通判兼理.

惟是該同知職司防海, 兼理蕃民, 較諸理猺廳員, 其責尤重, 若不優其體統, 無以彈壓夷人. 査粤省理猺同知例設弁兵, 應請照例給與把總二員, 兵丁一百名, 統於香山·虎門兩協內各半抽撥, 哨槳船隻, 以資廵緝之用. 至前山寨既設同知, 所有香山縣縣丞, 應移駐澳門, 專司稽査民蕃, 一切詞訟, 仍詳報該同知辦理. 再肇慶府同知原係部選之缺, 今移駐前山, 有防海撫夷之責, 其缺甚爲緊要, 必得熟悉風土之員方克勝任, 并請改爲題缺. 又分防同知, 例給關防以昭信守, 擬爲'廣州府海防同知關防'字樣. 至應行添修衙署營房, 另行分別辦理. 倘蒙俞允, 所有經管事宜及應撥兵船等項, 仍容分別報部査核等語.

應如該署督等所請, 肇慶府同知, 准其移駐廣州府屬前山寨稽査彈壓, 屬廣州府管轄. 原管捕務准其歸於肇慶府通判管理. 香山縣縣丞, 亦准其移駐澳門, 專司稽査, 屬該同知管轄. 其移駐同知員缺, 准其改爲要缺, 嗣後缺出, 令該督撫於現任屬員內揀選調補. 至該同知職司防海, 管理蕃民,准照理猺同知之例, 給與把總二員, 兵丁一百名, 統於香山·虎門兩協內各半抽撥, 并酌撥哨槳船隻, 以資巡緝. 所有在澳民夷一切詞訟, 責令移駐縣丞稽查, 仍詳報該同知辦理. 其應給同知關防, 應照該署督等所擬'廣州府海防同知關防'字樣, 俟命下之日, 吏部移咨禮部, 照例鑄給, 以昭信守. 所有經管事宜及應撥兵船等項, 應俟該署督等另行具題到日再議.

奉旨: 依議.

虎門前明設參將, 順治十四年設遊擊, 至康熙初與香山同改爲副將, 統於左翼鎭總兵官. 營制與香山協略同, 大小哨船四十六, 水汛四十一. 曰虎門, 曰南山, 曰橫檔, 曰三門, 曰黃茅洲, 曰碧頭, 曰大涌口, 曰軍舖, 曰楊公洲, 曰梁鴉橋, 曰大汾, 曰白市, 曰到塭, 曰望牛墩, 曰到滘, 曰黃角左口, 曰右口, 曰武山, 曰泗會涌, 曰雙岡, 曰亭步, 曰鎭口, 曰鳳涌頭, 曰槎滘, 曰牌樓角, 曰蕉門, 曰白藤滘, 曰市橋, 曰蝦窩, 曰深涌, 曰大龍口, 曰石子頭, 曰蚊洲, 曰獅子塔, 曰四沙, 曰新造口, 曰地亭, 曰黃埔, 曰濫尾, 曰藤涌, 曰稍潭. 老萬山自雍正七年輪遣香山·虎門·大鵬三協營官兵屯戍, 至是皆以同知參會其間, 制最善.

先是, 紅夷英吉利者頻年與呂宋搆衅外洋, 八年六月, 呂宋兵敗, 紅夷將歸獻俘, 被颶飄二戈船入獅子洋. 紅夷素剽賊, 明時屢入粤求市, 恃其巨礮, 發之可洞裂石城, 震數十里, 卽世所傳紅夷礮者. 時遠邇驚詫, 大府疏劾虎門守將王璋. 光任以東莞令奉檄往勘, 至則諸夷以饑乏乞濟, 其酋安心意殊狡黠. 光任反覆開陳大義, 安心悟, 釋呂宋俘. 由澳門伺便還國, 凡二百九十有九人. 然後爲之給廩餼, 葺帆檣, 嚴周防, 至九月風便乃去. 策公楞旣以上聞, 復念惟懲可以毖後患也, 因上改設海防同知議, 請卽以授光任.

九年三月, 需命未下, 呂宋忽駕三舶泊十字門外. 光任適奉牒相度建署形勢至澳, 訊卽去年所釋紅夷俘, 其酋西士古以賫書謝恩爲言, 而意實伺紅夷圖雪恥. 光任因留澳, 密白大府, 許達其書. 旋命光任持諭往諭, 以諭詞嚴正, 呂啻聞之心折, 四月八日揚帆歸. 而光任亦拜遷職之命矣.

諸蕃恃巨舶大礮, 然以舟大難轉, 遇淺沙卽膠, 或觸礁且立破. 每歲內地熟識海道之人, 貪利出口接引, 以致蕃舶出入漫無譏察, 頗乖控制之宜. 光任具議上請.

一, 洋船到日, 海防衙門撥給引水之人, 引入虎門, 灣泊黃埔. 一經投行, 卽着行主·通事報明. 至貨齊回船時, 亦令將某日開行預報, 聽候盤驗出口. 如有違禁夾帶, 查明詳究.

一, 洋船進口, 必得內地民人帶引水道, 最爲緊要. 請責縣丞將能充引水之人詳加甄別, 如果殷實良民, 取具保甲親鄰結狀, 縣丞加結申送. 查驗無異, 給發腰牌執照准充, 仍列冊通報查考. 至期出口等候, 限每船給引水二名, 一上船引入, 一星馳禀報縣丞. 申報海防衙門, 據文通報, 并移行虎門協及南海·番禺, 一體稽查防範. 其有私出接引者, 照私渡關津律從重治罪.

一, 澳內民夷雜處, 致有奸民潛入其教, 并違犯禁令之人竄匿潛藏. 宜設法查禁, 聽海防衙門出示曉諭. 凡貿易民人, 悉在澳夷墻外空地搭篷市賣, 毋許私入澳內, 並不許攜帶妻室入澳. 責令縣丞編立保甲, 細加查察. 其從前潛入夷教民人, 并竄匿在澳者, 勒限一年, 准其首報回籍.

一, 澳門夷目遇有恩懇上憲之事, 每自繕禀, 浼熟識商民赴轅投遞, 殊爲褻越. 請飭該夷目, 凡有呈禀, 應由澳門縣丞申報海防衙門, 據詞通禀. 如有應具詳者, 具詳請示, 用昭體統.

一, 夷人採買釘鐵木石各料, 在澳修船, 令該夷目將船身丈尺數目, 船匠姓名開列, 呈報海防衙門. 卽傳喚該匠, 估計實需鐵斤數目, 取具甘結, 然後給與印照. 并報關部衙門, 給發照票, 在省買運回澳, 經由沿途地方汛弁, 驗照放行. 仍知照在澳縣丞, 查明如有餘剩, 繳官存貯. 倘該船所用無幾, 故爲多報買運, 希圖夾帶等弊, 卽嚴提夷目船匠人等訊究.

一, 夷人寄寓澳門, 凡成造船隻房屋, 必資內地匠作, 恐有不肖奸匠, 貪利教誘爲非, 請令在澳各色匠作, 交縣丞親查造冊, 編甲約束, 取具連環保結備案. 如有違犯, 甲鄰連坐. 遞年歲底, 列冊通繳查核. 如有事故新添, 卽於冊內聲明.

一, 前山寨設立海防衙門, 派撥弁兵, 彈壓蕃商, 稽查奸匪. 所有海防機宜, 均應與各協營一體聯絡, 相度緩急, 會同辦理. 老萬山·澳門·虎門·黃埔一帶營汛, 遇有關涉海疆民夷事宜, 商漁船隻出口入口, 一面申報本營上司, 一面并報海防衙門. 其香山·虎門各協營統巡會哨月日, 亦應一體查報.

明年六月, 偵報雞頸有紅夷三船, 詭言將往日本貿易. 不數日, 又有三船至. 光任聞於憲, 調集巡海舟師, 分布防範. 越八月初九日, 皆升帆若遠揚狀, 俄而弗郞西來告亟. 光任偕統巡香山協副將林嵩, 令各營哨船一字横截海面, 且遣澳門夷目宣諭威德. 會薄暮, 西南風作, 弗郞西三船疾駛入口, 紅夷計沮, 乃逡巡罷去. 弗郞西卽佛郞機, 呂宋其屬夷也. 世與紅毛讐, 稱戈海上者三年, 而卒以無虞者, 策公之略爲多.

十一年, 上以福建有西洋夷人倡行天主教, 招致男婦開堂誦經, 大爲人心風俗之害, 降勅查禁. 時汝霖權同知事, 念澳門諸夷寺外別立天主堂, 名曰唐人廟, 耑引內地民人入教, 法在當禁, 遂密揭臺院, 請封之.

張汝霖〈請封唐人廟奏記〉:

遵查香邑逼近澳夷, 誠恐境內有稱係天主教誘人誦習者, 細加密訪, 通邑城鄕實無此等不法之徒. 惟澳門一處, 唐夷雜處, 除夷人自行建寺奉教不議外, 其唐人進教者約有二種. 一係在澳進教, 一係各縣每年一次赴澳進教. 其在澳進教者, 久居澳地, 漸染已深, 語言習尙漸化爲夷. 但其中亦有數等, 或變服而入其教, 或入教而不變服, 或娶鬼女而長子孫, 或藉資本而營貿易. 或爲工匠, 或爲兵役. 又有來往夷人之家, 但打鬼辮, 亦欲自附於進教之列, 以便與夷人交往者, 此種倏往倏來, 不能查其姓名.

今查得林先生·周世廉等一十九人. 而林先生著名咭吷嘰吵, 住持進教寺內, 率其子與其徒專以傳教爲事. 周世廉著名咹哆嚈咽嘀吔, 又呼賣雞周, 儼然爲夷船之主, 出洋貿易, 娶妻生子. 此二人尤爲在澳進教之魁也. 其各縣每年一次赴澳進教者, 緣澳門三巴寺下建有天主堂, 名爲進教寺. 耑爲唐人進教之所, 建於康熙十八年, 五十八年重修濶大, 係蕃僧倡首, 而唐人醵金以建者. 向係林先生住居其中, 以行醫爲名, 實爲傳教.

每年清明前十日, 各持齋四十九日, 名曰封齋. 至冬至日爲禮拜之期, 附近南·番·東·順·新·香各縣赴拜者接踵而至, 間有外省之人. 惟順德縣紫泥人爲最多. 禮拜之後, 有卽行返棹者, 有留連二三日者. 旣經進教, 其平時因事至澳, 亦必入寺禮拜. 一切進教之人, 俱向林先生取經誦習. 此種姓名, 今已無可查開. 前經印同知示禁查拿, 來者漸少. 職抵任, 復經示禁, 林姓旋卽潛逃, 該寺現係蕃兵映知古看守. 蓋澳門唐人進教之情形如此.

至於辦理之法, 伏查夷人在澳二百餘年, 以致唐人漸習其教, 由來已久. 然非聖人之書, 卽爲名教所必斥. 非王者之道, 卽爲盛世所不容. 况以天朝之人而奉外夷之教, 則體統不尊, 且恐夷性之狡, 將滋唐匪之奸, 則防微宜急. 夫除弊之道, 絶流不如塞源, 應請將進教一寺, 或行拆毁, 或行封錮. 其寺中神像·經卷, 或行焚燒, 或飭交夷人收領. 各縣民人槩不許赴澳禮拜, 違者拿究. 并令附近各縣多張曉示, 凡從前已經赴澳進教之人, 許令自新, 再犯加倍治罪. 其有因不能赴澳禮拜, 或於鄉村城市私行禮拜誦經, 及聚徒傳習者, 察出以左道問擬. 則各縣每年一次赴澳進教之弊, 似可漸除矣.

惟是在澳進教一種, 有稍宜熟籌者. 伊等挾有資本, 久與夷人交關, 一經迫逐, 猝難清理. 其妻室子女若令離異, 似覺非情. 若許携歸, 則以鬼女而入內地, 轉恐其教易於傳染. 應否分別辦理.

其未經娶有鬼女, 又無資本與夷人合夥, 但經在澳進教, 自行生理者, 不論所穿唐衣鬼衣, 俱勒令出教, 回籍安插. 其但有資本合夥, 未娶鬼女者, 勒限一年清算, 出教還籍. 其娶有鬼女, 挾資貿易, 及工匠兵役人等,穿唐衣者勒令出教, 穿蕃衣者勒令易服出教, 均俟鬼女身死之日, 携帶子女回籍. 其未回籍之日, 不許仍前出洋貿易及作水手. 出洋充當蕃兵等項, 應先勒令改業. 至買辦·通事, 澳夷所必需, 但勒令易服出教, 不必改業, 仍各取具地保·夷目, 收管備查. 其往來夷人之家, 仍打鬼辮者, 一并嚴行禁止. 至現在十九人之外, 或有未經查出者, 除再密查外, 應令自行首明, 并飭夷目查明呈報, 隱匿者察出治罪. 似亦逐漸清除在澳進教之一法也.

抑更有請者. 夷人在澳, 有必需用唐人之處, 勢難禁絕, 然服其役卽易從其教, 苟非立法稽查, 必致陰違陽奉. 應請飭行夷目及地保人等, 將夷人應用唐人之處, 逐一查明, 造冊具報. 歲終出具並無藏留進教唐人甘結, 繳查其冊. 一年一造, 有事故更換者, 據實聲明. 如此則稽查較密, 而唐夷不致混雜矣.

澳門進教, 原與夷人在內地開堂設教者不同. 且積重之勢, 返之當有其方, 故斟酌情法, 期於妥便. 愚昧之見, 未知當否, 亦不敢冒昧擧行, 相應密稟鈞裁衡奪.

兩院〈嚴禁愚民私習天主教, 以安民夷以肅法紀示〉:

照得我聖朝懷柔遠人, 垂念西洋蕃船來廣交易, 委身風濤, 無地棲止, 准照舊例, 將香山縣屬之澳門許令輸租暫住. 該國夷目·蕃商, 亦皆恭愼謹恪, 歷年以來, 民夷頗覺相安. 至於天主教禮拜誦經, 乃該國夷風, 彼自循其俗, 我天朝原不禁止. 但不許引誘內地民人習入其教, 以干罪愆.

近聞在澳蕃人尙俱遵守法紀, 轉有一等內地奸民, 竄入澳內, 改效蕃名, 私習其教. 如林姓自改其名曰咭吠嘰吵, 並以蕃名名其子曰啞嘀嗉, 其徒李姓名曰嗻哪嘶者, 盤踞澳門之進教寺內, 引誘內地愚民. 如南海·番禺·順德·東莞·新會·香山等附近之人, 多有被其煽惑, 詣寺入教, 向其取經, 並於每歲淸明·冬至之期, 聚集持齋, 習其禮拜, 不特爲害人心, 抑且大干禁令, 甚屬不法.

除林姓等已逃, 現飭地方文武各官嚴拿務獲, 重治示儆. 并將進教寺飭令地方官督令該澳夷目嚴加封錮看守, 不許擅開. 倘有奸民仍敢勾引內地民人復踵前轍者, 立卽嚴拿治罪. 其寺內原貯西洋經卷·器物, 仍着蕃人自行收回外, 所有從前入教愚民, 本應逐加治罪, 第念無知被誘, 姑從寬典, 合亟曉諭嚴禁, 嗣後務俱革面革心, 恪遵法紀.

在住澳蕃人, 寄居原爲市舶, 其內地商行人等與之交易往來, 以及僱倩匠工, 代爲買辦通事, 皆例所不禁, 仍應聽從其便. 但不許民人私習天主教, 及改易蕃名, 潛投澳內禮拜煽惑. 其有從前進教, 已改蕃名, 及既服蕃衣者, 許令自首, 改業出教, 免其治罪. 至附近各縣民人, 敢有私再赴澳禮拜, 或於私家仍習天主教誘民惑衆者, 立將本人按律重治. 保鄰不擧, 一併坐罪. 該地方文武各官, 稽查訪拿, 倘有失察故縱, 定行分別嚴參. 至該澳夷目, 恪體天朝深厚之恩, 約束蕃夷, 循分生理, 自保安全, 不得引誘內地民人在澳習教, 及將封禁之進教寺擅行私開, 致干天朝法度, 以失該國恭順之誠, 有干未便.

自明季利瑪竇以天主敎入中國, 留都學士大夫至尊爲極西聖人, 聞於朝, 召之入監, 公卿以下咸重之. 然一二有識之士, 如郎中徐如珂, 侍郎沈㴶, 給事中晏文輝等, 則深惡之, 合疏斥其邪說惑衆. 會給事中余懋孳疏亦入, 乃下放屛之令.

蔣德璟〈破邪集序〉:

向與西士游, 第知其歷法與天地毬·日圭·星圭諸器以爲工, 不知其有天主之敎也. 比讀其書, 第知其竊吾儒事天之旨, 以爲天主卽吾中國所奉上帝, 不知其以漢哀帝時耶蘇爲天主也. 其書可百餘種, 顯與佛抗, 而迹其人不婚不宦, 頗勝於火居諸衲子, 以是不與之絶. 比吾築家廟奉先, 而西士見過, 謂予, "此君家主, 當更有大主, 公知之乎?" 予笑謂, "大主則上帝也. 吾中國惟天子得祀上帝, 餘無敢干者. 若吾儒性命之學, 則畏天敬天, 無之非天, 安有畵像? 卽有之, 恐不是深目高鼻, 一濃鬍子耳." 西士亦語塞.

或曰, "佛自西來, 作佛像, 利氏自大西來, 亦作耶蘇像, 以大西抑西, 以耶蘇抑佛, 非敢抗吾孔子. 然佛之徒非之, 而孔子之徒顧或從之者, 何也?" 未幾, 當道檄所司逐之, 燬其像, 拆其居, 而株擒其黨. 事急, 乃控於予. 予適晤觀察曾公, 曰, "其教可斥, 遠人則可矜也." 曾公以爲然, 稍寬其禁. 而吾漳黃君天香以《破邪集》見示, 則若以其教爲必亂世, 而亟爲建鼓之攻. 又若以予之斥其教而緩其人, 爲異於孟子拒楊墨之爲者.

予謂, "孟夫子距邪說甚峻, 然至於楊墨逃而歸, 則受之, 而以招放豚爲過. 今亦西士逃而歸之候矣." 愚自以爲善學孟子, 特不敢似退之所稱功不在禹下耳. 且以中國之尊, 賢聖之衆, 聖天子一統之盛, 何所不容? 四夷八館, 現有譯字之官. 西僧七王, 亦賜闡教之號. 卽近議修歷, 亦令西士與欽天分曹測定, 聊以之備重譯一種, 示無外而已. 原不足驅也, 驅則何難之有?

李文節曰, "退之〈原道〉, 其功甚偉, 第未聞明先王之道以道之, 而輒廬其居, 亦不必." 予因以此意廣黃君. 而復歎邪說之行能使愚民爲所惑, 皆吾未能明先王之道之咎, 而非邪說與愚民之咎也. 白蓮·聞香諸教, 入其黨者駢首就戮, 意竊哀之. 然則黃君破邪之書, 其亦哀西士而思以全之歟? 卽謂有功於西士可矣.

國朝康熙八年, 禁各省開天主堂入敎. 五十六年, 以總兵陳昴言, 申其禁. 雍正元年, 浙閩總督滿保復與閩撫黃國材疏陳其害, 上納之, 勅令直省所建天主堂悉改爲公所, 凡誤入其敎者, 許以惟新, 違者治罪. 自是其敎不敢顯行, 而餘蔓潛滋, 晉省·吳中子衿奉爲神師, 婦女受其秘戒, 香·順諸大邑, 如紫泥諸村, 至門縣十字. 今得奉明詔而斥之, 微臣何幸躬其盛也.

十三年春三月, 海防同知張薰擢守潮州, 上從兩府請, 以汝霖承其乏. 四月, 有民人李廷富·簡亞二, 夜入亞嗎嚧·安哆呢家, 斃之, 棄其屍. 汝霖已得主名, 而亞嗎嚧·安哆呢實夷兵, 兵頭若些庇之, 匿不出. 大府檄停交易, 出居民. 若些且增兵繕械, 爲負嵎狀, 而澳夷人無固志, 蕃尼·蕃僧復助之.

因鳴鼓集訊. 夷法凡事確有見聞者, 卽天主所不宥, 是日, 稱目睹者三人, 耳聞者三十三人. 若些無如何, 乃縛送二犯. 當以棄屍, 而失重罪, 準諸夷法, 永戍地滿, 且聲若些罪於小西洋.

初, 華人嗜利, 見役於澳夷, 久之被其淩虐, 有至死者, 有司率匿不以聞. 乾隆八年秋, 晏些嚧刃陳輝千致斃, 策制軍下其事香山令王之正. 屢諭屢抗, 晏些嚧卒伏法. 因上言, "化外人有犯, 原與內地不同, 請訊明確切, 詳候核定. 地方官同夷目將犯人依法辦理, 免其交禁解勘, 一面據實奏明, 庶上申國法, 下順夷情." 詔可其奏, 著爲令.

刑部〈一件奏明事劄付〉:

內閣抄出, 據兩廣總督策楞等奏前事, 本部議得, 該督等奏稱, "澳門地方, 係民蕃雜處之地. 乾隆八年十月十八日, 在澳貿易民人陳輝千, 酒醉之後, 途遇夷人晏些嚧, 口角打架, 以致陳輝千被晏些嚧用小刀戮傷身死. 據縣驗傷取供, 塡格通報, 并密禀, 西洋夷人犯罪, 向不出澳赴審, 是以兇犯於訊供之後, 夷目自行收管, 至今抗不交出. 臣同前撫臣王安國誠恐該地方官失之寬縱, 當卽嚴批照例審擬招解. 嗣據該縣疊催, 隨禀, 據夷目禀稱, 蕃人附居澳境, 凡有干犯法紀, 俱在澳地處治, 百年以來, 從不交犯收禁. 今晏些嚧傷斃陳輝千, 自應仰遵天朝法度, 擬罪抵償, 但一經交出收監, 違犯本國禁令, 閤澳夷目均干重辟, 懇請仍照向例, 按法處治, 候示發落等詞具禀.

臣等伏查澳門一區, 夷人寄居市易, 起自前明中葉, 迄今垂二百年, 中間聚集蕃男婦女, 不下三四千人. 均係該夷王分派夷目管束, 蕃人有罪, 夷目俱照夷法處治. 重則懸於高竿之上, 用大礮打入海中. 輕則提入三巴寺內, 罰跪神前, 懺悔完結. 惟民夷交涉事件, 罪在蕃人者, 地方官每因其係屬敎門, 不肯交人出澳, 事難題達, 類皆不禀不詳. 卽或通報上司, 亦必移易情節, 改重作輕, 如鬬殺作爲過失, 冀倖外結省事, 以致歷查案卷, 從無澳夷殺死民人抵償之案.

今若徑行搜拿, 追出監禁, 恐致夷情疑懼, 别滋事端. 倘聽其收管, 無論院司不能親審, 碍難定案承招, 併慮曠日遲久, 潛匿逃亡, 致夷人益生玩視法紀之心. 天朝政體攸繫, 臣等公同酌核, 此等事件似應俯順夷情, 速結爲便. 惟照夷法礮火轟死, 未免失之過慘. 隨飭司檄委該府, 督同該縣前往妥辦去後, 玆據按察使陳高翔詳, 據廣州府知府金允彝詳稱, '遵卽宣布德威, 嚴切曉諭. 并將兇犯應行絞抵之處, 明白示知, 各夷目遂自行限日, 眼同屍親, 將兇犯晏些嚧於本月初三日用繩勒斃, 闔澳蕃人靡不畏而生感'等情前來.

臣等查核原供, 釁起於撞跌角毆, 殺非有心. 晏些嚧律應擬絞, 旣據該夷目已將兇犯處治, 一命一抵, 情罪相符. 除批飭立案外, 所有臣等辦理緣由, 理合奏明. 抑臣更有請者, 化外之人有犯, 原與內地不同, 澳門均屬教門, 一切起居服食, 更與各種夷人有間, 照例解勘承招, 夷情實有不愿. 且兇犯不肯交出, 地方官應有處分, 若不明定條例, 誠恐顧惜考成, 易啟姑息養奸之弊. 可否仰邀聖恩, 特降諭旨? 嗣後澳夷殺人, 罪應斬絞, 而夷人情愿卽爲抵償者, 該縣於相驗之時, 訊明確切, 由司核明詳報督撫, 再加覆核, 一面批飭地方官同夷目將犯人依法辦理, 一面據實奏明, 并抄供報部查核, 庶上申國法, 下順夷情, 重案不致稽延, 而澳夷鷙驁不馴之性亦可漸次悛改"等因具奏前來.

查律稱化外人有犯, 並依律問斷, 俱期於律無枉無縱, 情實罪當. 其他收禁成招等項節目, 原不必悉依內地規模, 轉致碍難問擬. 今據該督等奏稱, 澳夷均屬教門, 一切起居服食更與各種夷人有間, 照例解勘承招, 夷情實有不愿. 請嗣後澳夷殺人罪應斬絞者, 該縣相驗時訊明確切, 詳報督撫覆核, 飭地方官同夷目將犯人依法辦理, 一面據實奏明等語. 應如所奏請, 嗣後在澳民蕃, 有交涉謀故鬪毆等案, 其罪在民者照律例遵行外, 若夷人罪應斬絞者, 該縣於相驗之時訊明確切, 通報督撫詳加覆核. 如果案情允當, 該督撫卽行批飭地方官, 同該夷目將該犯依法辦理, 免其交禁解勘, 仍一面據實奏明, 并將招供報部存案. 其晏些嚧戳傷民人陳輝千身死一案, 該督等旣稱兇犯應行絞抵之處, 據夷目眼同屍親, 將晏些嚧用繩勒斃, 蕃人靡不畏而生感等語, 應毋庸再議.

至是, 始獲有所遵守, 兼蒙聖天子俯念西洋夷人素稱恭順, 施法外之深仁, 依擬定獄.

而小西洋果遣使至, 勘問兵頭若些罪. 汝霖雖去位, 兩府留竟其事. 若些稔惡, 夷人赴愬者多至八十餘人. 蕃使庇利那明達吏事, 聽斷稱平. 汝霖復與香山令暴煜詳籌善後事宜, 條議以上, 庇利那以爲便, 臺府勅泐諸石, 漢蕃文各一具.

一, 驅逐匪類. 凡有從前犯案匪類, 一概解回原籍安插. 取具親屬保鄰收管, 不許出境. 並取澳甲嗣後不敢容留結狀存案, 將逐過姓名列榜通衢, 該保長不時稽查. 如再潛入滋事, 卽時解究原籍, 保鄰·澳甲人等一體坐罪.

一, 稽察船艇. 一切在澳快艇·果艇, 及各項蛋戶·罟船, 通行確查造冊, 發縣編烙, 取各連環保結, 交保長管束. 許在稅廠前大馬頭灣泊, 不許私泊他處, 致有偸運違禁貨物, 藏匿匪竊, 往來誘賣人口, 及載送華人進敎拜廟, 夷人往省買賣等弊. 每日派撥兵役四名, 分路巡查, 遇有潛泊他處船艇, 卽時禀報查拿, 按律究治. 失察之地保, 一并連坐. 兵役受賄故縱, 與犯同罪.

一, 賒物收貨. 凡黑奴出市買物, 俱令現銀交易, 不得賒給, 亦不得收買黑奴物件. 如敢故違, 究逐出澳.

一, 犯夜解究. 嗣後在澳華人, 遇夜提燈行走, 夷兵不得故意扯滅燈籠, 誣指犯夜. 其或事急倉猝, 不及提籠, 與初到不知夷禁, 冒昧誤犯, 及原係奸民, 出外姦盜, 致被夷兵捉獲者, 立卽交送地保, 轉解地方官, 訊明犯夜情由, 分別究懲. 不得羈留片刻並擅自拷打, 違者照會該國王嚴處.

一, 夷犯分別解訊. 嗣後澳夷除犯命盜罪應斬絞者, 照乾隆九年定例, 於相驗時訊供確切, 將夷犯就近飭交縣丞, 協同夷目, 於該地嚴密處所加謹看守. 取縣丞鈐記, 收管備案, 免其交禁解勘, 一面申詳大憲, 詳加覆核. 情罪允當, 卽飭地方官眼同夷目依法辦理. 其犯該軍流徒罪人犯, 止將夷犯解交承審衙門, 在澳就近訊供, 交夷目分別羈禁收保, 聽候律議, 詳奉批回, 督同夷目發落. 如止杖笞人犯, 檄行該夷目訊供, 呈覆該管衙門核明罪名, 飭令夷目照擬發落.

一, 禁私擅凌虐. 嗣後遇有華人拖欠夷債, 及侵犯夷人等事, 該夷卽將華人稟官究追, 不得擅自拘禁屎牢, 私行鞭責. 違者按律治罪.

一, 禁擅興土木. 澳夷房屋廟宇, 除將現在者逐一勘查, 分別造冊存案外, 嗣後止許修葺壞爛, 不得於舊有之外添建一椽一石. 違者以違制律論罪, 房屋廟宇仍行毁拆, 變價入官.

一, 禁販賣子女. 凡在澳華夷販賣子女者, 照乾隆九年詳定之例, 分別究擬.

一, 禁黑奴行竊. 嗣後遇有黑奴勾引華人行竊夷物, 卽將華人指名呈稟地方官查究驅逐. 黑奴照夷法重處, 不得混指華人串竊, 擅捉拷打. 如黑奴偸竊華人器物, 該夷目嚴加查究. 其有應行質訊者, 仍將黑奴送出訊明定擬, 發回該夷目發落, 不得庇匿不解, 如違卽將該夷目懲究.

一, 禁夷匪夷娼窩藏匪類. 該夷目嚴禁夷匪藏匿內地犯罪匪類, 並查出賣姦夷娼, 勒令改業, 毋許窩留內地惡少, 賭博偸竊. 如敢抗違, 除內地犯罪匪類按律究擬外, 將藏匿之夷匪照知情藏匿罪人律科斷. 窩留惡少之夷娼, 男婦各照犯姦例治罪, 如別犯賭博竊盜, 其罪重於宿娼者, 仍從重擬斷. 並將失於查察之夷目, 一並處分, 知情故縱者同坐.

一, 禁夷人出澳. 夷人向例不許出澳, 奉行已久. 今多有匪夷藉打雀爲名, 或驚擾鄕民, 或調戲婦女, 每滋事端, 殊屬違例. 該夷目嚴行禁止, 如敢抗違, 許該保甲拿送, 將本犯照違制律治罪. 夷目分別失察·故縱定議.

一, 禁設敎從敎. 澳夷原屬敎門, 多習天主敎. 但不許招授華人, 勾引入敎, 致爲人心風俗之害. 該夷保甲, 務須逐戶查禁, 毋許華人擅入天主敎, 按季取結繳送. 倘敢故違, 設敎從敎, 與保甲·夷目一並究處, 分別驅逐出澳.

庇利那始以檻車送若些反國, 時十四年十二月二十日也. 自呂夷戈船迄小西洋蕃使, 比歲有事於澳, 巡檢顧麟宣力尤多云.

自漢開五嶺, 通外蕃, 武帝時遣應募人賫黃金·雜繒, 所至之國皆爲耦. 賈船轉致明珠璧·琉璃·奇石·異物, 越裳白雉以後, 此其權輿也. 光武中興, 日南徼外蠻來貢. 至桓帝時, 扶南之西, 天竺·大秦諸國, 皆重譯貢獻. 唐宋尤夥, 歷元至明. 洪武初, 定鼎諸蕃三年一貢. 世見來王, 先給于符簿, 凡使至, 三司與合符驗, 視表文方物無僞, 乃津送至京, 惟倭不與期. 當是時, 使履其境者三十六, 聲同於耳者三十一, 風殊俗異, 大國十有八, 小國百四十有九. 永樂初, 命鄭和通使西洋, 復破滅交阯, 郡縣其地. 諸蕃益震讋, 貢獻畢至, 奇貨重寶, 前世所未有. 蘇祿國貢大珠一, 其重七兩有奇. 蕃王至率其妻屬以朝, 遣子入監者不可勝數.

【蘇祿國王以明永樂十五年來朝, 賜印誥. 歸次德州卒, 葬以王禮, 謚恭定, 墓在德州.】

王士正〈過墓〉詩:
當年重譯入長安, 屬國威儀盡漢官. 萬里滄波歸路遠, 九河春雨墓門寒.
空聞鰅首生金粟, 無復魚膏照玉棺. 欲薦溪毛重廻首, 亂鴉殘日夕漫漫.

顧炎武詩:
豐碑遙見炳奎題, 尙憶先朝寵日磾. 世有國人供灑掃, 每勤詞客駐輪蹄.
九河冰壯老狐出, 十二城荒白鶴棲. 下馬一爲郯子問, 中原雲鳥正淒迷.

【自註: 今其子孫有依墓而居者.】

因置懷遠驛於蜆子步, 命朝貢諸國山川得附祭於貢道所由郡國山川之次. 後雖以海禁故, 稍稍趨漳·泉, 然終明之世, 朝貢不絶, 琉球修職尤謹. 間攷有唐林邑·眞臘, 雖入貢, 顧嘗更號犯邊.

明正德中, 佛郎機突入通貢, 守臣以非例不許. 尋退泊南頭, 樹柵自固, 至掠嬰兒爲食. 御史邱道隆·何鰲疏其罪. 海道副使汪鋐帥兵往逐, 猶以火器抗. 鋐募善泅者鑿而沈其舟, 逸出者悉擒斬之, 遺其銃械. 後鋐請如夷制爲銃, 頒諸邊鎭, 遂名爲'佛郎機'. 善乎唐節度使王處休之言曰, "海門之外, 隱若敵國. 資忠履信, 貽厥將來." 則馭夷綏邦之懿軌也.

國家一統之盛, 超邁前古, 其屬於主客司·會同舘者, 朝鮮效順最先, 琉球·安南相繼納款.

高詠〈送汪悔齋年兄奉使琉球和益都相公原韻〉:
天書親捧下雲霄, 何惜南征萬里遙. 身向中山攜雨露, 帆凌滄海挾風潮.
旅獒白雉來殊俗, 玉冊金函出聖朝. 久識君才過陸賈, 況今無復尉佗驕.
南北東西盡主恩, 乘風破浪意偏存. 趨裝唯看雙龍劍, 仗節先過五虎門.
颶母潛形波更靜, 神魚吹雨氣常溫. 炎州異物殊堪紀, 奇險關情安足論.

王士正〈送汪舟次檢討林石來舍人奉使琉球〉詩:
屬國滄波外, 微茫萬里流. 雙持龍虎節, 遙拂鳳麟洲.
守禮諳殊俗, 乘槎愜壯遊. 使星霄漢上, 先入大琉球.
掛席指歸墟, 通言隸象胥. 避風占海鳥, 跋浪舞神魚.
卉服看天使, 金函護璽書. 雄才能作賦, 休讓木元虛.
積氣浩茫茫, 乘流出大荒. 嘯歌聞海若, 擊汰薄扶桑.
日月相含吐, 蛟龍或遯藏. 始知九洲大, 騶衍未荒唐.
見說彭湖嶼, 元戎佇捷勳. 習流多戰士, 橫海拜將軍.
出險雲濤壯, 飛書露布聞. 早成風土記, 歸報聖明君.

〈送孫予立編修周星公禮部奉使安南〉詩:
憶昔高平役, 於今歲屢遷. 遂休蠻觸鬬, 共識漢唐年.
文笥來何數, 包茅貢亦虔. 越裳馴白雉, 征戍罷朱鳶.
畇町軍鋒擾, 西南殺氣纏. 妖氛橫象郡, 間道絶龍編.
正朔依然奉, 訛言幾處傳. 乾坤重盪滌, 遐邇盡陶甄.

使者南關入，長安北斗邊．職方陳貢贄，鞮鞻列宮懸．
忠孝問天語，奎章照海堧．觞終王禮備，繼世主恩偏．
胙上諸侯貴，行人二妙賢．璽書頒册府，英蕩破蠻烟．
衡嶽開雲霧，湘江任泝沿．麾前驅瘴癘，規外指星躔．
銅柱懷新息，丹砂訪稺川．採香三丈木，纅繭八蠶綿．
飛鼠紅蕉裏，羚羊碧樹巔．檳榔供釀酒，蚳子上盤筵．
風土由來異，聲靈此日宣．望塵紛絡繹，騎象競駢闐．
國體千秋重，軺車萬里旋．交州新有記，眞見雒名田．

定其期，驗其表，船不踰三，人不踰百，入京傔從不得踰二十人．至則布政司設燕，官兵護之入京，遣序班，給勘合，送之歸國．

其道廣東者，曰暹羅，順治十年請貢，後率期以三年．康熙十二年賜國王森列拍誥命及鍍金駝紐·銀印．雍正二年運米至粤，朝廷嘉其意，勅勿稅，賞賚有加．曰賀蘭，亦於順治十年遣使航海修朝貢，初定八年一貢，嗣改爲五年．康熙二年，其國遣出海王率領戈船至閩安鎭助勦海逆．明年，出海王助大兵克取厦門·金門，降勅褒之．

其在西洋者，自鄭和所歷，有古里·瑣里·西洋瑣里·忽魯謨斯諸國，見之傳記．萬歷二十九年利瑪竇始以方物由中涓馬堂進．國朝康熙六年通朝貢，以道遠無貢期，貢物亦無定額．嗣是比年一至．十年，貢使馬諾勿回至山陽病卒，祭葬如禮．十七年，西洋國王阿豐肅遣貢獅子．馬諾勿·阿豐肅其屬西洋何國不可考．至雍正三年，西洋意大里亞國教化王伯納第多遣使奉表，貢方物，則今澳夷之大西洋也．世宗降勅嘉賚．五年西洋博爾都噶爾國王若望復遣使奉表入賀，豐其廩給，又遣郎中一員同在京西洋人往迎，及送亦如之，蓋異數也．

僧跡删〈送高二尹伴貢入京十首〉：
代耕未易得逢年，宦况詩情總冷然．閒却簿書問重譯，風光何處不周還．

江上大郎連二郎, 江干蕃舶並官航. 遠人不用誇奇貨, 館伴明珠在錦囊.
登舟風便抱琴眠, 夢逐飛鳧上九天. 此去莫愁天路遠, 淸風先到聖人前.
雕題刻齒共朝天, 濁水汚泥種白蓮. 擎出一枝承雨露, 東林須記再來緣.
九重瑞日射彤雲, 萬里天鷄到處聞. 閒與侏離說聲敎, 好敎遣子受三墳.
相隨斷髮及文身, 異俗殊音强自親. 除却聲華與文物, 不知誰假復誰眞.
眞中有假假中眞, 行役行吟總一身. 直造鵷行陪貢使, 也知差勝折腰人.
粤水燕山路未賖, 觀風問俗興無涯. 異言異服休相訝, 同軌同文本一家.
買鶴修琴罄俸錢, 朝來棒檄心茫然. 罷琴惆悵鶴起舞, 飛上丹霄寧受憐.
弊裘羸馬太郎當, 祖道乘風掛席忙. 姤殺隔江老漁父, 船頭初月白如霜.

貢與市相因, 而市之利膴, 初雖刻期限, 嚴勘合, 卒之率假貢爲市, 而貢敝. 征因市而起, 初以示裁抑, 佐經費, 其或暴征擾市, 而市亦敝.《後漢書》云, “諸蕃貢獻, 賈蕃充斥揚粤間.” 唐因置市舶使, 以帥臣兼領之. 其舟最大者爲獨檣舶, 能載一千婆蘭, 一婆蘭華言三百斤也. 次爲牛頭舶, 比獨檣得三之一. 又次爲三木舶, 爲料河舶, 遞得三之一. 貞觀中, 詔抽解一分, 宋開寶四年, 置市舶司, 以知州兼使, 通判兼判官. 至元豊中, 始罷帥臣兼領. 淳化二年, 抽解二分. 大抵徵其什一, 而給其餘値, 歲入以數十鉅萬計. 南渡後, 縣官一切經費皆倚辦之. 隆興初, 詔十分抽一, 罷博買. 初, 蕃物分麤細二色, 細色十分抽一, 又博買四分, 麤色十分抽二, 博買四分. 抽買旣多, 商人皆匿其細者, 雖細弗實. 至是, 用臣工言罷之. 乾道初, 置提擧. 元世旋置旋罷.

明初, 許諸蕃互市, 立市舶提擧司一人, 秩從五品. 副提擧二人, 從六品. 其屬吏目一人, 從九品. 掌海外諸蕃朝貢市易之事, 辨其使人表文勘合之眞僞, 禁通蕃, 征私貨, 平交易, 閑其出入, 而愼舘轂之制. 凡國王王妃陪臣附至貨物, 抽其十之五, 官給其餘値, 惟暹羅·瓜哇免抽. 若蕃商私齎入市者, 悉封籍之, 抽其十二. 成祖命璫監稅, 提擧官吏惟領簿而已.

嘉靖元年, 罷福建·浙江二市舶司, 惟存廣東市舶司. 蓋自諸蕃飛艎走浪, 望鼠島而三休, 大舶參雲, 指麟洲而一息, 所謂金山珠海, 天子之南庫也. 然武后時都督路元叡冒取蕃貨, 舶主不勝忿, 殺之. 明時稅璫縱恣爲害, 韋眷至, 掊克粤中富戶以供, 而課且日絀. 唐李勉拜嶺南節度使, 西南夷舶歲至纔四五舵, 勉旣廉潔, 又不暴征, 明年至者乃四十柁, 公私以濟.

國朝康熙二十四年, 設粤海關監督, 以內務府員外郎中出領其事. 其後或以侵墨敗, 敕巡撫監之, 邇年改歸總督. 所至有賀蘭·英吉利·瑞國·璉國, 皆紅毛也. 若弗郎西, 若呂宋, 皆佛郎機也. 歲以二十餘柁爲率, 至則勞以牛酒. 牙行主之, 曰十三行, 皆爲重樓崇臺. 舶長曰大班, 次曰二班, 得居停十三行, 餘悉守舶, 卽明於驛旁建屋一百二十間以居蕃人之遺制也.

羅天尺〈冬夜珠江舟中觀火燒洋貨十三行因成長歌〉:

廣州城郭天下雄, 島夷鱗次居其中. 香珠銀錢堆滿市, 火布羽緞哆哪絨.

碧眼蕃官占樓住, 紅毛鬼子經年寓. 濠畔街連西角樓, 洋貨如山紛雜處.

我來珠海駕孤舟, 看月夜出琵琶洲. 素馨船散花香歇, 下弦海月纖如鈎.

探幽覓句一竿冷, 萬丈虹光忽橫亘. 赤烏飛集雁翅城, 蜃樓遙從電光隱.

高如炎官出巡火傘張, 旱魃餘威不可當. 雄如烏林赤壁夜鏖戰, 萬道金光射波面.

上疑堯天卿雲五色擁三台, 離火朱鳥相喧豗. 下疑仲父富國新煮海, 千年伯氣今猶在.

笑我窮酸一腐儒, 百寶灰燼懷區區. 東方三刦曾知否, 楚人一炬胡爲乎.

舊觀劉向陳封事, 火災紀之凡十四. 又觀漢史載焚巢, 黑祥亦列五行志.

只今太和致祥戾氣消, 反風滅火多大僚. 況云火災之禦惟珠玉, 江名珠江寶光燭.

撲之不滅豈無因, 回祿爾是趨炎人. 太息江皐理舟楫, 破突炊烟冷如雪.

其來以嗶吱·哆囉嗹·玻璃·諸異香珍寶, 或竟以銀錢. 其去以茶, 以湖絲, 以陶器, 以糖霜, 以鉛錫·黃金, 惟禁市書史·硝磺·米·鐵及制錢. 明季遣中官李鳳增粵稅二十萬, 卒不能充. 今課羨盈溢, 柔遠之仁有加無已. 貢船壓艙物一切免其抽分, 而加恩澳夷尤渥. 凡船回澳, 止征船稅, 丈其貨物而籍記之. 貨入於夷室, 俟華商懋遷出澳, 始納稅. 又頒有則例, 刊章揭之高榜, 吏無所作奸, 故四遠輻輳於南溟也. 其澳地歲租銀五百兩, 則自香山縣徵之. 考《明史》載濠鏡歲輸課二萬, 其輸租五百, 不知所緣起. 國朝載入《賦役全書》,《全書》故以萬歷刊書爲準, 然則澳有地租, 大約不離乎萬歷中者近是.

澳門記略 下卷

目錄

澳門記畧 下卷

寶山 印光任, 宣城 張汝霖 篡

澳蕃篇 [諸蕃附]

記蕃於澳, 略有數端. 明初互市廣州, 正德時移於電白縣, 嘉靖中又移濠鏡者, 則有若暹羅·占城·爪哇·琉球·浡泥諸國. 其後築室而居者, 爲佛郎機. 始與佛夷爭市, 繼而通好求市者, 和蘭也. 以澳爲逋藪者, 倭也. 西洋亦有數端. 若古里·瑣里·西洋瑣里·柯枝·錫蘭山, 於西洋爲近. 若忽魯謨斯, 處西海之極, 爲絶遠, 皆明初王會所列者. 今西洋夷則所云意大里亞者也, 入自明季. 玆別其本末, 都爲一篇云.

占城, 居南海中. 自瓊州順風一晝夜可至, 周越裳地, 秦爲林邑, 漢爲象林縣. 其王所居曰占城, 自唐迄宋遂以占城爲號. 明初封爲占城國王, 奉正朔, 後爲安南破滅. 命右都御史屠滽至廣東, 封古來爲王, 傳檄安南, 募兵護之還國, 戶皆北向. 王瑣里人, 崇釋教. 國不甚富, 惟犀象最多. 烏木·降香樵以爲薪. 伽楠獨産一山, 酋長守之, 民不得采.

尤侗〈占城竹枝詞〉:
金花冠上戴三山, 玳瑁裝鞢束寶鐶. 任爾通身都是膽, 那堪黑夜遇尸蠻.
十更晝夜鼓冬冬, 午起子眠風俗通. 三尺竹竿輪灌酒, 滿城歌舞月明中.

〈貢使初發占城〉詩:
行盡河橋柳色邊, 片帆高掛遠朝天. 未行先識歸心早, 應是燕山有杜鵑.

〈江樓留別〉詩:

青嶂俯樓樓俯渡, 遠人送客此經過. 西風揚子江邊柳, 落葉不如離思多.

暹羅, 在占城西南, 順風十晝夜可至. 卽隋唐赤土國, 嗣分爲羅斛·暹二國. 其後羅斛强, 倂有暹地, 稱暹羅斛國. 明初勅封, 賜印曰'暹羅國王之印', 始稱暹羅. 嘉靖中, 爲隣國東蠻牛所制. 其嗣王勵志復仇, 大破東蠻牛, 移兵攻降眞臘, 遂霸諸國. 及日本破朝鮮, 暹羅請潛師直擣日本, 牽其後. 中樞石星議從之, 兩廣總督蕭彦持不可, 乃已.

崇禎十六年猶入貢. 入國朝, 尤爲恭順, 康熙十二年封爲暹羅國王. 貢多馴象·金絲猴. 其國周千里, 風俗勁悍, 習於水戰. 大將用聖鐵裹身, 刀矢不能入. 聖鐵者, 人腦骨也. 王亦瑣里人. 官分十等, 自王至庶民, 事皆决於其婦. 婦私華人, 則夫置酒同飮. 崇釋教. 氣候不正, 或寒或熱, 地卑濕, 人皆樓居. 男女椎結, 以白布裹首. 衣服頗類中國. 明時汀州人謝文彬以販鹽下海, 飄入其國, 仕至坤岳, 猶天朝學士也. 今其國中多閩人, 計貲授官, 尤多仕者, 往往充使來貢云.

尤侗〈暹羅竹枝詞〉:

白布纏頭靑壓腰, 海肌買賣解香燒. 女兒斷事男兒聽, 偏愛華人夜夜嬌.

赤眉遺種染腥風, 封釬嵌砂僧點紅. 生日裹身皆聖鐵, 死時鳥葬海濤中.

梁佩蘭〈觀暹羅使者入貢〉詩:

能於化外識尊親, 不憚波濤濺着身. 滕水魚龍忘颶毋, 指天南北託針神.

中朝禮自通甥舅, 外國稱原列子臣. 方物只將金葉表, 聖王從不貴奇珍.

陳王猷〈觀貢雞歌并序〉:

雍正己酉秋暹羅國所貢也. 雞高可三尺許, 大可八十觔. 冠一片, 若液角成之者. 喙如鳳, 無舌. 頭及頸不毛, 著肉鮮紅, 似新花初放, 紅盡嫩綠光艷. 身無翼, 頸以下毛類黑羝, 長尺有咫, 若絲綌. 風吹之見肉, 微紫. 三爪無距. 其行類鶴. 余在會城貢館觀焉, 不解何物, 歸作歌紀之.

昻然大雞三尺强, 頩而飮啄馴以良. 不復怒癭爭磈磊, 詎有悍目呈精光.
峩冠黯黕液特角, 半規卓確高中央. 微鈎短喙失舌本, 絶少兩翼爲身防.
三尺著地距何有, 何能鳴鬭還飛揚. 遍體垂絲黑羯色, 風吹散漫見頑蒼.
頸下入膚刷霞錦, 間以媢綠饒文章. 毛去有文只附鞹, 於理則那費周詳.
强名爲雞聊雞之, 山經遺佚須補亡. 古者珍禽不畜國, 先王愼德綏遐方.
航海輸誠出異域, 遠臣職貢來蠻疆. 重譯更翻化莫外, 分頒昭致制有常.
不貴異物賤用物, 鳳至麟遊天降康. 當今有道陛下聖, 定知却此還越裳.
粤城好事走且僵, 日往觀者如堵墻. 或疑崑鷄毋乃是, 或謂頸彩媲鸞皇.
又若胎仙步彳亍, 化鶴未成歸迷鄕. 我擕笻杖出西郭, 舘人反扉深閉藏.
偶逢启鑰得一覩, 目所未見非荒唐. 海鵠呑人何披猖, 虎門東去天茫茫.

爪哇在占城西南. 元世祖擧兵破其國, 自泉州一月至. 明賜以《大統歷》, 又賜其西王印, 東王亦朝貢請印. 自後二王並貢. 正統中, 廣東參政張琰言爪哇朝貢頻數供億費煩, 帝納之, 勅令三年一貢. 宏治以後鮮有至者. 其國一名莆家龍, 又曰下港, 曰順塔. 有新村, 號饒富, 華蕃商船輻輳, 其村主卽廣東人.

尤侗〈爪哇竹枝詞〉:
稱傳罔象變獮猴, 生小啣刀不剌頭. 並駕塔車坐妻小, 竹鎗會上鬬風流.
新村市舶聖泉淸, 喜聽蕃歌步月行. 更愛彩禽能倒掛, 聞香時向夜深鳴.

琉球, 居東南大海中. 明時始通中國. 其國有三王. 曰中山, 曰山南, 曰山北. 皆以尙爲姓. 三王並入貢, 而中山尤數, 屢遣其從子·寨官子及女官生姑魯妹來肄業. 後山北爲二王所併, 而中山益强富. 一歲當再貢三貢, 雖厭其繁, 不能却也. 宣德中, 山南亦見併於中山, 自是琉球惟中山一國. 萬歷時爲日本所破, 而脩貢如故. 後兩京繼沒, 唐王立於福建, 猶遣使奉貢. 入本朝, 尤虔脩外藩禮. 順治十一年, 冊封尙質爲中山王. 康熙二十一年, 世子尙貞請襲, 遣官冊封, 并御書'中山世土'四字賜之. 雍正二年, 賜以'輯端球陽'額. 屢遣陪臣子弟官生入監讀書. 今貢道由福建, 亦無來粤市者.

尤侗〈琉球竹枝詞〉:
歡會門中蘆扇開, 美姬含米上行盃. 金簪長史雍容甚, 鼓篋新從太學來.
布帽毛衣曳珮璫, 雙雙纖手繡鴛鴦. 女君曉入奉神殿, 舞也婆婆歌滿堂.

林麟焻〈使琉球竹枝詞〉:
手持龍節渡滄溟, 璀璨宸章護百靈. 淸比胡威臣所切, 觀風先到却金亭.
徐福當年採藥餘, 傳聞島上子孫居. 每逢卉服蘭闍問, 欲乞嬴秦未火書.
日斜沙市趁虛多, 村婦靑筐藉綠莎. 莫惜簪花無酒盞, 人歸買得小紅螺.
疋練明河牛斗橫, 鼕鼕衙鼓欲三更. 思鄉坐擁黃紬被, 靜聽盤窗蜥蜴聲.
三十六峰瀛海環, 怒潮日夜響潺湲. 樓西一抹靑林裏, 露出煙蘿馬齒山.
射獵山頭望海雲, 割鮮掏酒醉斜曛. 紙錢挂道松楸老, 知是歡斯部落墳.
心齋生白室能虛, 棐几焚香把道書. 讀罷憑闌笑幽獨, 蕂墻西角對棕櫚.
廟門斜映虹橋路, 海島高巢占柏枝.16) 自是島夷知向學, 三間瓦屋祀宣尼.
王居山第兎園開, 松櫪棕花倚石栽. 多少從官思授簡, 不知若箇是鄒枚.
奉神門內列鵷行, 乞把天書鎭大荒. 喚取金縢開舊詔, 侏㒧感泣說先皇.
閟宮甍桷壓山原, 將享今看幾葉孫. 二十七王禋祀在, 鼇圭錫卣見君恩.
譯章曾記莋都夷, 槃木白狼歸漢時. 何似島王懷聖德, 工歌三拜鹿鳴詩.
宗臣淸俊好兒郞, 學畫宮眉十樣粧. 翹袖招要小垂手, 簪花研帽舞山香.
望仙樓閣倚崔嵬, 日看銀山十二回. 笙鶴綵雲飛咫尺, 不敎弱水隔蓬萊.
纖腰馬上側乘騎, 草圈銀釵折柳枝. 連臂哀歌上靈曲, 月明齊賽女君祠.

16) 乾隆本에는 "海鳥高巢古柏枝"로 되어 있는데, "海鳥高巢占柏枝"의 오기로 보인다.

久稽異域歲將徂, 自笑流連似賈胡. 三老亦知歸意速, 時時風色相銅烏.17)

浡泥, 在西南大海中. 宋太宗時始通中國. 明初遣使詔諭其王馬合謨沙入貢, 永樂三年, 封爲國王, 賜誥印. 王率妃及弟妹子女陪臣泛海來朝, 以六年八月入都, 十月卒於舘. 帝哀悼, 輟朝三日, 祭賻甚厚. 葬之安德門外石子岡, 諡曰恭順. 又建祠墓側, 有司春秋祀以少牢. 封其國之後山爲長寧鎭國之山. 十年, 嗣王遐旺偕其母來朝. 萬歷中, 其王卒無嗣, 立其女爲王. 國統十四州. 王坐繩牀, 出擁大布被, 衆舁之, 謂之阮囊. 以竹編貝葉貯食, 瀝椰子爲酒. 崇佛教. 初屬爪哇, 後屬暹羅, 改名大泥. 華人多流寓其地. 漳州人張姓者, 爲其國那督, 華言尊官也.

尤侗〈浡泥竹枝詞〉:

坐踞繩牀出阮囊, 竹編貝葉瀝椰漿. 家家齋沐皈依佛, 却喜扶人入醉鄉.

弗郎西, 明曰佛郎機, 在占城西南. 自古不通中國. 明正德十三年, 遣使臣加必丹末等入粤, 貢方物, 請封, 始知其名. 詔給方物之値遣還. 其人久留不去, 剽掠無虛日. 已而夤緣中貴, 許入京. 武宗南巡, 其使火者亞三因江彬侍帝左右, 帝時學其語以爲戱. 其留懷遠驛者, 益掠買良民, 築室立寨, 爲久居計.

十五年, 御史何鰲言, "佛郎機最凶狡, 兵械較諸蕃獨精. 前歲駕大舶突入廣東會城, 礮聲殷地, 留驛者違制交通, 入都者桀驁爭長【見部臣不拜, 又欲求長諸蕃】. 今聽其往來貿易, 勢必爭鬬殺傷, 南方之禍, 殆無紀極. 祖宗朝貢有定期, 防有常制, 故來者不多. 近因布政吳廷擧謂缺上供香物, 不問何年, 來卽取貨, 致蕃舶不絶於海澨, 蠻人雜遝於州城. 禁防旣疎, 水道益熟, 此佛郎機所以乘機突至也. 乞悉駈在澳蕃舶及蕃人潛居

17) 乾隆本에는 "銅烏"로 되어 있다.

者, 禁私通, 嚴守備, 庶一方獲安."

會御史邱道隆亦以爲言. 禮部言, "道隆先宰順德, 鰲卽順德人, 故深晰利害, 請如御史言." 報可. 亞三本華人, 爲蕃人所使, 侍帝驕甚. 武宗崩, 下吏訊實, 乃伏法, 絶其朝貢.

嘉靖二年, 遂寇新會之西草灣. 指揮柯榮·百戶王應恩禦之, 轉戰至稍州. 向化人潘丁苟先登, 衆齊進, 生禽其將別都盧·疎世利等四十二人, 斬首三十五級, 獲其二舟. 餘賊復率三舟接戰, 應恩陣亡, 賊亦敗遁, 而舶市禁絶.

黃佐曰, "往者蕃舶通時, 公私饒給, 議者或病外蕃闌境之爲虞. 夫暹羅·眞臘·爪哇·三佛齊等國, 洪武初入貢方物, 臣服至今. 南方蠻夷, 大抵寬柔, 乃其常性, 百餘年間未有敢爲冦盜者. 邇者佛郎機來自西海, 其小爲肆侮, 夫有所召之也." 當事上其言, 海禁遂開. 自是佛郎機得入香山澳爲市, 築室建城, 雄攄海畔, 若一國然, 多至萬餘人. 暹羅·占城·爪哇諸國畏而避之.

萬歷中破滅呂宋. 呂宋在南海中, 去漳州甚近, 明初朝貢. 佛郎機初與互市, 久之見其弱可取, 乃奉厚賄, 乞地如牛皮大, 建屋以居. 王不虞其詐, 許之. 其人乃裂牛皮, 聯屬至數十丈, 圍呂宋地, 乞如約. 王大駭, 然業已許諾, 無如何, 遂聽之, 而稍徵其稅. 其人旣得地, 卽營室築城, 列火器, 設守禦. 已竟乘其無備, 襲殺其王而攄其國, 名仍呂宋, 實佛郎機也.

> 尤侗〈呂宋竹枝詞〉:
> 當年失國一牛皮, 何處天生金豆枝. 可恨大崙遮殺後, 澗頭不剩壓冬兒.

先是, 遣將以巨礮利兵破滅滿剌加, 又擊破巴西國, 又與紅毛中分美洛居. 至是, 益以呂宋, 盡擅閩粤海上之利, 勢愈强横, 築城於隔水青洲山, 海外諸蕃無敢與抗者. 滿剌加在占城南, 明永樂中封爲滿剌加國王, 賜誥印.

明成祖〈御製封滿剌加鎭山〉詩:
西南巨海中國通, 輸天灌地億載同. 洗日浴月光景融, 雨崖露石草木濃.
金花寶鈿生青紅, 有國於此民俗雍. 王好善義思朝宗, 願比內郡依華風.
出入導從張蓋重, 儀文裼襲禮虔恭. 大書貢石表爾忠, 爾國西山永鎭封.
山居海伯翕扈從, 皇考陟降在彼穹. 后天監視久彌隆, 爾衆子孫萬福崇.

尤侗〈滿剌加竹枝詞〉:
溪上環橋橋上亭, 蕉心簟細打磨馨. 奉天門外曾陪讌, 攜取龍文勒御名.

自爲佛郎機破後, 其貿易香山澳者, 猶接跡不絶. 巴西國無可考. 美洛居事具紅毛記.

佛郎機後又稱干系臘國, 今稱弗郎西, 或曰法郎西, 歲與呂宋入粤互市. 有呂武勝者, 尤黠慧, 往來澳門十三行, 先後二十餘年, 土語華言及漢文字皆諳曉, 人呼爲呂大班. 營責取息, 獲利累鉅萬. 中國貨物利鈍, 時價昻下, 於洋船未至前密輸之, 故行商近歲貿易無多贏. 其人皆長身高鼻, 貓睛鷹嘴. 拳髮赤鬚, 好經商. 市易但伸指示數, 雖累千金不立約契. 有事指天爲誓, 不相負. 衣服華潔, 貴者冠, 賤者笠, 見尊長輒去之. 所産多犀象珠貝. 初奉佛教, 後奉天主教, 明季大西洋人故得入居澳中, 後竟爲所有云.

尤侗〈佛郎機竹枝詞〉:
蜈蚣船櫓海中馳, 入寺還將紅杖持. 何事佛前交印去, 定婚來乞比邱尼.

賀蘭, 明曰和蘭, 又名紅毛蕃. 地近佛郎機. 初就大泥·呂宋·咬𠺕吧諸國轉販, 未嘗敢窺中國. 自佛郎機據呂宋, 市香山, 和蘭聞而慕之. 萬歷二十九年駕大艦攜巨礮直薄呂宋. 呂宋人力拒之, 則轉薄香山澳. 澳中人數詰問, 言欲通貢市, 不敢爲冦. 當事難之. 稅使李道卽召其酋入城遊處一月, 不敢聞於朝, 乃遣還. 澳中人慮其登陸, 謹防禦, 始引去.

已而入閩攄彭湖. 時佛郞機橫海上, 紅毛與爭雄, 復汎舟東來, 攻破美洛居國. 美洛居在東海中, 頗饒富, 華人多市易. 萬歷時, 佛郞機來攻, 其酋戰敗請降. 紅毛詗佛郞機兵已退, 乘虛直抵城下, 執其酋, 語之曰, "若善事我, 殊勝佛郞機也." 酋不得已, 亦聽命. 紅毛率一二歲率衆返國. 佛郞機大擧兵來襲, 値紅毛已去, 遂破殺其酋. 紅毛蕃至, 又破其城. 自是歲搆兵, 人不堪命. 華人流寓者說令各罷兵, 分國中萬老高山爲界, 山以北屬紅毛蕃, 南屬佛郞機, 美洛居竟爲兩國所分.

復與佛郞機入爪哇爲市, 築土庫於大澗東, 佛郞機築於大澗西. 又於浡泥築土庫以居. 遂侵奪臺灣地, 築室耕田, 久留不去, 崇禎中爲鄭芝龍所破, 乃與香山澳佛郞機通好, 私貿外洋. 十年, 駕四舶由虎跳門薄廣州, 聲言求市. 其酋招搖市上, 奸民視之若金穴, 蓋大姓有爲之主者. 當道鑒濠鏡事, 議駈斥, 或從中撓之. 會總督張鏡心初至, 持不可, 乃遁去, 終明之世不通市.

國朝順治十年, 稱荷蘭, 一曰賀蘭, 始通朝貢. 十八年, 鄭成功自江南敗還, 適日本甲螺【華言頭目】何斌言臺灣可取狀. 成功喜, 束甲遂行. 至鹿耳門, 水驟漲丈餘, 大小戰艦銜尾而進, 紅毛大驚. 遂克赤嵌城, 進攻王城, 環七崑身以逼之. 縱火焚其夾板船, 復使人告之, 紅毛乃降. 康熙初, 大兵征臺, 荷蘭助勦有功. 及臺灣平, 其王耀漢連氏甘勃氏遣陪臣賓先巴芝奉金葉表進貢. 表詞有云, "外邦之丸泥尺土, 乃是中國飛埃. 異域之勺水蹄涔, 原屬天家滴露." 其貢品亦備物致敬. 迄今歲市不絕.

其船有商舶, 有戈舶, 底皆二重. 商舶樓櫓數十重, 環以飛廬, 內含大銃百. 梯以藤結而上, 窗牖以玻瓈嵌之, 艙以辟支緞鋪之. 舶腹凡數重, 縋而下有甜水井·菜畦. 懸釜而炊, 張錦棚白氎而臥, 名曰奧牀. 食皆以蘇合油煎烙, 曼頭·牛臑皆度色如金黃乃食. 酒以葡萄·以香春. 時鼓弄銅琴, 拍手彈肩對舞以娛客.

帆以布, 凡七張之. 其柁後置照海鏡, 大徑數尺. 刀可屈, 信類古之魚腸劍. 戈船有五桅·九桅, 首尾皆有柁. 柁工分班駛風, 惟視羅經所向. 登桅視千里鏡, 見遠舟如豆大則不可及. 若大如拇指許, 卽續長其桅而追之. 桅有雌雄二竅, 簴而楔之, 益左右帆, 數百里之遙逾時可及. 時時爲盜外洋, 又與弗郎西·呂宋讎殺. 呂宋避其鋒, 不入市者三年.

其人深目長鼻, 髮眉鬚皆赤, 足長尺二寸, 頎偉非常. 然不善戰, 所恃惟巨舟大礮, 故往往多挫衂. 所產有金銀·琥珀·瑪瑙·玻璃·天鵞絨·瑣服·哆囉嗹. 其自鳴鐘·鳥銃·馬銃·雙利劍·單利劍·照星月水鏡·江河照水鏡, 制作精好, 甲於西洋. 嘗貢馬銃, 中藏小馬銃二十事. 又常貢刀劍八枚, 其柔繞指.

> 王士正〈荷蘭刀劍〉詩:
> 憶戰金門島, 王師大合圍. 寒芒生海外, 眞見著胷飛.

駿馬四, 二靑二赤, 鳳膺鶴頸, 日可千里.

> 王士正〈荷蘭四馬〉詩:
> 龍種來西極, 蘭筋怒不羣. 鼓車應待汝, 不用籋浮雲.

西洋白小牛四, 白質斑文, 長二尺, 高一尺七寸, 項有肉峰.

> 王士正〈白小牛〉詩:
> 豈是流沙種, 還疑果下駒. 寄言熊虎質, 不敢恃牙鬚.

今又析其名曰英吉利.

僧跡刪〈英鷄黎畫〉詩:

尺幅雲林幻也眞, 無端聞見一翻新. 丹靑不是支那筆, 花木還同震旦春.
弱水東流終到海, 越裳南去即通津. 年來頗有居夷願, 莫怪披圖數問人.

曰瑞, 曰璉.

其地有噶囉吧, 爲南洋之會, 華人多流聚於此. 乾隆六年, 其酋與鄰鬩, 脅華人爲前敺, 死者數千人. 已欲敺華人復戰, 華人恐, 謀爲變. 事洩, 其酋乘夜屠華人略盡, 惟逃於山者得免, 商舶中絕. 已而華人復稍稍往, 蕃人亦利之, 復成聚.

尤侗〈荷蘭竹枝詞〉:

和蘭一望紅如火, 互市香山烏鬼羣. 十尺銅盤照海鏡, 新封炮號大將軍.

日本, 古倭奴國, 有五畿七道三島. 其王世以王爲姓. 終明之世爲患東南, 事具《明史》. 萬歷中, 香山澳佛郎機潛匿倭賊, 敵殺官軍. 四十二年, 海道兪安性奉檄敺倭出海, 凡九十八人, 嚴其禁, 患稍息.

陳恭尹〈日本刀歌〉:

白日所出金鐵流, 鐵之性剛金性柔. 鑄爲寶刀能屈伸, 屈以防身伸殺人.
星流電激光離合, 日華四射曈曈濕. 陰風夜半刮面來, 百萬啼魂鞘中泣.
中原歲歲飛白羽, 世人見刀皆不顧. 爲恩爲怨知是誰, 寶刀何罪逢君怒.
爲君晝盛威與儀, 爲君夜伏魍與魑. 水中有蛟貫其頤, 山中有虎抉其皮.
以殺止殺天下仁, 寶刀所願從聖人.

東洋盡處, 西洋之所自起, 有國曰婆羅. 又西曰蘇門答剌, 西洋要會也. 自蘇門答剌順風十二晝夜, 達一國, 曰錫蘭山. 其國東南海中有山三四處, 總名曰翠藍嶼, 大小七門, 門皆可通舟. 中一山尤高大, 蕃名梭篤蠻山. 相傳釋迦佛昔經此山浴於水. 自此山行七日, 見鸚歌嘴山. 又二三日, 抵佛堂山, 卽入錫蘭國境.

尤侗〈錫蘭國竹枝詞〉:

山上珠簾海上沙, 沙中磐石象黃鴉. 中朝曾設幡幢供, 古寺猶看臥釋迦.

古里, 西洋大國, 自錫蘭山十日可至. 明永樂中, 諸蕃使臣克斥於廷, 以古里大國, 序其使者於首. 正統後不復至.

尤侗〈古里竹枝詞〉:

山城海市擁名王, 好馬西來勒紫韁. 瓔珞步搖金跳脫, 美人不讓漢宮粧.
五等皈依乃納兒, 葫蘆彈唱間銅絲. 西風萬里綜人至, 上岸先看永樂碑.

其王敬浮屠. 國中半崇回敎, 建禮拜寺數十處. 王老不傳子而傳甥, 無甥傳弟, 無弟則傳於國之有德者. 國事皆決於二將, 以回回人爲之. 人分五等, 如柯枝云.

尤侗〈柯枝竹枝詞〉:

柯枝不見一枝榮, 止有胡椒萬斛盈. 却怪天公沒分曉, 半年雨落半年晴.

西洋瑣里, 明初詔諭其國, 其王別里遣使獻方物. 永樂時, 偕古里·阿丹等十五國來貢.

尤侗〈西洋瑣里竹枝詞〉:

西洋十六國誰何, 瑣里偏攜方物多. 又有輿圖小瑣里, 欲將紅撒鬬兜羅.

瑣里, 近西洋瑣里而差小. 明洪武初, 遣使朝貢, 幷獻其國土地山川圖. 厚賚之, 幷賜《大統歷》.

忽魯謨斯, 西洋大國也, 自古里西北行二十五日可至. 永樂中, 朝廷以西洋近國已航海貢琛, 而遠者猶未賓服, 乃命鄭和往. 其王遣陪臣已即丁入貢. 正統後不復至. 其國居西海之極, 自東南諸蠻邦及大西洋商舶·西域賈人, 皆來貿易, 故寶物塡溢. 氣候有寒暑, 有霜無雪, 多露少雨. 土瘠, 少穀麥. 人多白晳豊偉. 婦女出則以紗蔽面. 市列廛肆, 百物具備, 惟禁酒, 犯者至死. 醫小技藝皆類中華. 交易用銀錢, 書用回回字. 王及臣下皆遵回教. 壘石爲屋, 有三四層者, 寢處庖厠及待客之所皆在其上. 饒蔬果, 有核桃·把聃·松子·石榴·葡萄·紅花·萬年棗之屬.

> 尤侗〈忽魯謨斯竹枝詞〉:
> 紅土銀硃白石灰, 鴉姑靑綠寶成堆. 爭把底那游戲去, 鐵牌絡索鬪羊來.
> 玳瑁斑斑草上飛, 花紋福祿逐靑獅. 君主偏愛駝雞舞, 作賦宣傳金幼孜.

意大里亞, 居大西洋中. 有古不通中國. 明萬歷時, 其國人利瑪竇至京師, 爲《萬國全圖》, 言天下有五大洲. 第一曰亞細亞洲, 中凡百餘國, 而中國居其一. 第二曰歐羅巴洲, 中凡七十餘國, 而意大里亞居其一. 第三曰利未亞洲, 亦百餘國. 第四曰亞墨利加洲, 地更大, 以境土相連分爲南北二洲. 最後得墨瓦臘泥加洲爲第五洲, 而域中大地盡矣. 明鄭和七下西洋, 近自古里·瑣里, 遠至於忽魯謨斯, 凡數十餘國, 無所爲意大里亞, 亦無所爲歐羅巴者, 其說荒渺無考. 萬歷九年, 利瑪竇始汎海九萬里, 抵廣州之香山澳. 漸入南京, 倡行天主教. 至二十九年, 入京師獻方物, 自稱大西洋人.

禮部言, "《會典》止有西洋瑣里, 無大西洋, 其眞僞不可知. 又寄居二十年方行進貢, 則與遠方慕義特來獻琛者不同. 且其所貢天主及天主母圖, 旣屬不經, 而所攜又有神仙骨諸物, 夫旣稱神仙, 自能飛昇, 安得有骨? 則唐韓愈所謂凶穢之餘, 不宜入宮禁者也. 乞給賜冠帶還國, 勿令潛居兩京, 與中人交往, 別生事端."

不報. 八月, 又言乞速賜遣, 亦不報. 已而帝嘉其遠來, 假館授粲, 給賜優厚. 利瑪竇安之, 遂留居不去, 以三十八年四月卒於京, 賜葬西郭外, 今阜城門外有利泰西墓云.

自瑪竇入中國, 其徒來益衆. 有王豐肅者, 居南京, 專以天主敎惑衆, 士大夫暨里巷小民間爲所誘. 又自誇風土人物遠勝中華. 禮部郎中徐如珂乃召兩人, 授以筆箚, 令各書所記憶, 悉舛謬不相合. 乃倡議駈斥. 疏入, 命豐肅及龐廸我·陽瑪諾等, 俱遣赴廣東, 聽還本國. 久之, 王豐肅復變姓名, 入南京行敎如故. 崇禎時, 歷法益疏舛, 禮部尙書徐光啓請令其徒羅雅谷·湯若望等, 以其國新法相參較, 開局纂脩, 報可. 以崇禎元年戊辰爲歷元, 其法視《大統歷》爲密, 識者有取焉. 比書成, 名之曰《崇禎歷》, 未及頒行而明亡. 我朝順治元年, 命用西洋歷法, 澳中精於推算者, 時時檄取入監.

康熙中, 西洋始通貢. 其王以遏遠不獲詣闕下, 圖其像以朝.

王鴻緖〈西洋國進獅子恭紀〉詩:
奉贄梯航浴日通, 貢來神獸海雲東. 目懸上苑千巖電, 聲吼天門萬里風.
破敵當年驚伏象, 入林今日見搏熊. 侍臣喜識毛羣長, 始信金猊骨相同.

李澄中〈獅子來歌〉:
獅子來, 自西洋, 爪鈎頭毛黃. 利未亞洲在何方?
躡流光, 超浮雲, 上林苑囿氣氤氳, 熊經虎伏非爾羣.
噫! 獅耶, 日啖羊者. 斯耶? 蠻官蚩蚩. 不涅而緇, 跋涉瘴海. 忽以南, 忽以北.
十年貢珍來何遲. 朝明堂, 祠后土. 赤蛟歌, 朱鷺鼓, 奇毛獅子蹲蹲舞.
享異贄, 臣遠人, 三光所照靡不賓. 山鳳凰, 藪麒麟, 君王樂胥壽萬春.

毛奇齡〈詔觀西洋國所進獅子因獲遍閱虎圈諸獸敬製長句紀事和高陽相公〉:

古皇愼德開四譯, 內被綏侯外蠻貊. 貢物區爲王會文, 共球載在賓庭冊.
河鏐畎翟獻上方, 兜離僸侏陳明堂. 三靈旣應百神洽, 般般之獸皆翶翔.
康熙戊午十七載, 神武聲名播遙海. 五時從敎白澤來, 千門眞見黃龍采.
鵶翎習習負矢飛, 鷄斯之乘歸林支. 諸方執贄儼相列, 東漸溟渤流沙西.
於中有國名古里, 曾渡瀾滄作海市. 魚眼看波射水紅, 鮫絲織浪翻雲紫.
地當申未產獸雄, 金精傑出毛羣中. 啣絛飾組獻天子, 裁貝作章辭禮恭.
從容檻致射熊館, 不爲珍禽爲懷遠. 虎落時看接上林, 鷹房秋到移南苑.
廷臣侍從欲賦詩, 皇恩有詔徐觀之. 圓目昻鼻有筋力, 懸星掣電無雄雌.
獨憐耏髮未卷曲, 曳尾縱縱若散絲. 衣被欲成鞠色見, 牙齦不使鉤形施.
爾時羣檻柙諸獸, 木壘槍欑列前囿. 熊羆避路不用當, 虎豹攀欄有時吼.
青鸞赤雀相對栖, 豪猪野馬爭游嬉. 張昭見此不動色, 朱亥在傍何所思.
聞之有熊狩暘谷, 獲得狻猊比牛畜. 漢時安息亦獻斯, 形似麒麟但無角.
從玆郊祀播樂章, 射烏格鹿非尋常. 鐃吹已陳朱鷺曲, 微歌還及白狼王.
何如儲偫未完緝, 詔遣求賢其來集. 東堂甫布網羅成, 西域剛逢旅獒入.
招搖乍啓禁禦開, 白麟有對皆奇才. 請看太保卷阿賦, 恍見文王靈囿來.

雍正初, 大西洋亦入朝貢. 而其居香山澳者, 自明萬歷迄今幾二百年, 悉長子孫. 其國上世有'歷山王', 又號古總王. 今有二王, 曰敎化王, 曰治世王. 治世者奉敎化之命惟謹. 澳寺蕃僧皆敎化類. 夷人貿易者則治世類, 西洋國歲遣官更治之.

澳索饒富. 國初洋禁嚴, 諸蕃率借其名號以入市, 酬之多金, 財貨盈溢. 今諸蕃俱得自市, 又澳舶日少, 富庶非昔比.

大西洋去中國遠, 三年始至. 稍西曰小西洋. 去中土萬里, 大西洋遣酋守之. 澳門頭目悉禀小西洋令, 歲輪一舶往, 有大事則附小西洋以聞, 不能自達也.

有地滿在南海中, 水土惡毒, 人黝黑. 無所主, 大西洋與紅毛分攄其地. 有兵頭鎭戍, 三年一更, 遣自小西洋, 由澳而後達於地滿. 亦歲輪一舶往. 澳夷罪不至死者, 遣戍之, 終其身無一生還者.

其行賈之地曰馬西, 與之約, 不得以所産市他國. 康熙中, 馬西背約, 私與他國市, 澳夷怒, 駕舶往所市之國責之. 馬西患之, 遂相仇殺, 死者三百餘人, 市道中絶. 今所與市易者, 曰哥斯達, 曰噶囉吧, 曰呂宋. 凡所往之國, 海道不可以里計, 但分一晝夜爲十更, 計由某達某路若干更云.

尤侗〈意大里亞竹枝詞〉:
三學相傳有四科, 歷家今號小羲和. 音聲萬變都成字, 試作耶蘇十字歌.
天主堂開天籟齊, 鐘鳴琴響自高低. 阜城門外玫瑰發, 杯酒還澆利泰西.

其人白皙, 鼻昻, 而目深碧不眴. 不畜鬚髮, 別編黑白髮蒙首及頸, 蜷然蒙茸. 賜自法王, 得者以爲榮. 其通體黝黑如漆, 特唇紅齒白, 略似人者, 是曰鬼奴. 明洪武十四年, 爪哇國貢黑奴三百人. 明年, 又貢黑奴男女百人. 唐時謂之崑崙奴, 入水不眯目, 貴家大族多畜之.《明史》亦載和蘭所役使名烏鬼, 入水不沉, 走海而若平地. 粵中富人亦間有畜者. 絶有力, 可負數百觔. 生海外諸島, 初至時與之火食, 累日洞泄, 謂之換腸. 或病死, 若不死卽可久畜, 漸爲華語. 鬚髮皆鬈而黃. 其在澳者, 則不畜鬚髮. 女子亦具白黑二種, 別主奴. 凡爲戶四百三十有奇, 丁口十倍之.

飮食喜甘辛, 多糖霜, 以丁香爲糝. 每晨食必擊鐘, 盛以玻璃, 薦以白氎布, 人各數器, 灑薔薇露·梅花片腦其上. 無几案匕箸, 男女雜坐. 以黑奴行食品進, 以銀叉嘗食炙. 其上坐者悉置右手褥下不用, 曰此爲'觸手'. 惟以溷, 食必以左手攫取. 先擊生鷄子數枚啜之, 乃割炙. 以白氎巾拭手, 一拭輒棄, 更易新者. 亦爲餦餭·餺飥·粔籹. 凡七日屠牛一次, 五日葷食, 二日素食, 但不食牛豕肉, 鰕菜不之禁. 食餘, 傾之一器, 如馬槽, 黑奴男女以手摶食. 酒以葡萄, 注以玻璃高碗. 檳榔裹以扶留葉, 纏以紅綠絨. 服鼻烟, 亦食烟草, 紙卷如筆管狀, 然火吸而食之.

服飾男以黑氈爲帽, 檐折爲三角, 飾以鏨花金片. 間用藤形, 如笠而小, 蒙以青絹. 衣之制, 上不過腹, 下不過膝, 多以羽毛·哆囉·辟支·金銀絲緞及佛山所織洋緞爲之. 邊緣以錦金銀鈕聯綴, 胸腋間衷以白氈衫. 袖屬於腕, 摺疊如朵蓮. 袴襪用織文束廹, 如行縢. 躡黑革屐, 約以金銀屈戌. 衣袴皆有表裏, 雖盛暑襲之數重. 裏有小囊, 貯鼻烟壺·自鳴鐘諸物. 女則隆冬惟一衫, 僅及腰. 下裳三重. 一至膝, 一掩脛, 一覆其足. 以五色洋絹爲之. 髻盤于額, 希用簪. 無珥, 爲華鬘, 貼穿孔前後. 手金釧. 初皆跣足不襪, 近有丹其革以爲履者, 然短不納趾. 出則以錦帕蒙諸首, 謂之'巾縵'. 黑奴男女皆衣布, 無冠履. 色尙白, 朱紫次之, 靑又次之, 用諸凶服. 人咸佩刀, 刀尾曳地. 貴者握藤, 或以柔韋弢手. 女握數珠, 夏有揮扇者.

屋多樓居. 樓三層, 依山高下, 方者·圓者·三角者·六角·八角者, 肖諸花果狀者, 其覆俱爲螺旋形. 以巧麗相尙. 垣以甎, 或築土爲之. 其厚四五尺, 多鑿牖於周, 垣飾以堊. 牖大如戶, 內闔雙扉, 外結瑣牕, 障以雲母. 樓門皆旁启, 歷階數十級而後入. 窗篠詰屈, 己居其上, 而居黑奴其下.

印光任〈雕樓春曉〉詩:

何處春偏好, 雕樓曉最宜. 窻晴海日上, 樹暖島雲披.
有戶皆金碧, 無花自陸離. 坡仙應未見, 海市道神奇.

張汝霖〈澳門寓樓卽事〉詩:

剖竹綏殊俗, 行襜駐暮秋. 到門頻拾級, 窺牖曲通樓.
几月能圓缺, 簾風自拍浮. 海隅容錯處, 應視一家猶.
獨摅繩床臥, 山川落枕邊. 曉飄明檻雨, 暝樹納牕烟.
屧似隨廊響, 蝸能狀覆圓. 居夷眞不陋, 翻愛日如年.
居豈仙人好, 家徒鳥鬼多. 移風傷佩犢, 授業喜書蝌.

富已輸貢臘, 恩還戴不波. 須知天澤渥, 榷算止空舸.
極目秋山表, 稽天水四圍. 千家浮宅穩, 一徑鎖烟微.
食仰波能及, 孥留土重歸. 野心回嚮處, 化日不私輝.
居然百夫長, 位極以權專. 列礮遙堪指, 爲垣近及肩.
舞戈當負弩, 釋甲學行纏. 愼爾一隅守, 蒙鳩繫可堅.
豈有嗟生晚, 而能主化工. 狂花爭日異, 因果畧雷同.
彼美山之隈, 吾徒瞶且聾. 翻思倭計得, 長嘯落秋風.
金布三千界, 鐘鳴十二時. 至今猶有臭, 來此邈焉思.
野祭初披髮, 廛棲但乞皮. 西風霜殺草, 春到恐還滋.
則位霧臺上, 羲和跡可尋. 秖如求野意, 欽此授時心.
玉輦隨坳凸, 珠船自酌斟. 唐堯辭采斲, 安敢貢奇淫.
組繫名王至, 經陪胄子勤. 有珠如月滿, 若翠可烟焚.
市國甘豐餌, 好民搆巧文. 氣虹酋盡讐, 一代沈將軍.
亦知持至計, 美利甲東南. 念彼卮成漏, 毋吾腊可甘.
甕雞拘眇見, 禪蝨謝名譚. 那待九封一, 才空策獻三.
自用夷家臘, 三元近一陽. 晝長俾作夜, 女贅不歸郎.
藉爾爲鰕目, 憐渠有鯽腸. 試看同日月, 風物若殊鄕.
烟蔦施松柏, 風苗宅稗荑. 情非忘蠆毒, 利在聚蚊醯.
爲畔知難越, 團沙勢必睽. 黐如吾偪處, 去聽杜鵑啼.
御惟操轡善, 治或裸衣宜. 古聖因其俗, 今吾不汝疵.
忌曾投鼠驗, 機以好蜻知. 二百年間事, 從違欲問誰.
好峯螺作髻, 積水玉爲環. 掩映一樓上, 蒼茫夕照間.
林疏將寺獻, 潮落吐沙還. 收拾秋風裡, 長天淨萬山.

〈寓樓舒望〉詩:

寒雲葉葉不成陰, 爽檻疏櫺踞碧岑. 鰲脊水分諸島去, 虎頭山鎖百蠻深.
沙含光怪猶沉鐵, 地訖聲靈舉獻琛. 若問漢家横海烈, 樓船踪跡尙堪尋.
大有神川九點窪, 長風勤遠未須誇. 紅鰍東靖雞籠島, 白卉南分象郡沙.
潮滿山趺爭踏浪, 日沉海口欲餐霞. 天然設有山川險, 四裔應能守錯牙.

門外爲院.

張汝霖〈寓院花〉詩:
曉窗初挂處, 鼻觀覓微茫. 馥郁攢金粟, 晶瑩鏤玉肪.
凭欄低作供, 入夜仰爲霜. 儻託蒼岩老, 高風散遠香.

院盡爲外垣, 門正啓. 又爲土庫, 樓下以殖百貨. 其貧者無樓居, 爲庫屋主賓. 其賃於唐人者, 皆臨街列肆. 間爲小樓, 率入租寺僧. 每肆一區, 歲租蕃錢十餘圓. 蕃寺通歲所入幾萬圓.

澳城明季創自佛郎機. 萬歷中, 蔡善繼由香山令仕至嶺西道, 總督何士晉采其言, 下令隳澳城臺. 天啓時, 徐如珂署海道副使, 澳夷奔告紅毛將犯香山, 請兵, 請餉, 請木石以繕墉垣. 如珂昌言於兩府, 曰, "此狡夷嘗我也." 已而夷警寂然, 而澳垣日築百丈, 如珂遣中軍領兵戍澳, 諭之曰, "墉垣不毁, 澳人力少也, 吾助若毁." 不兩日, 糞除殆盡. 夷相視喈曰, "是故爲南祠部郎, 逐我王豊肅者!" 自是稍戒心.

今城固而庳. 大門一, 曰三巴門. 小門三, 曰小三巴門, 曰沙梨頭門, 曰花王廟門. 礮臺六, 最大者爲三巴礮臺. 臺冠山椒, 列礮二十八, 上宿蕃兵. 臺垣四周爲甎龕, 以置守夜者. 臺下爲窟室, 貯焰硝. 次則東望洋·西望洋.

釋今種〈望洋臺〉詩:
浮天非水力, 一氣日含空. 舶口三巴外, 潮門十字中.
魚飛陰火亂, 虹斷瘴雲通. 洋貨東西至, 帆乘萬里風.

印光任〈望洋燈火〉詩:
望洋臨絶頂, 千樹燭繽紛. 照海光搖電, 烘天焰結雲.
鵲橋疑入曉, 銀漢逼斜曛. 萬里歸帆近, 燈花艷紫氛.

兩臺對峙. 東置礮七, 西五, 餘制與三巴略同. 娘媽角礮臺, 在西望洋下, 礮二十有六. 南環礮臺, 置礮三. 噶斯蘭礮臺, 置礮七, 設火藥局於左側. 通計礮七十有六, 大者六十一, 餘差小. 銅具四十六, 餘鐵. 其大銅具者重三千斤, 大十餘圍, 長二丈許, 受藥數石. 明時紅毛擅此大器, 嘗欲窺香山澳, 脅奪市利. 澳人乃倣爲之, 其製視紅毛尤精. 發時以銃尺量之, 測遠鏡度之, 靡不奇中, 紅毛乃不敢犯. 今海宇承平, 諸蕃向化, 以此爲天朝守海門而固外圉, 洵有道之隆也.

寺首三巴, 在澳東北, 依山爲之, 高數尋. 屋側啓門, 制狹長. 石作雕鏤, 金碧照耀. 上如覆幔, 旁綺疏瑰麗. 所奉曰天母, 名瑪利亞, 貌如少女. 抱一嬰兒, 曰天主耶穌. 衣非縫製. 自頂被體皆采飾平畫, 障以琉璃, 望之如塑. 旁貌三十許人, 左手執渾天儀, 右乂指若方論說狀. 鬚眉竪者如怒, 揚者如喜. 耳重輪, 鼻隆準, 目若矚, 口若聲. 上有樓, 藏諸樂器. 有定時臺, 巨鐘覆其下, 立飛仙臺隅, 爲擊撞形, 以機轉之, 按時發響.

印光任〈三巴曉鐘〉詩:
疎鐘來遠寺, 籟靜一聲閒. 帶月淸沉海, 和雲冷度山.
五更昏曉際, 萬象有無間. 試向蕃僧問, 曾能識此關.

僧寮百十區, 蕃僧克斥其中.

釋跡刪〈三巴寺〉詩:
暫到殊方物色新, 短衣長帔稱文身. 相逢十字街頭客, 盡是三巴寺裏人.
箬葉編成誇皀蓋, 檻輿乘出比朱輪. 年來吾道荒涼甚, 翻羡侏離禮拜頻.

澳西有小三巴寺, 規制差約而軒豁過之, 三巴之外庫也. 有板樟廟, 相傳廟故庳隘, 貧蕃枏樟板爲之, 今壯麗特甚. 龍鬆廟者, 在澳西北, 初廟就圮, 或覆之以蓑, 鬅鬆如髯龍. 後廟鐘不擊自鳴, 衆神之, 恢崇其制,仍呼爲龍鬆廟.

王軫〈澳門竹枝詞〉:
心病懨懨體倦扶, 明朝又是獨名姑. 修齋欲禱龍鬆廟, 夫趁哥斯得返無.

【獨名姑, 華言禮拜日也.】

大廟者, 夷人始至澳所建也, 在澳東南. 此外西南則有風信廟, 蕃舶既出, 室人日跂其歸, 祈風信於此. 稍東又有望人廟云. 東隅噶斯蘭廟.

印光任〈蘭寺濤光〉詩:
僧言臨海岸, 縱目極蒼茫. 爽闢烟雲界, 飛騰日月光.
晴空如蜃伏, 浩蕩覺天長. 風外鐘聲杳, 冷冷萬頃霜.

北隅一廟, 凡蕃人男女相悅, 詣神盟誓畢, 僧爲卜吉完聚. 名曰花王廟. 南隅有廟曰支糧. 如內地育嬰堂制, 門側穴轉斗懸鐸, 有棄其子者, 掣繩響鐸, 置轉斗中. 僧聞鐸聲至, 收而育之. 別爲醫人廟, 於澳之東, 醫者數人. 凡夷人鰥寡煢獨, 有疾不能自療者, 許就廟醫, 其費給自支糧廟. 尼寺在澳東北, 扃鑰嚴密. 女十歲以下許入寺, 卽入終其身不復出, 雖至親不能入視. 東南城外有發瘋寺, 內居瘋蕃, 外衛以兵. 月有廩.

凡廟所奉天主, 有誕生圖·被難圖·飛昇圖. 其說以耶穌行教至一國, 國人裸而縛之十字木架, 釘其首及四肢, 三日甦, 飛還本國, 更越四十日而上昇, 年三十有三. 故奉教者必奉十字架, 每七日一禮拜. 至期, 男女分投諸寺, 長跪聽僧演說. 歲中天主出遊, 三巴則以十月, 板樟以三月·九月, 支糧三月, 大廟則二月·五月·六月凡三. 出遊率先夕詣龍鬆廟, 迎像至本寺, 然燈達旦. 澳衆畢集, 黑奴舁被難像前行, 蕃童誦咒隨之. 又以蕃童象天神, 披髮而翼, 來往騰躍, 諸僧手香燭步其後. 又用老僧抱一耶穌像, 上張錦棚, 隨衆如前儀. 歲三月十五日爲天主難日, 寺鐘胥瘖, 越十七日復鳴. 諸蕃撤酒肉三日, 雖果餌噉不至飽.

蕃僧不一類. 三巴寺僧削髮, 披青, 冠斗帽. 司教者曰法王, 由大西洋來, 澳酋無與敵體者. 有大事·疑獄, 兵頭·蕃目不能決, 則請命, 命出奉之惟謹. 其出入張蓋樹旛幢, 僧雛擁衛之. 男女見者輒前跪捧足, 俟過然後起. 法王或摩其頂, 以爲大幸, 婦女尤信嚮之. 柯枝國分上三等人, 曰南昆, 王族類, 曰回回, 曰哲地. 下二等, 曰革全, 皆牙儈. 曰木瓜, 最貧賤, 遇南昆·哲地人輒伏地. 西洋諸蕃風尙, 大率相類如此.

龍鬆廟僧亦削髮蒙毡, 內衣白而長, 外覆以青. 板樟廟僧不冠, 曳長衣, 外元內白, 復以白布覆其兩肩. 噶斯蘭僧服麤布衣, 帶索草履, 不冠不襪, 出入持蓋. 是二廟僧, 有盡削其髮者, 有但去其頂髮者. 他如大廟·風信·花王·支糧諸廟, 則係本澳自行焚脩, 禿頂而圓帽, 被長青衣. 無妻室. 而左右列侍蕃女, 於廟於家惟所便, 蓋火居衲子之流. 其通曉天官法·曾遊京師者, 皆留髭鬚, 解華語, 分住各廟中. 諸僧往來蕃人家, 其人他出, 徑入室見其婦, 以所攜藤或雨繖置諸戶外, 其人歸, 見而避之. 惟三巴戒律綦嚴, 蕃婦入寺者爲之持咒禳解, 寺僧不苟出入, 卽出必以人伴之, 書其名於版以爲志. 尼曰聖母, 其敬奉尤甚於法王. 一女爲尼, 一家爲佛眷, 家人罹重辟, 得女尼片紙, 立宥之. 然必捐千金致諸公, 故入寺者鮮. 寺中尼凡四十有奇.

夷目有兵頭, 遣自小西洋, 率三歲一代. 轄蕃兵一百五十名, 分戍諸礮臺及三巴門. 蕃人犯法, 兵頭集夷目於議事亭, 或請法王至, 會鞫定讞, 籍其家財而散其眷屬. 上其獄於小西洋, 其人屬獄候報而行法. 其刑或戮或焚, 或縛置礮口而燼之. 夷目不職者, 兵頭亦得劾治. 其小事則由判事官量予鞭責. 判事官掌刑名, 有批驗所·掛號所, 朔望·禮拜日放告. 赴告者先於掛號所登記, 然後向批驗所投入. 旣受詞, 集兩造聽之, 曲者予鞭, 鞭不過五十.

亦自小西洋遣來. 理事官一曰庫官, 掌本澳蕃舶稅課·兵餉·財貨出入之數, 脩理城臺街道. 每年通澳僉擧誠樸殷富一人爲之. 蕃書二名, 皆唐人. 凡郡邑下牒於理事官, 理事官用呈禀上之郡邑. 字遵漢文, 有蕃字小印, 融火漆烙於日字下, 緘口亦如之. 凡法王·兵頭·判事官, 歲給俸一二千金有差. 理事官食其所贏, 不給俸. 外紅棍官二等, 曰大紅棍·曰二紅棍. 大紅棍於夷人就瞑時, 察其貲財而籍記之, 詢其人以若干送寺廟, 若干遺子女, 若干分給戚屬, 詳書於冊, 俾無後爭. 二紅棍於夷人旣沒, 有子女俱幼, 不能成立者, 卽依大紅棍所開應給之數, 撫育其子女, 而經理其餘財, 待其旣長婚嫁, 擧以付之. 如無子女, 悉歸其貲於寺廟. 其晨昏譏察, 如內地保甲者, 曰小紅棍, 兼守獄.

獄設龍鬆廟右. 爲樓三重, 夷人罪薄者置之上層, 稍重者繫於中, 重則桎梏於下. 有土窟, 委乾牛馬矢, 炷火其中, 名曰矢牢. 皆無祿. 凡天朝官如澳, 判事官以降皆迎於三巴門外. 三巴礮臺然大礮, 蕃兵肅隊, 一人鳴鼓, 一人颭旂. 隊長爲帕首韡袴狀, 舞鎗前導. 及送亦如之. 入謁則左右列坐. 如登礮臺, 則蕃兵畢陳, 吹角演陣, 犒之牛酒. 其然礮率以三或五發·七發, 致敬也.

其俗以行賈爲業. 富者男女坐食, 貧者爲兵, 爲梢公, 爲人掌舶. 婦女繡巾帶·炊餅餌·糖果粥之以餬口. 凡一舶, 貨直鉅萬, 家饒於財, 輒自置舶. 問其富, 數舶以對. 貲微者附之, 或數十主同一舶. 每歲一出, 出則數十百家之命繫焉. 出以冬月, 冬月多北風. 其來以四五月, 四五月多南風. 計當返, 則婦孺遶舍呼號以祈南風. 脫卒不返, 相率行乞於市, 乞者常一人. 然性侈, 稍贏於貲, 居室服食輒以華靡相勝. 出必張葢乘輿, 相見脫帽以爲禮.

以冬至後七日爲歲首, 插椰葉於戶, 人相賀歲. 三百六十五日分爲十二分. 一分曰沙聶祿, 三十一日, 二分曰勿伯勒祿, 二十八日, 三分曰馬爾所, 三十一日. 四分曰亞伯理, 三十日, 五分曰馬約, 三十一日, 六分曰如虐, 三十日, 七分曰如略, 三十一日. 八分曰亞我斯篤, 三十一日,九分曰斯等伯祿, 三十日, 十分曰呵多伯祿, 三十一日, 十一分曰諾文伯祿, 三十日, 十二分曰特生伯祿, 三十一日. 紀年以耶穌始生之歲爲元年, 稱一千四百若干年.

四時無令節, 春秋亦無祀先禮. 慶弔無牢醴幣帛之儀, 燕飮不修賓主揖讓之節, 飮酣則擲玻瓈盞以爲樂. 日晨興, 食已皆臥, 聞兩點鐘而起. 暮張燈作人事, 夜分乃息. 兩點鐘者, 日爲午·夜爲子也.

重女而輕男, 家政皆女子操之, 及死女承其業. 男子則出嫁女家, 不得有二色, 犯者女愬之法王, 立誅死. 或許悔過, 則以鐵鈎鈎其手足, 血流被體而後免. 女則不禁. 得一唐人爲壻, 皆相賀.

婚姻不由媒妁, 男女相悅則相耦. 婚期父母攜之詣廟跪, 僧誦經畢, 訊其兩諧, 卽以兩手攜男女手, 送之廟門外, 謂之交印. 廟惟花王·大廟·風信三分蕃戶而司其婚, 餘皆否.

尤薄於送死. 家有喪, 號哭不過七日, 不炊, 親友饋之食. 無棺槨, 舁支糧廟公匣, 至殮, 以布帛覆以罩. 僧鳴鐸前導, 赴素所禮拜之廟而葬之. 旣至, 出諸匣, 富者入貲多, 許於天主前穴地藁葬, 鐫志姓名於石, 貧者葬廟外. 其富者又分貲獻諸廟, 葬之日爭爲鳴鐘, 其妻子訖無一送者, 故僧以日饒. 葬踰年, 出骨瘞之他所. 如尙肉, 謂獲罪不上昇, 僧鞭其屍而掩之, 需其化而改葬. 喪期或一年, 或數月, 有吉事卽不至期亦釋服. 産子未彌月而夭, 徧告戚友, 聚而焚香. 置諸盤, 插花纏彩, 送廟中葬之. 僧勞其父母以鏹, 謂之仙童. 遇黑奴無道, 不匹配, 錮之終其身, 示不蕃其類也. 無族姓親屬. 白多瑪著《聖教切要》, 竊中土五服圖爲同姓外親四代之圖, 叩之澳夷, 實瞢如.

門庋十字架, 謂之聖架. 諸廟每日卯扣鐘以迎神, 酉扣以送神, 是曰三點鐘. 聞者必蒲伏持咒, 雖道路不廢. 歲十月, 肖楮爲紅毛夷, 縛而走於市. 諸蕃手椎追擊之, 詈而出, 歌而入. 晚則焚於野, 明季紅毛奪澳市, 澳夷怨之切, 歲有擧所以志之也.

蕃舶視外洋夷舶差小. 以鐵力木厚二三寸者爲之, 錮以瀝靑·石腦油. 矴以獨鹿木, 束以藤, 縫以椰索. 其碇以鐵力水杪底二重. 或二檣·三檣, 度可容數百人. 行必以羅經, 掌之者爲一舶司命. 每舶用羅經三, 一置神樓, 一舶後, 一桅間, 必三針相對而後行. 向編香字號, 由海關監督給照, 凡二十五號, 光任分守時有一十六號, 比汝霖任內, 止一十三號, 二十餘年間, 飄沒殆半, 澳蕃生計日絀. 其夷目舶稅, 上貨抽加二次加一五, 又次加一. 小艇曰三板, 長丈餘, 張紅油革幔, 以二黑奴駕, 出不越澳.

夷目亦乘轎. 其轎方長如櫃, 人從頂蓋上出入, 入則仍以頂板覆之, 舁者四人, 止則揭板以出. 編竹葉爲繖, 白竹爲柄. 一人執繖前導, 一人負板箱, 二人執長鎗以從. 近改用黃油大傘, 其柄朱, 其旒采. 又有軟轎, 有硬轎. 軟轎結繩爲之, 形如大箕. 硬者以木. 皆無帷蓋. 仰臥而舁之, 承肩之木曲如弓, 以采以斲. 女則用前所爲如櫃者, 然亦旁啓門出入. 法王轎制如內地. 障以玻璃, 飾以珍貝, 華美無敢與儷者.

草之屬, 有菖蒲【康熙六十一年暹羅貢大西洋菖蒲十本.】· 華茇·蘆薈·葡萄·白豆蔻·肉豆蔻·荼蘼, 天寒始花, 芬郁異常.

> 釋今種〈荼蘼花〉詩:
> 南海荼蘼露, 千瓶出此花. 酡顔因白日, 顪面卽紅霞.
> 色著濡衣客, 香歸釀酒家. 摘防纖手損, 朶朶刺交加.
> 玫瑰同名族, 南人取曬糖. 全添紅餅色, 半入綠尊香.
> 露使花頭重, 霞爭酒暈光. 女兒兼粉果, 相餽及春陽.

蓮, 蔓生籬落間, 花初開如黃白蓮十餘出.

> 陳恭尹〈西蕃蓮花歌〉:
> 西方佛有靑蓮眼, 西蕃花有靑蓮座. 朱絲作蔓碧玉英, 繚繞疏籬意何限.

世間只尚紫與黃, 此花無色能久長. 百花香者爭高價, 此花不售自開謝.
唯有幽人最愜懷, 竟日盤桓倚僧舍.

久之十餘出者皆落, 其蕋復變而爲菊, 故又名西洋菊.

釋今種〈西洋菊〉詩:
枝枝花上花, 蓮菊互相變. 惟有西洋人, 朝朝海頭見.

牡丹, 以葉爲花.

羅天尺〈醉花歌走筆和李崇璞答劉使君贈西洋牡丹原韻〉:
嶺南十月梅如雪, 梅開萬木俱少茁. 我來赤花洲上遊, 醉花醒見下弦月.
主人有歌花不老,[18] 因花作歌寫懷抱. 自言嶺外南枝花, 何似牡丹西洋艸.
西洋牡丹葉作花, 贈自使君情尤好. 金帶芍藥不足言, 玉堂蓮花誰更道.
有葉苦心堪笑荷, 無葉生棘却憐棗. 花開飮酒人盡歡, 花落殘紅人盡惱.
何如此花葉卽花, 五色天成非涅皂. 以香尋香何處求, 味外得味從人討.
我讀君歌憶使君, 儼然身在蓬萊島. 生材何必論中外, 超羣未許誇文藻.
因花添酒飮復醉, 自恨見花苦不早. 姚黃魏紫富貴家, 醉後直供一筆掃.
十年重憶在官衙, 祇尋月貴誇繽葩. 焉知再上長安道, 江上朝雲變暮霞.
何貴非賤? 何葉非花? 但醒卽客, 但醉卽家.
我欲將花問天帝, 百花皆作此花例. 更開酒量如長鯨, 一日可當一百歲.

茉利, 一名耶悉若,[19] 花開千葉, 香最烈. 當春時摘其葉, 葉少花乃繁, 然苦爲飛絲蟲所食.

18) 乾隆本은 "花下老"라고 되어 있다.
19) 하버드대학교 소장본에서는 "耶悉茗"으로 쓰고 있다.

釋今種〈茉莉〉詩:

未開先食蕾, 蟲細若飛絲. 葉底紛如雪, 香宜月上時.

欲花先摘葉, 葉少始花多. 向夕沾人氣, 香如膏沐何.

陸賈曰, “南越之境, 百草不香.” 此花移自別國, 不隨水土而變, 不知蕃人一種尤勝也. 葱, 如獨蒜而無肉, 縷切爲絲, 玲瓏滿盤, 以之餉客, 味極甘辛. 藷, 蔓生如瓜蔞, 根如山藥, 其皮薄而朱. 去皮可生食, 熟食色如蜜, 亦可釀酒. 閩人截其蔓以來, 今徧於八閩五嶺間. 曰蕃藷, 從其本也.

木之屬, 有紫檀木. 烏木, 一曰茶烏, 堅而不脆, 入水則沉. 紫榆木, 黃花木, 影木, 泡木, 質似腐而韌, 輕如楮, 貯物玻瓈器中, 以之塞口, 則氣不外泄. 波羅樹, 今南海神廟前一株最古, 蕭梁時西域達奚司空攜種入中國者, 一名優缽曇, 無花而果. 大楓子, 木鼈子, 梔子花. 胡椒, 產粤者爲土椒, 洋椒色深黑, 多皺, 味辣, 中土貴之, 故舶貨惟椒多. 羊桃, 如田家碡碌狀, 又曰五稜子, 粤產味酸, 澳門數株高六七丈, 種自西洋來, 花紅, 一蒂數子, 大而甘. 橄欖, 甜荔枝, 酸荔枝. 【康熙六十一年, 暹羅貢大西洋青果十五株·甜荔枝三十株·酸荔枝二十株.】 又有蕃荔枝, 大如桃, 色青, 似殼非殼, 擘之中有小白瓤, 黑子. 味如波羅蜜. 【康熙三十八年, 幸杭州, 總兵藍理進之.】 貝多羅, 葉大而厚, 梵僧嘗以寫經. 唐詩, “貝葉經文手自書”, 是也, 花大如小酒杯, 六瓣, 瓣皆左紐, 白色, 近蕋則黃, 有香甚縟, 落地數日, 朶朶鮮芬不敗. 丁香, 樹高丈餘, 葉似櫟. 花圓細而黃. 子色紫, 有雌有雄, 雄顆小, 稱公丁香, 雌顆大, 其力亦大, 稱母丁香. 蕃人常口含嚼以代檳榔, 亦嘗釘之牛羊肉中蒸煮而食. 山茶, 有紅白二種, 皆重薹千層. 性畏寒, 而花色絶勝.

宋犖〈洋山茶〉詩:

淺紅朶朶小盤盂, 顏色翻憐過寶珠. 欲把鵝溪圖異種, 徐熙手筆此時無.

海舶春風初到時, 空簾微雨挹芳姿. 從來邢尹多相妬, 吩咐牡丹開小遲.

禽之屬, 爲鸚鵡, 有大紅者, 毛內黃, 大綠者, 毛內赤. 每抖擻其羽, 則陸離炫目. 有純白者, 五色者, 翅作翠縹·青黃裏·白腹者. 其五色鸚鵡常棲丁香樹上, 以丁香未熟者爲餌, 子旣收, 則啄其皮. 能兼蕃漢語, 性畏寒. 然撫摩其背則瘖. 倒掛鳥, 身嫩綠色, 額靑, 胸前一朱砂點, 頂有黃茸. 舞則茸開. 每收香翅中, 時一放之, 氤氳滿室. 又輒自旋轉首足如環, 以自娛.

釋今種詩:
已食沉水烟, 復藏雙翅內. 時放烟氤氳, 幃中香久在.

鷄類不一. 有頭高尾翹·備黑白雜色者. 有短足昂首, 毛片如鱗, 與孔雀彷彿者. 有駝雞, 高三尺許, 花冠翠羽. 背有雙峯似駝, 肉鞍可乘, 能食鐵石.

失名詩:
廣南異物進駝雞, 錦背雙峯一寸齊. 只道紫駝來絶塞, 雞林元在大荒西.

又有火雞, 毛純黑, 毿毿下垂, 高二三尺, 能食火. 吐氣成烟. 又雞大如鵝, 羽毛華采, 吻上有鼻如象, 上屬於冠, 可伸可縮, 縮止寸餘, 伸可五寸許. 嗉間無毛, 有物如癭, 平時嗉與冠色微藍, 怒則癭起而冠赤. 血聚於鼻, 垂垂自下, 尾張如孔雀屏. 雌者如常雞差大, 謂之異雞, 非綬雞也. 綬雞曰旨藹, 其綬藏於咽下小囊, 每吐之爛然文錦, 謂之錦功曹. 西洋亦時有之. 鴨如小鵞, 有冠緌, 毛羽斑斑然. 有鳥無足, 腹下生長皮如筋, 纏於樹枝以立, 毛五彩, 名無對鳥. 一鳥名厄馬, 最大. 長頸高足, 翼翮美麗, 不能飛. 足若牛蹄, 善奔走, 馬不能及, 卵可作杯器, 卽今蕃舶所市龍卵也. 又有巨鳥, 其吻能解百毒, 一吻値金錢五十. 駱駝鳥, 首高於乘馬之人, 行時張翼, 大如棚. 腹熱能化鐵.

獸之屬, 爲象, 爲犀, 爲獅. 象有識人言者, 命負物至某處, 往輒不爽. 又象極大, 一牙重至二百斤. 犀角照之有血暈, 四周圓整, 注沸酒有香. 蕃人謂牙爲白暗, 犀爲黑暗. 有黑熊, 黑猿, 白麂, 白獺. 有小白牛, 大如犬, 斑衣, 有肉峯如橐駝. 有小鹿, 長僅二寸許, 雙角嶄然. 狗以小者爲貴, 有黑者, 有黃色者. 蕃人與之同寢食. 其稍大而長毛褵褷·深目短喙如獅子者, 尤獰醜. 又有般第狗, 晝潛於水, 夜臥地, 以黑者爲貴. 能嚙樹木, 其利如刀. 獴猽似貓而大, 高足而結尾. 有黃·白·黑三種, 善捕鼠, 海鼠大至百斤者, 嚙其目而斃之, 蕃人子女臥起抱持. 又貓有肉翅, 如蝙蝠, 能飛. 宋太崇有桃花犬, 明時大內貓犬皆有官名·食俸, 此類是已. 有獸如貓, 名亞爾加里亞, 尾有汗, 得之爲奇香. 有乳羊, 頂生兩乳, 下垂. 又山産異羊, 一尾重十觔. 獨角獸, 大如馬, 毛色黃, 頭有角, 長四五寸, 其銳能觸大獅. 若誤觸樹, 則角不能出, 反爲獅斃. 角色明, 作飮器, 能解百毒. 有獸似羊. 腹內生一石, 可療百病, 名曰把雜爾. 有海馬, 其牙堅白瑩净, 文理細如絲髮, 可爲念珠等物.

蟲之屬, 有蜘蛛, 名曰大懶毒辣. 凡螫人受其毒, 卽如風狂, 中人氣血, 比年必發. 療其疾, 以其人本性所喜音樂解之. 有蛇, 大而無目. 盤旋樹間, 凡獸經其旁, 聞氣卽縛之樹間而食. 海蝦蟆, 與石同色, 饑則潛身石內, 鼻吐紅線如小蚯蚓, 以餌小魚.

鱗介之屬, 曰仁魚, 嘗負一兒登岸, 誊偶傷兒, 兒死, 魚亦觸石死. 取海豚者, 常取仁魚爲招. 每呼仁魚入網, 卽入, 海豚亦與之俱. 俟豚入盡, 復呼仁魚出, 而網海豚. 曰剌瓦而多魚, 鱗堅尾修, 利爪鋸牙. 其行甚遲. 小魚百種隨之, 以避他魚呑啖, 生子初如鵞卵, 漸長至二丈許. 每吐涎於地, 人畜踐之卽仆, 因就食之. 凡物啓口動下頦, 此魚獨動上腭. 人遠則笑, 近則噬, 故西國稱爲假慈悲. 鰐類也. 然其腹下有軟處, 仁魚鬐利,能刺殺之. 又有乙苟滿, 大如貓, 善以泥塗身令滑, 俟此魚張口, 輒入腹嚙其五臟而出, 又能破壞其卵. 曰把勒亞魚, 長數十丈, 首有二大孔噴水上. 出見海船, 則昂首注海船中, 頃刻水滿船沉. 遇之者以盛酒巨木罌投之, 連呑數罌, 俛首而逝. 淺處得之, 熬油可數千觔. 曰飛魚, 僅尺許, 能貼水而飛. 有狗魚, 善窺飛魚之影, 伺而啖之, 飛魚急, 輒上舟, 爲人所得. 舟人以雞羽或白練繫利鉤, 飄揚水面, 爲飛魚狀狗魚, 躍而呑之, 亦被獲. 曰風魚, 可以占風暴. 爲腊掛於房, 以其身首所向, 卽爲風起之方. 一魚長丈許, 有殼, 六足, 足有皮. 如欲他徙, 則豎半殼當舟, 張足皮當帆, 乘風而行, 名曰船魚. 有蟹, 徑踰丈, 其螯以箝人首立斷, 其殼覆地如矮屋然, 可容人臥.

食貨則有厚福水, 藥水, 花露水, 卽薔薇水. 以琉璃瓶試之, 翻搖數四, 泡周上下者爲眞. 茶蘼露, 以注飲饌, 蕃女或以霑灑人衣.

高啓〈薔薇露盥手〉詩:
蠻估海帆廻, 銀罌玉汞開. 盥餘香滿手, 恰似折花來.

藥露, 有蘇合油·丁香油·檀香油·桂花油, 皆以瓶計, 冰片油以瓢計. 有蕃鹽, 有辣茶. 茶以枚計, 酒以白葡萄爲上, 紅葡萄次之. 所謂色如琥珀·氣類貂鼠者. 又有葡萄紅露酒·葡萄黃露酒, 皆以瓶計, 外貯以箱. 有西國米, 色紫柔滑, 益胃和脾. 僞者以葛粉爲之, 煮之輒化. 有燕窩, 烏白二色, 紅者尤佳.

吳偉業〈燕窩〉詩:
海燕無家苦, 爭銜白小魚. 却供人采食, 未卜汝安居.
味入金虀美, 巢營玉壘虛. 大官求遠物, 早獻上林書.

有海參, 無刺. 有糖醃百果. 【康熙五十九年, 西洋貢糖豆一櫃. 計六鑵.】 有蕃餑餑, 上貼金勝, 下烙乳酥, 如紙鳶之. 有鼻烟, 上品曰飛烟, 稍次則鴨頭綠色, 厥味微酸, 謂之豆烟, 紅者爲下. 又有鴉片烟, 初如泥, 炮製之爲烟. 有禁勿市.

珠以意蘭者爲上. 土人取蚌, 置日中晒之, 俟其口自開, 然後取珠, 鮮白光瑩, 有大如雞卵者, 光照數里. 其大如豆, 似夜光, 中空易碎者, 謂之玻璃珠, 洋珠之下乘也. 有珊瑚島, 下多珊瑚. 初在海中, 色綠而質軟, 出水則堅. 有紅·黑·白三種, 紅者堅而密, 白黑者鬆脆. 波羅尼亞多琥珀, 曰金珀, 曰水珀. 寶石大如巨栗者曰紅靺鞨. 金剛石出鷙鳥糞中, 以之鐫鏤, 無堅不破. 五色鴉鶻石. 玻璃, 古稱瑠璃, 大秦國出赤·白·黑·黃·青·綠·紺·縹·紅·紫十種瑠璃是也. 或曰千年積氷, 或曰以自然灰治石爲之, 大抵以藥燒成. 潘尼所謂"凝霜不足方其潔, 澄水不能喩其淸"者也. 瑪瑙, 以中有柏枝及五色纏絲者爲上, 白者爲殿. 水晶, 色白. 古人大食國以爲屋柱, 是洋晶也. 咖石哈, 褐色, 金星的爍. 初相誇尙, 邇鮮有購者. 吸毒石, 出西洋島中, 毒蛇腦中石也, 大如扁豆, 能治毒. 火石, 紅毛者尤佳. 若蜜蠟·玳瑁·法瑯. 若龜筒·貓睛·鶴頂·騏驎竭.

卉服爲布, 鳥服爲絨·爲緞·爲紗. 布有紅, 有白, 有藍, 有花, 有織金頭. 有碁子紋, 有柳條紋. 細者謂之紡, 濶者廣四尺, 爲被, 爲褥, 爲帳, 爲大小漫天. 漫天者, 仰塵也. 大者縱數丈, 衡丈餘, 亦獨幅. 絨以紅爲上, 有黃, 有藍, 有黑, 有藍質紫花. 爲天鵞絨, 爲大呢, 爲小呢. 緞有金絲, 有銀絲, 有金銀絲, 皆以金銀抽綫和絲織之. 有金花緞. 有羽緞, 冬服之. 羽紗春秋服之, 備諸色, 可以却雨. 唐安樂公主使尙方合百鳥毛織爲帬, 正視·傍視各爲一色, 日中影中各爲一色, 而百鳥之形狀皆見. 齊文惠太子織孔雀毛爲裘, 華貴無比. 滿剌加所云瑣袱, 鳥毳爲之, 紋如紈綺者也. 有嗶吱緞, 亦備諸色.《新語》謂西北多獸服, 東南多鳥服, 然《異物志》言大秦國以野繭絲雜羣獸五色毛織爲氍毹, 狀鳥獸·人物·草木·雲氣, 千奇萬變.《明一統志》言瑣里國産撒哈剌布, 以毛織之, 蒙戎如毡毼, 有紅綠二色. 則是西南亦尙獸服, 且可爲布. 今賀蘭有大毡, 西洋有大花絨毡. 今之毡, 古之所謂罽也. 又有火浣布, 今罕有市者.

> 汪後來〈火浣布〉詩:
> 楚人一炬失秦宮, 不及蠻夷剩女紅. 海島窮搜憐火鼠, 梯航入貢鬬華蟲.
> 將同試玉殘灰冷, 何憚章身外垢蒙. 却笑浣沙消息渺, 祝融方代建奇功.

香之品莫貴於龍涎, 每兩不下百千, 次亦五六十千. 以大食國出者爲上, 西洋産於伯西兒海, 焚之則翠烟浮空, 結而不散, 坐客可用一剪以分烟縷. 有龍腦·梅花片腦, 皆樹液所結. 有巴爾酥麻香, 卽安息香. 伽楠香, 剖之香甚輕微, 然久而不減. 他如檀香·降香·速香·乳香·衣香, 品類尤夥.

有錫堅而白, 製器如銀, 久不渝色. 鉛市自內地, 至彼每鉛百觔煉取銀十餘兩, 仍載入內地而售之. 金亦自內地出, 然爲鍍·爲鑲·爲法瑯·爲金銀纍絲, 靡不精者. 銀皆笵錢, 錢有數等, 大者曰馬錢, 有海馬象, 次曰花邊錢, 又次曰十字錢. 花邊錢亦有大·小·中三等. 大者七錢有奇, 中者三錢有奇, 小者錢餘. 或言呂宋行銀如中國行錢, 故轉輸及於諸國. 然《明史》載西洋忽魯謨斯交易用銀錢, 而貝喃國用小金錢, 名曰巴南, 則行使早徧於二洋. 然易滋僞, 十字錢尤甚. 有銅, 不時至. 硫磺, 賈舶多以之壓舟, 然有厲禁. 有洋紅, 有洋靑. 洋紅特貴, 白銀一金易一兩.【四兩爲一金】色殊鮮麗可久, 歲以之供內庫. 有漆, 可飾器. 有火漆, 圓長如指.【雍正三年, 大西洋貢火漆八包】以印以緘.

器用有天文器·兵器·樂器. 三巴寺有十二辰槃, 揭之定時臺前, 俟某時鐘動, 則蟾蜍移指某位. 自鳴鐘有數種, 曰桌鐘, 曰挂鐘, 小者圓如銀鋌. 皆按時發響, 起子末一聲, 至午初十二聲, 復起午末一聲, 至子初十二聲. 鳴時八音並奏者謂之樂鐘. 欲知其辰而非其應鳴之時, 則掣繩轉機而報響, 謂之問鐘. 小者亦可問自行表·大小銅日規·月影·以及璇璣諸器. 又一物如鵞卵, 實沙其中, 而顚倒滲泄之, 以候更數, 名曰鵞卵沙漏.

大銃語具礮臺記. 鳥銃有長鎗, 有手鎗, 有自來火鎗. 其小者可藏於衣衱之中, 而突發於咫尺之際. 皆精鐵分合而成, 分之二十餘事, 合之牝牡槖籥相茹納, 紐篆而入, 外以鐵束之五六重, 圍四寸, 修六七寸. 小石如豆罌皮, 函外鐵牙摩戞, 則火激而銃發. 有銃必有帶, 采革爲之, 或有繡者. 凡帶一佩可插小銃二十, 謂之機銃, 一名靦面笑.

區懷瑞〈機銃銘〉:

有械咫尺, 出自島舶. 具銃之型, 飈烟小弱.
支緒瑣陳, 煉鋼而作. 輻輳委蛇, 洞空槖籥.
節短勢長, 旋螺屈蠖. 魚乙畛分, 犬牙鏽錯.
關鍵相須, 石金噴薄. 渾合自然, 不焚而灼.
激射摧殘, 等於戲謔. 迅擊尋丈, 不爽錙銖.
蛻胎重器, 巧捷于玆. 觸光毫末, 鋒鏑爲威.
變生衽席, 狃而不知. 明信在躬, 聖鐵是衣.
君子警斯, 毋中于微.

又有緘銀花火器. 刀狹而長, 制如魚腸劍, 有可盤曲如帶者. 《劍俠傳》載种諤畜一劍, 可屈置盒中, 縱之復直. 張景陽〈七命〉論劍曰, "若其靈寶, 則舒屈無方." 所謂繞指鬱刀也. 刀頭二層, 一置羅經, 一置遠視鏡. 有長劍·短劍, 又有銀柄武器. 其割食小刀, 輕薄如紙, 以金珠·珊瑚·琥珀飾把.

三巴寺樓有風琴, 藏革櫝中. 排牙管百餘, 聯以絲繩. 外按以囊, 噓吸微風入之, 有聲嗚嗚自櫝出, 八音並宣, 以和經唄, 甚可聽.

梁迪〈西洋風琴〉詩:

西洋風琴似鳳笙, 兩翼參差作鳳形. 青金鑄筒當編竹, 短長大小遞相承.
以木代匏囊用革, 一提一壓風旋生. 風生簧動衆竅發, 牙籤戞擊音砰訇.
奏之三巴層樓上, 十里內外咸聞聲. 聲非絲桐乃金石, 入微出壯盈太清.
傳聞島夷多工巧, 風琴之作亦其徵. 我友今世之儒將, 廵邊昨向澳門行.
酋長歡迎奏此樂, 師旋倣作神專精. 器成更出澳蠻上, 能令焦殺歸和平.
緱嶺秦樓漸細碎, 鸞鳳偏喜交洪鳴. 雄中黃鐘雌仲呂, 洋洋直欲齊咸韺.
他日朝天進樂府, 定有神鳥來儀庭.

有銅絃琴, 削竹扣之, 錚錚琮琮然, 是則鞮鞻所未隷, 而兠離之別部也. 銀纍絲爲瓶, 及瓶中花樹. 爲船, 船有四輪者. 爲花盤, 至以鑲珊瑚水晶. 爲箱, 爲素珠. 有鐵花盒, 香枕囊. 烏木鑲青石 · 黃石 · 花石几案. 諸色素珠, 諸色鼻烟壺. 玻瓈爲屏 · 爲燈 · 爲鏡.

釋今種〈玻瓈鏡〉詩:

誰將七寶月, 擊碎作玻璃. 絶勝菱花鏡, 來從洋以西.
鑄石那能似, 玻瓈出自然. 光含秋水影, 尺寸亦空天.

有照身大鏡, 有千人鏡, 懸之物物在鏡中. 有多寶鏡, 合衆小鏡爲之, 遠照一人作千百人. 有千里鏡, 可見數十里外. 有顯微鏡, 見花鬚之蛆, 背負其子, 子有三四. 見蠅蝨毛黑色, 長至寸許, 若可數. 有火字鏡. 有照字鏡, 以架庋而照之. 有眼鏡, 西洋國兒生十歲者卽戴一鏡以養目, 明季傳入中國.

李紱〈眼鏡〉詩:

西域傳奇製, 昏眸得暫淸. 自他而有耀, 相隱以爲明.
暇日吟詩興, 衰年學易情. 煩君繼吾照, 未敢負餘生.

又以爲壺·爲杯·爲楸枰碁子. 燭煉蠟爲之, 有大至十餘觔者. 又一種細如箸, 棉綫爲心, 盤折如膏環饊子, 欲然則引長其燭, 息則仍盤之. 可入巾箱, 明而耐久. 有阿噶達燭臺, 名聚耀臺. 有藤簟, 有茭文席, 或單或複, 單者佳. 有紙被, 長丈餘, 如繭而空其首, 可以禦寒. 其紙上者以樹皮治, 薄如美婦之肌, 拊不停手. 次亦搗楮爲之, 質厚而白. 有柳條文, 中有蕃像, 面濡以礬, 大者計番, 小者計葉. 筆以木爲之, 如冠簪. 又有蕃銀筆, 筆架以諸珍寶爲之.

釋今種〈謝西洋郭丈惠珊瑚筆架〉詩:
何年沉鐵網, 海底得枝枝. 以此爲鈎好, 偏於挂鏡宜.
親勞如意擊, 重向玉臺貽. 才愧徐陵甚, 難爲筆架時.
分來烽火柏, 持作筆牀先. 小架宜斑管, 長書得錦箋.
歸憑纖手潤, 益使大紅鮮. 未有瓊瑤報, 殷勤奏短篇.

有器曰規矩, 中藏墨牘錐削, 弢以小革囊, 可以佩. 其裝書如宋板法, 以漆革護之, 用金銀屈戌鉤絡. 若《坤輿外紀》載熱尓馬尼國人能於戒指內納一自鳴鐘, 有一大銃能於二刻間連發四十次, 《曠園雜志》載西洋人至以皮帛製羸婦, 秘之匣中, 抽匣納氣, 則忽然通體肥澤, 如《秘辛》所云抱膩頸擁之衾中, 謂之“出路美人”, 銀一流購一軀【八兩爲一流】, 則淫巧之尤者已.

其技藝莫先於歷學, 今之所謂西法也. 自利瑪竇由澳門轉入八閩, 至金陵, 出其渾天儀·量天尺·勾股舉重算法. 留都臺省并其徒龐廸我等咨送入京, 不果用, 而利瑪竇卒. 瑪竇居粵二十餘年, 盡通中華言語文字. 其人紫髯碧眼, 顏如桃花, 年五十餘如二三十歲人. 見人膜拜如禮, 人故樂與之交.

李日華〈贈利瑪竇〉詩:

雲海盪朝日，乘流信采霞. 西來九萬用,[20] 東汎一孤槎.
浮世常如寄，幽棲卽是家. 那堪作歸夢，春色任天涯.

其言天有三十二重，地四面懸空，日大於地，地大於月，地之最高處有闕，日月行度適當闕處，則光爲映蔽而食，五星高低不一，火最上，水最下，金木土參差居中，故行度周天有遲速，皆著圖而立說焉. 萬歷三十八年十一月壬寅朔，日食，監官推算多謬，朝議將修改. 明年，五官正周子愚言，“大西洋人龐廸我，熊三拔等，深明歷法，其所攜書，有中國載籍所未及者，當令譯出，以資採擇. 翰林院檢討徐光啓，南京工部員外郎李之藻，亦皆精心歷理，可與廸我等同譯.” 疏入留中，四十一年，之藻又以爲言.

崇禎二年五月己酉朔，日食，禮部侍郎徐光啓依西法預推，分數與大統·回回所推互異. 已而光啓法驗，餘皆疏. 禮部侍郎翁正春因請倣洪武初設回回歷科之例，令廸我等同測驗. 從之，開局於首善書院，以光啓督之. 光啓因舉李之藻·西洋人龍華民·鄧玉函. 玉函卒，又徵西洋人湯若望·羅雅谷，譯書演算. 六年十月，光啓病，以山東參政李天經代之，光啓尋卒. 明年命滿城魏文魁入京測驗，立西洋爲西局，文魁爲東局，合大統·回回凡四家.

天經進光啓督修歷書二十九卷，并日晷·星晷·星屏·星球·闚筩諸器，且預推五星凌犯會合行度，其度分晷刻畢驗，而文魁說絀. 八年，天經又上〈歷法條議〉二十六則. 是時西法書器俱完，屢測交食凌犯俱密合，但魏文魁等多方阻撓，內官實左右之，以故帝意不能決.

九年正月十五日辛酉曉望，月食，天經及大統·回回·東局各預推虧圓食甚分秒時刻. 天經恐至期雲掩，乃按里差推河南·山西所見時刻,

20) 乾隆本에서는 “九萬里”로 되어 있다.

奏遣官分行測驗. 其日, 天經與羅雅谷·湯若望·大理評事王應遴·禮臣李焻, 及監局守登·文魁等, 赴臺測驗, 惟天經所推獨合. 已而河南所報盡合, 惟山西以雲晻無從考驗.

十年正月辛丑朔, 日食, 各局預推如前, 食時亦惟天經爲密. 明年, 詔仍行《大統歷》, 旁求參考西法, 與回回科並存. 迨十六年三月乙丑朔, 日食, 測又獨驗. 八月, 詔西法果密, 卽改爲《大統歷法》, 通行天下. 未幾國變.

崇禎十四年禮部〈議歷法疏〉:

看得古今治歷之家多矣. 其最精者, 漢雒下閎《太初歷》, 以鐘律. 唐一行《大衍歷》, 以蓍策, 元郭守敬《授時歷》, 以晷影. 皆稱推驗之精, 而晷景爲近. 然用之既久, 皆不能無差. 蓋天與日月星辰, 其體皆動, 而其最不可測者, 常在於秒忽之間, 推移盈縮, 聖智有不能盡窮. 故雖以時分刻, 刻分秒, 非不至細, 而差之半秒, 積之歲月, 則躔離朓朒, 皆不合原算. 此治歷之所以難也.

我皇上因監法少差, 特置西法一局, 令禮臣徐光啓領其事, 而寺臣李天經·陪臣湯若望等, 與欽天監張守登諸臣, 覿面講求, 逐年推較. 十餘年來, 如日月交食·五星復見之類, 臣等歷經會同赴觀星臺占測, 而御前亦用赤儀器親自臨驗. 西法比監法實爲密近, 固昭然不待辯者. 守敬成歷時嘗言, 天體難測, 須每歲創驗修改, 庶幾可使. 如三代日官, 世專其職, 未嘗自以爲是也. 高皇帝精於觀天, 雖用守敬歷, 而特令劉基召集天下律歷名家者, 赴京詳議, 復自製觀星盤·天文分野諸書, 且別立回回一科, 亦未嘗以守敬之歷爲是也, 蓋其愼也. 當時博士元統, 成化中邱濬, 正德中鄭善夫, 嘉靖中華湘, 萬歷中邢雲路諸臣, 皆以差訛疏請更正. 今得西歷與之較驗, 而舊歷之不能不差, 則守敬固已自言之矣.

臣部尙書林欲楫, 向與臣等詳察經緯, 新歷誠如所言, 交食節氣用新, 神煞月令諸欵用舊, 未爲不可, 而再四商確, 有不得不鄭重者. 舊法用日度, 計日定率. 西法用天度, 因天立差. 舊法用黃道短度, 西法用黃道緯度, 雖微有不同, 然其黃赤儀器, 與守敬簡儀·仰儀·候極景符·玲瓏立運等儀, 亦皆相似. 特守敬之徒沿習不察耳. 自古歷法輒數十年一改. 而守敬之歷行之已三四百年矣. 小差者惟日月交食, 時同刻異, 無大懸絶. 至置閏之差, 起於春秋分所差二日, 而西歷定分之日, 卽舊歷所註晝夜各五十刻之日也. 在今日西法較密, 在異時亦未能保其不差, 則一番更改, 良不易言. 據天經原疏, 曾請將在局生儒盡收之欽天監, 以便隨時測驗, 將新法暫附《大統》, 以便公同考証. 而前奉明旨, 亦令監官張守登等, 於交食·經緯·晦朔·弦望年遠有差者, 旁求參攷. 又以新法推測屢近, 著照回回科例, 收監學習, 實爲得之. 似宜勅下另立新法一科, 遇交食節氣同異, 據法直陳, 以俟測驗而後徐商更改, 庶有當乎?

其寺臣李天經, 及陪臣湯若望·中書王應遴·新局官生黃宏憲等, 累年新歷書一百四十餘本, 日晷·星晷·星球·星屏·闚筩諸器, 多歷家所未發, 專門勞勩, 積有餘年, 似宜量加叙錄. 而該監官生, 學習則有《會典》, 按月按季課試, 嚴行賞罰之例, 所當重加申飭者也.

乃臣等區區之愚, 猶有進焉. 歷爲敬天授民設也, 敬天在順時布令·觀變警心, 其所重莫如刑賞. 授民在東作西成·南訛朔易, 其所重莫若農桑. 故堯舜之歷, 以釐工熙績爲欽天, 而成周之歷, 以〈無逸〉·〈豳風〉爲月令, 非徒如保章·挈壺之流, 斤斤於時刻分秒之末而已. 凡歷數, 始於河圖五十有五, 以十乘之爲五百五十, 以五乘之爲二百七十有五. 自洪武元年戊申距今壬午, 簉二百七十有五年矣, 實爲河圖中候, 宜修明禮樂, 先德後刑, 勸民農桑, 敦崇仁厚, 以昌扶國脈, 基萬年有道之長, 其斯爲治歷之本務乎! 漢儒言, "明王謹於尊天, 愼於養人." 故立羲和之官, 以節授民事·奉順陰陽, 則日月光明, 風雨時節, 災害不生. 我皇上敬天勤民, 同符二祖, 故知有敬授精意, 非臣等迂陋所能測識萬一也.

國朝順治元年, 以西洋新法推算精密, 詔用之. 二年, 書成, 以太宗文皇帝天聰二年戊辰爲天正, 冬至子正起算, 周天用三百六十度, 度法六十分, 每日九十六刻, 刻法十五分. 其朔望節氣時刻·太陽出入晝夜長短, 京師與各省皆依北極高度, 東西偏度推算. 康熙三年, 復用舊法. 已因舊法不密, 用回回法. 七年, 命大臣傳集西洋人與監官質辨, 測驗正午日影. 明年, 遣大臣赴觀象臺測驗, 遂令西洋人治歷. 初, 書面載欽天監"依西洋新法"字, 及是去之. 十三年, 新儀成, 凡六座, 曰黃道經緯儀, 曰赤道經緯儀, 曰地平經儀, 曰地平緯儀, 曰紀限儀, 曰天體儀. 雍正三年,《律歷淵源》書成, 以欽天監無可治理之處, 其治理歷法之銜改爲監正. 有滿漢監正, 滿者掌印, 漢者用西洋人. 有賜爵至侍郎者, 南懷仁兼工部侍郎, 戴進賢兼禮部侍郎, 其餘爲監正·監屬者不可勝數. 今監正劉松齡·監副鮑友管皆西洋人. 三巴寺僧世習其業, 待其學成, 部牒行取, 香山縣護之如省, 督撫資遣入監.

自羲和失其世守, 古籍之可見者僅有《周髀》. 而西人渾蓋通憲之器·寒熱五帶之說·地圓之理·正方之法, 皆不能出《周髀》範圍. 史稱旁搜博採, 以續千年之墜緒, 亦禮失求野之意, 信矣!

其國有小學·中學·大學, 分四科, 曰醫·曰治·曰教·曰道. 道卽歷法. 字以二十三母互配而成, 凡萬國語言, 風雨鳥獸之聲, 皆可隨音成字. 其書右行, 與梵書同. 鄭樵所謂, "梵以口傳, 故梵有無窮之音, 華以目傳, 故華有無窮之字"者也.

在澳蕃醫有安哆呢, 以外科擅名久. 其餘技則有西洋畵. 三巴寺有《海洋全圖》. 有紙畵, 有皮畵·皮扇面畵·玻瓈諸器畵. 其樓臺·宮室·人物, 從十步外視之, 重門洞開, 層級可數, 潭潭如第宅. 人更眉目宛然. 又有法瑯人物山水畵·織成各種故事畵·繡花畵.

天主教者, 西士曰天主耶蘇漢哀帝元壽二年庚申生於如德亞國, 爲天主肇生人類之邦, 西行教至其國, 奉之至今. 甚且沾染中土, 誘惑華人, 在明則上自公卿, 下逮士庶. 邇奉詔禁, 而博士弟子尙有信而從之者. 其徒著書闡述, 多至百餘種. 士大夫又爲潤色其文詞, 以致談天言命, 幾於亂聰. 今就澳門取其書觀之, 所云五經十誡, 大都不離天堂地獄之說, 而詞特陋劣, 較之佛書尤甚.

間嘗尋求其故. 西洋諸國, 由來皆崇奉佛敎·回回敎, 觀其字用梵書·歷法亦與回回同源, 則意大里亞之敎當與諸國奉佛·奉回回者無異. 特其俗好奇, 喜新而競勝, 聰明之士遂攘回回事天之名, 而據如來天堂地獄之實, 以兼行其說. 又慮不足加其上也, 以爲尊莫天, 若天有主, 則尊愈莫若, 蓋其好勝之俗爲之, 不獨史稱歷法云爾也. 西士之言曰, "佛云世尊, 道云元始天尊, 孰知佛者小西天竺人, 産於周季, 未有釋氏之前已有天地, 旣有天地之後方有釋氏, 安得爲天地神人之主, 而爲上下所獨尊乎? 若老氏總爲人類中之人, 何獨稱爲元始天尊?" 又曰, "盤古不過爲天地中之一人, 安可謂天地萬物之造?" 其言可謂辨已. 盤古生上古, 老氏生商, 佛生周, 皆人也, 皆不能生天生地生萬物也, 然則耶穌生於衰漢, 又獨非旣有天地之後人類中之一人耶? 攻佛攻老攻古帝, 乃所以自攻. 嗚呼, 妄矣! 而矧其誣天而蔑倫者不可訓, 豐餌而致衆者尤不可問耶.

張伯行〈擬請廢天主敎堂疏〉:

爲請廢天主敎堂以正人心·以維風俗事. 竊惟我皇上天縱聖神, 崇儒重道, 數十年來海內嚮風, 唐虞三代之隆, 不是過也. 切見西洋之人, 歷法固屬精妙, 朝廷資以治歷, 設舘京師, 待以優禮, 於理允宜. 不謂各省建立天主敎堂甚盛, 邊海地方如浙江·廣東·福建尤多. 臣蒞任以來, 細査確訪, 見其徒衆日廣, 意誠有未安者, 敢竭其愚焉.

凡人之生, 由乎父母, 本乎祖宗, 而其原皆出於天, 未聞舍父母祖宗而別求所爲天者, 亦未聞天之外別有所謂主者. 今一入其敎, 則一切父母祖宗概置不祀, 且駕其說於天之上, 曰天主, 是悖天而滅倫也. 堯舜禹湯文武列聖相承, 至孔子而其道大著, 自京師以至於郡縣, 立廟奉祀, 數千年來備極尊榮之典. 今一入其敎, 則滅視孔子而不拜, 是悖天而慢聖也. 且皇上以孝治天下, 而天主敎不祀父母祖宗, 皇上行釋奠之禮, 而天主敎不敬先聖先師. 恃其金錢之多, 煽惑招誘, 每入其敎者, 紳士平民分銀若干,各以次降. 臣愚以爲, 漸不可長. 且入敎之人男女無別, 混然雜處, 有傷風化. 閩省地方, 如福州·泉州·興化·漳州·福寧州等沿海各郡縣, 布置尤多. 每敎堂俱係西洋人分主, 焚香開講, 收徒聚衆, 日增月益, 不可禁止, 誠恐其意有不可測.

臣以菲才, 謬膺特達之知, 授以巖疆重任, 夙夜祗愼, 惟恐無以上報主知. 此事尤臣在[21]所目覩, 而不得不言者, 故敢竭盡愚誠. 伏望特降明詔, 凡各省西洋人氏, 俱令回歸本籍, 其餘敎徒盡行逐散, 將天主堂改作義學, 爲諸生肄業之所, 以厚風俗, 以防意外. 倘其不時朝貢往來, 則令沿途地方官設舘供億足矣. 臣不勝惶悚隕越之至.

昔西人有行敎於安南者, 擧國惑之, 王患之, 逐其人, 立二幟於郊, 下令曰, "從吾者宥之, 立赤幟下. 否則立白幟下. 立殺之." 竟無一立赤幟下者, 王怒, 然礮殺之盡, 至今不與西洋通市. 至則擧大礮擊之, 西人亦卒不敢往. 倭亦然. 噶羅巴馬頭石鑿十字架於路口, 武士露刃夾路立, 商其國者必踐十字路入. 否則加刃, 雖西人亦不敢違. 又埋耶蘇石像於城閾, 以蹈踐之. 葢諸蕃嚴惡之如此, 中上[22]人士乃信而奉之, 如恐弗及. 明臣蔣德璟序《破邪集》, 且爲調停其間. 夫逃楊歸儒, 歸斯受之, 猶可說也, 援儒入墨, 援而附之, 不可說也. 必如聖朝用其歷法, 而放斥其邪敎, 夐乎尙哉, 度越千古有由也!

西洋語雖侏㒧, 然居中國久, 華人與之習, 多有能言其言者. 故可以華語釋之, 不必懷鉛握槧, 如揚子遠訪計吏之勤也. 定州薛俊著《日本寄語》, 謂西北曰譯, 東南曰寄, 然〈傳〉云重九譯, 統九爲言, 雖東南亦稱譯. 從古邦畿在西北, 不言寄, 尊王畿也. 名曰澳譯殿於篇.

---

21) 嘉慶本에는 지워져 있으나, 乾隆本에는 이 다음에 "閩"이 있다.
22) 乾隆本에는 "中土"로 되어 있다.

澳譯

[天地類]

天: 消吾
日: 梭爐
月: 龍呀
星: 意事爹利喇
風: 挽度
雲: 奴皮
雨: 租華
晴: 幇顛布
早: 賒圖
午: 妙的呀
夜: 亞內的
半夜: 猫亞內的
冷: 非了
熱: 堅的
東: 爹時離
南: 蘇盧
西: 賀核時
北: 諾的
發風颶: 度方
無風: 噥叮挽度
有風: 叮挽度
風大: 挽度架蘭地
細雨: 庇記呢奴租華
大雨: 租華架蘭地
正月: 燕爹爐
二月: 非比列爐
三月: 孖爐嗦
四月: 亞比列爐
五月: 孖爐
六月: 欲欲
七月: 欲爐
八月: 亞歌數
九月: 雪添補爐
十月: 愛都補爐
十一月: 糯占補爐
十二月: 利占補爐
去年: 晏奴罷沙圖
今年: 依時晏爐
今月: 依時羊士
今日: 依時里亞
今時: 依時可喇
一年: 悞晏奴
一時: 悞可喇
一月: 悞尾時
天陰: 以士果力些
地: 争
山: 孖度
海: 孖喇
澳: 可古完度
島: 以里丫
石: 畢打喇

水: 了古
路: 監尾蘆
墻: 覇利地
井: 波酥
屋: 家自
舖: 布的架
街: 蘆呀
樓: 所巳拉度
庫房: 哥肥里
開門: 亞悲哩波打
閂門: 非渣波打
城門: 波打氏打的
關閘: 波打些蘆古
稅舘: 芋浦
前山寨: 家自罷令古
青洲: 伊立灣列地
村鄉: 亞喇的呀
遠: 喻于
近: 必度
海邊: 罷蘊呀
上山: 數畢孖度
落水: 歪哪了古
行路: 晏打
水長: 孖哩燕占地
水退: 孖哩化贊地
波浪: 嗎利時
澳門: 馬交
議事亭: 事打的
呂宋: 萬尼立
大西洋: 嗹奴
小西洋: 我呀
噶喇巴: 滅打比

[人物類]

皇帝: 燕罷喇多盧
老爺: 鑾的哩
相公: 雍
兵: 疏打古
書辦: 意士記利横
亞公: 擺亞波
亞婆: 自茶
父: 擺
母: 買
子: 非盧
女: 非喇
孫: 列度
兄: 意利猛架蘭的
弟: 意利孟庇記呢奴
姊: 萬那
妹: 意利孟
叔伯: 即是挑
嫂: 冠也打
妻: 共辦惹盧
媳婦: 懦喇
外父: 疎古盧
外母: 疎架喇
舅: 冠也度

表兄: 備僉無
人: 因的
男人: 可微
女人: 務惹盧
兵頭: 個患多慮
四頭人: 事達丁
管庫: 備喇故路多盧
和尚: 巴的梨
尼姑: 非利也立
通事: 做路巴沙
保長: 架比沙奴牙
唐人: 之那
挑夫: 姑利
火頭: 故知也立
水手: 罵利也路
引水: 英加米央地
蕃人: 記利生
賊: 喇打令
富貴: 利古
貧: 波比梨
木匠: 架變爹盧
坭水匠: 必的哩盧
銀匠: 芋哩比
鐵匠: 非列盧
裁縫: 亞利非呀的
銅匠: 個卑哩盧
錫匠: 閘卑哩盧
老人: 因的威盧
後生人: 萬賒補

孩子: 拉巴氏
奴: 麽嗉
婢: 麽沙
惡人: 罷喇補
好人: 捧因的
頭: 架比沙
髮: 架威盧
眼: 呵盧
眉: 甚未賒剌
鼻: 那哩時
口: 波家
牙: 顛的
舌: 連古
鬚: 巴喇罷
耳: 芋非嘜
唇: 卑嗉
乳: 孖痲
手: 孟
心: 個囉生
肚: 馬哩家
腸: 地利把
肝: 非古嘜
肺: 波肥
脚: 比
指: 爹度
指甲: 官呀
氣: 巴符
脈: 甫盧嗉
筋: 爹剌把

骨: 可嗉
皮: 卑梨
頸: 未氏哥做
龍: 寫利邊地
虎: 的忌利
獅: 霧
象: 晏離蕃地
鹿: 偉也度
牛: 瓦假
羊: 甲必列度
兎: 灰蘆
狗: 革佐路
貓: 迄度
猪: 波盧古
小猪: 離當
鸚鵡: 架架都呀
斑鳩: 羅立
鵞: 八打
白鴿: 付罷
雀鳥: 巴蘇
雞: 架連呀
魚: 卑時
蝦: 監巴朗
蛤: 蠻都古
螺: 時砵
木: 包
竹: 庣無
橙: 喇蘭茶
蘇木: 沙朋
栗: 架沙呀
胡椒: 備免打
柿: 非古加其
棗: 馬生
桃: 卑時古
波羅密: 呀架
柚: 任無也
石榴: 路盲
丁香: 諫拿立
木香: 敎打
萬壽果: 覇拜也
葡萄: 任無朗
檸檬: 利盲
葱: 沙波喇
蒜: 了盧
黃瓜: 備邊度
茄: 呀喇
芝麻: 戰之哩
蕃瓜: 麼把喇見尔
西瓜: 罷爹架
苦瓜: 庣立哥胙
薑: 燕知波离
白菜: 無刷打巴朗古
甕菜: 逕公
莧: 庣養
芥: 無刷打
芹: 拉巴沙
芥蘭: 哥皮
蕉子: 非古

蔗: 奸那
蕃藷: 蔑打打
芋頭: 巖眉
藤: 聿打
琥珀: 藍比利牙
珊瑚: 過喇盧
珍珠: 亞佐肥嚀
金: 阿嚧
象牙: 麻立分
牛角: 般打地無化立
鉛: 針步
錫: 架領
硫磺: 燕仙蘇
硝: 耍列地利
紅花: 富利布路羊路
沉香: 也打
檀香: 山度路
乳香: 燕先嗦
松香: 鼻了
藥材: 未知呀
桐油: 亞一地包
白礬: 必都路眉

[衣食類]

帽: 箚包
衣裳: 架歪若
靴: 砵的
鞋: 八度
襪: 麻牙
屐: 知獵步
袴: 架喇生
帶: 非
裙: 班奴
被: 哥而揸
帳: 架了
褥: 哥而争
席: 以士爹拉
枕: 租馬沙
袴帶: 弗打
綢: 西也
緞: 悲沙
布: 耕架
線: 里惹
絨: 些打
絲: 些大機拿
棉花: 亞里古當
嗶吱: 彼被都了拿
大呢: 巴奴
小呢: 西而非拏
羽緞: 家羊羅以
羽紗: 家羊浪[23]
食: 故未
飲: 比卑

23) 嘉慶本에는 비어 있으나, 乾隆本에는 "家羊浪"으로 되어 있어 이를 따랐다.

米: 亞羅時
食飯: 故未亞羅時
粥: 間治
早飯: 亞路無沙
午飯: 數
麥: 也里古
牛乳: 幾胙
鹽: 沙蘆
油: 阿熱地
醬: 未疎
醋: 而那己梨
糖: 亞家喇
酒: 尾虐
烟: 大孖古
鼻烟: 布露輝盧
鴉片: 亞榮
茶葉: 渣些古
檳榔: 亞力家
餅: 麼蘆
菜: 比列度
燕窩: 連奴巴素蘆
海參: 未胙孖立
魚翅: 鵞渣地庇時

[器數類]

桌: 務弗的
椅: 架爹喇
床: 監厤
櫃: 亞喇孖度
盒: 務賒打
秤: 大争
斗: 雁打
升: 租罷
尺: 哥步度
筆: 變些立
紙: 霸悲立
墨: 顛打
箸: 亞知己
碗: 布素蘭奴
竈: 富耕
鑊: 達租
傘: 岑悲利路
鼓: 擔摩盧
鐘: 仙奴
砲: 崩巴而大
鎗: 租沙
刀: 化加
眼鏡: 惡古路
千里鏡: 諫尼渣
自鳴鐘: 列羅西吾
時辰表: 列那西了
沙漏: 英波列達
船: 英巴家生
一: 吾牙
二: 羅蘇
三: 地里時
四: 瓜度

五: 星姑
六: 些時
七: 膝地
八: 哀度
九: 那皮
十: 利時
一百: 吾山度
一千: 吾味爐
一萬: 利時味爐
兩: 達耶兒
錢: 孖土
分: 公地鎖
釐: 加以沙
丈: 瓦拉
尺: 哥無度
寸: 崩度

[通用類]

爾: 窩些
去: 歪
買: 公巴喇
賣: 瀇爹
來: 耍永
坐: 散打
企: 宴悲
有: 丁
無: 噥丁
哭: 做剌
笑: 哩
走開: 西的亞里
書信: 吉打
看見: 也可剌
無看見: 噥可剌
回家: 歪加乍
請: 亞了蘇
多謝: 了蘛吧忌
告狀: 化知別地立
貿易: 幹打剌度
良善: 馬素
黑: 必列度
白: 覇郎古
忠厚: 共仙時
辛苦: 逕沙度
有力: 丁火沙
病: 奴嚧
痛: 堆
馬錢: 膩故當
耍: 覇些也
外: 科立
內: 連度爐
講: 法剌
討賬: 立架打里巴打
歡喜: 貢顛地
教: 燕線那因地
學: 庇連爹
忘記: 意氏記西
恭喜: 沒度掃煨打地

乾: 錫故

濕: 無剌度

懶: 庇哩機蘇素

熟: 故知度

就到: 亞哥立這加

利錢: 于欲

生: 偉步

死: 磨利

醜: 貓

如今: 亞哥立

肥: 噶度

瘦: 孖古度

後序

澳門, 香邑一隅耳. 然其地孤懸海表, 直接外洋. 凡夷商海舶之來粵者, 必經此而達, 且有外夷寄處, 戒何可弛? 雍正八年, 設香山縣丞, 分駐前山寨, 專司民夷交錯之事. 乾隆八年, 大府又議設同知一員, 轄弁兵鎮壓之, 擢余領其事.

余不才, 念事屬創始, 爰歷海島, 訪民蕃, 蒐卷帙, 就所見聞者記之. 冀萬一補志乘之缺, 而考之未備, 辭之不文, 必俟諸博雅君子. 此《記畧》之所由來也.

乾隆十一年春, 予奉文引見. 代予者張子諒而有文, 因以稿本相屬, 期共成之. 張子曰, "余簿領勞形, 恐不逮. 粵秀山長徐鴻泉, 余同年友, 且與君契, 盍以正之?" 予曰, "善!" 將稿屬鴻泉而去.

比引見後, 以病暫回故里, 遣人索前稿. 徐以臥病, 未幾卒, 原本遂失. 玆余復至粵, 辛未四月權潮郡篆, 張子亦以攝鹺司至. 公餘聚首[1], 詩[2]及輒感慨久之. 余因搜覔遺紙, 零落輳集, 旬日間得其八九. 張子乃定其體例, 而大加增損焉, 視原稿之粗枝大葉, 逈不侔矣.

嗟夫! 此書僅兩帙耳, 初非篇章繁雜. 必遲之歲月者, 乃草自乾隆十年, 粗得其稿, 而失於徐子之手. 歷五六年, 而殘楮剩墨棄置敝簏中, 不爲蠹魚所蝕, 至今日而猶得蒐集成編. 此非張子不能成, 更非同官鳳城亦不能成. 無多卷帙, 幾經聚散, 不至終廢其成也. 殆亦有數存其間耶. 因書以識之.

寶山 印光任

1) 乾隆本에는 "首"로 되어 있다.

2) 乾隆本에는 "語"로 되어 있다.

| 저자 소개 |

인광임(印光任. 1691-1758)

청나라 관리로, 보산(寶山, 지금의 上海) 사람이다. 광동 여러 지역의 지방관을 역임하였고, 건륭 9년(1744)에 첫 번째 오문동지(廣州府澳門海防軍民同知)로 부임하여 지금의 마카오 지역을 다스리게 되었다. 그 경험을 토대로 마카오의 역사·지리·외교 및 당시 유럽인과의 혼거 상황 등을 종합 서술한 책《오문기략(澳門記略)》을 집필하였다.

장여림(張汝霖. 1709-1769)

청나라 관리로, 안휘성(安徽省) 선성(宣城) 사람이다. 광동 여러 지역의 지방관을 거쳐 오문동지(澳門同知)를 역임했다. 전임 동지였던 인광임과 함께《오문기략》을 집필하였다.

| 역자 소개 |

이주해

이화여자대학교 한국문화연구원 연구교수. 중국 고전 산문 연구자. 주요 역서로《한유문집》·《육구연집》·《파사집(破邪集)》 등이 있고, 마카오 관련 논문으로는 〈마카오 디아스포라, 마카오 다원문화에 대한 일고찰〉이 있다.

정찬학

연세대학교 중어중문학과 강사. 중국 문헌신화 및 민간신앙 연구자. 논문으로 〈오제신화(五帝神話)의 형성과 한대(漢代)의 수용양상 연구〉·〈한족(漢族) 민간신앙과 그 신령관-대만을 중심으로〉 등이 있다.

하경심

연세대학교 중어중문학과 교수. 중국 고전 희곡 연구자. 주요 역서로《원대 산곡선집》,《부득이(不得已)》(공역)·《조우 희곡선》(공역)·《전한 희곡선》(공역) 등이 있으며,《오문기략》 관련 논문으로는 〈《오문기략》을 통해 본 18세기 오문사회와 문화〉·〈《오문기략》을 통해 본 죽지사(竹枝詞)의 기능과 수용〉이 있다.

오문기략澳門記略

초판 인쇄 2024년 7월 10일
초판 발행 2024년 7월 20일

저 자 | 인광임印光任 · 장여림張汝霖
역 자 | 이주해 · 정찬학 · 하경심
펴 낸 이 | 하운근
펴 낸 곳 | 學古房

주 소 | 경기도 고양시 덕양구 통일로 140 삼송테크노밸리 A동 B224
전 화 | (02)353-9908 편집부(02)356-9903
팩 스 | (02)6959-8234
홈페이지 | http://hakgobang.co.kr/
전자우편 | hakgobang@naver.com
등록번호 | 제311-1994-000001호

ISBN 979-11-6995-509-6 93910

값 : 38,000원